Recht – schnell erfasst

Weitere Bände siehe
www.springer.com/series/3296

Volker Kreft

Steuerrecht – Schnell erfasst

Sechste, vollständig überarbeitete und erweiterte Auflage

Reihenherausgeber
Dr. iur. Detlef Kröger
Dipl.-Jur. Claas Hanken

Autor
Dr. jur. Volker Kreft
Diplom-Finanzwirt
Richter am Niedersächsischen Finanzgericht
Mönkebergstraße 76
33619 Bielefeld
Deutschland
dr.volker.kreft@online.de

Grafiken
Stefan Steitz

ISSN 1431-7559
ISBN 978-3-642-22932-9   e-ISBN 978-3-642-22933-6
DOI 10.1007/978-3-642-22933-6
Springer Heidelberg Dordrecht London New York

Die Deutsche Nationalbibliothek verzeichnet diese Publikation in der Deutschen Nationalbibliografie; detaillierte bibliografische Daten sind im Internet über http://dnb.d-nb.de abrufbar.

© Springer-Verlag Berlin Heidelberg 1995, 1997, 2000, 2002, 2008, 2012
Dieses Werk ist urheberrechtlich geschützt. Die dadurch begründeten Rechte, insbesondere die der Übersetzung, des Nachdrucks, des Vortrags, der Entnahme von Abbildungen und Tabellen, der Funksendung, der Mikroverfilmung oder der Vervielfältigung auf anderen Wegen und der Speicherung in Datenverarbeitungsanlagen, bleiben, auch bei nur auszugsweiser Verwertung, vorbehalten. Eine Vervielfältigung dieses Werkes oder von Teilen dieses Werkes ist auch im Einzelfall nur in den Grenzen der gesetzlichen Bestimmungen des Urheberrechtsgesetzes der Bundesrepublik Deutschland vom 9. September 1965 in der jeweils geltenden Fassung zulässig. Sie ist grundsätzlich vergütungspflichtig. Zuwiderhandlungen unterliegen den Strafbestimmungen des Urheberrechtsgesetzes.
Die Wiedergabe von Gebrauchsnamen, Handelsnamen, Warenbezeichnungen usw. in diesem Werk berechtigt auch ohne besondere Kennzeichnung nicht zu der Annahme, dass solche Namen im Sinne der Warenzeichen- und Markenschutz-Gesetzgebung als frei zu betrachten wären und daher von jedermann benutzt werden dürften.

Einbandentwurf: WMXDesign GmbH, Heidelberg

Gedruckt auf säurefreiem Papier

Springer ist Teil der Fachverlagsgruppe Springer Science+Business Media (www.springer.com)

Für Ina, Charlotte und Anna Lena

Vorwort zur 6. Auflage

Auch in der Neuauflage wurde die Grundkonzeption des Buches beibehalten. Aus diesem Grund wurde die Auswahl des Stoffes weiterhin auf die Grundzüge der komplizierten Materie beschränkt. Eine übersichtliche und systematische Darstellung ermöglicht die schnelle Erarbeitung eines ersten Grundverständnisses für das Steuerrecht und hilft – insbesondere dem »Einsteiger« – erste Berührungsängste zu überwinden. Insoweit verweise ich auf das Vorwort zur 1. Auflage.

Die Neuauflage berücksichtigt alle Rechts- und Gesetzesänderungen, die seit der Vorauflage aus dem Jahr 2008 eingetreten sind. Das Buch ist damit auf dem Rechtstand 1.7.2011. Neben der Anpassung an die Vielzahl von Änderungen einzelner Vorschriften war eine umfassende Überarbeitung insbesondere der Ausführungen zum Einkommen- und Körperschaftsteuerrecht (wegen der Einführung der Abgeltungsteuer und des Teileinkünfteverfahrens ab dem Veranlagungszeitraum 2009) sowie zum Erbschaftsteuerrecht (wegen der zum 1.1.2009 in Kraft getretenen Erbschaftsteuerreform) erforderlich geworden. Auch die Neufassungen der Richtlinien (insbesondere der Lohnsteuerrichtlinien 2011 und der Gewerbesteuerrichtlinien 2011) und die Abschaffung der Umsatzsteuerrichtlinien 2008 mit dem an diese Stelle getretenen Umsatzsteueranwendungserlass wurden bei der Überarbeitung berücksichtigt. Nicht zuletzt wurde auch dem zunehmenden Einfluss des EU-Rechts, insbesondere der Rechtsprechung des Europäischen Gerichtshofs, auf das deutsche Steuerrecht Rechnung getragen.

Soweit Änderungen aus dem Steuervereinfachungsgesetz 2011 aus dem Gesetzesentwurf bereits bekannt sind, wurde ebenfalls an den betroffenen Stellen auf mögliche Änderungen zum 1.1.2012 hingewiesen.

Trotz der unzähligen Änderungen habe ich weiterhin auf die Darstellung der für das Verständnis der Grundlagen und der Zusammenhänge nicht unbedingt notwendigen Details weitestgehend verzichtet, damit der Blick für das Wesentliche unverstellt bleibt. Getreu dem Motto: Weniger ist manchmal mehr.

Danken möchte ich an dieser Stelle den Herausgebern, insbesondere Claas Hanken, der die Neuauflage wieder formal betreut hat.

Hilfreich zur Seite stand mir auch diesmal wieder mein Kollege und Richter am Finanzgericht Jörg Grune, der den Teil »Umsatzsteuer« Korrektur gelesen hat.

Ganz besonders am Herzen liegt mir schließlich der Dank an meine Frau Ina und unsere Töchter Charlotte und Anna Lena. Ihr seid meine größten Schätze und gebt mir die Kraft und Motivation, um immer wieder neue Ideen und Verbesserungen in die Tat umzusetzen. Schön, dass es Euch gibt.

Bielefeld, August 2011   Dr. Volker Kreft

Aus dem Vorwort der 1. Auflage

Aus meiner langjährigen Arbeit mit dem Steuerrecht in Ausbildung, Praxis, Wissenschaft und Lehrtätigkeit habe ich die Erfahrungen gemacht, daß Studenten oder auch nur interessierte Laien den ersten Kontakt mit dem Steuerrecht oft scheuen.

Das mag daran liegen, daß die Materie auf Grund der Fülle der Vorschriften und Steuergesetze wie ein Dschungel erscheint, unübersichtlich, unüberschaubar und undurchdringlich. Dieser erste Eindruck wird dadurch bestärkt, daß es in Ermangelung eines entsprechenden Angebotes an Fachliteratur für einen »Einsteiger« kaum möglich ist, in relativ kurzer Zeit einen Überblick über das gesamte Steuerrecht zu gewinnen.

Zumeist wird das Steuerrecht in mehreren Bänden einer Reihe aufbereitet oder findet sich in hochwissenschaftlichen Texten wieder. Beides bereitet dem Anfänger wenig Spaß, schreckt schon bei der ersten Berührung mit dem Steuerrecht ab und verhindert bereits in den Ansätzen eine weitere Auseinandersetzung mit der Materie.

Dieses Buch soll dazu beitragen, die Berührungsängste zu überwinden. Es ist als reines Basisbuch gedacht, das die grundsätzlichen Leitlinien aufzeigen und insbesondere das System des Steuerrechts vermitteln soll.

Das Buch richtet sich demzufolge an alle Einsteiger (Hochschulstudenten, Auszubildende, interessierte Laien), die den Mut aufbringen, sich mit dieser auf den ersten Blick unübersichtlichen und schwierigen Rechtsmaterie zu befassen.

Es soll dem Einsteiger durch die vereinfachte Darstellung erste Erfolgserlebnisse bei der Erfassung des Stoffes verschaffen, Verständnis für die Systematik vermitteln und damit ermutigen, sich tiefergehend mit dem Steuerrecht auseinanderzusetzen.

Um dieses Ziel zu erreichen, war es erforderlich, die Behandlung von Detailfragen auszusparen und die ansonsten für die Praxis so wichtige Finanzrechtsprechung nur an den Stellen zu erwähnen, an denen es für das Verständnis einzelner Probleme unbedingt erforderlich ist. In komprimierter Form – die hohe Seitenzahl ist durch die Fülle der Schaubilder, Übersichten und abgedruckten Steuererklärungsvordrucke zu erklären – wird ein Überblick über das gesamte Steuerrecht gegeben.

Die Auswahl des Stoffes orientiert sich dabei an den Bedürfnissen der erwähnten Zielgruppe in Ausbildung und Praxis.

Die Vermittlung dieses theoretischen Basiswissens wird begleitet von vielen Beispielen und Darstellungen des Stoffes in umfangreichen Schaubildern, die jeweils am Anfang eines größeren Abschnittes einen Überblick über den nachfolgenden Stoff geben und dessen Einordnung erleichtern.

Die gewonnenen Grundlagenerkenntnisse können anschließend dann beliebig, je nach Interessen und Bedarf, durch Spezialliteratur, auf die im einzelnen hingewiesen wird, erweitert werden.

Bielefeld, Juli 1995 Volker Kreft

Inhaltsübersicht

Einführung in das Steuerrecht 1
• Grundsätzliches • Was ist Steuerrecht? • Die Rechtsanwendung im Steuerrecht •

Allgemeines Steuerrecht 23
• Inhalt und Bedeutung • Der Steuerbegriff • Rechtsquellen des Steuerrechts • Das Besteuerungsverfahren •

Besonderes Steuerrecht 81

Einkommensteuer 83
• Allgemeines und Überblick • Steuerpflicht • Bemessungsgrundlage der Einkommensteuer • Summe der Einkünfte • Gesamtbetrag der Einkünfte • Einkommen • Zu versteuerndes Einkommen • Steuerfestsetzung •

Körperschaftsteuer 183
• Allgemeines und Überblick • Körperschaftsteuerpflicht • Bemessungsgrundlage für die Körperschaftsteuer • Grundlagen der Besteuerung von Körperschaft und Anteilseigner •

Gewerbesteuer 205
• Allgemeines und Überblick • Steuergegenstand • Ermittlung des Gewerbesteuermessbetrags • Gewerbesteuerfestsetzung •

Umsatzsteuer 223
• Allgemeines und Überblick • Der umsatzsteuerliche Unternehmer • Steuerbare Umsätze • Ort des Umsatzes • Steuerbefreiungen • Ermittlung und Entstehung der Umsatzsteuer • Vorsteuerabzug • Besteuerungsverfahren •

Bewertungsgesetzabhängige Steuerarten 283
• Vorbemerkung • Wertermittlung nach dem Bewertungsgesetz • Vermögensteuer • Erbschaft- und Schenkungsteuer • Grundsteuer •

Spezielle Verkehrssteuern 303
• Grunderwerbsteuer • Kraftfahrzeugsteuer • Versicherungsteuer •

Spezielle Verbrauch- und Aufwandsteuern 311

Grundzüge des internationalen Steuerrechts 313
• Allgemeines und Überblick • Das Problem der Doppelbesteuerung • Außensteuergesetz •

Klausurfälle 323
• Tipps für Klausuren und Hausarbeiten • »Steuerfall A. Ammer« • »Der späte Einspruch« • »Störung des Steuerrechtsfriedens« • »Steuerfall B. Baumann« • »Steuerbescheid im Postschließfach« • »Umsatzsteuerliche Lieferungen« • Schlusswort •

Register 351

Einführung in das Steuerrecht

1.	**Grundsätzliches**	2
2.	**Was ist Steuerrecht?**	5
2.1.	Einordnung in die Rechtsordnung	6
2.2.	Eingriffsverwaltung und Gesetzmäßigkeit der Besteuerung	8
2.3.	Bedeutung der Steuern	10
2.4.	Verwaltung von Steuern	12
3.	**Die Rechtsanwendung im Steuerrecht**	13
3.1.	Aufbau von Gesetzen	14
3.2.	Der Weg zur Rechtsfindung	16
3.3.	Hinweise für die Lösung steuerrechtlicher Fälle	20

1. Grundsätzliches

DER WEG DURCH DEN »STEUER-DSCHUNGEL«

Bevor Sie sich mit diesem Buch in die Niederungen des Steuerrechts begeben, möchte ich Sie noch auf etwas Grundsätzliches in Bezug auf das Arbeiten mit diesem Buch und die angestrebte Zielsetzung hinweisen.

Dieses Buch ist ein Basisbuch, das die vorgegebene Stofffülle in komprimierter Form darzustellen versucht. Eine vereinfachte Darstellungsweise führt aber u.U. auch teilweise dazu, dass das Verständnis insoweit erschwert wird, als auf ausführliche Erläuterungen zu jedem Detail verzichtet wird.

Werfen Sie aber nicht gleich die Flinte ins Korn, wenn Ihnen nicht gleich alles klar und nicht jeder Begriff sofort im nächsten Satz erläutert wird. Auch wenn sich Ihnen beim ersten Lesen nicht jedes Detail erschließt, so seien Sie jedoch sicher, dass die Unklarheiten im Laufe des Arbeitens mit dem Buch beseitigt werden. Sie werden sich an neue und auf den ersten Blick völlig unverständliche Begriffe, die ständig wiederkehren, gewöhnen, und deren Bedeutung wird sich dadurch einprägen.

Sollten Sie im Einzelfall nicht so lange warten wollen, bis die Erläuterungen im nachfolgenden Text gegeben werden, finden Sie Beschreibungen und Definitionen der wichtigsten Begriffe auch im Register am Ende des Buches wieder.

Das Steuerverfahrensrecht – der Weg von der Ermittlung des steuerrelevanten Sachverhalts bis zur Begleichung der Steuerschuld – und die Darstellung der in Ausbildung und Praxis wichtigsten Steuerarten (Einkommensteuer, Umsatzsteuer) bilden die Schwerpunkte dieses Buches.

Die weiteren Steuerarten werden jeweils nur in einem kurzen Abriss dargestellt, der eine grobe Vorstellung von der jeweiligen Materie vermitteln soll.

Dieser Stoff ist derart aufbereitet, dass das Lesen des Textes auch ohne Hinzuziehung eines Gesetzestextes möglich ist. Dabei wird nicht jede behandelte Rechtsnorm abgedruckt (das würde den Umfang des Buches bei weitem sprengen), sondern nur insoweit zitiert, als es für das Verständnis unbedingt notwendig ist. Zumindest für Hochschulstudenten, die beabsichtigen, sich intensiver mit dem Steuerrecht zu befassen, wird dennoch empfohlen, die angeführten Gesetzesstellen in einer der gängigen Gesetzessammlungen nachzulesen (»Aktuelle Steuergesetze« aus dem Verlag C.H. Beck, München, oder »Die wichtigsten Steuergesetze« aus dem Verlag Neue Wirtschaftsbriefe, Herne/Berlin).

Begleitend zu diesen theoretischen Ausführungen finden Sie grundsätzlich zu Beginn eines jeden größeren Abschnittes die Darstellung des nachfolgenden Stoffes in einem großen Schaubild, das dann im weiteren Verlauf – ähnlich der Windows-Software – durch weiterführende Schaubilder aufgegliedert wird.

Diese Darstellung ermöglicht ein schnelles Erfassen des gesamten Stoffes und eine Einordnung der Probleme durch visuelles Lernen. Gleichzeitig dienen die Schaubilder – und dies wird dem Leser bei jedem neuerlichen Fortfahren mit dem Studium dieses Buches sehr ans Herz gelegt – zur raschen Wiederholung des bisher behandelten Stoffes.

Auf diese Weise prägt sich die Systematik des Steuerrechts ein. Ein Verständnis des Systems ist letztlich in Verbindung mit einem sicheren Basiswissen das Fundament, von dem aus dann beliebig – je nach Bedarf – eine Verfeinerung des Wissens auf jedem Gebiet des Steuerrechts mühelos herbeigeführt werden kann.

Merke: System und Basiswissen vor Detailwissen (das gilt für alle juristischen Materien).

System und Basiswissen vor Detailwissen

Zu diesem Zweck werden an geeigneten Stellen immer wieder Vertiefungshinweise gegeben. Da ein gleichzeitiges Lesen in mehreren Lehrbüchern und Kommentaren erfahrungsgemäß zu Schwierigkeiten bei der Erfassung des Stoffes führt, werden diese Hinweise bewusst auf zwei Lehrbücher beschränkt (Tipke/Lang »Steuerrecht«, 20. Auflage 2010, Verlag Dr. Otto Schmidt, Köln; Dieter Birk, Steuerrecht, 13. Aufl. 2010, Verlag C.F. Müller). Diese Lehrbücher behandelt ebenfalls das Steuerrecht in einem Band, wodurch längeres Herumsuchen in vielen Büchern vermieden wird. Die Darstellung des Stoffes ist hier allerdings weitaus umfangreicher, auf höchstem wissenschaftlichem Niveau und enthält – falls dies erforderlich ist – weiterführende Hinweise auf das steuerrechtliche Schrifttum und die Finanzrechtsprechung. Es wird dem bislang »unbedarften« Einsteiger jedoch dringend geraten, sich erst dann an diese wissenschaftlichen Ausführungen heranzuwagen, wenn sich die im Folgenden dargestellten Grundlagen des Steuerrechts bereits eingeprägt haben.

Nach Durcharbeiten dieses Buches werden Sie feststellen, dass der »Steuer-Dschungel« auch einige feste begehbare Pfade enthält, die, wenn man sie kennt, einen jeden sicher zum Ziel führen.

Also auf geht's und .... keine Angst!

2. Was ist Steuerrecht?

Ganz allgemein kann man das Steuerrecht beschreiben als die Gesamtheit aller Rechtsnormen, die Rechte und Pflichten im Steuerrechtsverhältnis regeln.

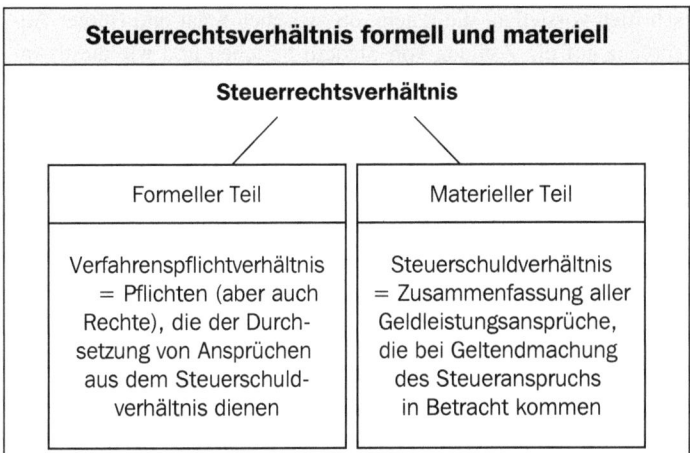

Das Steuerrechtsverhältnis gliedert sich in zwei große Bereiche
- den formellen Teil, das sog. »Verfahrenspflichtverhältnis« und
- den materiellen Teil, das sog. »Steuerschuldverhältnis«.

Das Steuerschuldverhältnis beschreibt § 37 Abgabenordnung (AO). Diese Vorschrift enthält eine abschließende Aufzählung derjenigen Geldleistungsansprüche, die bei Geltendmachung des Steueranspruches in Betracht kommen. Darunter fällt – wie man zunächst glauben könnte – nicht nur der Anspruch des Staates gegenüber dem Bürger auf Zahlung von Steuern, sondern u.a. auch ein (Rück-)Erstattungsanspruch des Bürgers gegenüber dem Staat, wenn z.B. zuviel Steuern oder diese ohne rechtlichen Grund gezahlt wurden.

Steuerschuldverhältnis betrifft in erster Linie den Steueranspruch des Staates gegen über dem Bürger.

Der im Verlauf dieses Buches allein behandelte (eigentliche) Steueranspruch des Staates gegenüber dem Bürger ergibt sich aus vielen Einzelsteuergesetzen (z.B. Einkommensteuergesetz = EStG; Umsatzsteuergesetz = UStG; Körperschaftsteuergesetz = KStG; Gewerbesteuergesetz = GewStG usw.), die die Voraussetzungen für die Erhebung der vielen verschiedenen Steuerarten im Einzelnen beinhalten.

Steueranspruch aus Einzelsteuergesetzen

Das Verfahrenspflichtverhältnis beinhaltet in erster Linie die Pflichten, z.B. Mitwirkungspflichten bei der Ermittlung des Sachverhaltes (§ 90 AO), aber auch Rechte (z.B. Auskunftsverweigerungsrecht, Recht auf Gehör), die der Durchsetzung dieser Steueransprüche dienen.

Begriff des Steuerrechts

Diese Ausführungen muten bestimmt beim ersten Lesen allzu theoretisch und kompliziert an. Einfacher ausgedrückt kann man sich grob den Begriff des Steuerrechts als Zusammenfassung aller Vorschriften vorstellen, die regeln, ob zwischen Staat und Bürger Ansprüche auf die Zahlung von Steuern bestehen und wie diese Ansprüche geltend gemacht und durchgesetzt werden.

Allgemeines Steuerrecht = Verfahrensrecht

Besonderes Steuerrecht = Materielles Steuerrecht

Dieser Aufschlüsselung des Begriffes des Steuerrechts folgt auch die weitere Gliederung dieses Buches in zwei große Abschnitte, das »Allgemeine Steuerrecht« und das »Besondere Steuerrecht«. Unter der Überschrift »Allgemeines Steuerrecht« soll im Wesentlichen die verfahrensrechtliche Seite der Steuererhebung und Durchsetzung des Steueranspruchs abgehandelt werden, wohingegen sich der Teil »Besonderes Steuerrecht« mit den wichtigsten Einzelsteuergesetzen befasst.

2.1. Einordnung in die Rechtsordnung

In einer Zeit hochkomplizierter gesellschaftlicher, wirtschaftlicher und politischer Zusammenhänge genügt es schon lange nicht mehr, nur die Rechtsbeziehungen der einzelnen Bürger untereinander zu regeln (= Zivilrecht). Mehr und mehr sah sich der Gesetzgeber deshalb gezwungen, auch Rechtsfragen im Verhältnis Staat und Bürger, zwischen den einzelnen Staatsorganen (= öffentliches Recht) und in jüngster Zeit auch auf internationaler Ebene im zwischenstaatlichen Bereich (= Völkerrecht) zu normieren. Soweit der Staat dabei aufgrund seiner Hoheitsrechte gegenüber dem Bürger aktiv wird, also ein Verhältnis der Über- und Unterordnung besteht, spricht man vom »Öffentlichen Recht«. Wird jedoch der Staat nicht hoheitlich tätig (z.B. beim Kauf von Bürobedarf für eine Dienststelle) und besteht demzufolge (nur) ein Gleichordnungsverhältnis mit den Bürgern, bewegt sich auch der Staat im Bereich des Zivilrechts und hat die gleichen Rechte und Pflichten wie jeder andere Bürger.

Einführung in das Steuerrecht

Abgrenzung	
Öffentliches Recht	Zivilrecht
Staat und Bürger stehen im Verhältnis der Über-/Unterordnung.	Staat und Bürger bzw. Bürger untereinander stehen im Gleichordnungsverhältnis.

Diese Abgrenzung zwischen Zivilrecht und Öffentlichem Recht ist nicht nur in der Theorie wichtig, sondern hat besondere Bedeutung beim Auffinden der jeweils anzuwendenden Rechtsnormen und bei der Bestimmung des richtigen Rechtsweges (z.B. Zivilrechtsweg oder Verwaltungsrechtsweg). Im Steuerrecht wird der Staat hoheitlich tätig. Es besteht ein Über-/Unterordnungsverhältnis, denn der Bürger ist der Besteuerung unterworfen. Macht der Staat – vertreten durch die Finanzbehörde – gegenüber dem Bürger eine Steuerforderung geltend, kann er sich diesem »Eingriff« grundsätzlich nicht entziehen. Die Steuerzahlung liegt also – anders als die auf freiwilliger Verpflichtung beruhende Zahlung einer Kaufpreisschuld im Zivilrecht – nicht in seiner freien Entscheidung und ist auch einer vertraglichen Regelung nicht zugänglich.

Abgrenzung Zivilrecht und Öffentliches Recht ist wichtig für das Auffinden der anzuwendenden Rechtsnormen und Bestimmung des Rechtsweges.

Das Steuerrecht ist Bestandteil des Öffentlichen Rechts.

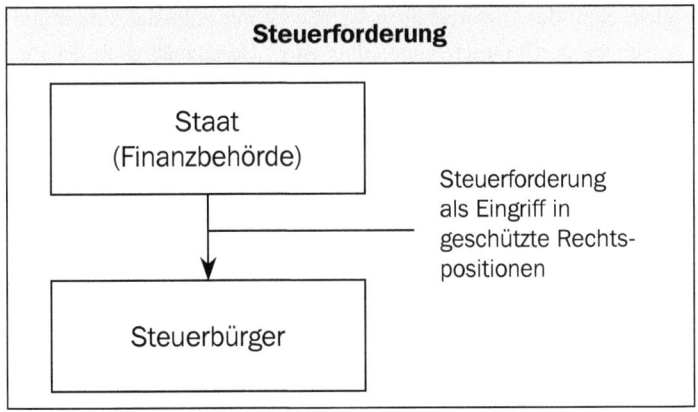

2.2. Eingriffsverwaltung und Gesetzmäßigkeit der Besteuerung

Steuereingriff nur aufgrund gesetzlicher Ermächtigungsgrundlage

Aufgrund der Besonderheiten des Tätigwerdens im Rahmen des Über-/ Unterordnungsverhältnisses spricht man auch von Eingriffsverwaltung. Schon der gesunde Menschenverstand legt nahe, dass derartige Eingriffe aufgrund von Hoheitsgewalt in Rechtspositionen des Bürgers nicht im rechtsfreien Raum vor sich gehen dürfen.

Vielmehr bedarf das staatliche Handeln beim »Steuereingriff« einer gesetzlichen Ermächtigungsgrundlage, denn ansonsten wären Rechtsunsicherheiten (niemand könnte Zeitpunkt und Höhe der Steuererhebung erkennen) und Willkür (zwei Bürger könnten bei sonst gleichen Verhältnissen zu unterschiedlichen oder unterschiedlich hohen Steuern herangezogen werden) »Tür und Tor geöffnet«.

Legalitätsprinzip gewährleistet Rechtssicherheit und Gerechtigkeit.

Der Gewährleistung dieser Rechtssicherheit und Gerechtigkeit dient das sogenannte Legalitätsprinzip, das aus dem Grundgesetz (GG), dem höchstrangigen innerstaatlichen Recht, abgeleitet wird (aus Art. 2 Abs. 1; 20 Abs. 3; 14 Abs. 1 Satz 2, Abs. 3 Satz 2 GG). Dieses Prinzip bedeutet, dass die Auferlegung von Steuerlasten allein dem Gesetz vorbehalten ist. Sie ist nur zulässig, sofern und soweit sie durch Gesetz angeordnet ist (= Gesetzmäßigkeit der Besteuerung).

Exkurs: Steuergesetzgebung

Ausschließliche oder konkurrierende Gesetzgebung

Das Recht, Gesetze über Steuern zu erlassen, wird aus dem Grundgesetz abgeleitet (Art. 105 GG). Das Grundgesetz kennt in diesem Zusammenhang die ausschließliche und die konkurrierende Gesetzgebung. Im Bereich der ausschließlichen Gesetzgebung des Bundes haben die Länder die Befugnis zur Gesetzgebung nur, wenn und soweit sie hierzu in einem Bundesgesetz ausdrücklich ermächtigt sind (Art. 71 GG). Im Bereich der konkurrierenden Gesetzgebung haben die Länder die Befugnis zur Gesetzgebung, solange und soweit der Bund von seiner Gesetzgebungszuständigkeit nicht durch Gesetz Gebrauch gemacht hat (Art. 72 GG). Art. 105 GG trifft insoweit folgende Regelung:

Der Bund hat die ausschließliche Gesetzgebung über die Zölle und die Finanzmonopole (=Exklusivrecht des Staates, zur Erzielung von Einnahmen bestimmte Waren herzustellen und zu vertreiben; zurzeit gibt es nur das Branntweinmonopol). Er hat die konkurrierende Gesetzgebung über die übrigen Steuern, wenn ihm das Aufkommen dieser Steuer ganz oder zum Teil zusteht (z.B. bei der Einkommensteuer oder Umsatzsteuer), oder ein Bedürfnis nach bundesgesetzlicher Regelung besteht.

Die Länder haben die (ausschließliche) Befugnis zur Gesetzgebung über die örtlichen Verbrauch- und Aufwandsteuern, solange und soweit sie nicht bundesgesetzlich geregelten Steuern gleichartig sind (z.B. Getränkesteuer, Hundesteuer). Sie haben die Befugnis zur Bestimmung des Steuersatzes bei der Grunderwerbsteuer (Art. 105 Abs. 2a GG).

Bundesgesetze über Steuern, deren Aufkommen den Ländern oder den Gemeinden (Gemeindeverbänden) ganz oder zum Teil zufließt, bedürfen der Zustimmung des Bundesrates (Art. 105 Abs. 3 GG). Auf diese Weise finden Interessen der Länder bei der Steuergesetzgebung jedenfalls bei eigener Ertragszuständigkeit hinreichende Berücksichtigung.

Die Festsetzung einer Steuer setzt danach voraus, dass ein gesetzlicher Tatbestand (= im Gesetz genannte Voraussetzungen) erfüllt ist, an den das Gesetz als (Rechts)Folge eine Steuer knüpft. Diese Rechtsfolge muss sich ebenfalls aus dem Gesetz ergeben.

Merke: »Keine Steuer ohne Gesetz« (für Lateiner: »nullum tributum sine lege«).

»Keine Steuer ohne Gesetz« (nullum tributum sine lege)

Das Legalitätsprinzip verhindert damit, dass Exekutive (Verwaltung) oder Judikative (Rechtsprechung) neue Steuern erfinden, beliebig erheben oder auch nur erhöhen können.

Aus der Koppelung der Besteuerung an das Gesetz ergibt sich aber nicht nur ein Verbot, sondern auch ein Gebot. Der Gesetzesvollzug steht nicht zur Disposition der Verwaltung. Vielmehr besteht eine Ausführungspflicht. Die Steuerbehörden sind danach nicht nur berechtigt, sondern auch verpflichtet, die gesetzlich geschuldete Steuer festzusetzen und zu erheben (vgl. auch § 85 Satz 1 AO). Vereinbarungen zwischen Staat und Bürger über eine »gesetzmäßige« Steuerschuld sind unzulässig.

Vereinbarungen über eine »gesetzmäßige« Steuerschuld sind unzulässig.

Literaturhinweis: Vgl. auch die ausführliche Abhandlung zu den weiteren tragenden Prinzipien des Steuerrechts, insbesondere das »Leistungsfähigkeitsprinzip« als Fundamentalprinzip gerechter Besteuerung bei Tipke/Lang, § 4, Rz. 70 ff.; zur Steuergesetzgebungshoheit siehe Birk, Steuerrecht, Rz. 130 ff.

2.3. Bedeutung der Steuern

Heute leben wir in einer sozialen Marktwirtschaft, bei der der Staat großen Einfluss auf das Wirtschaftsleben ausübt. Daneben hat der Staat, d.h., genauer gesagt, Bund, Länder und Gemeinden, aber auch vielfältige Aufgaben zu erfüllen, die z.T. erhebliche finanzielle Aufwendungen erfordern.

Zu diesen kostenträchtigen Ausgaben zählen z.B.:

- Verteidigung,
- Verwaltung,
- soziale Absicherung,
- Bildung, Wissenschaft, Forschung,
- Verkehr (insbesondere Straßenbau).

Finanzierung der Staatsausgaben durch öffentlich-rechtliche Abgaben (Steuern, Gebühren, Beiträge)

Allein durch eigene wirtschaftliche Betätigung lassen sich die dafür erforderlichen Finanzmittel nicht beschaffen. Diese öffentlichen Aufgaben können nur erfüllt werden, wenn sich die Bürger anteilig an der Finanzierung beteiligen. Deshalb fließen dem Staat die nötigen Geldmittel in Form von öffentlich-rechtlichen Abgaben zu, die von den Bürgern für die Erfüllung der öffentlichen Aufgaben aufgebracht werden.

Zu diesen öffentlich-rechtlichen Abgaben gehören im Wesentlichen:

- Steuern,
- Gebühren (z.B. Kfz-Zulassungsgebühren),
- Beiträge (z.B. Straßenanliegerbeiträge).

Die wichtigste Finanzierungsquelle des Staates sind die Steuereinnahmen. Die vom Staat eingenommenen Steuern sind in den letzten Jahren ständig gestiegen, haben sich im Zeitraum von 1982 (379 Mrd. DM) bis 2009 (524 Mrd. Euro) sogar mehr fast verdreifacht. Um eine Vorstellung zu bekommen, wie sich das Steueraufkommen auf die einzelnen Steuerarten verteilt, wird im Folgenden ein kurzer Ausschnitt aus der jährlich vom Bundesministerium der Finanzen veröffentlichten sogenannte.»Steuerspirale« gegeben:

Verteilung des Steueraufkommens auf die Steuerarten

Steueraufkommen 2009: 524 Mrd. Euro, davon entfallen prozentual auf Umsatzsteuer 176,9 Mrd. Euro, Lohnsteuer 135,2 Mrd. Euro, Energiesteuer 39,8 Mrd. Euro, Gewerbesteuer 32,4 Mrd. Euro, Einkommensteuersteuer 26,4 Mrd. Euro und die Körperschaftsteuer 7,2 Mrd. Euro. Diese sechs Steuerquellen machen bereits mehr als 75 % des gesamten Steueraufkommens aus.

Eine Vielzahl weitere Steuern füllen die restlichen 25 % des Staatssäckels.

Da Bund, Ländern und Gemeinden ganz bestimmte Aufgaben zugewiesen sind, fließen die Steuergelder nicht nur in eine Kasse, sondern werden nach den im Grundgesetz (Art. 106, 107 GG) festgelegten Grundsätzen verteilt.

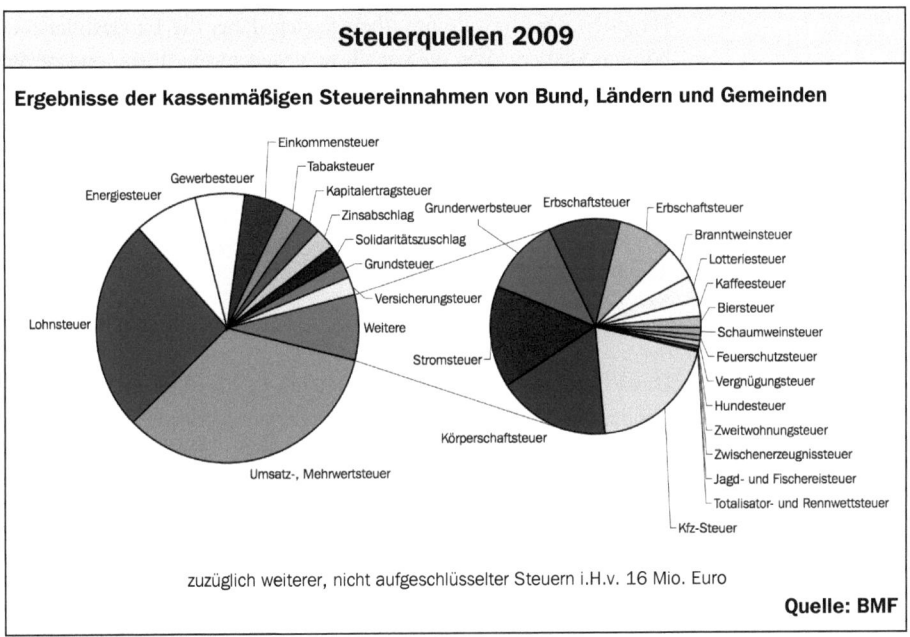

Dabei werden einzelne Steuern dem Bund (z.B. Mineralölsteuer), den Ländern (z.B. Erbschaftsteuer) und den Gemeinden (z.B. Grundsteuer, Gewerbesteuer) direkt zugeordnet, wohingegen andere Steuern (sog. Gemeinschaftsteuern) nach einem gesetzlich festgelegten »Schlüssel« verteilt werden.

Steuereinnahmen werden auf Bund, Länder und Gemeinden verteilt.

Zusammenfassend lässt sich damit feststellen, dass die wesentliche Bedeutung der Steuern also in der Finanzierung der Haushalte in Bund, Ländern und Gemeinden liegt. Daneben soll nicht unerwähnt bleiben, dass von Seiten des Staates mittels z.B. Gewährung (oder Abbau) von Steuersubventionen oder Änderung von Steuersätzen vermehrt versucht wird, die Konjunktur bzw. Wirtschaft zu lenken (z.B. Förderung der Baubranche durch erhöhte Abschreibungen beim Wohnungsbau).

Steuern dienen der Finanzierung der Haushalte und der Lenkung der Wirtschaft bzw. Konjunktur.

2.4. Verwaltung von Steuern

Die Steuern werden entweder von Bundesfinanzbehörden oder von Landesfinanzbehörden verwaltet, wobei die Verwaltung durch Landesverwaltungsbehörden zum Teil im Auftrag des Bundes erfolgt (sog. Auftragsverwaltung). Einzelheiten über diese Verwaltungszuständigkeit regelt das Grundgesetz in Art. 108. Den Hauptteil der Verwaltungsarbeit leisten dabei die Landesfinanzbehörden. Sie verwalten die wichtigsten Steuerarten. Insbesondere die Einkommensteuer, Körperschaftsteuer und Umsatzsteuer verwalten sie im Auftrag des Bundes. In originärer Zuständigkeit verwalten die Länderfinanzbehörden dagegen z.B.:

- Kraftfahrzeugsteuer,
- Erbschaftsteuer,
- Grunderwerbsteuer,
- Grundsteuer,
- Gewerbesteuer.

Das Finanzverwaltungsgesetz sieht als Landesfinanzbehörden das Landesfinanzministerium, die Oberfinanzdirektion und die Finanzämter vor. Im Verlaufe dieses Buches wird sich das Augenmerk auf die Arbeit der Finanzämter richten, deren Einordnung in diesem Zusammenhang allein wichtig ist.

Merke: Die Finanzämter sind Landesfinanzbehörden, die entweder im Auftrag des Bundes oder originär für die Länder Steuern verwalten.

3. Die Rechtsanwendung im Steuerrecht

Finanzbehörden fordern die Bürger schriftlich zur Zahlung von Steuern auf. Dieses »Schriftstück« bezeichnet man im Steuerrecht als sog. »Steuerbescheid« (z.B. Einkommensteuerbescheid), der als solcher jeweils aus der Überschrift leicht erkennbar ist.

Einzelheiten zum Steuerbescheid und zum Besteuerungsverfahren im Kapitel »Allgemeines Steuerrecht«

Um zu überprüfen, ob die ermittelte Steuerlast im Einzelfall dem Grunde und der Höhe nach rechtens ist, muss sowohl der betroffene Bürger (er wird im Steuerrecht Steuerpflichtiger genannt) bzw. sein Steuerberater/Rechtsanwalt als auch eine im Rahmen der Aus- und Fortbildung damit befasste Person die geltenden Steuergesetze anwenden können. Denn wie wir bereits bei der Behandlung des steuerrechtlichen Legalitätsprinzips gesehen haben, ist die Auferlegung von Steuerlasten allein dem Gesetz vorbehalten.

Letztlich geht es bei der Überprüfung der Rechtmäßigkeit also darum, ob der Steuerbescheid mit den einschlägigen Steuergesetzen im Einklang steht. Dabei kommt es aber nicht nur darauf an, ob z.B. eine Steuer zutreffend auf Grundlage des jeweiligen Spezialsteuergesetzes (z.B. Einkommensteuergesetz) entstanden ist, sondern auch, ob das für den Erlass des jeweiligen Steuerbescheides gesetzlich vorgesehene Verfahren eingehalten wurde.

Im ersteren Fall spricht man von materieller Rechtmäßigkeit, im letzteren Fall von formeller Rechtmäßigkeit.

Rechtsfehler sowohl in formeller als auch in materieller Hinsicht können zur Aufhebung des Steuerbescheides oder zur Herabsetzung der Steuerschuld führen.

Will jemand aber überprüfen, ob die Auferlegung einer Steuerlast durch die geltenden Steuergesetze gedeckt ist, so stellt sich die Frage, wie man zum einen das anzuwendende Steuergesetz auffindet und zum anderen, auf welche Weise untersucht werden kann, ob ein vorgegebener Sachverhalt von der aufgefundenen Gesetzesnorm tatsächlich erfasst wird.

Beide Schritte zur Rechtsfindung setzen das Beherrschen des juristischen Handwerkszeuges, einer Methodik, voraus.

Merke: Der Weg zur Rechtsfindung geht nur über die Methodik.

3.1. Aufbau von Gesetzen

Alle Gesetze sind von ihrer Struktur her gleich aufgebaut. Es tauchen deshalb bei steuerrechtlichen Vorschriften die gleichen Grundfragen wie im Baurecht, im Bürgerlichen Recht oder im Strafrecht auf. Die juristische Methodenlehre kann deshalb als ein fundamentales Wissen bezeichnet werden, das die Basis für das Verständnis von Gesetzen, für das Wissen um ihren Aufbau und ihre Anwendung darstellt.

Regeln der Methodik gelten für alle Rechtsnormen.

Die Regeln der Methodik gelten für alle Rechtsnormen. Eine spezielle Methodenlehre für das Steuerrecht gibt es nicht.

Vor der Rechtsanwendung mit Hilfe der Methodik sollte man sich aber zunächst den grundsätzlichen Aufbau von Gesetzen klarmachen:

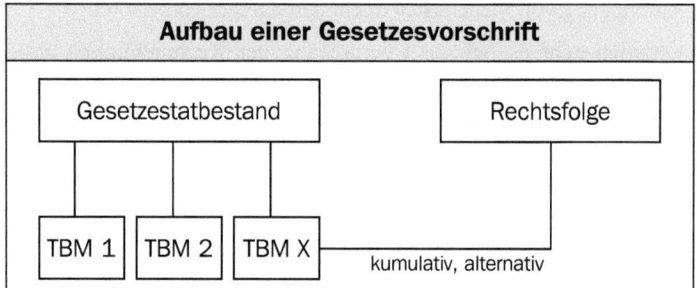

Grundsätzlich finden wir bei allen Gesetzesvorschriften eine gemeinsame Grundstruktur. An bestimmte Voraussetzungen wird eine bestimmte Folge geknüpft. Die Voraussetzungen bezeichnen wir als den »Gesetzestatbestand«, die Folge, die sich aus diesem Tatbestand ergibt, wird »Rechtsfolge« genannt. Der Gesetzestatbestand besteht in der Regel aus mehreren einzelnen Voraussetzungen, den sog. »Tatbestandsmerkmalen« (TBM).

Beispiel: »Betriebsausgaben sind Aufwendungen, die durch den Betrieb veranlaßt sind« (§ 4 Abs. 4 EStG). Handelt es sich bei einem untersuchten Sachverhalt um Aufwendungen, die durch einen Betrieb veranlasst sind (Gesetzestatbestand), so sind diese Aufwendungen als Betriebsausgaben steuermindernd zu berücksichtigen (Rechtsfolge).

Tatbestandsmerkmale (TBM) müssen kumulativ oder alternativ erfüllt sein, um eine Rechtsfolge herbeizuführen.

In den meisten Fällen müssen alle Tatbestandsmerkmale (kumulativ) erfüllt sein, um die im Gesetz vorgesehene Rechtsfolge eintreten zu lassen. Es kann aber auch sein, dass bestimmte Tatbestandsmerkmale nur alternativ zueinander erfüllt zu sein brauchen (im Gesetz wird dies durch das Wort »oder« gekennzeichnet). Dann genügt das Vorliegen einer Alternative, um die Rechtsfolge herbeizuführen.

Die bei Verwirklichung eines gesetzlichen Tatbestandes eintretende Rechtsfolge kann verschiedener Art sein. Sie gibt an, welche Folgerungen das Gesetz aus der Erfüllung der Tatbestandsmerkmale zieht.

Abgesehen von bloßen Definitionsnormen, bei denen als Rechtsfolge der definierte Begriff erfüllt ist, kann bei Erfüllung der gesetzlichen Voraussetzungen die Rechtsfolge unmittelbar eintreten bzw. es besteht eine Verpflichtung der Verwaltung bzw. des Bürgers, im Sinne dieser Rechtsfolge tätig zu werden. Im Gesetz heißt es dann z.B., »die Behörde hat zu ...«, es »ist« in einer bestimmten Art und Weise zu verfahren (sogenannte gebundene Entscheidung).

Beispiel: »Ein ... Verwaltungsakt ist schriftlich zu begründen, soweit dies zu seinem Verständnis erforderlich ist.« (§ 121 Abs. 1 AO).

Das Vorliegen der Tatbestandsmerkmale kann aber auch dazu führen, dass die Verwaltung nur ihr Ermessen darüber ausüben muss, ob sie tätig werden will (Entschließungsermessen) und ggf. welche von mehreren Möglichkeiten sie wählt (Auswahlermessen). Der Gesetzgeber macht diesen Ermessensspielraum durch Formulierungen deutlich, wie »kann«, »darf«, »ist berechtigt« oder »ist befugt«.

Beispiel: »Ein Verwaltungsakt kann schriftlich, mündlich oder in anderer Weise erlassen werden.« (§ 119 Abs. 2 AO).

Wird die Rechtsfolge mit »soll« eingeleitet, so besteht nur ein eingeschränkter Ermessensspielraum, d.h., abgesehen von atypischen Ausnahmefällen muss die Behörde in dem vom Gesetz vorgesehenen Sinne tätig werden.

Beispiel: »Bevor ein Verwaltungsakt erlassen wird, der in Rechte eines Beteiligten eingreift, soll diesem Gelegenheit gegeben werden, sich zu den für die Entscheidung erheblichen Tatsachen zu äußern.« (§ 91 Abs.1 Satz 1 AO).

> Entweder ist die Verwaltung an die gesetzlich vorgesehene Rechtsfolge gebunden oder ihr steht insoweit ein Ermessensspielraum zu.

3.2. Der Weg zur Rechtsfindung

Die Methodenlehre zeigt den Weg zur Rechtsfindung.

Ziel der Rechtsanwendung ist die Lösung konkreter Rechtsprobleme. Die Methodenlehre zeigt den Weg zur Rechtsfindung auf und stellt das dafür notwendige Instrumentarium zur Verfügung. Das Einhalten der methodischen Schritte bei der Rechtsanwendung wird aus meiner Erfahrung von vielen Anfängern unterschätzt mit der Folge, dass insbesondere Hochschulstudenten bei der Lösung schwieriger Fälle erhebliche Probleme bekommen. Auf Grund dessen sollten die nachfolgenden Ausführungen, die die einzelnen Arbeitsschritte auf dem Weg zur Rechtsfindung beschreiben, sorgfältig durchgearbeitet und verinnerlicht werden.

Arbeitsschritte bei der Rechtsanwendung	
1.	Sachverhalt ermitteln
2.	Festlegung der Rechtsfrage (Was soll geprüft werden?)
3.	Suchen einer möglicherweise einschlägigen Rechtsnorm
4.	Zerlegen des Gesetzestatbestandes in die einzelnen Tatbestandsmerkmale
5.	Definition der Tatbestandsmerkmale
6.	Subsumtion = Überprüfung, ob der festgestellte Sachverhalt die Tatbestandsmerkmale erfüllt
7.	Rechtsfolge feststellen/Ergebnis formulieren

Da die nachfolgenden Erläuterungen zu dieser Abbildung auf den ersten Blick allzu theoretisch anmuten, soll ein kurzes Beispiel die Erklärung der einzelnen Arbeitsschritte plastischer werden lassen.

Beispiel: Der Arbeitnehmer A ist belgischer Staatsbürger und arbeitete 2007 für seine belgische Firma sieben Monate in der Bundesrepublik Deutschland. A möchte wissen, ob er mit dem in der Bundesrepublik erzielten Arbeitslohn der deutschen Einkommensteuer unterliegt, mit anderen Worten, ob er einkommensteuerpflichtig geworden ist.

Rechtsanwendung bedeutet: Anwendung einer Gesetzesnorm auf einen konkreten Lebenssachverhalt.

Rechtsanwendung bedeutet, auf einen konkreten Lebenssachverhalt eine Gesetzesnorm anzuwenden. Dabei ist die Ermittlung des Lebenssachverhaltes zunächst immer der Ausgangspunkt. Dieser

Lebenssachverhalt besteht oft aus einer Vielzahl von Tatsachen. Wir können dabei äußere (oder objektive) und innere (oder subjektive) Tatsachen unterscheiden.

Objektive Tatsachen sind alle Gegenstände, Vorgänge und Ereignisse der äußeren Wahrnehmung, subjektive Tatsachen sind dagegen innere, psychische Vorgänge, wie z.B. die Gewinnerzielungsabsicht i.S.d. § 15 Abs. 2 EStG.

In der steuerrechtlichen Praxis kommt der richtigen Sachverhaltsermittlung eine entscheidende Bedeutung zu. In der theoretischen Ausbildung im Allgemeinen und in Klausuren im Besonderen wird der Lebenssachverhalt dem Studenten in der Regel jedoch vorgegeben (Ausnahme: im Rahmen der Referendarausbildung zum Zweiten juristischen Staatsexamen), so dass die Sachverhaltsermittlung in der theoretischen Ausbildung kaum geübt und klausurmäßig abgefragt wird.

Bei der Sachverhaltsermittlung geht es aber – und dies ist die große Schwierigkeit – nicht darum, alle einzelnen Umstände und Fakten zu erfassen, sondern um die Heraushebung der rechtlich relevanten Merkmale.

Welche dieser Fakten des Lebenssachverhaltes aber für die Rechtsfindung von Bedeutung sein können, hängt wiederum von der Norm ab, die angewendet werden soll. Da diese Anwendbarkeit aber gerade erst geprüft werden soll, handelt es sich zunächst um einen »Rohsachverhalt«, um eine vorläufige Sachverhaltsbeurteilung, die die Suche nach einer möglicherweise anwendbaren Norm gestattet.

Im o.g. Beispiel ist dieser Rohsachverhalt vorgegeben. Zum jetzigen Zeitpunkt ist aber noch nicht erkennbar, ob z.B. der Umstand, dass A 7 Monate in der Bundesrepublik Deutschland gearbeitet hat, für die Rechtsfindung von Bedeutung ist.

Der nächste Arbeitsschritt besteht in der Festlegung der Rechtsfrage. Hierbei soll sich der Rechtsanwender darüber im Klaren werden, was genau geprüft werden soll.

Festlegung der Rechtsfrage

Im o.g. Beispielsfall soll also nach der Vorgabe überprüft werden, ob A in der Bundesrepublik Deutschland einkommensteuerpflichtig ist.

Sodann beginnt die Suche nach der möglicherweise einschlägigen Rechtsnorm. Das Auffinden dieser Rechtsnorm geschieht in der Art und Weise, dass die Rechtsfolgen der in Betracht kommenden

Kann die Rechtsfolge der möglicherweise einschlägigen Rechtsnorm die festgelegte Rechtsfrage beantworten?

Normen daraufhin untersucht werden, ob die festgelegte Rechtsfrage damit beantwortet werden kann.

Die im Beispielsfall gestellte Frage nach der Einkommensteuerpflicht beantwortet § 1 Abs. 1 EStG:

»Natürliche Personen, die im Inland einen Wohnsitz oder ihren gewöhnlichen Aufenthalt haben, sind unbeschränkt einkommensteuerpflichtig.«

Für die Beantwortung der gestellten Rechtsfrage stellt diese Norm die passende Rechtsfolge (... sind unbeschränkt einkommensteuerpflichtig) zur Verfügung.

<small>Zerlegung des Gesamttatbestandes in seine TBM</small>

In einem nächsten Schritt muss nun der Tatbestand der einschlägigen Rechtsnorm in seine einzelnen Tatbestandsmerkmale zerlegt werden.

§ 1 Abs. 1 Satz 1 EStG stellt folgende Voraussetzungen (= Tatbestandsmerkmale) für die unbeschränkte Einkommensteuerpflicht auf:

- *natürliche Person*
- *Wohnsitz oder gewöhnlichen Aufenthalt*
- *im Inland.*

<small>Definitionen der TBM teilweise durch Ergänzungsnormen</small>

Daran anschließend werden diese einzelnen Tatbestandsmerkmale definiert. Dabei helfen oftmals auch sog. Ergänzungsnormen, die Definitionen für einzelne Tatbestandsmerkmale anderer Rechtsnorm beinhalten. Bei Tatbestandsmerkmalen, die aus sich heraus nicht ohne weiteres verständlich sind, sind Definitionen von der Rechtsprechung oder dem einschlägigen Schrifttum »erarbeitet« worden.

Im Beispielsfall lassen sich die einzelnen Tatbestandsmerkmale wie folgt definieren: »Natürliche Personen« sind alle Menschen von Geburt bis zum Tode.

Was unter dem Tatbestandsmerkmal »Wohnsitz« zu verstehen ist, regelt ergänzend § 8 AO: »Einen Wohnsitz hat jemand dort, wo er eine Wohnung unter Umständen innehat, die darauf schließen lassen, dass er die Wohnung beibehalten und benutzen wird.«

Das Tatbestandsmerkmal »gewöhnlicher Aufenthalt« wird auf die gleiche Weise in § 9 AO geregelt:

»Den gewöhnlichen Aufenthalt hat jemand dort, wo er sich unter Umständen aufhält, die erkennen lassen, dass er an diesem Ort oder in diesem Gebiet nicht nur vorübergehend verweilt. Als gewöhnlicher Aufenthalt im Geltungsbereich dieses Gesetzes ist stets

und von Beginn an ein zeitlich zusammenhängender Aufenthalt von mehr als 6 Monaten Dauer anzusehen...«.

Zum »Inland« gehört grundsätzlich alles, was sich innerhalb der hoheitlichen Grenzen der Bundesrepublik Deutschland befindet.

Der nunmehr entscheidende Arbeitsschritt ist die sogenannte Subsumtion. Dabei sind die Tatbestandsmerkmale einzeln und nacheinander mit den ihnen jeweils entsprechenden Teilen des Lebenssachverhaltes in Beziehung zu setzen, um festzustellen, ob durch den Lebenssachverhalt wirklich alle Tatbestandsmerkmale erfüllt werden.

<small>Subsumtion: Feststellung, ob der Lebenssachverhalt die definierten TBM erfüllt</small>

Zum Beispielsfall: A ist ein lebender Mensch und damit eine natürliche Person i.S.d. § 1 Abs. 1 Satz 1 EStG. A hat keinen Wohnsitz i.S.d. § 8 AO, denn er beabsichtigt nicht, die Wohnung in der Bundesrepublik Deutschland beizubehalten und zu benutzen.

Da sich A jedoch zeitlich zusammenhängend mehr als sechs Monate in der Bundesrepublik Deutschland aufgehalten hat, hat er dort einen gewöhnlichen Aufenthalt i.S.d. § 9 AO.

(Da die Tatbestandsmerkmale »Wohnung« und »gewöhnlicher Aufenthalt« in einem Alternativverhältnis zueinander stehen, ist lediglich die Erfüllung eines dieser Tatbestandsmerkmale erforderlich.)

A hat seinen gewöhnlichen Aufenthalt auch im Inland, d.h. in der Bundesrepublik Deutschland.

Damit kann im Ergebnis festgestellt werden, dass sämtliche Tatbestandsmerkmale des § 1 Abs. 1 Satz 1 EStG erfüllt sind.

Letzter Arbeitsschritt bei der Rechtsanwendung ist die Feststellung der Rechtsfolge. Dies ist gleichzusetzen mit der Formulierung des Endergebnisses der Prüfung hinsichtlich der Anwendung einer gesetzlichen Vorschrift.

<small>Formulierung des Ergebnisses der Prüfung</small>

Zum Beispielsfall: Ergebnis der Prüfung der Einkommensteuerpflicht: A ist unbeschränkt einkommensteuerpflichtig i.S.d. § 1 Abs. 1 Satz 1 EStG.

Damit ist nach der Methodenlehre der Weg zur Rechtsfindung vollendet. Ich möchte an dieser Stelle nochmals darauf hinweisen, dass das Verständnis dieser Ausführungen über die Grundlagen der Rechtsanwendung von größter Bedeutung für alles Arbeiten mit juristischen Materien ist.

Ein häufiger Anfängerfehler ist es, den Lebenssachverhalt pauschal der Gesetzesnorm zu unterwerfen, ohne Tatbestandsmerkmal für

<small>Lebenssachverhalt nie pauschal einer Gesetzesnorm unterwerfen</small>

Tatbestandsmerkmal einzeln zu prüfen. Ein derartiger Fehler sollte von Anfang an vermieden werden.

Dies ist der Schlüssel für richtige Lösungen sowohl in steuerrechtlichen Fällen in der Ausbildung als auch in der Praxis.

3.3. Hinweise für die Lösung steuerrechtlicher Fälle

An dieser Stelle sollen einige typische Fallfragen aufgeführt werden, deren Lösungsansätze zumindest für die Hochschulstudenten zu beachten sind.

Da dem Grunde nach das Steuerrecht zum besonderen Verwaltungsrecht zu rechnen ist, sind sowohl typische Fallkonstellationen als auch Prüfungsaufbauten sehr ähnlich:

Entweder will der Steuerpflichtige einen ihn mit einer Steuerschuld belastenden Steuerbescheid überprüfen und beseitigen bzw. zu seinen Gunsten ändern lassen, oder er begehrt eine für ihn günstige Verwaltungsentscheidung der Finanzbehörde. Stets sind dabei die o.g. verfahrensrechtlichen (und u.U. prozessualen) Fragen von den materiell-rechtlichen Fragen zu trennen.

1. Soll die Rechtmäßigkeit des Bescheides überprüft werden, so ist es zweckmäßig, folgende Reihenfolge einzuhalten:

a) Zunächst ist zu untersuchen, ob die zuständige Finanzbehörde gehandelt und dabei die einschlägigen verfahrensrechtlichen Bestimmungen beachtet hat. Der Schwerpunkt wird hier sicherlich in der Prüfung von Verfahrensfehlern liegen. Dabei können der Finanzbehörde Fehler in allen Verfahrensstadien von der Ermittlung des steuererheblichen Sachverhaltes bis zum Erlass des Bescheides unterlaufen sein. In diesem Zusammenhang sind häufig Probleme bei der Bekanntgabe, Aufhebung und Änderung von Steuerbescheiden oder Verjährungsfragen relevant.

b) Im Anschluss daran ist zu untersuchen, ob der Steuerbescheid auf einer gültigen gesetzlichen Ermächtigungsgrundlage beruht. In dieser materiellen Rechtmäßigkeitsprüfung wird in der Regel der Schwerpunkt einer Klausur oder Hausarbeit liegen. Wird in einem Steuerbescheid eine bestimmte Steuerschuld festgesetzt, so ist zu fragen, ob diese Schuld dem Grunde und der Höhe nach auf Grundlage der einschlägigen Normen des in Betracht kommenden Steuergesetzes entstanden ist. Besonderheit: Geht es um die Prüfung der Rechtmäßigkeit von Bescheiden, welche bereits ergangene Steuerbescheide abändern (sogenannte Berichtigungsbescheide), so muss der Bearbeiter zunächst die Befugnis zur Änderung prüfen, bevor er auf die materiellen Rechtsfragen der einschlägigen Steuergesetze eingeht.

c) Greift der Steuerpflichtige den Bescheid durch außergerichtliche Rechtsbehelfe oder finanzgerichtliche Klage an, so sind vor den Prüfungen zu a) und b) zunächst noch die Zulässigkeitsvoraussetzungen dieser Rechtsbehelfe zu überprüfen.

2. Begehrt der Steuerpflichtige dagegen einen für ihn günstigen Steuerbescheid, etwa eine Steuerstundung (§ 222 AO), so hat der Klausurverfasser wie im Verwaltungsrecht die Tatbestandsvoraussetzungen für den Erlass eines begünstigenden Verwaltungsaktes zu prüfen.

3. Schließlich kann die Fallfrage aber auch so gestaltet sein, dass sich der Bearbeiter in die Rolle eines Finanzbeamten zu versetzen hat. Bei diesen Fallkonstellationen ist zumeist danach gefragt, wie die im Sachverhalt geschilderten Vorgänge steuerlich zu behandeln sind. (Erfahrungsgemäß sind in Klausuren und Hausarbeiten Kombinationen von prozessualen Zulässigkeitsvoraussetzungen eines Rechtsmittels mit Fragen formeller und materieller Rechtmäßigkeit eines Steuerbescheides sehr beliebt. Im Verlaufe dieses Buches werden die im Rahmen dieser beschriebenen Fallkonstellationen relevanten prozessualen, verfahrensrechtlichen und materiell-rechtlichen Vorschriften im Einzelnen erläutert.)

Allgemeines Steuerrecht

1.	**Inhalt und Bedeutung**	24
2.	**Der Steuerbegriff**	25
3.	**Rechtsquellen des Steuerrechts**	28
3.1.	Förmliche Gesetze	29
3.2.	Rechtsverordnungen	30
3.3.	Autonome Satzungen	30
3.4.	Vorschriften und Entscheidungen ohne Rechtsnormqualität	32
4.	**Das Besteuerungsverfahren**	37
4.1.	Ermittlungsverfahren	39
4.2.	Festsetzungsverfahren	44
4.3.	Erhebungsverfahren	71
4.4.	Vollstreckungsverfahren	77
4.5.	Zusammenfassung	79
5.	**Wiederholungsfragen**	**80**

1. Inhalt und Bedeutung

Im Rahmen des »Allgemeinen Steuerrechts« soll zunächst der Steuerbegriff erläutert und dem bisher unbefangenen Leser nahegebracht werden, welche Rechtsquellen es im Steuerrecht gibt, die letztlich bei jeder Rechtsanwendung bzw. Rechtsfindung zu beachten sind. Den Schwerpunkt dieses Kapitels bildet das sog. Besteuerungsverfahren, also der Weg von der Ermittlung des steuerrelevanten Sachverhaltes bis hin zur Begleichung der festgesetzten Steuerschuld.

Diese Aspekte sind eine bewusst getroffene Auswahl aus den üblicherweise im Rahmen des allgemeinen Steuerrechts behandelten Thematiken (z.B. Steuerprinzipien, Steuergesetzgebungshoheiten, Einteilungen von Steuern u.ä.). Die hier angesprochenen Punkte sind erforderlich für das Verständnis der im folgenden Kapitel behandelten Einzelsteuerarten. Sie werden deshalb hier »vor die Klammer« gezogen, weil die insoweit behandelten Fragen für alle Steuerarten gleichermaßen Bedeutung haben. Diese grundsätzliche Einteilung in einen allgemeinen und in einen besonderen Teil findet sich auch sehr häufig im sonstigen Recht.

Zur Vermeidung von Wiederholungen werden allgemein gültige Grundsätze und Verfahrensfragen vorab geklärt, und es wird bei der Behandlung von Einzelproblemen lediglich darauf verwiesen. Findet sich diese Unterteilung häufig sogar in einem Gesetz, so gibt es im Steuerrecht für einen Großteil dieser grundsätzlichen Fragen ein eigenes Gesetz, die Abgabenordnung (AO).

Verfahrensfragen sind grundsätzlich in der AO geregelt.

Damit kann man sich schon an dieser Stelle für das Steuerrecht merken, dass fast alle grundsätzlichen Fragen (insbesondere Verfahrensfragen) in der AO geregelt sind.

2. Der Steuerbegriff

Die gesetzliche Definition (= Legaldefinition) des Steuerbegriffes ergibt sich aus § 3 Abs. 1 AO: Steuern sind Geldleistungen, die nicht eine Gegenleistung für eine besondere Leistung darstellen und von einem öffentlich-rechtlichen Gemeinwesen zur Erzielung von Einnahmen allen auferlegt werden, bei denen der Tatbestand zutrifft, an den das Gesetz die Leistungspflicht knüpft; die Erzielung von Einnahmen kann Nebenzweck sein.

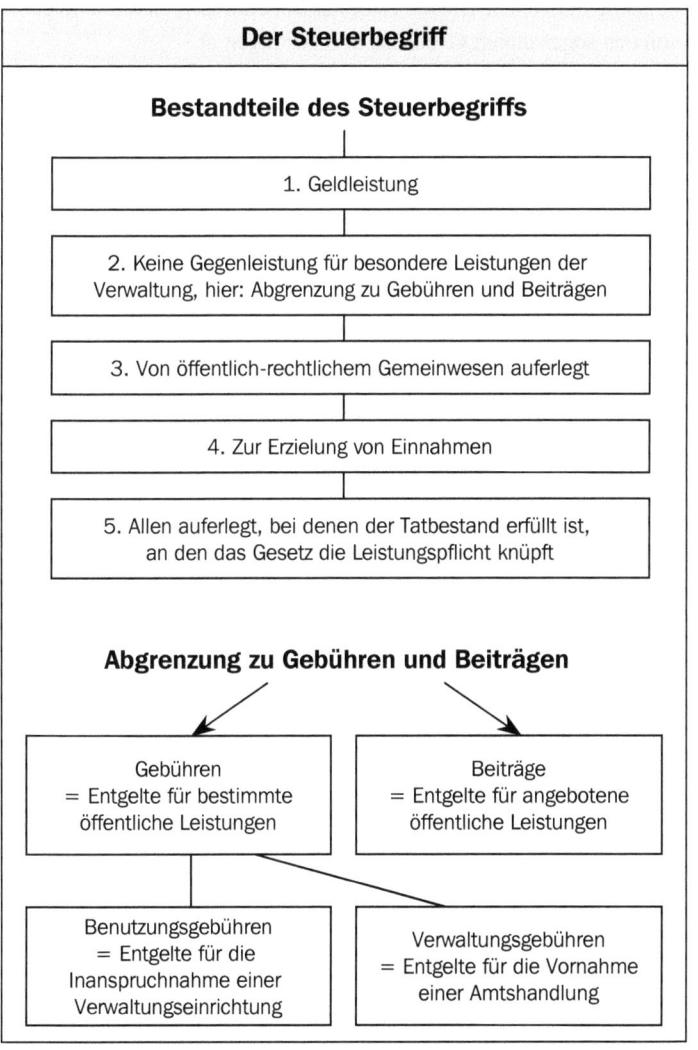

Um den Steuerbegriff im Einzelnen untersuchen zu können, ist es erforderlich, dass die gesetzliche Vorschrift in ihre einzelnen Tatbestandsmerkmale zerlegt wird.

Sach- und Dienstleistungen sind keine Steuern.

Will man also beurteilen, ob eine bestimmte Abgabe als Steuer einzuordnen ist, müssen nach unseren oben gewonnenen Erkenntnissen sämtliche Tatbestandsmerkmale des § 3 Abs. 1 AO erfüllt sein: Zunächst muss es sich um eine Geldleistung handeln. Damit gehören Sach- und Dienstleistungen nicht zu den Steuern. Diese Geldleistungen dürfen keine Gegenleistung für eine besondere Leistung darstellen. Dieses Tatbestandsmerkmal grenzt die Steuern von den sogenannten Gebühren und Beiträgen ab.

Abgrenzung zu Gebühren und Beiträgen, die Entgelte für eine Gegenleistung darstellen

Gebühren und Beiträge sind ebenfalls öffentlich-rechtliche Abgaben; sie unterscheiden sich aber von den Steuern dadurch, dass sie jeweils Entgelte für eine Gegenleistung darstellen. Dabei sind Gebühren Entgelte für eine bestimmte öffentliche Leistung. Man unterscheidet:

a) Benutzungsgebühren: Entgelte für die Inanspruchnahme einer Verwaltungseinrichtung.

b) Verwaltungsgebühren dagegen sind Entgelte für die Vornahme einer Amtshandlung (z.B. Kfz-Zulassungsgebühren).

Beiträge sind hoheitlich zur Finanzbedarfsdeckung auferlegte Aufwendungsersatzleistungen

a) für die Herstellung, Anschaffung oder Erweiterung öffentlicher Einrichtungen und Anlagen;

b) für die Verbesserung von Straßen, Wegen und Plätzen, nicht für deren laufende Unterhaltung und Instandsetzung.

Steuern werden vom öffentlich-rechtlichen Gemeinwesen hoheitlich auferlegt.

Zumindest als Nebenzweck müssen Steuern der Erzielung von Einnahmen dienen.

Dieser Aufwendungsersatz wird erhoben, weil eine konkrete Gegenleistung, ein konkreter wirtschaftlicher Vorteil, in Anspruch genommen werden kann und die Möglichkeit hierzu geboten wird. Deshalb sind Beiträge – kurz gesagt – Entgelte für angebotene öffentliche Leistungen. Zu den Beiträgen gehören z.B. Straßenanliegerbeiträge. (Legaldefinitionen der Begriffe »Gebühren« und »Beiträge« finden sich in §§ 4 Abs. 2, 8 Abs. 2 Kommunalabgabengesetz NRW.) Weiterhin müssen die Geldleistungen von einem öffentlich-rechtlichen Gemeinwesen hoheitlich auferlegt werden. Unter dem Begriff »öffentlich-rechtliches Gemeinwesen« fasst man die Gebietskörperschaften (Bund, Länder, Gemeinden) und die Religionsgemeinschaften zusammen, die vom Staat als öffentlich-rechtliche Körperschaft anerkannt sind. Freiwillige oder auch auf vertraglichen Verpflichtungen beruhende Zahlungen an andere

Institutionen können damit keine Steuern sein. Zumindest als Nebenzweck (z.B. Konsumlenkung durch Tabaksteuer) muss die Geldleistung zur Erzielung von Einnahmen auferlegt sein. Hauptsächlich dienen Steuern zur Deckung des Finanzbedarfes des Staates. Die Geldleistung muss zudem allen auferlegt werden, bei denen der Tatbestand zutrifft, an den das Gesetz die Leistungspflicht knüpft. Diese Formulierung im Gesetz soll bewirken, dass Steuern immer erhoben werden (müssen), wenn der steuerliche Tatbestand vorliegt (= Grundsatz der Gleichmäßigkeit der Besteuerung). Auf der anderen Seite dürfen sie aber nur bei Erfüllung des gesetzlichen Tatbestandes erhoben werden (= Grundsatz der Gesetzmäßigkeit der Besteuerung). Diese bis hierhin erfolgten Erläuterungen zum Steuerbegriff und deren Abgrenzung zu Gebühren und Beiträgen sollte sich der Leser möglichst einprägen.

Grundsatz der Gleichmäßigkeit und Gesetzmäßigkeit der Besteuerung

Daneben führt die AO in § 3 Abs. 4 noch die sogenannten steuerlichen Nebenleistungen auf. Dabei handelt es sich nicht um Steuern, sie können aber im Zusammenhang mit der Besteuerung und der Steuererhebung auftreten. Zu den steuerlichen Nebenleistungen gehören:

Steuerliche Nebenleistungen sind keine Steuern.

- Verspätungszuschläge (§ 152 AO)
- Zinsen (§§ 233-237 AO)
- Säumniszuschläge (§ 240 AO)
- Zwangsgelder (§ 329 AO)
- Kosten (§§ 89, 178, 178a und 337-345 AO).

Auf die Erläuterung dieser Begriffe im Einzelnen wird an dieser Stelle bewusst verzichtet; sie haben insbesondere in der Ausbildung eine weitgehend untergeordnete Bedeutung. Einzelne Nebenleistungen werden an geeigneter Stelle dennoch kurz behandelt.

Literaturhinweis: Einzelheiten zum Steuerbegriff finden Sie bei Birk, Steuerrecht, Rz. 113 ff.; Tipke/Lang, Steuerrecht, § 3 Rz. 9 ff.

3. Rechtsquellen des Steuerrechts

Wie wir im vorherigen Kapitel bereits gesehen haben, können Steuern nur auferlegt werden, wenn ein Gesetz dies vorsieht. Daran anknüpfend stellt sich die Frage, was unter »Gesetz« eigentlich zu verstehen ist.

Gesetz ist jede Rechtsnorm.

Nach der Legaldefinition in § 4 AO ist Gesetz jede Rechtsnorm. Ganz allgemein kann man sich unter dem Begriff »Rechtsnorm« Vorschriften und Regeln vorstellen, die für die von ihnen betroffenen Bürger rechtsverbindlich sind. Für den Bereich des Steuerrechts sind solche Rechtsnormen:

- förmliche Gesetze
- Rechtsverordnungen
- autonome Satzungen

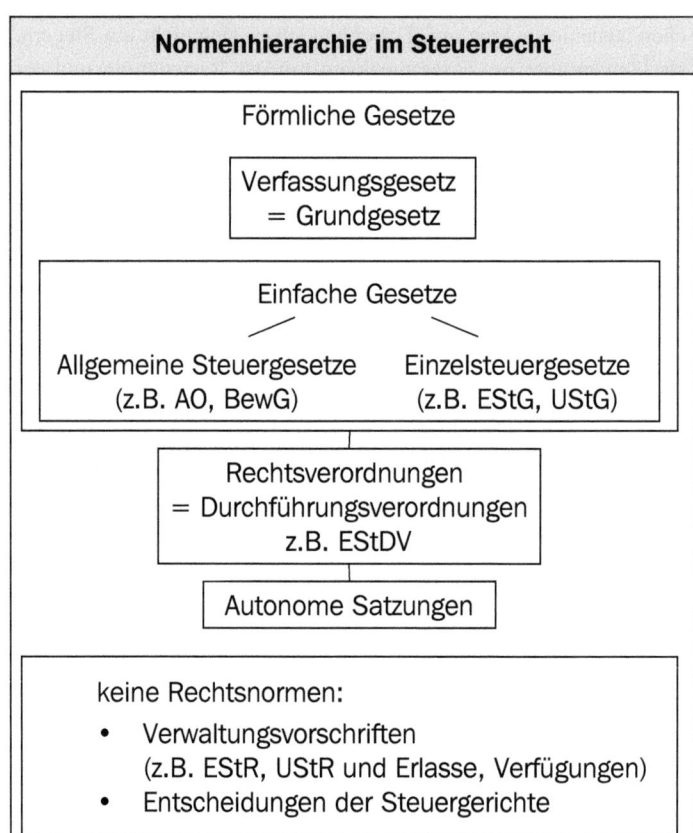

Mit Hilfe dieser Rechtsquellen können Fragestellungen im Bereich des Steuerrechts im Wesentlichen gelöst werden. Rechtsnormen stehen aber nicht gleichrangig nebeneinander, sondern vielmehr in einem Rangverhältnis. Aus diesem Rangverhältnis ergibt sich die in dem Schaubild dargestellte Normenhierarchie. Danach steht das Grundgesetz mit seinen Grundnormen als »geistiger Überbau« über den einfachen Gesetzen, diese wiederum über Rechtsverordnungen und Satzungen. Dies nennt man auch den sog. »Stufenaufbau der Rechtsordnung«. Steuergesetze können sowohl Bundes- als auch Landesgesetze sein.

Rechtsnormen stehen in einem Rangverhältnis.

Merke: Bei einer Konkurrenz zwischen Bundesrecht und Landesrecht gilt der Grundsatz: Bundesrecht bricht Landesrecht. Dieser Grundsatz ist in Art. 31 GG festgeschrieben.

3.1. Förmliche Gesetze

Förmliche Gesetze sind Rechtsnormen, die in einem förmlichen Gesetzgebungsverfahren zustande kommen, ordnungsgemäß ausgefertigt und in den dafür vorgeschriebenen amtlichen Blättern verkündet werden. Für Bundesgesetze ist dieses förmliche Gesetzgebungsverfahren im Einzelnen im Grundgesetz geregelt (vgl. Art. 76-78, 82, 105 Abs. 3 GG). Diese Gesetze binden die Bürger, die Verwaltung und die Gerichte. Diese förmlichen Gesetze können ihrem Rang nach in Verfassungsgesetze und einfache Gesetze unterteilt werden. Verfassungsgesetz ist das Grundgesetz vom 23.05.1949. Es steht dem Rang nach einfachen Gesetzen vor. Im Grundgesetz finden sich u.a. Regelungen hinsichtlich der Steuergesetzgebung (Art. 105 GG), Verteilung des Steueraufkommens (Art. 106 GG), Steuerverwaltung (Art. 107 GG) und ähnliche Grundregeln, die für das gesamte Steuerrecht von Belang sind. Auf der Ebene der einfachen Gesetze kann man für das Steuerrecht grob zwischen allgemeinen Gesetzen und Einzelsteuergesetzen unterscheiden. Dabei ist zu beachten, dass bei konkurrierenden Regelungen in allgemeinen und speziellen Steuergesetzen letztere den Vorrang genießen:

Förmliche Gesetze binden Bürger, Verwaltung und Gerichte.

Allgemeiner Grundsatz: lex specialis vor lex generalis.

Die allgemeinen Steuergesetze enthalten Vorschriften, die für alle Steuern Geltung haben. Dazu zählen insbesondere die Abgabenordnung und das Bewertungsgesetz. Zu den Einzelsteuergesetzen gehören die bereits mehrfach zitierten Gesetze, wie z.B. Einkommensteuergesetz, Umsatzsteuergesetz, Gewerbesteuergesetz.

3.2. Rechtsverordnungen

Rechtsverordnungen sind Rechtsnormen.

Rechtsverordnungen sind ebenfalls Rechtsnormen. Im Gegensatz zu den gerade erläuterten förmlichen Gesetzen kommen sie jedoch nicht in einem förmlichen Gesetzgebungsverfahren zustande, sondern können von der Bundesregierung, einem Bundesminister (im Steuerrecht: Bundesfinanzminister) oder einer Landesregierung aufgrund Art. 80 GG erlassen werden, wenn diese in einem Gesetz dazu ausdrücklich ermächtigt worden sind. Dabei müssen Inhalt, Zweck und Ausmaß der Ermächtigung im Gesetz jeweils angegeben sein (vgl. Art. 80 Abs. 1 Satz 2 GG). Obwohl es sich bei den Rechtsverordnungen um Rechtsnormen handelt, die von der Exekutive erlassen worden sind, haben sie gleichwohl die Verbindlichkeit von Gesetzen. Für den Rechtsanwender im Steuerrecht ist zu beachten, dass zu den größeren Steuergesetzen Rechtsverordnungen ergangen sind, sogenannte Durchführungsverordnungen (z.B. Einkommensteuer-Durchführungsverordnung = EStDV; Körperschaftsteuer-Durchführungsverordnung = KStDV; Gewerbesteuer-Durchführungsverordnung = GewStDV). Die meisten Ermächtigungen zum Erlass dieser Durchführungsverordnungen finden sich am Schluss eines Gesetzes zusammengefasst (z.B. § 51 EStG, § 33 KStG, § 35c GewStG).

Rechtsverordnungen zu den Steuergesetzen heißen Durchführungs-Verordnungen.

3.3. Autonome Satzungen

Autonome Satzungen sind Rechtsnormen.

Autonome Satzungen sind ebenfalls Rechtsnormen, die von einer dem Staat eingeordneten juristischen Person des öffentlichen Rechts im Rahmen der ihr gesetzlich verliehenen Autonomie mit Wirksamkeit für die ihr angehörigen und unterworfenen Personen erlassen werden. Sie haben mit den Verordnungen gemein, dass sie nicht in dem von der Verfassung für die Gesetzgebung vorgeschriebenen Verfahren zustande kommen, unterscheiden sich aber von den Verordnungen dadurch, dass sie von einer nichtstaatlichen Stelle erlassen werden. Für das Steuerrecht relevant ist die Autonomie der Gemeinden (vgl. Art. 28 Abs. 2 GG). Ob Art. 28 Abs. 2 GG auch die Befugnis einer Gemeinde zur Auferlegung von Steuern enthält, ist im Einzelnen in der Rechtslehre umstritten.

Streitig, ob Autonomie der Gemeinden (Art. 28 Abs. 2 GG) auch die Befugnis zur Auferlegung von Steuern enthält.

Hinweis: Zur Vervollständigung der Palette der jeweils zu beachtenden Rechtsnormen kann im Zuge fortschreitender internationaler Rechtsvorgänge nicht unerwähnt bleiben, dass neben den vorstehend behandelten nationalen Rechtsnormen auch Normen des Völkerrechts relevant sein können. Zu den Völkerrechtsnormen zählen insbesondere die in § 2 AO angesprochenen völkerrechtlichen Verträge.

Nach dieser Vorschrift gehen völkerrechtliche Vereinbarungen, soweit sie unmittelbar anwendbares innerstaatliches Recht geworden sind, den Steuergesetzen vor. In diesem Zusammenhang sollte der Rechtsanwender bei internationalen Sachverhalten immer die völkerrechtlichen Abkommen zur Vermeidung einer Doppelbesteuerung (kurz: DBA) beachten. In diesen Doppelbesteuerungsabkommen, die die Bundesrepublik Deutschland mit den meisten ausländischen Staaten geschlossen hat, ist insbesondere geregelt, welcher Staat bei grenzüberschreitenden Sachverhalten das Besteuerungsrecht hat bzw. auf welche Weise Nachteile, die einem Steuerpflichtigen durch die Besteuerung in mehreren Staaten entstehen, abgemildert oder vermieden werden.

Bei internationalen Rechtsvorgängen sind völkerrechtliche Vereinbarungen, insbesondere Doppelbesteuerungsabkommen zu beachten.

Im bereits o.g. Beispiel des belgischen Staatsbürgers, der für sieben Monate in der Bundesrepublik Deutschland Arbeitslohn erzielt hat, wäre z.B. hinsichtlich der Frage der Doppelbesteuerung zwischen Belgien und der Bundesrepublik Deutschland das DBA Belgien vom 11.04.1967 zu beachten.

Eine Sammlung und Kommentierung der zwischen der Bundesrepublik Deutschland und dem Ausland bestehenden Abkommen zur Vermeidung der Doppelbesteuerung findet sich u.a. in Debatin/Wassermeyer, Doppelbesteuerung, Verlag C.H. Beck, München.

3.4. Vorschriften und Entscheidungen ohne Rechtsnormqualität

3.4.1. Verwaltungsvorschriften

Verwaltungsvorschriften sind Weisungen vorgesetzter Verwaltungsbehörden an ihnen nachgeordnete Behörden.

Verwaltungsvorschriften sind keine Rechtsnormen. Dabei handelt es sich in erster Linie um allgemeine Weisungen vorgesetzter Verwaltungsbehörden, an die die nachgeordneten Behörden gebunden sind. Für Staatsbürger und Gerichte sind sie damit nicht verbindlich.

Verwaltungsvorschriften im Steuerrecht	
Allgemeine Gesetzesanwendungsvorschriften	Spezielle Gesetzesanwendungsvorschriften
• Richtlinien, z.B. EStR, GewStR • Erlasse und allgemeine Schreiben des Bundesministers der Finanzen (BMF-Schreiben) • Allgemeine Verfügungen der Oberfinanzdirektion (OFD-Verfügungen)	• Erlasse und Verfügungen im Einzelfall
Wirkung: • nicht allgemeinverbindlich • binden nur nachgeordnete Verwaltungsbehörden	

Verwaltungsvorschriften geben Rechtsauffassungen der Verwaltung zur Anwendung der Gesetze wieder.

In erster Linie geben die Verwaltungsvorschriften die Rechtsauffassung der Verwaltung zur Anwendung der Gesetze wieder (Organisationsvorschriften, die die innere Organisation oder den Geschäftsgang von Behörden betreffen, werden hier bewusst außer Acht gelassen). Diese Gesetzesanwendungsvorschriften lassen sich grob unterteilen in »allgemeine« und »spezielle« Vorschriften. Die allgemeinen Gesetzesanwendungsvorschriften beinhalten problematische Gesetzesanwendungsfragen von allgemeiner Bedeutung. In diesem Zusammenhang sind insbesondere zu nennen: - Steuerrichtlinien, die von der Bundesregierung erlassen werden (z.B. Einkommensteuerrichtlinien = EStR; Gewerbesteuerrichtlinien =

GewStR) – Allgemeine Erlasse und Schreiben des Bundesministers der Finanzen (BMF-Schreiben) und der Länderfinanzministerien – Verfügungen der Oberfinanzdirektionen (OFD = Leitung der Finanzverwaltung des Bundes und der Länder in ihrem Bezirk) Die speziellen Gesetzesanwendungsvorschriften betreffen dagegen konkrete Einzelfälle. Dazu zählen in erster Linie Erlasse und Verfügungen, die sich speziell nur auf diese Einzelfälle beziehen.

3.4.2. Entscheidungen der Steuergerichte

Die Steuerrechtsprechung wird durch unabhängige, von den Verwaltungsbehörden getrennte, besondere Verwaltungsgerichte ausgeübt. Diese Steuergerichte sind die Finanzgerichte (FG) der Länder und der Bundesfinanzhof (BFH) mit Sitz in München. Die Entscheidungen dieser Gerichte (FG-Urteile, BFH-Urteile) erzeugen im Grundsatz keine allgemeine rechtliche Bindung. Rechtskräftige Urteile binden nur die Beteiligten insoweit, als über den Streitgegenstand entschieden worden ist (§ 110 Abs. 1 Finanzgerichtsordnung). In der Rechtspraxis erlangen insbesondere jedoch die BFH-Urteile dadurch große Breitenwirkung, dass sie die Finanzverwaltung wegen ihrer grundsätzlichen Bedeutung in die Richtlinien aufnimmt.

Steuergerichte sind die Finanzgerichte (FG) der Länder und der Bundesfinanzhof.

Entscheidungen der Steuergerichte haben im Grundsatz über den Einzelfall hinaus keine allgemeine rechtliche Bindung.

Hinweis: Die Urteile des BFH werden in den sogenannten Bundessteuerblättern – herausgegeben vom Bundesministerium der Finanzen – oder in der amtlichen Sammlung (BFHE), die Entscheidungen der FG in der Sammlung EFG (= Entscheidungen der Finanzgerichte) veröffentlicht.

Die Kenntnis dieser vorgestellten Rechtsquellen und die Konkurrenzverhältnisse dieser Rechtsnormen im Einzelnen sind für das Verständnis und die Rechtsanwendung im Bereich des Steuerrechts von entscheidender Bedeutung. Deshalb sollte auf die Durcharbeitung dieses Abschnittes ausreichend Zeit verwendet werden. Für den ersten Durchgang und ein Grundverständnis des Steuerrechts reicht zunächst jedoch aus, die Anwendung der Rechtsnormen auf der Ebene der einfachen Gesetze zu verstehen.

Exkurs: Rechtsprechung des Europäischen Gerichtshof

Da das Steuerrecht nicht an den Grenzen Deutschlands halt macht und in Zeiten der Globalisierung zunehmend grenzüberschreitende Sachverhalte auch im Steuerrecht anzutreffen sind, scheint es geboten, in diesem Zusammenhang kurz auf die immer größere Bedeutung gewinnende Rechtsprechung des Europäischen Gerichtshofes einzugehen:

Der Europäische Gerichtshof (EuGH), amtlich nur Gerichtshof genannt, mit Sitz in Luxemburg ist das oberste rechtsprechende Organ der Europäischen Union (EU). Der Gerichtshof ist nicht zu verwechseln mit dem Europäischen Gerichtshof für Menschenrechte des Europarates. Er bildet damit zusammen mit dem Gericht der Europäischen Union und dem Gericht für den öffentlichen Dienst der Europäischen Union das Gerichtssystem der Europäischen Union, das im politischen System der Europäischen Union die Rolle der Judikative einnimmt. Schwerpunkt der Rechtsprechung des Europäischen Gerichtshof (kurz: EuGH) war zunächst der Bereich des harmonisierten Rechts (der Zölle und der Umsatzsteuer). Mittlerweile stehen auch die Ertragsteuern wie die Einkommen-, Körperschaft- und Gewerbesteuer auf dem Prüfstand des EuGH. Bewerkstelligt hat der EuGH diesen Schritt durch die »Instrumentalisierung der Grundfreiheiten«, die zwischen den Mitgliedstaaten im Vertrag zur Gründung der Europäischen Gemeinschaft (EG-Vertrag; kurz: EGV oder EG; durch Art. 2 des Vertrags von Lissabon mit Wirkung zum 1. Dezember 2009 in Vertrag über die Arbeitsweise der Europäischen Union umbenannt, kurz: AEUV) vereinbart wurden. Zwar ist danach das Steuerrecht nach wie vor nicht Gegenstand der Tätigkeit der Gemeinschaft. Es besteht keine Kompetenz zur generellen Harmonisierung des Steuerrechts; gleichwohl misst der EuGH die nationalen Steuerrechte am Maßstab der Grundfreiheiten (z.B. Niederlassungsfreiheit, Kapitalverkehrsfreiheit, Arbeitnehmerfreizügigkeit) und prüft, ob die jeweiligen Normen zu Diskriminierungen und Beschränkungen führen. Dabei hat der EuGH eine eigene Dogmatik entwickelt, die vor allem den Zweck hat, die Wirksamkeit des Europäischen Rechts zu befördern. Der EuGH, der nur auf Drittveranlassung tätig werden kann, bewirkt mit seinen Mitteln eine negative Integration, indem er Diskriminierungen und Beschränkungen beseitigt. Die EuGH-Rechtsprechung hat durch diese sog. »negative Integration« zahlreiche Pfeiler des tradierten Systems grenzüberschreitender Besteuerung in Frage gestellt und sich als der effizienteste, aber für die einzelnen Mitgliedstaaten auch gefährlichste Motor zur Überwindung von steuerlichen Hindernissen bei grenzüberschreitenden Aktivitäten in der Gemeinschaft entwickelt und dabei auch auf die nicht harmonisierten Ertragsteuern eingewirkt.

Für Klagen der Europäischen Kommission (v. a. Vertragsverletzungsverfahren), Klagen anderer Organe der Europäischen Union oder der Mitgliedstaaten, die nicht gegen die Kommission gerichtet sind, sowie für die Entscheidungen im Vorabentscheidungsverfahren ist der EuGH allein zuständig.

Vertragsverletzungsverfahren (Art. 258 AEU-Vertrag): Die Europäische Kommission kann einen Mitgliedstaat – nach einem Vorverfahren – vor dem EuGH verklagen. Der EuGH prüft dann, ob ein Mitgliedstaat seinen sich aus dem Vertrag über die Arbeitsweise der Europäischen Union ergebenden Verpflichtungen nicht nachgekommen ist. Dem EuGH wird eine Klageschrift zugestellt, die teilweise im Amtsblatt der Europäischen Union veröffentlicht und dem Beklagten zugestellt wird. Je nach Fall kommt es zu einer Beweisaufnahme und einer mündlichen Verhandlung. Im Anschluss daran gibt der Generalanwalt seine Schlussanträge ab. Darin macht er einen Urteilsvorschlag, an den der EuGH jedoch nicht gebunden ist. Gemäß Art. 259 AEU-Vertrag kann auch ein Mitgliedstaat gegen einen anderen vor dem EuGH (nach einem Vorverfahren durch Einschaltung der Kommission, Art. 259 Abs. 2 bis 4 AEU-Vertrag) vorgehen.

Vorabentscheidungsverfahren (Art. 267 AEU-Vertrag): Die nationalen Gerichte können bzw. müssen, soweit es sich um die letzte Instanz (zum Beispiel Bundesfinanzhof, Bundesgerichtshof) handelt, dem EuGH Fragen hinsichtlich der Auslegung des Rechts der Europäischen Union vorlegen. Außerdem können sie überprüfen lassen, ob ein europäischer Gesetzgebungsakt gültig ist. Dies soll in besonderem Maße die einheitliche Anwendung des Rechts der Europäischen Union durch die nationalen Gerichte, die für dessen Durchsetzung zu sorgen haben, sicherstellen. Das nationale Gericht muss in seiner Verhandlung auf die Auslegung bzw. Gültigkeit des Rechts der Europäischen Union angewiesen sein (sie muss entscheidungserheblich sein und die Auslegung darf nicht bereits geklärt sein), um eine Frage vorlegen zu dürfen. Es unterbricht dabei sein Verfahren bis zur Antwort des EuGH. Die vorgelegte Frage wird zunächst in alle Amtssprachen übersetzt und im Amtsblatt bekanntgegeben. Dies gibt den beteiligten Parteien, sämtlichen Mitgliedstaaten und den Organen der Europäischen Union die Möglichkeit, Stellungnahmen abzugeben. Wiederum folgen i.d.R. eine mündliche Verhandlung sowie Schlussanträge des Generalanwalts, bevor es zu einem Urteilsspruch kommt. Das vorlegende Gericht (und andere Gerichte in ähnlichen Fällen) sind an das Urteil des EuGH gebunden.

Literaturhinweis: Weitere Einzelheiten zu den Rechtsquellen des Steuerrechts finden Sie bei Tipke/Lang, Steuerrecht, § 5 Rz. 1 ff.

4. Das Besteuerungsverfahren

Das Verfahrensrecht gehört erfahrungsgemäß sowohl bei Hochschulstudenten als auch bei interessierten Laien nicht gerade zu den aufregenden und spannenden Rechtsgebieten. Dennoch ist die Kenntnis der wesentlichen Grundsätze des Besteuerungsverfahrens absolut unumgänglich, um sich im »Steuer-Dschungel« einigermaßen zurechtzufinden. Für diejenigen, die sich bereits im Zusammenhang mit dem allgemeinen Verwaltungsrecht mit Verfahrensfragen befasst haben, werden sich viele Parallelen auftun. Diese Ähnlichkeiten haben ihre Ursache in dem Charakter des Steuerrechts als besonderem Verwaltungsrecht.

Parallelen zum allgemeinen Verwaltungsrecht

VERFAHREN DER BESTEUERUNG

Den Schwerpunkt der nachfolgenden Ausführungen bildet das sogenannte Festsetzungsverfahren. Die Kenntnis dieser Grundzüge ist sowohl für Hochschulstudenten (wegen der besonderen Relevanz in Klausuren) als auch für sonstige Einsteiger (für die Frage, wie man sich gegen rechtswidrige Steuerbescheide »wehren« kann) von besonderer Bedeutung. Ich weise in diesem Zusammenhang nochmals darauf hin, dass in diesem Abschnitt schwerpunktmäßig das Besteuerungsverfahren unter dem Blickwinkel der Festsetzung durch Steuerbescheid untersucht wird. Die nachfolgenden Ausführungen erheben auf Grund dessen keinen Anspruch auf Vollständigkeit.

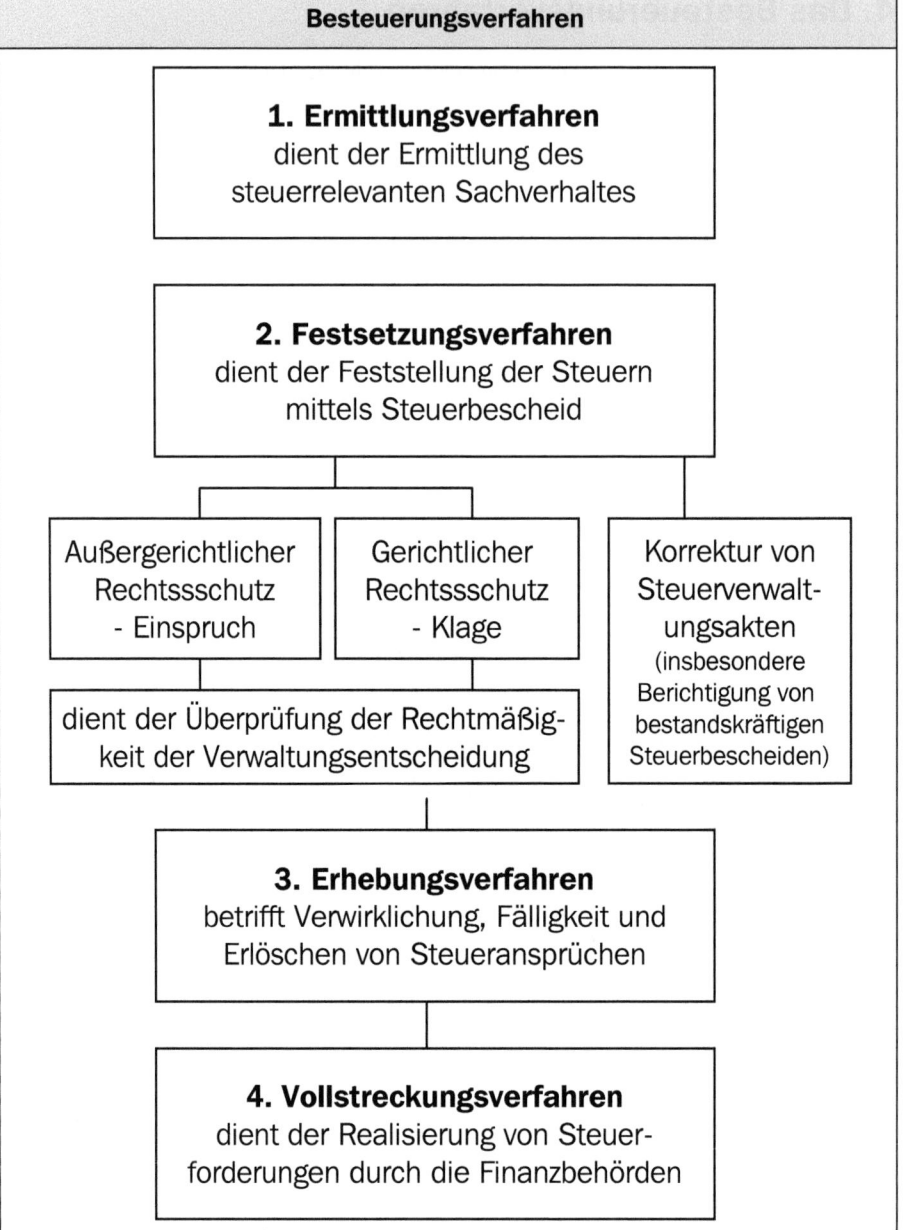

4.1. Ermittlungsverfahren

Voraussetzung für die Festsetzung und Erhebung von Steuern ist, dass zuvor der für die Besteuerung relevante Sachverhalt (= Besteuerungsgrundlagen) ermittelt worden ist.

Ermittlung der Besteuerungsgrundlagen

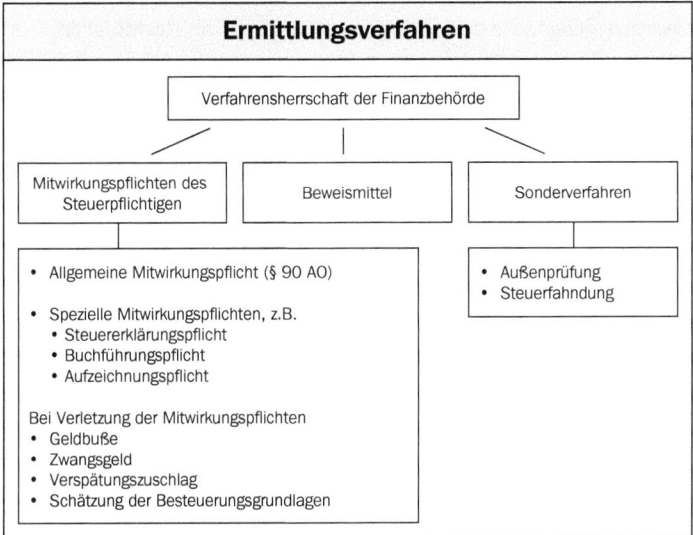

Die Ermittlung des Sachverhaltes gehört zu den wichtigsten, aber auch schwierigsten Aufgaben eines jeden Verfahrens. Von der gründlichen und richtigen Ermittlung des Sachverhaltes hängt es im Wesentlichen ab, ob eine darauf aufbauende Entscheidung auch rechtmäßig ist. Aufgrund dieser besonderen Bedeutung der Besteuerungsgrundlagen hat die Abgabenordnung (AO) den Finanzbehörden bei der Ermittlung des Sachverhaltes in jeder Lage des Verfahrens weitreichende Befugnisse zur Seite gestellt. Die Finanzbehörde hat nach § 88 Abs. 1 Satz 1 AO den Sachverhalt von Amts wegen zu ermitteln (Untersuchungsgrundsatz). Sie trägt allein die Verantwortung für die Sachaufklärung und besitzt die sog. Verfahrensherrschaft, d.h. sie bestimmt Art und Umfang der Ermittlungen und ist an das Vorbringen und an die Beweisanträge der Beteiligten nicht gebunden (§ 88 Abs. 1 Satz 2 AO). Die Finanzbehörde hat dabei aber nicht nur diejenigen Umstände zu berücksichtigen, die zu einer höheren Steuer führen, sondern alle für den Einzelfall bedeutsamen, auch die für die Beteiligten günstigen Umstände, zu ermitteln (§ 88 Abs. 2 AO). Der Umfang der Ermittlungspflichten der Finanzbehörde lässt sich nicht generell beschreiben; er richtet

Richtige Ermittlung des Sachverhaltes entscheidend für die Rechtmäßigkeit der Steuerfestlegung

Untersuchungsgrundsatz

Umfang der Ermittlungen nach Umständen des Einzelfalls

sich vielmehr nach den Umständen des Einzelfalles. Die Grenzen der Ermittlungspflicht ergeben sich aus dem Grundsatz der Zumutbarkeit und der Verhältnismäßigkeit der Mittel. Damit müssen die Ermittlungshandlungen geeignet und erforderlich sein und dürfen zum angestrebten Erfolg nicht erkennbar außer Verhältnis stehen, d.h. von mehreren Ermittlungsmöglichkeiten ist immer diejenige heranzuziehen, die den geringsten Eingriff in die Rechtssphäre des Steuerpflichtigen bedeutet. Aufgrund allein schon der sachlichen und personellen Mittel der Finanzbehörden kann aber die Hauptlast bei der Ermittlung der Besteuerungsgrundlagen nicht allein bei den Finanzämtern liegen. In der Abgabenordnung geregelte allgemeine und spezielle Mitwirkungspflichten insbesondere des Steuerpflichtigen gewährleisten, dass die Sachaufklärung im Wege einer vernünftigen Arbeitsteilung zwischen Finanzbehörden und dem Steuerpflichtigen geschieht. § 90 AO enthält hinsichtlich der Mitwirkungspflichten der im Besteuerungsfall beteiligten Personen eine sogenannte Generalklausel. Danach sind die Beteiligten zur Mitwirkung bei der Ermittlung des Sachverhaltes verpflichtet; sie kommen der Mitwirkungspflicht insbesondere dadurch nach, dass sie die für die Besteuerung erheblichen Tatsachen vollständig und wahrheitsgemäß offen legen und die ihnen bekannten Beweismittel angeben (vgl. § 90 Abs. 1 AO). Die wichtigsten speziellen Mitwirkungspflichten sind auf der einen Seite die Buchführungs- und Aufzeichnungspflichten, auf der anderen Seite die sog. Steuererklärungspflichten. Die Rechtsgrundlagen für die steuerlichen Buchführungs- und Aufzeichnungspflichten finden sich in der Abgabenordnung (§§ 140 ff. AO). Eine Buchführung erfasst dabei alle Geschäftsvorfälle nach einem bestimmten Buchführungssystem (z.B. doppelte Buchführung). Die in der Abgabenordnung geregelten steuerlichen Buchführungspflichten richten sich zum einen nach der im Handelsrecht für Vollkaufleute festgeschriebenen Pflicht, Bücher zu führen (= abgeleitete Buchführungspflicht). Sie ist in § 141 AO geregelt. Zum anderen begründet § 141 AO originär eine Buchführungspflicht für bestimmte Steuerpflichtige (gewerbliche Unternehmer sowie Land- und Forstwirte). Diese originäre Buchführungspflicht knüpft an das Überschreiten bestimmter Umsatz- oder Gewinngrenzen an. Danach ist also z.B. ein gewerblicher Unternehmer, der mangels Kaufmannseigenschaft i.S.d. Handelsgesetzbuches nicht nach § 140 AO buchführungspflichtig ist, gleichwohl verpflichtet, für seinen Betrieb Bücher zu führen, wenn der Gewinn aus Gewerbebetrieb mehr als 50.000,– € im Wirtschaftsjahr ausmacht. Im Gegensatz zu einer Buchführung erfassen

Aufzeichnungen nur bestimmte steuerliche Sachverhalte. Neben den in der Abgabenordnung geregelten Aufzeichnungspflichten (vgl. §§ 143, 144 AO: Aufzeichnung des Warenein- und -ausganges) finden sich Aufzeichnungspflichten auch in anderen Steuergesetzen (z.B. § 4 Abs. 5, 7 EStG: Aufzeichnungen bestimmter Betriebsausgaben) oder es handelt sich um sogenannte außersteuerliche Aufzeichnungspflichten für bestimmte Betriebe oder Berufe (z.B. Depotbücher bei Banken). Hat ein Steuerpflichtiger trotz Verpflichtung keine Bücher geführt oder Aufzeichnungen vorgenommen, kann die Finanzbehörde die Erfüllung dieser steuerlichen Buchführungs- und Aufzeichnungspflichten durch Auferlegung eines Zwangsgeldes erzwingen (§ 328 AO). Weisen die Buchführung oder Aufzeichnungen schwerwiegende formelle und/oder materielle Mängel auf bzw. fehlen Buchführung oder Aufzeichnungen ganz, so ist die Finanzbehörde berechtigt, gem. § 162 AO die Besteuerungsgrundlagen (z.B. den Gewinn) zu schätzen. Die wohl wichtigste spezielle Mitwirkungspflicht ist die Verpflichtung zur Abgabe der Steuererklärung. Die Festlegung der Steuererklärungspflicht überlässt die Abgabenordnung in erster Linie den Einzelsteuergesetzen (vgl. § 149 Abs. 1 Satz 1 AO iVm. § 25 Abs. 3 EStG; § 31 KStG; § 18 Abs. 3 UStG; § 14a GewStG; § 28 BewG; § 31 ErbStG). Darüber hinaus kann die Finanzbehörde jederzeit den Steuerpflichtigen zur Abgabe einer Steuererklärung auffordern (§ 149 Abs. 1 Satz 2 AO). Form und Inhalt der Steuererklärungen ergeben sich im Regelfall aus amtlich vorgeschriebenen Vordrucken (z.B. der amtliche Einkommensteuer-Erklärungsvordruck, der alljährlich den einkommensteuerpflichtigen Personen zur Ausfüllung von den Finanzbehörden zugeschickt wird). Die Einkommensteuererklärung von Ledigen oder die gemeinsame Erklärung von Verheirateten, die auch gewerbliche er freiberufliche Einkünfte erzielen, ist ab dem Veranlagungszeitraum 2011 nach amtlich vorgeschriebenen Datensatz durch Datenfernübertragung an das Finanzamt zu ermitteln (§ 25 Abs. 4 EStG).

Die Angaben in diesen Steuererklärungen sind wahrheitsgemäß nach bestem Wissen und Gewissen zu machen. Dies ist, wenn der Vordruck es vorsieht, schriftlich zu versichern (§ 150 Abs. 2 AO). Diesen Steuererklärungen müssen gem. § 150 Abs. 4 Satz 1 AO die Unterlagen (z.B. Bilanzen) beigefügt werden, die nach den Steuergesetzen vorzulegen sind (vgl. § 60 EStDV für die Beifügung einer Abschrift der Bilanz). Soweit die Steuergesetze nichts anderes bestimmen, sind Steuererklärungen, die sich auf ein Kalenderjahr oder einen gesetzlich bestimmten Zeitpunkt beziehen, spätestens

Folgen bei Nichterfüllung steuerlicher Buchführungs- und Aufzeichnungspflichten

Steuererklärungspflicht als wichtigste Mitwirkungspflicht

Form und Inhalt aus amtlich vorgeschriebenen Vordrucken

fünf Monate danach abzugeben (vgl. § 149 Abs. 2 AO). Da diese Steuererklärungspflichten insbesondere für Gewerbetreibende zu knapp bemessen sind – die Geschäftsabschlüsse werden im Regelfall längere Zeit in Anspruch nehmen –, sieht die Abgabenordnung in § 109 Abs. 1 AO die Verlängerungsmöglichkeit dieser Fristen vor. Zur Durchsetzung dieser Steuererklärungspflicht, die maßgeblich zur Ermittlung der Besteuerungsgrundlagen beiträgt, können die Finanzbehörden gegen diejenigen Steuerpflichtigen, die entgegen ihrer Verpflichtung eine Steuererklärung nicht oder nicht fristgemäß abgeben, eine Geldzahlung (Verspätungszuschlag) festsetzen (vgl. § 152 AO). Wird trotz alledem die angeforderte Steuererklärung endgültig nicht abgegeben, verbleibt der Finanzbehörde zur Ermittlung der Besteuerungsgrundlagen schließlich nur die Schätzung i.S.d. § 162 AO.

Folgen bei Nichterfüllung oder verspäteter Erfüllung der Abgabepflicht

4.1.1. Beweismittel

Neben den durch die abgegebenen Steuererklärungen und eingereichten Unterlagen erhaltenen Angaben bedient sich die Finanzbehörde der Beweismittel, die sie nach pflichtgemäßem Ermessen zur Ermittlung des Sachverhaltes für erforderlich hält (§ 92 AO). Die Finanzbehörde kann insbesondere:

- Auskünfte jeder Art von den Beteiligten und anderen Personen einholen,
- Sachverständige hinzuziehen,
- Urkunden und Akten beiziehen,
- den Augenschein einnehmen.

Im Einzelnen sind diese Beweismittel in den §§ 93 ff. AO geregelt. Soweit nicht ausnahmsweise feste Beweisregeln aus speziellen gesetzlichen Vorschriften eingreifen, entscheidet die Finanzbehörde nach ihren freien, aus dem Gesamtergebnis des Verfahrens ewonnenen Überzeugungen (Grundsatz der freien Beweiswürdigung).

4.1.2. Besondere Verfahren der Sachaufklärung

Der Vollständigkeit halber sollen an dieser Stelle noch zwei Sonderverfahren erwähnt werden, die ebenfalls u.a. der Ermittlung der Besteuerungsgrundlagen dienen, die Außenprüfung und die Steuerfahndung. Die Außenprüfung ist im Einzelnen in den §§ 193 ff. AO geregelt. Sie ist zulässig bei Steuerpflichtigen, die einen gewerblichen oder land- und forstwirtschaftlichen Betrieb unterhalten oder die freiberuflich tätig sind. Zweck der Außenprüfung ist es, Steuergerechtigkeit durch gerechte Vollziehung der Steuergesetze zu verwirklichen. Dazu werden im Rahmen der Außenprüfung die für die Besteuerung maßgebenden tatsächlichen und rechtlichen Verhältnisse des Steuerpflichtigen ermittelt. Man kann die Außenprüfung bezeichnen als eine umfassende und besonders intensive finanzbehördliche Sachaufklärungsmaßnahme; sie ergänzt und erweitert die von dem die Steuerfestsetzung durchführenden Sachbearbeiter im Finanzamt vorgenomme (insbesondere bei großen Unternehmen teilweise zunächst nur oberflächliche) Überprüfung der in der Steuererklärung gemachten Angaben.

Außenprüfung ist eine umfassende und besonders intensive finanzbehördliche Sachaufklärungsmaßnahme.

Beispiel: Ein Betriebsprüfer einer Finanzbehörde prüft die Bilanzen und sonstigen Buchführungsunterlagen eines gewerblich tätigen Steuerpflichtigen über einen zurückliegenden Zeitraum von drei Jahren auf deren Richtigkeit und Vollständigkeit. Aufgabe der Steuerfahndung (§§ 208 ff. AO) ist

1. *die Erforschung von Steuerstraftaten und Steuerordnungswidrigkeiten,*
2. *die Ermittlung der Besteuerungsgrundlagen in den in Nr. 1 bezeichneten Fällen,*
3. *die Aufdeckung und Ermittlung unbekannter Steuerfälle.*

Damit besitzt die Steuerfahndung eine Doppelaufgabe; eine steuerstrafrechtliche (1.) und eine steuerrechtliche (2. u. 3.). Zusammenfassend lässt sich für das Ermittlungsverfahren feststellen, dass sich die Ermittlung der Besteuerungsgrundlagen in erster Linie durch die Erfüllung der Mitwirkungspflichten des Steuerpflichtigen verwirklichen lässt. In den weitaus meisten Steuerfällen erfolgt die Ermittlung der Besteuerungsgrundlagen ausschließlich auf Grundlage der abgegebenen Steuererklärungen nebst beizufügenden Unterlagen. Im Bereich der gewerblichen Einkünfte von Großunternehmen erlangt die vorgestellte Außenprüfung ihre besondere Bedeutung. Die Inanspruchnahme der sonstigen Beweismittel und die Steuerfahndung beschränken sich hingegen auf Ausnahmefälle.

Doppelaufgabe der Steuerfahndung

Besondere Bedeutung der Außenprüfung bei gewerblichen Einkünften

4.2. Festsetzungsverfahren

Nachdem im gerade behandelten Ermittlungsverfahren die Besteuerungsgrundlagen (z.B. Jahresarbeitslohn eines Arbeitnehmers) ermittelt worden sind, wird nun im Rahmen des Festsetzungsverfahrens die Steuer nach Maßgabe der Gesetze festgesetzt.

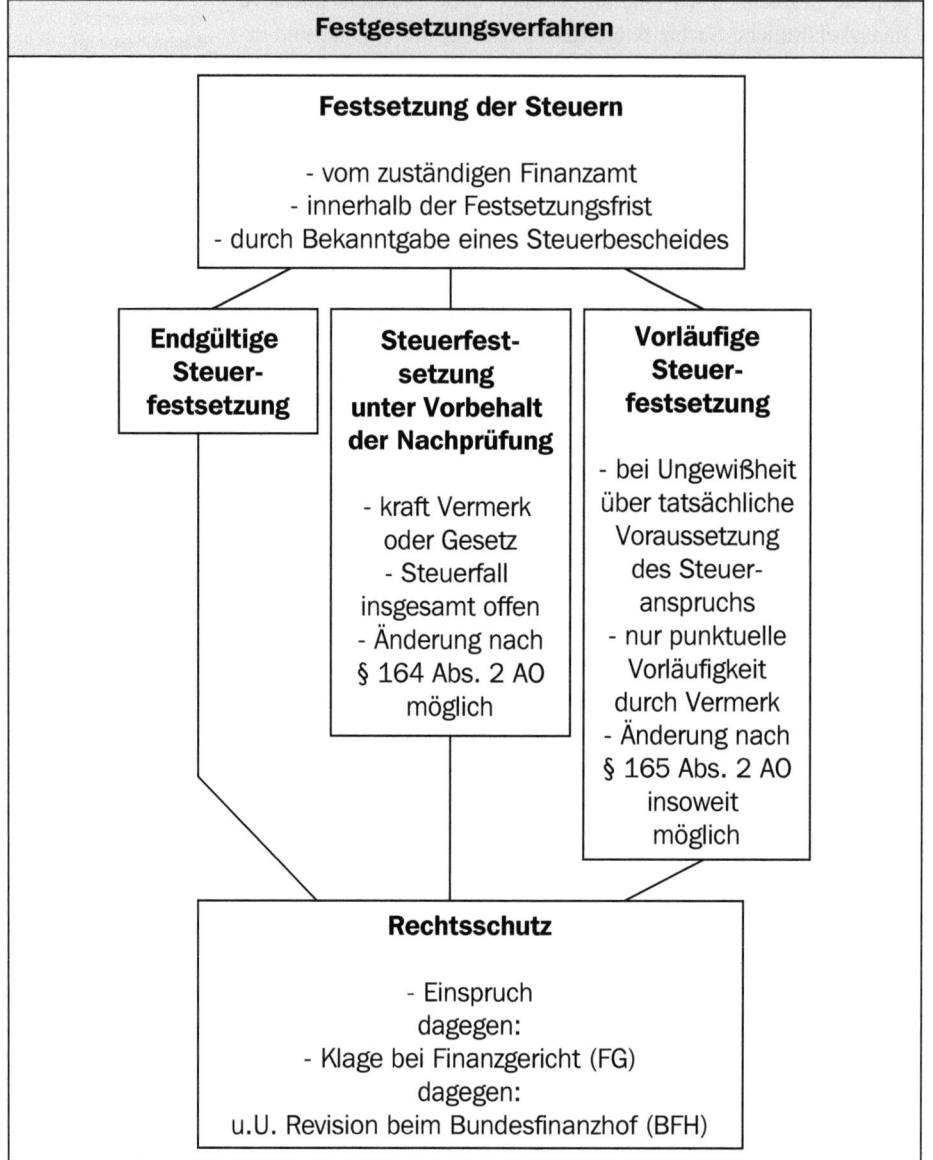

4.2.1. Festsetzung der Steuern

Der Steueranspruch des Staates wird also durch diese Steuerfestsetzung verwirklicht. Die Festsetzung der Steuer erfolgt in der Regel durch Bekanntgabe eines Steuerbescheides an den betroffenen Steuerpflichtigen von der zuständigen Finanzbehörde innerhalb der sog. Festsetzungsfrist.

Zuständigkeit der Finanzbehörden

Zuständigkeitsregelungen haben grundsätzlich den Zweck, den einer Finanzbehörde zugewiesenen Geschäftskreis festzulegen und diesen Geschäftskreis von dem Geschäftskreis anderer Finanzbehörden abzugrenzen. Diese Regelungen sind notwendig, um für einen reibungslosen Ablauf bei der Erledigung der vielschichtigen Aufgaben der Finanzverwaltung zu sorgen. Man unterscheidet zwischen »sachlicher Zuständigkeit« und »örtlicher« Zuständigkeit.

Die Zuständigkeit betrifft den Geschäftskreis einer Finanzbehörde.

Die »sachliche« Zuständigkeit betrifft den einer Behörde dem Gegenstand und der Art nach durch Gesetz ausgewiesenen Aufgabenbereich. Dies hört sich zuerst mal kompliziert an, meint aber nichts anderes, als dass z.B. die Finanzämter sachlich für den Erlass von Einkommensteuerbescheiden zuständig sind. Die sachliche Zuständigkeit der Finanzbehörden ist nicht in der AO geregelt (vgl. § 16 AO), sondern ergibt sich aus dem Gesetz über die Finanzverwaltung (FVG).

Hinweis: In steuerrechtlichen Fällen – sowohl in der Ausbildung als auch in der Praxis – sind Problemstellungen im Bereich der sachlichen Zuständigkeit weitestgehend ohne Bedeutung.

Die sachliche Zuständigkeit ist von der örtlichen Zuständigkeit streng zu trennen. Letztere betrifft die Frage, welche von mehreren sachlich zuständigen Finanzbehörden einen bestimmten Steuerbescheid zu erlassen hat. Sie beschreibt also den räumlichen Wirkungsbereich einer Finanzbehörde. Die örtliche Zuständigkeit der Behörden wird im Wesentlichen bestimmt von der Steuerart. Auf die örtliche Zuständigkeit gem. § 18 AO hinsichtlich der sog. gesonderten Feststellungen wird im Rahmen einer kurzen Abhandlung des Feststellungsverfahrens eingegangen. Die Regelungen über die örtliche Zuständigkeit der Finanzbehörden finden sich in den §§ 17 ff. der AO.

Unterscheide sachliche und örtliche Zuständigkeit

Zuständigkeiten

Örtliche Zuständigkeit der Finanzbehörden

Wohnsitz-finanzämter	Geschäftsleitungs-finanzämter	Betriebs-finanzämter
zuständig für: • Einkommensteuer natürlicher Personen	zuständig für: • Körperschaftsteuer juristischer Personen	zuständig für: • Umsatzsteuer • Gewerbesteuer (Steuermeß-bescheide)

Rechtsfolge bei Verletzung der örtlichen Zuständigkeit:
- Rechtswidrigkeit des Steuerbescheids, nicht Nichtigkeit
- Unbeachtlichkeit, wenn Entscheidung in der Sache rechtmäßig

Beachte: Die Betriebsfinanzämter sind bei der Gewerbesteuer nur zuständig für den Erlass der Gewerbesteuermessbescheide. Die eigentliche Mehrwertsteuer erhebt idR die Gemeinde.

Zuständigkeit des »Wohnsitzfinanzamtes«

Nach § 19 Abs. 1 Satz 1 AO ist für die Besteuerung natürlicher Personen nach dem Einkommen und Vermögen das Finanzamt örtlich zuständig, in dessen Bezirk der Steuerpflichtige seinen Wohnsitz oder in Ermangelung eines Wohnsitzes seinen gewöhnlichen Aufenthalt hat. Dieses Finanzamt nennt man »Wohnsitzfinanzamt«. Für die Frage, welches Finanzamt für die Festsetzung der Einkommensteuer für eine Person X örtlich zuständig ist, kommt es also entscheidend darauf an, wo diese Person ihren Wohnsitz hat. Einen Wohnsitz hat jemand dort, wo er eine Wohnung innehat unter Umständen, die darauf schließen lassen, dass er die Wohnung beibehalten und benutzen wird (§ 8 AO). Ist kein Wohnsitz vorhanden, so ist das Finanzamt örtlich zuständig, in dessen Bezirk der Steuerpflichtige seinen »gewöhnlichen Aufenthalt« hat. Nach der Legaldefinition des § 9 AO hat jemand seinen gewöhnlichen Aufenthalt dort, wo er sich unter Umständen aufhält, die erkennen lassen, dass er an diesem Ort oder in diesem Gebiet nicht nur vorübergehend verweilt. Als gewöhnlicher Aufenthalt ist stets und von Beginn an ein zeitlich zusammenhängender Aufenthalt von mehr als sechs Monaten Dauer anzusehen. Bei »mehrfachem Wohnsitz« im Inland kommt es nach § 19 Abs. 1 Satz 2 AO hinsichtlich der örtlichen Zuständigkeit auf den Wohnsitz an, an dem sich der Steuerpflichtige vorwiegend aufhält. Bei mehrfachem

Wohnsitz eines verheirateten Steuerpflichtigen, der von seinem Ehegatten nicht dauernd getrennt lebt, ist der Wohnsitz maßgebend, an dem sich die Familie vorwiegend aufhält (§ 19 Abs. 1 Satz 2 a.E. AO). Bei juristischen Personen (z.B. Aktiengesellschaft oder GmbH), die als solche steuerpflichtig sind, ist für die Besteuerung nach dem Einkommen (Körperschaftsteuer) und dem Vermögen (Vermögensteuer) das Finanzamt örtlich zuständig, in dessen Bezirk sich die Geschäftsleitung befindet (§ 20 Abs. 1 AO). Dieses Finanzamt wird als Geschäftsleitungsfinanzamt bezeichnet. Die Geschäftsleitung ist der Mittelpunkt der geschäftlichen Oberleitung (§ 10 AO). Das wird in der Regel der Ort sein, wo sich die Büroräume des Unternehmens befinden. Für die Umsatzsteuer mit Ausnahme der Einfuhrumsatzsteuer ist das Finanzamt zuständig, von dessen Bezirk aus der Unternehmer sein Unternehmen ganz oder vorwiegend betreibt (§ 21 Abs. 1 Satz 1 AO). Dieses Finanzamt wird »Betriebsfinanzamt« genannt. Das Betriebsfinanzamt ist auch für die Festsetzung und Zerlegung der Steuermessbeträge bei der Gewerbesteuer örtlich zuständig (§ 22 Abs. 1 AO). Die Messbeträge bilden die Grundlage für die Erhebung der eigentlichen Gewerbesteuer, für die idR die Gemeinden zuständig sind.

Zuständigkeit des »Geschäftsleitungsfinanzamtes«

Zuständigkeit des »Betriebsfinanzamtes«

Besonderheiten bei der Gewerbesteuer

Hinweis: Einzelheiten hierzu im Kapitel »Gewerbesteuer«.

Für den Bearbeiter von steuerrechtlichen Fällen ist an dieser Stelle noch zu erwähnen, dass ein Steuerbescheid, der die Vorschriften über die örtliche Zuständigkeit verletzt, zwar rechtswidrig, aber nicht nichtig, d.h. unwirksam ist (§ 125 Abs. 3 Nr. 1 AO). Die Rechtswidrigkeit wegen örtlicher Unzuständigkeit ist rechtlich indessen unbeachtlich, wenn die Entscheidung in der Sache rechtmäßig ist (§ 127 AO). Hat also das örtlich unzuständige Finanzamt z.B. eine dem Grunde und der Höhe nach zutreffende Einkommensteuer festgesetzt, kann dem Steuerbescheid nicht mit Erfolg die Unzuständigkeit entgegengehalten werden.

Örtliche Unzuständigkeit führt (nur) zur Rechtswidrigkeit, nicht zur Nichtigkeit.

Festsetzungsverjährung

Die zuständige Finanzbehörde darf Steuern jedoch nur dann in einem Steuerbescheid festsetzen, wenn die »Festsetzungsverjährung« noch nicht abgelaufen ist. Die Regelungen über die Festsetzungsverjährung finden sich in den §§ 169 ff. AO. Sinn und Zweck der Verjährung besteht im Wesentlichen in der Wahrung des Rechtsfriedens und der Rechtssicherheit. Nach Ablauf einer bestimmten Zeit soll der Steuerpflichtige die Gewissheit haben, dass

Sinn und Zweck der Verjährung besteht in der Wahrung des Rechtsfriedens und der Rechtssicherheit.

gegen ihn keine Steuerforderung mehr geltend gemacht werden kann.

Festsetzungsverjährung		
Fristbeginn	**Fristdauer**	**Fristende**
Allgemeiner Beginn: mit Ablauf des Kalenderjahres (Kj.) der Steuerentstehung Anlaufhemmung: wenn Steuererklärung oder -anmeldung einzureichen ist, mit Ablauf des Kj. des Einreichens, spätestens mit Ablauf des 3. Kj., das auf das Kj. der Steuerentstehung folgt	Grundsatz: 4 Jahre (Zölle und Verbrauchsteuern: 1 Jahr) Ausnahme: - bei leichtfertiger Steuerverkürzung (5 Jahre) - bei Steuerhinterziehung (10 Jahre)	Regelmäßig: mit Ablauf von 1/4 bzw. 5/10 Jahren nach Fristbeginn Beachte: Ablaufhemmung (§ 171 AO), insbesondere bei: - Außenprüfung - vorläufigen Festsetzungen - Grundlagenbescheiden
Wirkung der Festsetzungsverjährung: - Erlöschen des Steueranspruchs - Beachte: Ein Steuerbescheid, der verjährte Steuer festsetzt, ist nicht unwirksam, sondern rechtswidrig und anfechtbar		

Zahlungsverjährung betrifft bereits fällige Steueransprüche.

Die Festsetzungsverjährung ist von der »Zahlungsverjährung« zu unterscheiden. Die Zahlungsverjährung, die im Rahmen des Erhebungsverfahrens erläutert wird, unterscheidet sich von der Festsetzungsverjährung dadurch, dass sie bereits fällige Steueransprüche betrifft. Die Festsetzungsverjährung dagegen setzt den Finanzbehörden eine Grenze, innerhalb derer Steueransprüche überhaupt mittels Steuerbescheid festgesetzt werden können. Die Festsetzungsfrist für Zölle und Verbrauchsteuern ist ein Jahr.

Hinweis: Obwohl die Umsatzsteuer ihrer Natur nach eine Verbrauchsteuer ist, wird sie ihrer rechtstechnischen Ausgestaltung wegen aber wie eine Verkehrsteuer behandelt. Für sie gilt daher die kurze Festsetzungsfrist nicht.

Für die gängigen Einzelsteuerarten (inkl. Umsatzsteuer) beträgt die Festsetzungsfrist vier Jahre (vgl. § 169 Abs. 2 Nr. 2 AO). Abweichend davon sieht die Abgabenordnung bei Verwirklichung bestimmter steuerstrafrechtlicher Sachverhalte eine Verlängerung dieser Frist auf fünf Jahre (bei leichtfertiger Steuerverkürzung, § 378 AO) bzw. zehn Jahre (bei Steuerhinterziehung, § 370 AO) vor. Die Festsetzungsfrist beginnt grundsätzlich mit Ablauf des Kalenderjahres, in dem die Steuer kraft Gesetzes – nicht kraft Steuerfestsetzung – entstanden ist (§ 170 Abs. 1 AO). Der Zeitpunkt der Steuerentstehung ergibt sich im Einzelnen aus den Einzelsteuergesetzen (vgl. z.B. § 36 EStG, § 13 UStG). Davon abweichend beginnt die Festsetzungsfrist in den Fällen, in denen aufgrund einer gesetzlichen Vorschrift eine Steuererklärung oder Steueranmeldung einzureichen ist (dies trifft bei den wichtigsten Steuergesetzen zu, z.B. Umsatzsteuer, Einkommensteuer, Gewerbesteuer) mit Ablauf des Kalenderjahres, in dem die Steuererklärung oder Steueranmeldung eingereicht wurde, spätestens jedoch mit Ablauf des dritten Kalenderjahres, das auf das Kalenderjahr folgt, in dem die Steuer entstanden ist (§ 170 Abs. 2 Nr. 1 AO). Dieses Hinausschieben des allgemeinen Fristbeginnes nach § 170 Abs. 2 AO bezeichnet man als »Anlaufhemmung«.

Beispiel: Ein Steuerpflichtiger gibt die Einkommensteuererklärung für das Jahr 01 pflichtwidrig erst im Jahr 05 ab. Da die Einkommensteuer für 01 gem. § 36 Abs. 1 EStG mit Ablauf des Kalenderjahres 01 entsteht, beginnt die Festsetzungsfrist hier spätestens mit Ablauf des dritten Kalenderjahres nach Steuerentstehung, d.h. mit Ablauf des 31.12.04.

Rechnet man zu dem auf diese Weise bestimmten Fristbeginn die Festsetzungsfrist gem. § 169 AO, so ergibt sich das regelmäßige Fristende. In diesem Zusammenhang erlangt die Vorschrift des § 171 AO besondere Bedeutung. Diese Rechtsnorm enthält eine Aufzählung von »Ablaufhemmungen«, die ein Hinausschieben des regelmäßigen Fristendes bewirken. Von den aufgeführten Fällen ist auf drei Ablaufhemmungen ganz besonders hinzuweisen; sie haben in der Praxis große Bedeutung. Wird z.B. vor Ablauf der regelmäßigen Festsetzungsfrist mit einer Außenprüfung begonnen, so läuft die Festsetzungsfrist für die Steuern, auf die sich die Außenprüfung erstreckt, nicht ab, bevor die aufgrund der Außenprüfung zu erlassenden Steuerbescheide unanfechtbar geworden sind. Steuerbescheide werden unanfechtbar, wenn gegen sie keine Rechtsbehelfe mehr eingelegt werden können (i.d.R. wegen Ablaufs der Rechtsbehelfs- bzw. Klagefristen).

Beispiel: Endet bei einem Steuerpflichtigen für die Einkommensteuer die regelmäßige Festsetzungsfrist am 31.12.2011 und wird noch vor Ablauf dieser Frist mit einer Außenprüfung der betreffenden Einkommensteuern begonnen, endet die Festsetzungsfrist erst, wenn der aufgrund der Außenprüfung erlassene Steuerbescheid nicht mehr mit Rechtsmitteln angreifbar ist.

Diese Ablaufhemmung des § 171 Abs. 4 AO ist in der Praxis besonders wichtig, denn sie gibt den Finanzbehörden die Möglichkeit, bei schwierigen Sachverhalten und langwierigen Ermittlungsverfahren die im Rahmen einer Außenprüfung erlangten Erkenntnisse ohne zeitliche Schranken zu verwerten. Eine ähnliche praktische Relevanz haben die Ablaufhemmungen des § 171 Abs. 8 AO (betr. vorläufige Steuerfestsetzungen i.S.d. § 165 AO) bzw. § 171 Abs. 10 AO (betr. Berücksichtigung der Besteuerungsgrundlagen aus sog. Grundlagenbescheiden). Hierauf wird an anderer Stelle noch hinzuweisen sein. Der Eintritt der Festsetzungsverjährung bewirkt, dass eine Steuerfestsetzung (sowie ihre Aufhebung oder Änderung) durch die Finanzbehörde nicht mehr zulässig ist (§ 169 Abs. 1 Satz 1 AO). Die Festsetzungsverjährung führt somit zum Erlöschen des Steueranspruchs. Das bedeutet aber noch nicht, dass ein Steuerbescheid, durch den eine verjährte Steuer festgesetzt wird, nichtig, d.h. unwirksam, ist. Gleichwohl muss ein solcher Steuerbescheid mit einem Rechtsmittel angefochten werden und erst daraufhin erfolgt aufgrund seiner Rechtswidrigkeit die Aufhebung.

> Merke: Die Festsetzung einer verjährten Steuer führt nicht dazu, dass der Steuerbescheid an einem besonders schwerwiegenden Fehler i.S.d. § 125 AO leidet, der bei verständiger Würdigung aller in Betracht kommenden Umstände offenkundig ist und zur Nichtigkeit führt. Der Steuerbescheid ist vielmehr rechtswidrig und damit anfechtbar.

Festsetzung durch Bekanntgabe eines Steuerbescheides

Ist die Festsetzungsverjährung noch nicht eingetreten, kann der Steueranspruch verwirklicht werden, i.d.R. durch Steuerbescheid (§ 155 Abs. 1 AO). Steuerbescheide sind grundsätzlich schriftlich zu erteilen. Schriftliche Steuerbescheide müssen gem. § 157 Abs. 1 AO die festgesetzte Steuer nach Art und Betrag bezeichnen und angeben, wer die Steuer schuldet; ihnen ist außerdem eine Belehrung darüber beizufügen, welcher Rechtsbehelf zulässig und binnen welcher Frist und bei welcher Behörde er einzulegen ist (Rechtsbehelfsbelehrung). Zudem muss ein schriftlicher Steuerbescheid, weil er ein schriftlicher Verwaltungsakt ist, die erlassende Behörde erkennen lassen (§ 119 Abs. 3 AO) und ist überdies zu begründen, soweit dies zu seinem Verständnis erforderlich ist (§ 121 Abs. 1 AO). In den Steuerbescheiden werden deshalb über die in § 157 Abs. 1 AO geforderten Angaben hinaus auch die Besteuerungsgrundlagen (z.B. bei einem Einkommensteuerbescheid der Jahresarbeitslohn des Steuerpflichtigen) aufgeführt. In § 157 Abs. 2 AO wird ausdrücklich darauf hingewiesen, dass die Feststellung dieser Besteuerungsgrundlagen, auf denen letztendlich die Ermittlung des vom Steuerpflichtigen geschuldeten Steuerbetrages beruht, mit einem Rechtsbehelf nicht selbständig anfechtbar ist. Der Steuerbescheid wird aber nicht bereits mit der Fertigung in der Finanzbehörde wirksam, sondern erst, wenn er dem von ihm betroffenen Steuerpflichtigen bekannt gegeben wird (§ 124 Abs. 1 AO). »Bekanntgabe« bedeutet, dem Beteiligten, für den der Steuerbescheid bestimmt oder der von ihm betroffen ist, die Möglichkeit zu verschaffen, von dem Inhalt des Steuerbescheides Kenntnis zu nehmen. Steuerbescheide werden i.d.R. durch die Post übermittelt. Nach der ausdrücklichen Regelung in § 122 Abs. 2 Nr. 1 AO gelten Steuerbescheide bei Übermittlung durch die Post am dritten Tage nach Aufgabe zur Post als bekannt gegeben (»Bekanntgabefiktion«). Auf den Zeitpunkt des tatsächlichen Zuganges des Steuerbescheides beim Steuerpflichtigen kommt es danach nicht an.

Beispiel: Der Steuerpflichtige A erhält den am 13.02.01 zur Post aufgegebenen Einkommensteuerbescheid bereits am darauf folgenden Tag. Ungeachtet dessen bewirkt die Bekanntgabefiktion, dass dieser Steuerbescheid erst am 16.02.01 als bekannt gegeben angesehen wird.

An dieser Stelle ist darauf hinzuweisen, dass diese Bekanntgabefiktion durchaus von Bedeutung sein kann, denn mit dem Tag der Bekanntgabe beginnen die für die Einlegung eines Rechtsbehelfes vorgesehenen Fristen zu laufen.

Wichtiger Hinweis: Die Dreitagesfrist zwischen der Aufgabe eines Verwaltungsakts zur Post und seiner vermuteten Bekanntgabe (§ 122 Abs. 2 Nr. 1 AO) verlängert sich, wenn das Fristende auf einen Sonntag, gesetzlichen Feiertag oder Sonnabend fällt, bis zum nächstfolgenden Werktag (§ 108 Abs. 3 AO; vgl. BFH-Urteil vom 14.10.2003 – IX R 68/98, BStBl. II 2003, 898).

Neben der Übermittlung durch die Post sieht die AO in § 122 noch die »öffentliche Bekanntgabe« (in der Praxis nur geringe Bedeutung) und die »Zustellung« vor. Letztere Bekanntgabeform kommt nur in Betracht, wenn dies gesetzlich vorgeschrieben ist oder behördlich angeordnet wird. Einzelheiten richten sich hier nach den Vorschriften des Verwaltungszustellungsgesetzes (vgl. § 122 Abs. 5 AO).

Arten der Steuerfestsetzung

Unterscheidung zweier Arten von Steuerfestsetzungen:
- die nicht endgültigen Steuerfestsetzungen
- die endgültigen Steuerfestsetzungen

Festsetzung unter dem Vorbehalt der Nachprüfung

Zu den nicht endgültigen Steuerfestsetzungen zählen einmal die Festsetzung unter Vorbehalt der Nachprüfung und zum anderen die vorläufige Steuerfestsetzung. Nach § 164 Abs. 1 AO können (= Ermessen) Steuern, solange der Steuerfall nicht abschließend geprüft ist, allgemein oder im Einzelfall unter dem Vorbehalt der Nachprüfung festgesetzt werden, ohne dass dies einer Begründung bedarf, d.h., das Finanzamt braucht nach Abgabe der Steuererklärung nicht abschließend zu prüfen, sondern kann entweder die sich aus der Steuererklärung ergebenden Besteuerungsgrundlagen ohne weiteres übernehmen oder die Steuererklärung nur stichpunktartig prüfen. Die Steuerfestsetzung unter Vorbehalt der Nachprüfung gibt damit der Finanzbehörde die Möglichkeit, das Steuerfestsetzungsverfahren insgesamt zu beschleunigen und sich eine abschließende Prüfung vorzubehalten. Der »Vorbehalt der Nachprüfung« erfasst die Steuerfestsetzung im Ganzen. Eine Beschränkung auf einzelne Punkte oder einzelne Besteuerungsgrundlagen ist nicht zulässig. Steht ein Steuerbescheid also unter Vorbehalt der Nachprüfung, bleibt der gesamte Steuerfall, solange der Vorbehalt wirksam ist, offen. Die Steuerfestsetzung kann jederzeit, also auch nach Ablauf der Rechtsbehelfsfrist von Amts wegen oder auch auf Antrag des Steuerpflichtigen aufgehoben oder geändert werden (§ 164 Abs. 2 AO). Der Vorbehalt der Nachprüfung kann aber auch jederzeit aufgehoben werden (§ 164 Abs. 3 Satz 1 AO). Ist der Steuerfall jedoch abschließend geprüft (z.B. nach einer Betriebsprüfung), *ist* der Vorbehalt der Nachprüfung aufzuheben. In jedem Fall entfällt der Vorbehalt kraft Gesetzes mit Ablauf der allgemeinen Festsetzungsfrist. Dass ein Bescheid unter dem Vorbehalt der Nachprü-

Jederzeitige Änderungsmöglichkeit

fung steht, ergibt sich zum einen kraft ausdrücklichen Vermerkes auf dem Steuerbescheid, zum anderen kann sich eine Vorbehaltsfestsetzung aber auch kraft gesetzlicher Vorschrift ergeben. In diesem Zusammenhang sind in der Praxis von Bedeutung:
- Die Festsetzung einer Vorauszahlung ist stets eine Steuerfestsetzung unter Vorbehalt der Nachprüfung (§ 164 Abs. 1 Satz 2 AO). In einem Vorauszahlungsbescheid (z.B. Einkommensteuer-Vorauszahlungsbescheid) wird der Steuerpflichtige in der Regel aufgrund der Steuerfestsetzung des Vorjahres aufgefordert, eine Vorauszahlung auf die für zukünftige Kalenderjahre zu erwartende Einkommensteuerschuld zu leisten.
- Eine Steueranmeldung (d.h. eine Steuererklärung, in der der Steuerpflichtige die Steuer aufgrund gesetzlicher Vorschrift selbst zu berechnen hat, wie bei der Umsatzsteuer) steht ebenfalls einer Steuerfestsetzung unter Vorbehalt der Nachprüfung gleich (§ 168 Satz 1 AO).

Neben der Steuerfestsetzung unter Vorbehalt der Nachprüfung sieht die AO auch noch eine zweite, nicht endgültige Steuerfestsetzung vor: die »vorläufige« Steuerfestsetzung i.S.d. § 165 AO. Bietet § 164 AO die Möglichkeit, einen Steuerfall insgesamt offenzuhalten, solange die Sachverhaltsaufklärung nicht abgeschlossen oder die rechtliche Beurteilung nicht geklärt ist, so kann nach § 165 Abs. 1 AO eine Steuer auch vorläufig festgesetzt werden, soweit ungewiss ist, ob die Voraussetzungen für die Entstehung einer Steuer eingetreten sind. Im Unterschied zu der Vorbehaltsfestsetzung, die den gesamten Steuerbescheid erfasst, kann die Vorläufigkeit nur auf die ungewissen Voraussetzungen beschränkt werden. Umfang und Grund der Vorläufigkeit sind anzugeben (§ 165 Abs. 1 Satz 3 AO). Unsicherheiten, die seitens der Finanzbehörde im Tatsächlichen (nicht im Rechtlichen) bestehen, sind in einem Vorläufigkeitsvermerk zu dokumentieren.

Punktuelle Vorläufigkeit durch Vermerk

Nur bei Unsicherheiten im Tatsächlichen

Beispiele: Es besteht Ungewissheit über die betriebsgewöhnliche Nutzungsdauer einer Maschine (die Nutzungsdauer ist maßgeblich für die Gewährung einer steuermindernden Abschreibung) und darüber, ob der Steuerpflichtige eine gewerbliche Tätigkeit mit Gewinnerzielungsabsicht betreibt (§ 15 Abs. 2 EStG).

Ein weiterer wichtiger Anwendungsbereich für vorläufige Steuerfestsetzungen sind aktuell beim Bundesverfassungsgericht anhängige Verfahren, in denen die Verfassungsmäßigkeit steuerrechtlicher Vorschriften überprüft wird (§ 165 Abs. 1 Nr. 3 AO). Um zu verhindern, dass jeder Steuerpflichtige unter Hinweis auf verfassungsrechtliche Bedenken Einspruch gegen seinen Steuerbescheid einlegt, werden die Bescheide von vorn herein in diesem Punkt vorläufig erlassen.

Soweit die Finanzbehörde eine Steuer vorläufig festgesetzt hat, kann sie die Festsetzung aufheben oder ändern. Wenn die Ungewissheit beseitigt ist, ist die vorläufige Steuerfestsetzung aufzuheben, zu ändern oder für endgültig zu erklären (§ 165 Abs. 2 Sätze 1 und 2 AO). Ist die Steuer vorläufig festgesetzt worden, so endet die Festsetzungsfrist nicht vor Ablauf von zwei Jahren, nachdem die Ungewissheit beseitigt ist und die Finanzbehörde hiervon Kenntnis erlangt hat (Ablaufhemmung i.S.d. § 171 Abs. 8 AO). Auch die Vorschrift des § 165 AO dient der Verfahrensbeschleunigung; sie verfolgt den Zweck, dem Finanzamt eine im übrigen endgültige Steuerfestsetzung zu ermöglichen, obwohl ein vorübergehendes Hindernis außerhalb der Sphäre der Finanzbehörde besteht, welches das Finanzamt mit verhältnismäßigem Aufwand nicht ad hoc überwinden kann. Der Umstand, dass es sich um eine nicht endgültige Steuerfestsetzung handelt, ist ohne weiteres aus dem Steuerbescheid ersichtlich. Nachdem kenntlich gemacht worden ist, welche Steuerart und welches Jahr betroffen ist (z.B. »Bescheid für 2010 über Einkommensteuer, Solidaritätszuschlag und Kirchensteuer«), wird unterhalb des Wortes »Festsetzung« auf dem Steuerbescheid ein Vermerk aufgenommen, wenn die Steuerfestsetzung nicht endgültig erfolgt: »Der Bescheid ergeht unter Vorbehalt der Nachprüfung (§ 164 Abs. 1 AO)« oder »Der Bescheid ist nach § 165 Abs. 1 AO (teilweise) vorläufig.« Erfolgt die Festsetzung der Steuern weder unter Vorbehalt der Nachprüfung noch vorläufig, so spricht man von einer endgültigen Steuerfestsetzung. Diese Festsetzung ist grundsätzlich für die Beteiligten bindend, d.h., eine Berichtigung von Fehlern kann außerhalb des außergerichtlichen oder gerichtlichen Rechtsschutzes nur unter den Voraussetzungen einer speziellen Korrekturvorschrift erfolgen (Einzelheiten siehe unten).

4.2.2. Feststellungsverfahren

Wie wir im vorhergehenden Abschnitt gesehen haben, werden im allgemeinen die der Steuerfestsetzung zugrunde liegenden Besteuerungsgrundlagen nicht gesondert in einem eigenen Bescheid festgestellt, sondern bilden einen mit Rechtsbehelfen nicht selbständig anfechtbaren Teil des Steuerbescheides. Abweichend von diesem Grundsatz werden die Besteuerungsgrundlagen durch Feststellungsbescheid gesondert festgestellt, soweit dies in § 180 AO oder in sonstigen Steuergesetzen bestimmt ist (§ 179 Abs. 1 AO). Das betreffende Verfahren wird als Feststellungsverfahren bezeichnet. Ist die Besteuerungsgrundlage mehreren Personen zuzurechnen, so wird sie nicht nur gesondert, sondern zugleich auch einheitlich festgestellt (§ 179 Abs. 2 Satz 2 AO). Der Bescheid, in dem diese Besteuerungsgrundlage gesondert und u.U. einheitlich festgestellt wird, heißt »Feststellungs-« oder auch »Grundlagenbescheid«. Die Bezeichnung »Grundlagenbescheid« ergibt sich daraus, dass der Feststellungsbescheid die Besteuerungsgrundlagen für die Steuerfestsetzung im Einzelnen bindend feststellt, quasi als deren Grundlage dient (siehe Legaldefinition in § 171 Abs. 10 Satz 1 AO). Der aufgrund dieses Grundlagenbescheides ergehende Steuerbescheid wird als »Folgebescheid« bezeichnet. Er »folgt« dem Grundlagenbescheid, ohne dass im Rahmen der Steuerfestsetzung die bereits festgestellten Besteuerungsgrundlagen nochmals überprüft werden. Will sich der Steuerpflichtige gegen eine Feststellung in einem Grundlagenbescheid wenden, kann er nur diesen anfechten (vgl. § 351 Abs. 2 AO). Die gesonderte Feststellung von Besteuerungsgrundlagen soll die Steuerfestsetzung vereinfachen und vereinheitlichen. Die Vereinfachung und Vereinheitlichung besteht darin, dass die Besteuerungsgrundlagen für verschiedene Steuern nur einmal ermittelt werden müssen (z.B. Grundbesitzwerte) und gegenüber mehreren Steuerpflichtigen übereinstimmend (einheitlich) festgestellt werden können.

»Grundlagenbescheid«

»Folgebescheid«

Beispiel: Die Steuerpflichtigen A und B betreiben einen Gewerbebetrieb in der Rechtsform der offenen Handelsgesellschaft (oHG). Die Geschäftsleitung des Betriebes befindet sich im Bezirk des Finanzamtes Dortmund. A hat seinen Wohnsitz in Essen, B in Oberhausen. Das Finanzamt Dortmund stellt den Gewinn der oHG für ein Kalenderjahr gesondert und für die beiden oHG-Gesellschafter A und B einheitlich fest (§ 180 Abs. 1 Nr. 2 Buchst. a AO). Durch die einheitliche Feststellung wird vermieden, dass gegenüber mehreren Beteiligten an ein und denselben Sachverhalt unterschiedliche Rechtsfolgen geknüpft werden. Aus dem Feststellungsbescheid ergibt sich, dass der Gewinn für das Kalenderjahr 01 z.B. 100.000,– € betragen hat. Sind A und B nach dem oHG-Gesellschaftsvertrag z.B. zu jeweils 50 % am Gewinn beteiligt, rechnet der Feststellungsbescheid jedem Gesellschafter 50.000,– € als Gewinnanteil zu. Dieser Grundlagenbescheid wird mit seinen Feststellungen den Wohnsitzfinanzämtern, die für die Festsetzung der Einkommensteuern zuständig sind (vgl. § 19 AO), zugeleitet. Auf-

grund der Feststellungen im Grundlagenbescheid setzen die Wohnsitzfinanzämter Oberhausen und Essen dann unter Zugrundelegung der Gewinnanteile die Einkommensteuer in einem Steuerbescheid (= Folgebescheid) fest. Einwendungen, die die Höhe des jeweiligen Gewinnanteils betreffen, können im Wege des Einspruchs gegen den Gewinnfeststellungsbescheid (nicht gegen den Einkommensteuerbescheid!) geltend gemacht werden.

Ablaufhemmung bei Grundlagen- und Folgebescheiden

Hinweis: Jetzt kann auch die besondere Bedeutung der Ablaufhemmung des § 171 Abs. 10 AO bei der Festsetzungsverjährung verständlich erklärt werden. Danach endet nämlich die Festsetzungsfrist für einen Folgebescheid (z.B. Einkommensteuerbescheid) nicht vor Ablauf zwei Jahren nach Bekanntgabe des Grundlagenbescheides. Diese Vorschrift des § 171 Abs. 10 AO soll der Finanzbehörde unabhängig vom regelmäßigen Ende der Festsetzungsfrist des Folgebescheides eine ausreichende Frist geben, innerhalb dieser sie Grundlagenbescheide auswerten kann und muss.

4.2.3. Außergerichtlicher und gerichtlicher Rechtsschutz

Rechtsbehelfsverfahren

Ziel des Rechtsbehelfsverfahrens ist es, eine nochmalige sachliche Überprüfung des angefochtenen Bescheides herbeizuführen. Die AO sieht allein den Einspruch als Rechtsbehelf vor. Man spricht von der Eingleisigkeit des Rechtsbehelfsverfahrens. Grundsätzlich ist der Einspruch insbesondere gegeben gegen alle Verwaltungsakte in Abgabenangelegenheiten, die in der AO geregelt sind (§ 347 Abs. 1 Nr. 1 AO). Die wichtigsten Verwaltungsakte in Abgabenangelegenheiten sind natürlich die Steuerbescheide und die Feststellungsbescheide. In § 348 AO sind diejenigen Fälle aufgeführt, in denen der Einspruch nicht statthaft ist. Danach können insbesondere Einspruchsentscheidungen nicht mit dem Einspruch (sondern mit der Klage!) angegriffen werden (§ 348 Nr. 1 AO).

Hinweis: Wie bereits in der Einführung angesprochen, haben Bearbeiter von steuerrechtlichen Fällen an dieser Stelle zunächst die Zulässigkeitsvoraussetzungen des Einspruchs zu prüfen.

Schema: Zulässigkeitsprüfung eines Einspruchs

Die nachfolgende Prüfungsreihenfolge ist unbedingt einzuhalten.

I. Zulässigkeit des Finanzverwaltungswegs (§ 347 AO)

Hier ist i.d.R kurz! festzustellen, dass der Finanzverwaltungsweg gegeben ist, weil es sich um eine öffentlich-rechtliche Streitigkeit in Abgabenangelegenheiten handelt.

II. Statthaftigkeit des Einspruchs (§§ 347, 348 AO)

Aufgrund der Neufassung der AO fällt die vorher oft schwierige Abgrenzung zwischen Einspruch und Beschwerde weg. Abgesehen von den Fällen des § 348 AO wird der Einspruch i.d.R der statthafte Rechtsbehelf sein.

III. Einspruchsbefugnis (§§ 350-353 AO)

Befugt, Einsprüche einzulegen, ist gem. § 350 AO grundsätzlich nur, wer geltend macht, durch einen Verwaltungsakt oder dessen Unterlassung beschwert zu sein. I.d.R. liegt die Beschwer in der Höhe der Steuern, die in einem Steuerbescheid gegen den Betroffenen festgesetzt werden. Wer von mehreren Gesellschaftern, Mitberechtigten oder Gemeinschaftern befugt ist, gegen eine einheitlich und gesonderte Feststellung der Besteuerungsgrundlagen Einspruch einzulegen, ist in den § 352 AO geregelt.

IV. Beteiligtenfähigkeit

Beteiligtenfähigkeit ist die rechtliche Fähigkeit, als Subjekt an dem steuerlichen Verwaltungsverfahren beteiligt zu sein. Voraussetzung hier für ist die Steuerrechtsfähigkeit. Die Steuerrechtsfähigkeit richtet sich nach den Einzelsteuergesetzen (z.B.: natürliche Personen bei der Einkommensteuer; juristische Personen bei der Körperschaftsteuer; Unternehmer bei der Umsatzsteuer, unabhängig von der Rechtsform des Unternehmens).

V. Handlungsfähigkeit (§§ 365 Abs. 1 i.V.m. 79 AO)

Der Beschwerte muss auch zur Vornahme der Verfahrenshandlungen fähig sein. Nach dem Zivilrecht geschäftsunfähige (§ 104 BGB) bzw. beschränkt geschäftsfähige (§ 106 BGB) natürliche Personen sind grundsätzlich handlungsunfähig (Ausnahme: §§ 112, 113 BGB). Nichtrechtsfähige Personenvereinigungen (z.B. OHG, KG) handeln durch ihre gesetzlichen Vertreter (§ 79 Abs. 1 Nr. 3 AO). I.d.R ist auch dieser Punkt nicht prüfungsrelevant.

VI. Vorliegen einer wirksamen Bevollmächtigung (§§ 365 i.V.m. 80 AO)

Lässt sich der Betroffene bei Einlegung des Einspruchs durch einen Steuerberater oder Rechtsanwalt vertreten, muss eine wirksame Vollmacht vorliegen.

VII. Kein Einspruchsverzicht (§ 354 Abs. 1 Satz 3 AO)

Durch einen vorher ausgeübten Einspruchsverzicht wird ein nachfolgend eingelegter Einspruch unzulässig.

VIII. Wahrung der Einspruchsfrist (§§ 358 i.V.m. 355 AO)

Der Einspruch ist innerhalb eines Monats nach Bekanntgabe des Verwaltungsaktes (i.d.R. Steuerbescheid) einzulegen. Bei schriftlichen Verwaltungsakten läuft die Einspruchsfrist nicht, solange eine zutreffende Rechtsbehelfsbelehrung fehlt. Es gilt dann eine Höchstfrist von einem Jahr (§ 356 AO; häufig auftretende Problemstellung!). Bei unverschuldeter Fristversäumung kann der Steuerpflichtige noch einen Antrag auf Wiedereinsetzung in den vorigen Stand stellen (§ 110 AO). Dieser Antrag kann innerhalb eines Monats nach Wegfall des Hindernisses gestellt werden. Ist seit dem Fristende ein Jahr vergangen, ist der Antrag nicht mehr möglich.

IX. Wahrung der Einspruchsform (§§ 358 i.V.m. 357 AO)

Der Einspruch muss schriftlich eingelegt werden (Telegramm oder Telefax genügt). Eine Unterschrift ist nicht erforderlich. Aus dem Schreiben muss sich jedoch ergeben, wer den Einspruch eingelegt hat. Ein bestimmter Antrag sowie dessen Begründung sind nicht zwingend notwendig. Es muss lediglich erkennbar sein, welcher Verwaltungsakt angefochten wird.

X. Keine Rücknahme des Einspruchs (§ 362 Abs. 2 AO)

Die Rücknahme hat den Verlust des eingelegten Einspruchs zur Folge.

Wichtiger Hinweis: Diese ausführlich dargestellten Zulässigkeitsvoraussetzungen sind in der vorgegebenen Reihenfolge zumindest in Gedanken immer durchzuprüfen. Letztlich brauchen in steuerrechtlichen Klausuren aber nur die Prüfungspunkte dargestellt und erörtert zu werden, die problematisch sind. In Hausarbeiten wie z.B. im ersten juristischen Staatsexamen sind im Gutachten sämtliche Voraussetzungen zu prüfen und zumindest in einem Satz im Ergebnis festzuhalten. Dabei sollte der Verfasser immer durch den Umfang der Bearbeitung die Gewichtung der Probleme zum Ausdruck bringen.

Tipp: I.d.R. scheitern Einsprüche (wie auch Klagen) in steuerrechtlichen Fällen nie an der Zulässigkeit. Das sollte man sich stets klarmachen, bevor man einen Einspruch vorschnell wegen z.B. der Versäumung der Einspruchsfrist als unzulässig verwirft.

Der Ablauf des Einspruchsverfahrens vollzieht sich wie folgt: Fühlt sich der Steuerpflichtige durch einen ihm bekannt gegebenen Steuerbescheid (z.B. Einkommensteuerbescheid) »beschwert«, z.B. weil seiner Ansicht nach 10.000,– € Betriebsausgaben zuwenig berücksichtigt worden sind und dies zu einer Verringerung der Einkommensteuerschuld i.H.v. 4.000,– € führen würde, kann er den Steuerbescheid mittels Einspruch anfechten. Auf diese Möglichkeit wird der Steuerpflichtige im Steuerbescheid in der Rechtsbehelfsbelehrung hingewiesen. Die Rechtsbehelfsbelehrung, die im Übrigen jeder Steuerbescheid enthalten muss, klärt den Steuerpflichtigen darüber auf, an welche Behörde der Einspruch zu richten und innerhalb welcher Frist der Einspruch bei dieser Behörde eingehen muss. Der Einspruch ist innerhalb eines Monats nach Bekanntgabe des Steuerbescheides einzulegen (§ 355 Abs. 1 AO). Hier sei nochmals auf die Bekanntgabefiktion hingewiesen.

Ablauf des Einspruchsverfahrens

Wichtiger Hinweis: Die Fristberechnung richtet sich nach § 108 Abs. 1 AO i.V.m. §§ 187, 188 BGB. Fällt das Ende der Einspruchsfrist (Tag der Bekanntgabe gemäß § 122 Abs. 2 AO zuzüglich einen Monat) auf einen Sonntag, einen gesetzlichen Feiertag oder einen Sonnabend, so endet die Frist mit dem Ablauf des nächstfolgenden Werktags (§ 108 Abs. 3 AO).

Zur Wahrung dieser Rechtsbehelfsfrist ist es erforderlich, dass der Einspruch fristgerecht bei der Behörde eingeht. Sollte der Steuerpflichtige diese Rechtsbehelfsfrist unverschuldet versäumen, kann er gem. § 110 AO einen Antrag auf Wiedereinsetzung in den vorigen Stand stellen. In diesem Fall muss der Steuerpflichtige innerhalb **eines Monats** nach Bekanntwerden der Fristversäumnis das gesamten Sachverhalt und die Entschuldigungsgründe dem Finanzamt gegenüber darlegen (§ 110 Abs. 2 AO).

Wiedereinsetzungsantrag bei Fristversäumnis

Wichtiger Hinweis: Bei unverschuldeter Versäumung der Klagefrist kann ebenfalls Wiedereinsetzung in den vorigen Stand gewährt werden (§ 56 FGO; siehe unten). Hier beträgt die Frist für den Antrag und die Geltendmachung der Entschuldigungsgründe jedoch lediglich **zwei Wochen** (§ 56 Abs. 2 FGO).

Der Einspruch muss im Übrigen schriftlich eingereicht oder zur Niederschrift erklärt werden. Aus dem Schriftstück muss hervorgehen, wer den Einspruch eingelegt hat (§ 357 Abs. 1 AO). Innerhalb der Finanzbehörde entscheidet zunächst der zuständige Sachbearbeiter, der auch den Steuerbescheid erlassen hat, ob dem Einspruch stattgegeben werden kann. Für diesen Fall erlässt er einen sogenannten »Abhilfebescheid«. Bleibt er bei seiner bisherigen Rechtsauffassung, gibt er den Einspruch an die »Rechtsbehelfsstelle« ab; sie befindet sich ebenfalls in der gleichen Finanzbehörde. Diese Rechtsbehelfsstelle befasst sich ausschließlich mit der Entscheidung über eingelegte Einsprüche. Der gesamte Sach- und Streitstand wird hier nochmals in vollem Umfang überprüft (§ 367 Abs. 2 AO). Zur Förderung einvernehmlicher Erledigungen der Einspruchsverfahren sieht § 364a AO eine mündliche Erörterung des Sach- und Rechtsstandes vor Erlass der Einspruchsentscheidung vor. Diese Vorschrift soll also dafür Sorge tragen, Streitfälle von den Finanzgerichten fernzuhalten. Der Beschleunigung der Einspruchsverfahren dient § 364b AO. Danach kann die Finanzbehörde dem Einspruchsführer eine Frist zur Abgabe von Beweismitteln und Erklärungen geben. Bei Überschreitung dieser Frist sind die verspäteten Beweismittel und Erklärungen nicht zu berücksichtigen. Kann auch der zuständige Rechtsbehelfsstellen-Sachbearbeiter dem Einspruch nicht abhelfen, endet das Rechtsbehelfsverfahren mit der »Einspruchsentscheidung« (§ 367 Abs. 1 Satz 1 AO). Die Einspruchsentscheidung ist schriftlich abzufassen, zu begründen, mit einer Rechtsbehelfsbelehrung zu versehen und den Beteiligten bekannt zu geben. Der Tenor der Einspruchsentscheidung lautet dann z.B.: »Der Einspruch wird als unbegründet zurückgewiesen« ... oder, für den Fall, dass dem Begehren des Steuerpflichtigen zumindest teilweise stattgegeben wird: »Unter Änderung des Bescheides vom ... wird die Einkommensteuer 2010 auf X € festgesetzt.« Kosten entstehen dem Steuerpflichtigen für die Durchführung dieses Einspruchsverfahrens nicht. Überlegt sich ein Steuerpflichtiger, einen Einspruch gegen einen Steuerbescheid einzulegen, so kann er grundsätzlich davon ausgehen, dass der Steuerbescheid, den er angefochten hat, nicht auch zu seinem Nachteil geändert werden kann; es sei denn, er wird auf diese Möglichkeit einer »verbösernden Entscheidung« unter Angabe von Gründen hingewiesen und es wird ihm Gelegenheit gegeben, sich hierzu zu äußern (§ 367 Abs. 2 Satz 2 AO).

Der Steuerpflichtige muss aber wissen, dass die Verpflichtung zur Zahlung der Steuer durch die Einlegung eines Einspruchs gegen einen Steuerbescheid, der ihn zur Zahlung eines Steuerbetrages auffordert, nicht gehemmt wird (§ 361 AO). Da aber diese »sofortige Vollziehung« eines Steuerbescheides für einen Einspruchsführer u.U. erhebliche Nachteile mit sich bringen kann, eröffnet § 361 Abs. 2 AO der Finanzbehörde die Möglichkeit, die Vollziehung des angefochtenen Steuerbescheides ganz oder teilweise auszusetzen.

Auf Antrag soll diese Aussetzung erfolgen, wenn ernstliche Zweifel an der Rechtmäßigkeit des angefochtenen Steuerbescheides bestehen oder wenn die Vollziehung für den Betroffenen eine unbillige, nicht durch überwiegend öffentliche Interessen gebotene Härte zur Folge hat (§ 361 Abs. 2 Satz 2 AO). Soweit die Vollziehung eines Grundlagenbescheides ausgesetzt wird, ist auch die Vollziehung eines Folgebescheides auszusetzen (§ 361 Abs. 3 Satz 1 AO).

Schema: Zulässigkeit einer finanzgerichtlichen Klage

Die nachfolgende Prüfungsreihenfolge ist unbedingt einzuhalten.

I. Zulässigkeit des Finanzrechtsweges (§ 41 FGO)

Bei den Finanzgerichten dürfen im Wesentlichen nur Klagen angebracht werden, die öffentlich-rechtliche Streitigkeiten über Abgabenangelegenheiten betreffen. Dies sind alle mit der Verwaltung von Abgaben zusammenhängenden Angelegenheiten. Geht es z.B. um die Ermittlung, Festsetzung oder Erhebung von Steuern, ist diese Voraussetzung ohne weiteres gegeben (anders z.B. bei Straf- und Bußgeldangelegenheiten).

II. Zuständigkeit des Gerichtes (§§ 35, 36 FGO)

I.d.R. unproblematisch.

III. Statthafte Klageart

Das Klagesystem der FGO weist ähnlich dem der Verwaltungsgerichtsordnung (VwGO) eine Vielzahl von Klagenarten (Anfechtungs-, Verpflichtungs-, Feststellungs- oder Leistungsklage) auf. Bei Klagen, die auf Aufhebung oder Abänderung von Steuerbescheiden gerichtet sind, ist jedoch nur die Anfechtungsklage in Form der Aufhebungsklage (§ 40 Abs. 1 Alt. 1 Unteralt. 1 FGO) oder der Abänderungsklage (§ 40 Abs. 1 Alt. 1 Unteralt. 2 FGO) relevant. Die gewählte Klageart muss jeweils das Begehren des Klägers abdecken. Begehrt er also die Aufhebung des Steuerbescheides in Gestalt der Einspruchsentscheidung, ist die Anfechtungsklage die statthafte (richtige) Klageart.

IV. Erfolgloses Vorverfahren (§ 44 Abs. 1 FGO)

Eine Klage ist wie im Verwaltungsrecht grundsätzlich nur zulässig, wenn vorher das Einspruchsverfahren erfolglos durchgeführt wurde (Ausnahme: Untätigkeitsklage i.S.v. § 46 FGO; Sprungklage i.S.v. § 45 FGO; i.d.R. nicht prüfungsrelevant).

V. Klagebefugnis (§ 40 Abs. 2 FGO)

Bei Klagen, die auf Aufhebung oder Abänderung von Steuerbescheiden (in Gestalt der Einspruchsentscheidung) gerichtet sind (= Regelfall), ist die Klagebefugnis gegeben, wenn der Kläger geltend macht, durch den Steuerbescheid in seinen Rechten verletzt zu sein. Eine Rechtsverletzung liegt insbesondere vor, wenn dem Kläger durch rechtswidrigen Steuerbescheid eine Last auferlegt worden ist. Zur Klage befugt ist weiterhin grundsätzlich nur derjenige, der Inhaltsadressat des Steuerbescheides ist. Die Umstände, die zur Rechtswidrigkeit führen, muss der Kläger substantiiert darlegen. Bei Feststellungsbescheiden ergibt sich die Klagebefugnis aus § 48 FGO (grds. die zur Vertretung der Gesellschaft/Gemeinschaft berufenen Geschäftsführer).

VI. Beteiligten-, Prozess- und Postulationsfähigkeit

Die Beteiligtenfähigkeit entspricht der Steuerrechtsfähigkeit, die Prozessfähigkeit der Handlungsfähigkeit (s. Zulässigkeitsprüfung des Einspruchs). Postulationsfähig ist, wer vor den Finanzgerichten selbst auftreten und Verfahrenshandlungen vornehmen kann. Dieser Prüfungspunkt ist i.d.R. unproblematisch.

VII. Wahrung der Klagefrist (§ 47 FGO)

Die Frist für die Erhebung der Klage beträgt einen Monat; sie beginnt mit der Bekanntgabe der Einspruchsentscheidung. Bei fehlender bzw. unrichtiger Rechtsbehelfsbelehrung läuft die Klagefrist nicht; die Klage kann dann noch binnen Jahresfrist eingelegt werden (§ 55 FGO). Bei unverschuldeter Fristversäumnis kann auf Antrag wie im Einspruchsverfahren Wiedereinsetzung in den vorigen Stand gewährt werden (§ 56 FGO).

VIII. Richtiger Beklagter (§ 63 FGO)

Eine Anfechtungsklage ist gegen die Behörde zu richten, die den ursprünglichen Steuerbescheid erlassen hat (63 Abs. 1 Nr. 1 FGO).

IX. Ordnungsgemäße Klageerhebung (§§ 64, 65 FGO)

Schriftform ist zwingend (Telegramm, Fernschreiber, Telebrief oder Telefax genügt). Die Klage muss den Kläger, den Beklagten, den Gegenstand des Klagebegehrens, bei Anfechtungsklagen auch den Verwaltungsakt (Steuerbescheid) und die Einspruchsentscheidung bezeichnen. Bei Fehlen dieser Muss-Inhalte ist die Klage aber nicht sofort unzulässig. Sie wird erst dann unzulässig, wenn der Kläger eine insoweit vom Finanzgericht zur Ergänzung gesetzte Ausschlussfrist verstreichen lässt.

X. Negative Zulässigkeitsvoraussetzungen

Es darf kein wirksamer Klageverzicht vorgelegen (§ 50 FGO) oder der Kläger die Klage bereits zurückgenommen haben (§ 72 Abs. 2 FGO). Die Klage darf auch nicht bei einem anderen Gericht rechtshängig sein.

Wichtiger Hinweis: Nicht alle Zulässigkeitsvoraussetzungen sind gleichermaßen relevant. Zur Sicherheit sind zwar immer alle Voraussetzungen zumindest in Gedanken durchzuprüfen. Nur die wirklichen Probleme sind jedoch in der Lösung darzustellen. Zumeist konzentrieren sich die Problemfelder auf die Klageart, -befugnis und -frist. Der Umfang der Bearbeitung sollte die Gewichtung der Probleme deutlich machen.

Gerichtlicher Rechtsschutz

Gegen die Einspruchsentscheidung auf Ebene der Finanzbehörde kann sich der Steuerpflichtige im Wege der Klage beim zuständigen Finanzgericht wenden, wenn er in seinen Rechten verletzt ist. Innerhalb der Klagefrist (ein Monat nach Bekanntgabe der Einspruchsentscheidung) muss der Steuerpflichtige schriftlich Klage einreichen. Eine Vertretung durch einen Steuerberater oder Rechtsanwalt ist im Klageverfahren vor dem Finanzgericht nicht erforderlich. Das Finanzgericht entscheidet über die Klage durch Urteil. In steuerrechtlichen Klausuren und Hausarbeiten werden häufig die materiell-rechtlichen Probleme auch in eine Klage eingebettet. Die Fallfrage lautet – ähnlich bei Einsprüchen – dann: Wie sind die Erfolgsaussichten der Klage? Bei der Lösung des Falles hat der Bearbeiter zu prüfen, ob die Klage zulässig und begründet ist. Die Zulässigkeitsvoraussetzungen sind im Einzelnen in der Finanzgerichtsordnung (FGO) geregelt. Der Bearbeitung der Zulässigkeitsfragen dient das Prüfungsschema auf den vorhergehenden Seiten. Gegen Entscheidungen der Finanzgerichte können die an Klageverfahren Beteiligten (Steuerpflichtiger oder auch Finanzbehörde) in bestimmten Fällen Revision beim Bundesfinanzhof (BFH) einlegen. Die Revision ist innerhalb eines Monats nach Zustellung des FG-Urteiles schriftlich einzulegen und innerhalb eines weiteren Monats zu begründen. Im Revisionsverfahren muss sich der Steuerpflichtige von einem Rechtsanwalt, Steuerberater oder Wirtschaftsprüfer vertreten lassen. Im Unterschied zum Klageverfahren kann die Revision nur eingelegt werden, wenn das Finanzgericht die Revision zugelassen hat. Das Finanzgericht kann die Revision zulassen, wenn die Rechtssache grundsätzliche Bedeutung hat oder wenn das Urteil des Finanzgerichtes von einer Entscheidung des Bundesfinanzhofes abweicht oder auf einem geltend gemachten Verfahrensmangel beruhen kann. Die Entscheidung des Bundesfinanzhofes erfolgt ebenfalls durch Urteil (BFH-Urteil). Für den Steuerpflichtigen, der überlegt, Klage oder Revision einzulegen, ist zu beachten, dass im Fall des Unterliegens jeweils Verfahrens- und Gerichtskosten auf ihn zukommen.

Kein Vertretungszwang vor dem Finanzgericht

Revision nur bei Zulassung durch das Finanzgericht

Klage und Revision sind im Fall des Unterliegens kostenpflichtig.

4.2.4. Korrektur von Steuerbescheiden

Wie gezeigt, erfolgt die Steuerfestsetzung grundsätzlich durch Bekanntgabe eines Steuerbescheides an den betroffenen Steuerpflichtigen. Mit dieser Bekanntgabe wird der Steuerbescheid gegenüber dem Steuerpflichtigen auch wirksam. Davon zu unterscheiden ist seine sogenannte »Bestandskraft«. Diese Bestandskraft findet ihre Grundlage in dem Bedürfnis nach Rechtssicherheit. Im Steuerrecht wird zwischen formeller und materieller Bestandskraft von Steuerbescheiden unterschieden. Formelle Bestandskraft bedeutet die Unanfechtbarkeit eines Steuerbescheides, die im Regelfall mit Ablauf der Einspruchsfrist des § 355 Abs. 1 AO eintritt. Mit dem Begriff materielle Bestandskraft wird demgegenüber die inhaltliche Verbindlichkeit beschrieben. Inwieweit der Inhalt eines Steuerbescheides verbindlich ist, hängt davon ab, inwieweit die Finanzbehörde von dem Steuerbescheid wieder abweichen darf. Wie bereits gesehen, entfalten z.B. Steuerbescheide unter Vorbehalt der Nachprüfung (§ 164 AO) im Gegensatz zu endgültig ergangenen Steuerbescheiden keine materielle Bestandskraft. Auf die Änderungsmöglichkeit bei vorläufigen Steuerfestsetzungen (§ 165 Abs. 2 AO) wurde ebenfalls bereits hingewiesen. Ansonsten entfalten Steuerbescheide bereits mit ihrer Bekanntgabe eine Selbstbindungswirkung für die erlassende Behörde; d.h., diese kann sich von dem Steuerbescheid nur dann noch lösen, wenn dies die besonderen, in der Abgabenordnung geregelten Korrekturvorschriften zulassen. Diese Korrekturvorschriften sind Durchbrechungen der materiellen Bestandskraft von Steuerbescheiden. Diese Durchbrechungen sind bis zum Eintritt der Festsetzungsverjährung möglich.

Grob lässt sich zwischen allgemeinen Korrekturvorschriften, also solchen, die für alle Steuerverwaltungsakte (und damit u.a. auch für Steuerbescheide) gelten, und speziellen Korrekturvorschriften, die im Einzelnen nur Steuerbescheide betreffen, unterscheiden.

Formelle Bestandskraft nach Ablauf der Einspruchsfrist

Materielle Bestandskraft betrifft inhaltliche Verbindlichkeit des Steuerbescheides

Korrekturvorschriften als Durchbrechung der materiellen Bestandskraft

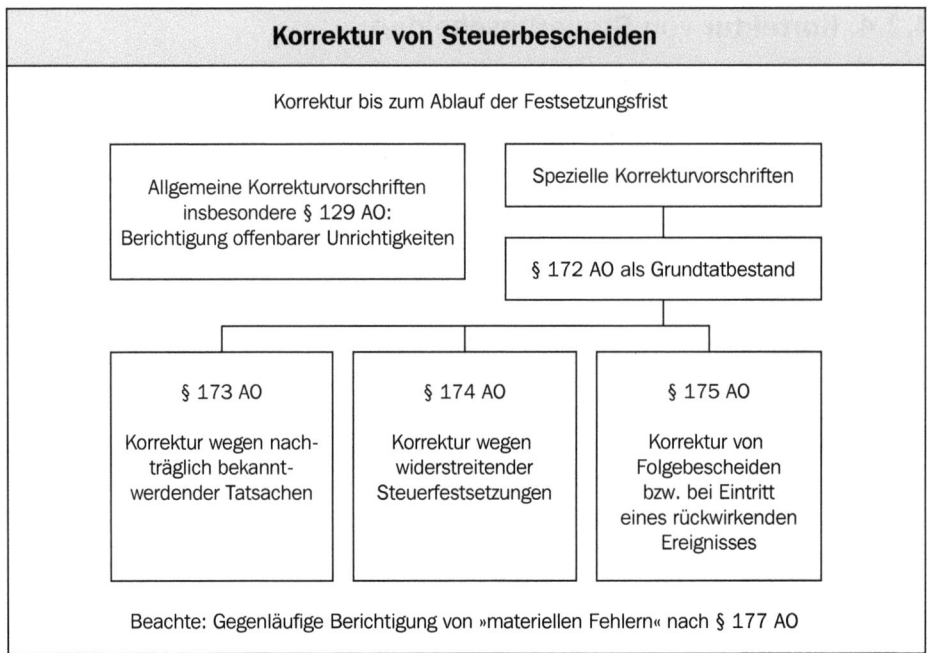

Allgemeine Korrekturvorschriften

Berichtigung wegen offenbarer Unrichtigkeiten

Fehler muss durch mechanisches Versehen entstanden sein.

Aus der Gruppe der allgemeinen Korrekturvorschriften soll an dieser Stelle nur die Vorschrift des § 129 AO besprochen werden. Danach kann die Finanzbehörde Schreibfehler, Rechenfehler und ähnliche offenbare Unrichtigkeiten, die bei Erlass eines Verwaltungsaktes (und damit auch eines Steuerbescheides) unterlaufen sind, jederzeit berichtigen. Offenbar ist eine Unrichtigkeit, wenn der Fehler bei Offenlegung des Sachverhalts für jeden unvoreingenommenen Dritten klar und deutlich als offenbare Unrichtigkeit erkennbar ist, der Fehler auf bloßes mechanisches Versehen zurückzuführen und die Möglichkeit eines Rechtsirrtums ausgeschlossen ist. Eine oberflächliche Behandlung des Steuerfalles durch die Finanzbehörde hindert eine Berichtigung nach § 129 AO nicht. Denn die Anwendbarkeit dieser Vorschrift ist nicht von Verschuldenserwägungen abhängig und damit auch nicht von einem eventuellen Organisationsverschulden. Eine die Berichtigung nach § 129 AO ermöglichende offenbare Unrichtigkeit kann auch vorliegen, wenn das Finanzamt eine in der Steuererklärung enthaltene offenbare Unrichtigkeit des Steuerpflichtigen als eigene übernimmt.

Die Berichtigung nach § 129 AO ist auch noch nach Unanfechtbarkeit bis zum Ablauf der Festsetzungsfrist zugunsten wie zuungunsten des Steuerpflichtigen möglich. Da der Eintritt der Festsetzungsverjährung den zeitlichen Rahmen der Berichtigungsmöglichkeit absteckt, ist an dieser Stelle auch noch auf die Ablaufhemmung des § 171 Abs. 3 AO hinzuweisen. Die Berichtigungsfrist endet danach nicht vor Ablauf eines Jahres nach Bekanntgabe des Steuerbescheides. Neben § 129 AO haben andere allgemeine Korrekturvorschriften, die auch auf Steuerbescheide anwendbar sind, nur eine geringe Bedeutung und werden daher hier ausgespart.

Spezielle Korrekturvorschriften für Steuerbescheide

Die speziellen Korrekturvorschriften betreffen allein die Aufhebung und Änderung von Steuerbescheiden. Sie sind in den §§ 172 ff. AO im Einzelnen geregelt. Nach § 172 Abs. 1 AO darf ein Steuerbescheid, soweit er nicht vorläufig oder unter Vorbehalt der Nachprüfung ergangen ist, nur aufgehoben oder geändert werden,

Aufhebung und Änderung von Steuerbescheiden nach § 172 AO

1. wenn er Zölle oder Verbrauchsteuern betrifft,
2. wenn er andere Steuern betrifft,
 a) soweit der Steuerpflichtige zustimmt oder seinem Antrag der Sache nach entsprechen wird; dies gilt jedoch zugunsten des Steuerpflichtigen nur, soweit er vor Ablauf der Einspruchsfrist zugestimmt oder den Antrag gestellt hat oder soweit die Finanzbehörde einem Einspruch oder einer Klage abhilft,
 b) soweit er von einer sachlich unzuständigen Behörde erlassen worden ist,
 c) soweit er durch unlautere Mittel, wie arglistige Täuschung, Drohung oder Bestechung erwirkt worden ist,
 d) soweit dies sonst gesetzlich zugelassen ist; die §§ 130 und 131 AO gelten nicht.

Diese Korrekturvorschrift hat in der Ausbildung und in der Praxis nur eine geringe Bedeutung, weil der Anwendungsbereich sehr eingeschränkt ist.

Bedeutender ist die Korrekturvorschrift des § 173 AO. Danach sind Steuerbescheide aufzuheben oder zu ändern,

Korrektur nach § 173 AO wegen neuer Tatsachen oder Beweismittel

1. soweit Tatsachen oder Beweismittel nachträglich bekannt werden, die zu einer höheren Steuer führen (§ 173 Abs. 1 Nr. 1 AO);

2. soweit Tatsachen oder Beweismittel nachträglich bekannt werden, die zu einer niedrigeren Steuer führen und den Steuerpflichtigen kein grobes Verschulden daran trifft, dass die Tatsachen oder Beweismittel erst nachträglich bekannt werden (§ 173 Abs. 1 Nr. 2 AO).

Korrektur wegen neuer Tatsachen

In der Praxis und Ausbildung bedeutsam ist die Aufhebung oder Änderung von Steuerbescheiden wegen neuer Tatsachen. Unter Tatsachen versteht man alles, was Merkmal oder Teilstück eines gesetzlichen Tatbestandes sein kann, also tatsächliche Zustände, Vorgänge, Beziehungen, Eigenschaften materieller und immaterieller Art (z.B. Einnahmen und Ausgaben). Keine Tatsachen i.S.d. Vorschrift sind Schlussfolgerungen aller Art, insbesondere rechtliche Würdigungen und darauf beruhende Entscheidungen.

Merke: § 173 AO kommt bei falscher Rechtsanwendung nicht in Betracht.

Kein grobes Verschulden am nachträglichen Bekanntwerden

Die Tatsachen sind neu, wenn sie der Behörde erst bekannt werden, nachdem die Willensbildung über die Steuerfestsetzung in der Finanzbehörde bereits abgeschlossen ist. Für die Änderung zugunsten des Steuerpflichtigen wird darüber hinaus vorausgesetzt, dass den Steuerpflichtigen am nachträglichen Bekanntwerden der Tatsachen kein grobes Verschulden trifft. Grobes Verschulden umfasst Vorsatz und grobe Fahrlässigkeit. Grob fahrlässig handelt vor allem, wer die Sorgfalt, zu der er nach seinen persönlichen Kenntnissen und Fähigkeiten verpflichtet und imstande ist, in besonders schweren Maßen und nicht entschuldbarer Weise verletzt oder wer schon die einfachsten, ganz nahe liegenden Überlegungen nicht anstellt.

Beispiele für grobes Verschulden: Nichtabgabe der Steuererklärung, Verletzung von Mitwirkungspflichten bei der Sachaufklärung oder Nichtbeachtung von ausdrücklichen Hinweisen in den dem Steuerpflichtigen zugegangenen Vordrucken und Merkblättern.

Eine Aufhebung oder Änderung von Steuerbescheiden auf Grundlage des § 173 Abs. 1 AO kann jedoch dann grundsätzlich nicht mehr erfolgen, wenn Steuerbescheide aufgrund einer Außenprüfung (z.B. Betriebsprüfung) ergangen sind (Ausnahme: Steuerhinterziehung oder leichtfertige Steuerverkürzung). Diese Einschränkung der Korrekturmöglichkeit bezeichnet man als Änderungssperre (§ 173 Abs. 2 AO).

Bei der Vorschrift des § 174 AO handelt es sich um eine äußerst komplizierte und im Einzelnen schwer verständliche Norm. Sie will den Konflikt lösen, dass aus einem Sachverhalt für mehrere

Bescheide unterschiedliche Schlussfolgerungen gezogen werden, die sich nach der gesetzlichen Wertung gegenseitig ausschließen. § 174 Abs. 1 und Abs. 2 AO wollen dabei die Mehrfachberücksichtigung eines Sachverhaltes verhindern. § 174 Abs. 3 AO betrifft den Fall, dass ein bestimmter Sachverhalt in einem Steuerbescheid erkennbar in der Annahme nicht berücksichtigt worden ist, dass er in einem anderen Steuerbescheid zu berücksichtigen sei und sich diese Annahme als unrichtig herausstellt. Folgekorrekturen aufgrund eines Rechtsbehelfes bzw. Antrags werden durch § 174 Abs. 4, 5 AO geregelt. Da diese Vorschrift in Ausbildung und Praxis nur eine geringe Rolle spielt, wird auf Details an dieser Stelle verzichtet.

Korrektur nach § 174 AO wegen widerstreitender Steuerfestsetzung

Die Vorschrift des § 175 Abs. 1 Nr. 1 AO betrifft das Verhältnis von Grundlagen- zu Folgebescheiden. Sie stehen zueinander in einem gewissen Abhängigkeitsverhältnis, das man als Akzessorietät bezeichnet. Soweit ein Grundlagenbescheid erlassen oder korrigiert wird, ist nach § 175 Abs. 1 Nr. 1 AO der Folgebescheid (z.B. der Einkommensteuerbescheid, der einem Gewinnfeststellungsbescheid folgt) ebenfalls zu erlassen oder zu korrigieren. An dieser Stelle sei nochmals die bei der Berechnung der Festsetzungsverjährungsfrist wichtige Ablaufhemmung des § 171 Abs. 10 AO in Erinnerung gerufen.

Korrektur von Folgebescheiden (§ 175 Abs. 1 Nr. 1 AO) und bei Eintritt rückwirkender Ereignisse (§ 175 Abs. 1 Nr. 2 AO)

§ 175 Abs. 1 Nr. 2 AO befasst sich mit der Korrektur von Steuerbescheiden bei Eintritt eines rückwirkenden Ereignisses. Im Gegensatz zu § 173 Abs. 1 AO besteht der Anlass für die Korrektur hier nicht in einem Ereignis, das bei Erlass des Steuerbescheides bereits existent war, sondern in einem Ereignis, das erst später eingetreten ist. Im Fall des § 175 Abs. 1 Nr. 2 AO war der Steuerbescheid zunächst rechtmäßig und wird erst mit Eintritt des späteren Ereignisses rechtswidrig. § 173 Abs. 1 AO (Korrektur wegen neuer Tatsachen) und § 175 Abs. 1 Nr. 2 AO (Korrektur wegen Eintritts eines rückwirkenden Ereignisses) schließen sich gegenseitig aus. Unter einem »Ereignis« i.S.d. § 175 Abs. 1 Nr. 2 AO ist jeder rechtlich relevante Vorgang zu verstehen, der kausal für den Eintritt einer steuerlichen Vergangenheitswirkung wird.

§ 173 AO und § 175 Abs. 1 Nr. 2 AO schließen sich gegenseitig aus.

Beispiel: Im Kalenderjahr 01 einigen sich der Steuerpflichtige und ein Dritter auf einen bestimmten Kaufpreis für die Übertragung seines Betriebes. Der Veräußerungsgewinn i.S.d. § 16 EStG wird nach Maßgabe dieses Kaufpreises ermittelt und die Steuer dementsprechend festgesetzt. Zwei Jahre später einigen sich die Vertragsparteien auf eine Herabsetzung des Kaufpreises für den Betrieb. Die Herabsetzung des Kaufpreises ist ein rückwirkendes Ereignis, das zur Änderung des Steuerbescheides für 01 gem. § 175 Abs. 1 Nr. 2 AO führt. Der Veräußerungsgewinn wird nun unter Berücksichtigung des geminderten Kaufpreises ermittelt und die Steuer entsprechend reduziert.

Wichtig: In den Fällen des § 175 Abs. 1 Nr. 2 AO beginnt die Festsetzungsfrist mit Ablauf des Kalenderjahres, in dem das Ereignis eintritt. Hierbei handelt es sich um eine spezielle Anlaufhemmung.

Berichtigung von »materiellen Fehlern« nach § 177 AO

Gegenläufige Berichtigung von »materiellen Fehlern« iSd. § 177 Abs. 3 AO

Im Gegensatz zu den gerade behandelten speziellen Korrekturvorschriften handelt es sich bei § 177 AO nur um eine selbständige Rechtsgrundlage für die gegenläufige Berichtigung von sogenannten »materiellen Fehlern«, nicht aber um eine eigenständige Änderungsvorschrift.

Merke: § 177 AO ist eine reine Kompensationsvorschrift, keine eigenständige Korrekturvorschrift.

Materielle Fehler (alter Begriff: Rechtsfehler) sind alle Fehler einschließlich offenbarer Unrichtigkeiten i.S.d. § 129 AO, die zur Festsetzung einer Steuer führen, die von der kraft Gesetzes entstandenen Steuer abweicht (§ 177 Abs. 3 AO). Unter den Fehlerbegriff fallen nicht nur die falsche Subsumtion des Sachverhaltes unter das Gesetz, sondern auch die falsche oder unterbliebene Ermittlung des Sachverhaltes. Verstöße gegen Verfahrensvorschriften – wenn dadurch der Bescheid materiell unrichtig geworden ist – und falsche Anwendung des Ermessens sind ebenfalls materielle Fehler. Dabei ist zu berücksichtigen, dass Rechtsfehler grundsätzlich eine Aufhebung oder Änderung des erlassenen Steuerbescheides nicht rechtfertigen können (Ausnahme: §§ 164 Abs. 2, 165 Abs. 2 AO). Im Rahmen des § 177 AO kommt aber eine Berichtigung von derartigen Rechtsfehlern insoweit in Betracht, als sie gegenläufig bei einer Änderung nach den speziellen Korrekturvorschriften berücksichtigt werden können. Im Ergebnis kommt es also zu einer Saldierung. Da gem. §§ 172 ff. AO eine Korrektur sowohl zugunsten als auch zuungunsten des Steuerpflichtigen stattfinden kann und entsprechend den Regelungen des § 177 AO demgegenüber auch Rechtsfehler zugunsten und zuungunsten des Steuerpflichtigen zu berichtigen sind, ergibt sich für die Korrektur eine bestimmte Reihenfolge: Bei materiellen Fehlern mit unterschiedlichen Auswirkungen (zugunsten und zuungunsten) ist zunächst ein sogenannter Rechtsfehlersaldo zu bilden. Dieser Rechtsfehlersaldo kann wiederum mit den gegenläufigen Auswirkungen der Berichtigungen aufgrund von Korrekturvorschriften saldiert werden, aber nur insoweit, als die Änderung reicht. Ist ein Ausgleich mit Rechtsfehlern nach § 177 AO nicht möglich, bleibt der Bescheid fehlerhaft. Kommt es allerdings später zu einer erneuten Korrektur, kann dieser bisher nicht berücksichtigte Rechtsfehler u.U. wiederum saldiert werden.

Bildung eines Rechtsfehlersaldos

Beispiel: Im Jahr 01 wird für einen Steuerpflichtigen endgültig und bestandskräftig eine Einkommensteuer in Höhe von 20.000,– € festgesetzt. In 03 werden neue Tatsachen bekannt, die zu einer Erhöhung der Einkommensteuer in Höhe von 5.000,– € führen. Gleichzeitig werden materielle Fehler mit einer Steuerauswirkung von ./. 4.000,– € bzw. + 1.000,– € festgestellt. Zunächst werden die Fehler saldiert. Es ergibt sich ein Rechtsfehlersaldo zugunsten des Steuerpflichtigen in Höhe von ./. 3.000,– €. Dieser Rechtsfehlersaldo ist mit der gegenläufigen Auswirkung der Korrekturvorschrift gem. § 173 Abs. 1 AO (+ 5.000,– €) zu saldieren. Der auf Grundlage des § 173 AO ergehende Änderungsbescheid weist demnach eine Steuer in Höhe von 22.000,– € aus.

Die Berichtigung von materiellen Fehlern bei der Anwendung von Korrekturvorschriften steht nicht im Ermessen der Finanzbehörde, sondern es besteht eine sog. Berichtigungspflicht.

Finanzbehörde hat Berichtigungspflicht

4.3. Erhebungsverfahren

Das Erhebungsverfahren ist in den §§ 218 ff. AO geregelt. Diese Vorschriften befassen sich in erster Linie mit der Verwirklichung, der Fälligkeit und dem Erlöschen von Ansprüchen aus dem Steuerschuldverhältnis. Nach § 218 Abs. 1 AO bilden neben anderen Steuerverwaltungsakten insbesondere die Steuerbescheide die Grundlage für die Verwirklichung von Steueransprüchen. Steuerbescheide haben danach im Steuerrecht die Funktion eines Titels, d.h., anders als z.B. im Zivilrecht, wo bei Weigerung des Schuld-

Steuerbescheid hat die Funktion eines Titels

Allgemeines Steuerrecht

Steuererhebung nur bei Entstehung, Festsetzung und Fälligkeit

ners bei der Erfüllung von Ansprüchen vor den Zivilgerichten geklagt werden muss und erst ein dann erstrittenes Urteil Grundlage der Vollstreckung sein kann, ist im Steuerrecht die Steuerfestsetzung selbst Grundlage für die Erhebung und Vollstreckung des Steueranspruchs. Steuern können dabei grundsätzlich nur erhoben werden, wenn sie entstanden, festgesetzt und fällig sind. Der Entstehungszeitpunkt, der – wie aufgezeigt – auch für den Beginn der Festsetzungsfrist von Bedeutung ist, bestimmt sich allgemein nach § 38 AO. Danach entsteht die Steuer, sobald der Tatbestand verwirklicht ist, an den das Gesetz die Leistungspflicht knüpft. Im

Entstehung des Steueranspruchs

Einzelnen regeln dann die Steuergesetze, wann die Steuern konkret entstehen (z.B. Lohnsteuer: in dem Zeitpunkt, in dem Arbeitslohn dem Arbeitnehmer zufließt – § 38 Abs. 2 Satz 2 EStG; Einkommensteuer: mit Ablauf des Veranlagungszeitraumes – § 36 Abs. 1 EStG). Die Grundlagen der Steuerfestsetzung entstandener Steuern durch Steuerbescheid wurden bereits im vorhergehenden Abschnitt behandelt; bleibt als Voraussetzung für die Erhebung von Steuern noch deren Fälligkeit.

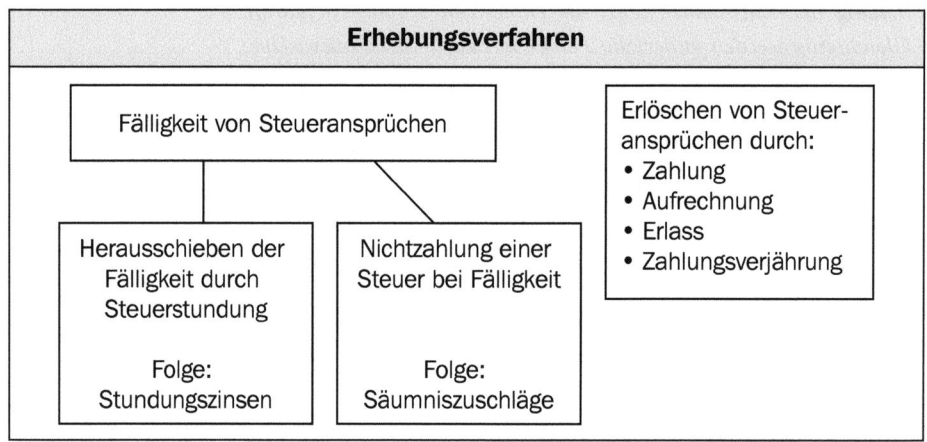

4.3.1. Fälligkeit von Steueransprüchen

Begriff der Fälligkeit

Die Fälligkeit betrifft den Zeitpunkt, von dem ab die Finanzbehörde als Gläubiger des Steueranspruchs von dem Steuerpflichtigen die Zahlung der festgesetzten Steuern verlangen kann. Die Fälligkeit dieser Steueransprüche richtet sich grundsätzlich nach den Vorschriften der Einzelsteuergesetze (§ 220 Abs. 1 AO).

Beispiele für Fälligkeitsregelungen in Einzelsteuergesetzen:

- *Lohnsteuer: 10. Tag nach Ablauf des Lohnsteuer-Anmeldungszeitraumes, grundsätzlich mit Ablauf des Kalendermonats (§ 41a Abs. 1, 2 EStG)*
- *Einkommensteuer-Abschlusszahlung: 1 Monat nach Bekanntgabe des Einkommensteuerbescheides (§ 36 Abs. 4 EStG)*
- *Gewerbesteuer-Abschlusszahlung: 1 Monat nach Bekanntgabe des Gewerbesteuerbescheides (§ 20 Abs. 2 GewStG)*
- *Umsatzsteuer-Abschlusszahlung: 1 Monat nach Eingang der Jahressteuererklärung (§ 18 Abs. 4 UStG)*

Wird eine festgesetzte Steuer nicht bis zum Ablauf des Fälligkeitstages vom Steuerpflichtigen entrichtet, so ist für jeden angefangenen Monat der Säumnis ein Säumniszuschlag von 1 v.H. des rückständigen Steuerbetrages zu entrichten (§ 240 Abs. 1 Satz 1 AO). Eine Schonfrist gibt es nicht mehr. Der Säumniszuschlag ist ein Druckmittel ohne Strafcharakter zur Durchsetzung fälliger Steuern und soll den Steuerpflichtigen zur pünktlichen Zahlung anhalten. Der Säumniszuschlag entsteht kraft Gesetzes, ohne dass es eines besonderen Verwaltungsaktes bedarf. Wird die Festsetzung einer Steuer aufgehoben, geändert oder berichtigt, so bleiben die bis dahin verwirkten Säumniszuschläge davon unberührt (§ 240 Abs. 1 Satz 4 AO). Die Finanzbehörden können – in der Regel auf Antrag des Steuerpflichtigen – Steueransprüche ganz oder teilweise stunden und damit den Fälligkeitstermin der Steuer hinausschieben (§ 222 AO). Die Steuerstundung ist eine Ermessensentscheidung der Finanzbehörden und hängt von zwei Voraussetzungen ab: Zum einen muss die Einziehung bei Fälligkeit eine erhebliche Härte für den Steuerschuldner bedeuten und zum anderen darf der Anspruch durch die Stundung nicht gefährdet erscheinen. Ob eine erhebliche Härte in diesem Sinne vorliegt, muss unter Berücksichtigung der besonderen Verhältnisse des konkreten Falles festgestellt werden. Eine allgemeine Härte, wie sie in jeder Zahlung liegt, ist kein ausreichender Stundungsgrund. Bei der Abwägung, die die Finanzbehörden im Rahmen ihrer Ermessensentscheidung anstellen müssen, ist zwischen dem Interesse des Staates an einer vollständigen und gleichmäßigen Erhebung und dem Interesse des Steuerpflichtigen an einem Aufschub der Fälligkeit der Zahlung abzuwägen. Eine erhebliche Härte kann sich danach sowohl aus sachlichen Gründen (z.B. wenn der Steuerschuldner durch die pünktliche Entrichtung in ernsthafte Zahlungsschwierigkeiten geraten würde) als auch aus persönlichen Verhältnissen des Steuerpflichtigen (z.B. längere schwere Krankheit) ergeben. Gegen die Ablehnung eines vom

Steuerpflichtigen gestellten Stundungsantrags durch das Finanzamt ist der Einspruch der statthafte Rechtsbehelf. Für die Dauer einer gewährten Stundung werden Stundungszinsen in Höhe von 0,5 % für jeden vollen Monat auf den auf 50,– € abgerundeten Steuerbetrag erhoben. Auf diese Stundungszinsen kann gem. § 234 Abs. 2 AO ganz oder teilweise verzichtet werden, wenn ihre Erhebung nach Lage des einzelnen Falles unbillig wäre.

Stundungszinsen für die Dauer der Stundung

4.3.2. Erlöschen von Steueransprüchen

Steueransprüche erlöschen insbesondere durch Zahlung, Aufrechnung, Erlass und Eintritt der Zahlungsverjährung (§ 47 AO).

Erlöschen durch Zahlung

Zahlungen an Finanzbehörden sind an die zuständige Finanzkasse zu entrichten. Eine wirksam geleistete Zahlung gilt als entrichtet:

- bei Übergabe oder bei Übersendung von Zahlungsmitteln am Tag des Einganges
- bei Überweisung oder Einzahlung auf ein Konto der Finanzbehörde und bei Einzahlung mit Zahlschein oder Postanweisung an dem Tag, an dem der Betrag der Finanzbehörde gutgeschrieben wird
- bei Vorliegen einer Einzugsermächtigung am Fälligkeitstag

Schuldet ein Steuerpflichtiger mehrere Steuerbeträge und reicht bei freiwilliger Zahlung der gezahlte Betrag nicht zur Tilgung sämtlicher Schulden aus, so wird die Schuld getilgt, die der Steuerpflichtige bei der Zahlung bestimmt (§ 225 Abs. 1 AO). Trifft der Steuerpflichtige keine Bestimmung, so sieht § 225 Abs. 2 AO bei einer freiwilligen Zahlung, die nicht sämtliche Schulden deckt, eine festgelegte Reihenfolge der Tilgung vor. Diese richtet sich nach der Art der geschuldeten Steuerbeträge (z.B. Geldbußen, Zwangsgelder, Verspätungszuschläge u.ä.) und ihrer Fälligkeit.

Erlöschen durch Aufrechnung

Begriff der Aufrechnung

Unter Aufrechnung versteht man die wechselseitige Tilgung zweier sich gegenüberstehender Forderungen durch Verrechnung. Für die Aufrechnung mit Ansprüchen aus dem Steuerschuldverhältnis sowie für die Aufrechnung gegen diese Ansprüche gelten sinngemäß die Vorschriften des bürgerlichen Rechts, soweit nichts anderes bestimmt ist. Die Besonderheiten des Steuerrechts ergeben sich aus § 226 Abs. 2-4 AO.

Erlöschen durch Erlass

Die Finanzbehörden können Steueransprüche auch ganz oder teilweise erlassen, wenn deren Einziehung nach Lage des einzelnen Falles unbillig wäre (§ 227 Abs. 1 AO). Unter Erlass in diesem Sinne ist ein endgültiger Verzicht der Finanzbehörden auf die entstandene Steuer zu verstehen. Dabei ist der Erlass als Ausnahme von dem Grundsatz der Pflicht zur Begleichung der Steuerschuld auf die im Gesetz festgeschriebenen Fälle der Unbilligkeit beschränkt. Dabei sind nach der Rechtsprechung des BFH zwei Arten von Unbilligkeit zu unterscheiden:

Endgültiger Verzicht der Finanzbehörde auf entstandene Steuer

- persönliche Unbilligkeit
- sachliche Unbilligkeit.

Persönliche Unbilligkeit liegt vor, wenn die Steuererhebung die wirtschaftliche oder persönliche Existenz des Steuerpflichtigen vernichten oder ernsthaft gefährden würde. Der Erlass aus persönlichen Billigkeitsgründen setzt voraus, dass der Steuerschuldner erlassbedürftig und erlasswürdig ist. Erlassbedürftigkeit ist i.d.R. bei Gefährdungen des notwendigen Lebensunterhaltes des Steuerpflichtigen gegeben. Die Erlasswürdigkeit setzt voraus, dass der Schuldner durch sein Verhalten nicht gegen die Interessen der Allgemeinheit verstoßen und die mangelnde Leistungsfähigkeit nicht selbst herbeigeführt hat. Sachliche Unbilligkeit liegt vor, wenn die Besteuerung als solche, unabhängig von den persönlichen Verhältnissen des Steuerpflichtigen, unbillig wäre. Nach der Rechtsprechung ist diese Voraussetzung u.a. gegeben, wenn die rechtliche Aussage des Steuergesetzes über den mit ihm verfolgten Zweck und seine Wertung hinausgeht (Beispiel: Erlass von Säumniszuschlägen bei Überschuldung und Zahlungsunfähigkeit des Steuerschuldners, da der Säumniszuschlag in diesem Fall seine Funktion als Druckmittel eigener Art verloren hat). Der Erlass ist eine Ermessensentscheidung der Finanzbehörden.

Persönliche Unbilligkeit

Sachliche Unbilligkeit

Erlöschen durch Zahlungsverjährung

Der Eintritt der Zahlungsverjährung bewirkt das Erlöschen des Steueranspruchs durch Zeitablauf. Im Unterschied zur bereits behandelten Festsetzungsverjährung handelt es sich bei der sog. Zahlungsverjährung i.S.d. § 228 AO um die Verjährung bereits festgesetzter Steueransprüche. Die Verjährungsfrist beträgt für alle Zahlungsansprüche einheitlich fünf Jahre (§ 228 Satz 2 AO). Im Unterschied zur Festsetzungsverjährung tritt keine Verlängerung

Beachte: Unterschied zur Festsetzungsverjährung

Verjährungsfrist beträgt fünf Jahre

der Verjährungsfrist bei Steuerhinterziehung ein. Die Verjährung beginnt grundsätzlich mit Ablauf des Kalenderjahres, in dem der Steueranspruch erstmals fällig geworden ist. Der Lauf der Verjährungsfrist beginnt jedoch nicht vor Ablauf des Kalenderjahres, in dem die Festsetzung eines Steueranspruchs, ihre Aufhebung, Änderung oder Berichtigung nach § 129 AO wirksam geworden ist (§ 229 Abs. 1 Satz 2 AO). Diese Ausnahmeregelung hat besondere Bedeutung für die sogenannten Fälligkeitssteuern, d.h. Steuern, deren Fälligkeit gesetzlich festgelegt ist (z.B. Umsatzsteuer und Lohnsteuer). Bei diesen Fälligkeitssteuern wird der Anspruch bereits fällig, bevor die Steuer festgesetzt worden ist. In diesen Fällen beginnt die Verjährung also nicht vor Ablauf des Kalenderjahres, in dem die Steuerfestsetzung wirksam geworden ist, d.h. mit Bekanntgabe des Steuerbescheides. Das gleiche gilt für die Fälle der Aufhebung oder Änderung der Steuerfestsetzung. Eine Ablaufhemmung der Zahlungsverjährung besteht im Gegensatz zur Festsetzungsverjährung nur bei höherer Gewalt (§ 230 AO). Die Verjährung ist danach nur dann gehemmt, solange der Anspruch wegen höherer Gewalt innerhalb der letzten 6 Monate der Verjährungsfrist nicht verfolgt werden kann (z.B. wegen Naturkatastrophen). Die Verjährungsfrist verlängert sich dann um den Zeitraum der Hemmung. Der Lauf der Verjährungsfrist kann auch unterbrochen werden, mit der weiteren Folge, dass die Verjährungsfrist mit Ablauf des Kalenderjahres, in dem die Unterbrechung geendet hat, neu zu laufen beginnt (§ 231 AO). Als Unterbrechungsgründe sieht § 231 Abs. 1 AO z.B. die schriftliche Geltendmachung des Steueranspruchs, die Stundung oder die Aussetzung der Vollziehung (im Einspruchsverfahren) vor.

Unterbrechungsgründe

4.3.3. Verzinsung von Steuernachforderungen und Steuererstattungen

Systematisch gehört auch die Verzinsung von Steueransprüchen in den Bereich des Erhebungsverfahrens (vgl. §§ 233 ff. AO). Im Rahmen der Ausführungen zum Besteuerungsverfahren wurde bereits an verschiedenen Stellen auf Verzinsungen hingewiesen (z.B. Stundungszinsen, § 234 AO; Zinsen bei Aussetzung der Vollziehung, § 237 AO). Neben weiteren Zinsvorschriften in diesem Abschnitt der AO (Verzinsung von hinterzogenen Steuern, § 235 AO; Prozesszinsen auf Erstattungsbeträge, § 236 AO) ist in diesem Zusammenhang wegen der besonderen praktischen Relevanz auf die

Verzinsung von Steuernachforderungen und Steuererstattungen gem. § 233a AO hinzuweisen. Mit dem Steuerreformgesetz 1990 ist für bestimmte Steuerarten (Einkommen-, Körperschaft-, Umsatz- und Gewerbesteuer) in § 233a AO eine sogenannte Vollverzinsung eingeführt worden. Diese Vollverzinsung steht unter dem Gesichtspunkt der steuerlichen Gleichmäßigkeit und soll gewisse Zinsvorteile bzw. Zinsnachteile beim jeweiligen Steuergläubiger bzw. Steuerschuldner ausgleichen. Danach ist der festgesetzte Steuer- bzw. der vom Steuerpflichtigen zu erlangende Steuererstattungsbetrag (z.B. die im Laufe des Kalenderjahres vorausgezahlten Lohnsteuerbeträge übersteigen die am Ende des Kalenderjahres errechnete Einkommensteuer-Abschlusszahlung) mit 0,5 % pro Monat zu verzinsen. Die Verzinsung beginnt dabei nach einer Karenzzeit von 15 Monaten nach Ablauf des Kalenderjahres, in dem die Steuer entstanden ist. Das bedeutet z.B. für die Einkommensteuer, dass die Steuerzinsen erst ab 01.04. des übernächsten Jahres zu berechnen sind. Der Zinslauf endet mit Ablauf des Tages, an dem die Steuerfestsetzung wirksam wird. (§ 233a Abs. 2 Satz 3 AO). Bei Großunternehmen oder Konzernen, deren Abschlüsse und Bilanzen regelmäßig erst im Rahmen von Außenprüfungen genau untersucht werden, wird diese vorgesehene Karenzzeit immer überschritten mit der Folge, dass die Vollverzinsung der der Höhe nach teilweise erheblichen Steuernachzahlungen bzw. Erstattungen einen nicht zu unterschätzenden Kostenfaktor darstellen kann.

»Vollverzinsung«

15-monatige Karenzzeit

4.4. Vollstreckungsverfahren

Im Unterschied zum Zwangsvollstreckungsverfahren nach der Zivilprozeßordnung (ZPO) erfolgt die Vollstreckung nach der AO nicht durch unabhängige Justizorgane (z.B. Gerichtsvollzieher), sondern durch die Finanzbehörden selbst. Die Finanzbehörden können also ihre Steuerbescheide, die – wie bereits erwähnt – Titelfunktion haben, selbst vollstrecken. Das Vollstreckungsverfahren ist in den §§ 249 ff. AO geregelt und ist für den Fall vorgesehen, dass die Steuer im Erhebungsverfahren vom Steuerpflichtigen nicht gezahlt wird. Geht es wie bei nicht gezahlten Steuern um die Vollstreckung wegen Geldforderungen, so greifen die Vorschriften der §§ 259-327 AO. Die Finanzbehörde kann dann auf Grundlage dieser Vorschriften die Eintreibung der außenstehenden Steuerforderungen vornehmen. Das Vollstreckungsverfahren dient nicht nur dieser Eintreibung der Steuergelder, es kann auch wegen anderer Leistungen als Geldforderungen vollstreckt werden (§§ 328-336

Beitreibung außenstehender Forderungen durch die Finanzbehörden

Einsatz von Zwangsmitteln

AO). Durch Zwangsmittel können insbesondere Leistungen des Steuerpflichtigen erzwungen werden, die als Beitrag zur Sachaufklärung zu erbringen sind (z.B. Mitwirkungspflichten im Ermittlungsverfahren). Bei den Zwangsmitteln handelt es sich i.d.R nicht um Strafen oder Geldbußen, vielmehr um in die Zukunft gerichtete Beugemittel. Wichtigstes Zwangsmittel ist das Zwangsgeld (§ 329 AO).

Literaturhinweise: Ausführliche weitere Einzelheiten zum Besteuerungsverfahren finden Sie bei Tipke/Lang, Steuerrecht, § 21 Rz. 1 ff.; Birk, Steuerrecht, Rz. 249 ff. (Steuerschuldrecht) u. Rz. 370 ff. (Steuerverfahrensrecht).

4.5. Zusammenfassung

Im Rahmen des Ermittlungsverfahrens erlangt die Finanzbehörde – im Regelfall durch Abgabe einer Steuererklärung – Kenntnis von den besteuerungsrelevanten Daten und Sachverhaltsmerkmalen. Auf Grund des so ermittelten Sachverhaltes setzt die zuständige Finanzbehörde die Steuern mittels Steuerbescheid innerhalb der Festsetzungsfrist fest. Verbleiben der Finanzbehörde nach Prüfung der abgegebenen Steuererklärung noch Zweifel im Tatsächlichen oder hinsichtlich der rechtlichen Würdigung komplizierter Vorgänge, besteht die Möglichkeit, zur Verfahrensbeschleunigung eine Steuerfestsetzung unter Vorbehalt der Nachprüfung bzw. vorläufig durchzuführen. Nach Beseitigung der Zweifel kann dann ggf. eine entsprechende Berichtigung erfolgen. Mit Bekanntgabe an den betroffenen Steuerpflichtigen wird die Steuerfestsetzung wirksam. Innerhalb der Einspruchs- bzw. Klagefristen kann sich der Steuerpflichtige gegen diese Steuerfestsetzung mittels Einspruch bzw. Klage wenden. Abgesehen davon ist der Inhalt des Steuerbescheides grundsätzlich bindend. Eine Korrektur des Steuerbescheides kommt nur noch in Betracht, wenn spezielle in der AO geregelte Korrekturvorschriften eingreifen. Ist die Steuer entstanden, fällig und festgesetzt, kann sie gegenüber dem betroffenen Steuerpflichtigen erhoben werden. Durch Zahlung, Aufrechnung, Erlass oder Zahlungsverjährung können Steueransprüche erlöschen. Unter gewissen zeitlichen Voraussetzungen kommt eine Vollverzinsung für Steuernachforderungen und Steuererstattungen in Betracht. Wird die Steuer im Erhebungsverfahren nicht gezahlt, erfolgt ihre Eintreibung im Vollstreckungsverfahren auf Grundlage des erlassenen Steuerbescheides durch die Finanzbehörde.

5. Wiederholungsfragen

1. Nennen Sie die Bestandteile des Steuerbegriffes. Wodurch unterscheiden sich Steuern von Gebühren und Beiträgen? Lösung S. 26
2. Welches sind die im Steuerrecht relevanten Rechtsnormen? Lösung S. 28 ff.
3. Auf welche Art und Weise kann die Finanzbehörde den besteuerungsrelevanten Sachverhalt ermitteln? Lösung S. 39 ff.
4. Beschreiben Sie den Unterschied zwischen dem Festsetzungs- und Feststellungsverfahren. Lösung S. 54
5. Wie erfolgt die Festsetzung von Steuern? Lösung S. 44 ff.
6. Welche Unterschiede bestehen zwischen einer Steuerfestsetzung unter Vorbehalt der Nachprüfung und einer vorläufigen Steuerfestsetzung? Lösung S. 53 f.
7. Was bedeutet »Bekanntgabe eines Steuerbescheides«? Lösung S. 51 f.
8. Welche Rechtsschutzmöglichkeit hat ein Steuerpflichtiger, wenn er sich gegen einen Steuerbescheid wehren will? Bei welchen Behörden/Gerichten müssen die Rechtsbehelfe angebracht werden? Lösung S. 56 ff.
9. Erklären Sie die Begriffe »formelle« und »materielle« Bestandskraft! Lösung S. 65
10. Können Steuerbescheide (außer aufgrund außergerichtlicher / gerichtlicher Rechtsbehelfe) nach Bekanntgabe korrigiert werden? Lösung S. 66 ff.
11. Auf welche Weise erfolgt die »Korrektur« materieller Fehler nach Bekanntgabe des Steuerbescheides? Lösung S. 70
12. Unter welchen Voraussetzungen kann eine Korrektur nach § 173 AO erfolgen? Lösung S. 67 f.
13. Wie können Steueransprüche erlöschen? Zählen Sie vier Erlöschensgründe auf! Lösung S. 74 f.
14. Beschreiben Sie die »Vollverzinsung« von Steuernachzahlungen bzw. Steuererstattungen! Lösung S. 77
15. Was ist die Grundlage der Vollstreckung von Steuerforderungen im Steuerrecht? Lösung S. 77

Besonderes Steuerrecht

Einkommensteuer

Körperschaftsteuer

Gewerbesteuer

Umsatzsteuer

Bewertungsabhängige Steuerarten

- Vermögensteuer
- Erbschaft- und Schenkungsteuer
- Grundsteuer

Spezielle Verkehrsteuern

- Grunderwerbsteuer
- Kraftfahrzeugsteuer
- Versicherungsteuer

Spezielle Verbrauch- und Aufwandsteuern

- Branntweinsteuer
- Kaffeesteuer
- Energiesteuer
- Stromsteuer
- Tabaksteuer
- Biersteuer
- Schaumweinsteuer
- Hundesteuer

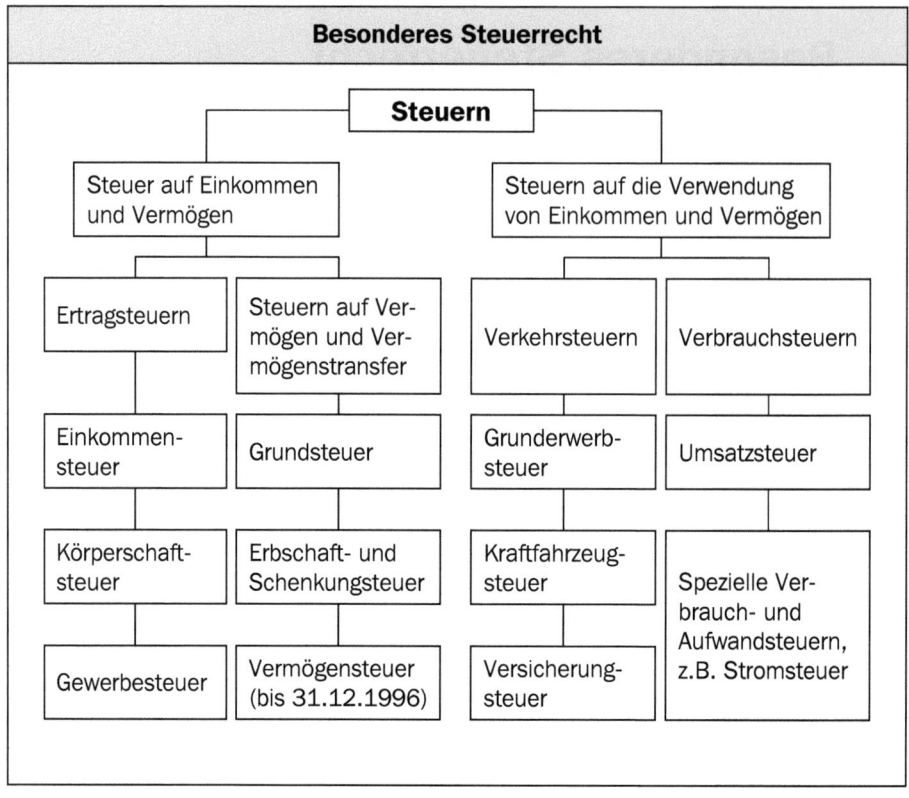

Besonderes Steuerrecht: Einkommensteuer

1.	Allgemeines und Überblick	84
2.	Steuerpflicht	89
2.1.	Unbeschränkte Steuerpflicht	89
2.2.	Beschränkte Steuerpflicht	92
3.	Bemessungsgrundlage der Einkommensteuer	93
4.	Summe der Einkünfte	98
4.1.	Grundsätze der Einkünfteermittlung	99
4.2.	Umfang der einzelnen Einkunftsarten	120
4.3.	Ermittlung der Summe der Einkünfte und Verlustausgleich	157
5.	Gesamtbetrag der Einkünfte	160
6.	Einkommen	161
6.1.	Abzug bestimmter Privatausgaben	161
6.2.	Verlustabzug	170
7.	Zu versteuerndes Einkommen	172
7.1.	Freibeträge für Kinder / Kindergeld	172
7.2.	Sonstige vom Einkommen abziehbare Beträge	175
8.	Steuerfestsetzung	177
9.	Wiederholungsfragen	181

1. Allgemeines und Überblick

Ihrem Wesen nach ist die Einkommensteuer eine »Personensteuer«. Gegenstand der Besteuerung ist das Einkommen einer natürlichen Person. Bei der Berechnung der Einkommensteuer stehen die persönlichen Verhältnisse des Steuerpflichtigen im Vordergrund. Dieses zeigt sich besonders daran, dass persönliche Umstände, die die wirtschaftliche Leistungsfähigkeit des Steuerpflichtigen beeinträchtigen (z.B. Familienstand, Alter, außergewöhnliche Belastungen), berücksichtigt werden.

Besteuerung nach der persönlichen Leistungsfähigkeit

Der Gesichtspunkt der Besteuerung nach der persönlichen Leistungsfähigkeit zieht sich wie ein roter Faden durch das Einkommensteuerrecht. Umstände, die die Leistungsfähigkeit erhöhen, wirken sich i.d.R. steuererhöhend aus, solche, die die Leistungsfähigkeit mindern, werden i.d.R. steuermindernd berücksichtigt. Letztlich soll nur das dem Steuerpflichtigen zur Disposition verbleibende Einkommen steuerlich erfasst werden (Nettoprinzip). Die bereits in der Einführung herausgearbeitete Bedeutung der Steuern im Allgemeinen hinsichtlich der Finanzierung der Haushalte der Gebietskörperschaften und der Wirtschaftslenkungsfunktionen trifft insbesondere für die Einkommensteuer zu; ca. 31 % der gesamten Steuereinnahmen von Bund, Ländern und Gemeinden entfallen auf die Einkommensteuer (unter Einbeziehung der Lohnsteuer, die ja nur eine Vorauszahlung auf die Einkommensteuer ist). Diese Steuereinnahmen stehen diesen Gebietskörperschaften gemeinschaftlich zu. Die Einkommensteuer ist daher eine »Gemeinschaftsteuer«. Neben ihrer Funktion als Einnahmequelle dient die Einkommensteuer gleichzeitig auch als Instrument der Wirtschafts-, Sozial- und Gesellschaftspolitik.

Etwa 31 % der Steuer-Einnahmen entfallen auf die Einkommensteuer.

Die Einkommensteuer ist eine Veranlagungsteuer.

Die Einkommensteuer ist eine »Veranlagungsteuer«, d.h. eine Steuer, die nach Ablauf eines bestimmten Zeitraumes in einem förmlichen Verfahren (Veranlagungsverfahren), in dem die Besteuerungsgrundlagen festgestellt werden, festgesetzt wird. Zuständig für die Verwaltung der Einkommensteuer sind die örtlichen Finanzämter; sie führen die Einkommensteuerveranlagung durch. Grundsätzlich werden entweder die Besteuerungsgrundlagen für eine Person (= Einzelveranlagung gem. § 25 EStG) oder, wie das bei im Inland zusammenlebenden Ehegatten i.d.R. der Fall ist, gemeinsam durch Zusammenrechnung der erzielten Einkünfte (= Zusammenveranlagung, §§ 26, 26b EStG) festgestellt.

Dieses Veranlagungsverfahren beginnt mit der Abgabe der Steuererklärung, zu der ein Steuerpflichtiger nach Ablauf eines Kalenderjahres (= Veranlagungszeitraum) verpflichtet ist (§ 25 Abs. 3 EStG). Ehegatten haben für den Fall der Zusammenveranlagung eine gemeinsame Einkommensteuererklärung abzugeben. Die Steuererklärung ist nach amtlich vorgeschriebenem Vordruck (s.o.) beim Wohnsitzfinanzamt fristgemäß (bis 31.05. des Folgejahres) abzugeben.

Die elektronische Steuererklärung: http://www.elster.de

Mittlerweile kann die Abgabe der Steuererklärung auch online erfolgen. Das hierzu von der deutschen Steuerverwaltung entwickelte Programm heißt ELSTER. Es bietet allen Arbeitnehmern, Rentnern, Pensionären, Unternehmern und Arbeitgebern die Möglichkeit, verschiedene Steuererklärungen und Steueranmeldungen elektronisch via Internet an das Finanzamt zu übermitteln. Sofern der Steuerpflichtige auch betriebliche oder freiberufliche Einkünfte erzielt, ist die Übermittlung der Einkommensteuererklärung nach amtlichen vorgeschriebenen Datensatz durch Datenfernübertragung ab Veranlagungszeitraum 2011 verpflichtend (§ 25 Abs. 4 EStG).

Die zuständigen Finanzbeamten prüfen die eingereichte Erklärung und setzen daraufhin durch schriftlichen Steuerbescheid die Einkommensteuer fest. Da die Einkommensteuer eine Jahressteuer ist, wiederholt sich dieser Veranlagungsvorgang jährlich (§ 2 Abs. 7 EStG). Die Rechtsgrundlagen für die Festsetzung der Einkommensteuer sind das Einkommensteuergesetz (EStG) und die dazu ergangene Einkommen-/ Lohnsteuer-Durchführungsverordnung (EStDV / LStDV). Neben diesen gesetzlichen Rechtsgrundlagen hat die Bundesregierung außerdem mit Zustimmung des Bundesrates »Einkommensteuer-Richtlinien« erlassen. Aus dem vorangegangenen Kapitel wissen wir, dass diese Richtlinien lediglich Verwaltungsvorschriften darstellen und nur nachgeordnete Verwaltungsbehörden in der Anwendung des Rechts binden. Auch wenn das Einkommensteuergesetz auf Grund der Fülle der einzelnen Paragraphen auf den ersten Blick den in den einführenden Worten zu diesem Buch angeführten Eindruck eines Steuer-Dschungels vermitteln mag, so lässt sich das Gesetz gleichwohl systematisch gliedern, womit ein besseres Verständnis ermöglicht wird. Danach vollzieht sich der Weg durch das Einkommensteuergesetz grob in drei großen Schritten.

Rechtsgrundlagen der Einkommensteuer:
- *EStG*
- *EStDV / LStDV*

Überblick über den Inhalt des EStG

- Im ersten Schritt gilt es festzustellen, welche Personen i.S.d. EStG steuerpflichtig sind. Hier geht es im Wesentlichen um

die Frage, welche Personen von dem EStG grundsätzlich erfasst sind.
- Das Kernstück des EStG befasst sich in einem zweiten Schritt mit der Feststellung des Umfanges der Besteuerung. Hier geht es primär darum, festzustellen, was überhaupt der Einkommensbesteuerung unterfällt. Diese Vorschriften dienen der Ermittlung der Bemessungsgrundlage für die Einkommensteuer. Diese Bemessungsgrundlage nennt man im Einkommensteuerrecht das »zu versteuernde Einkommen«.
- Ist diese Bemessungsgröße ermittelt, folgt der dritte große Schritt: die Festsetzung des Steuerbetrages. In diesem Zusammenhang geht es um die Anwendung des Steuersatzes auf die ermittelte Bemessungsgrundlage. Im Hinblick auf die Feststellung des letztlich von dem Steuerpflichtigen zu zahlenden Steuerbetrages kommen von der so ermittelten Einkommensteuer noch bestimmte Einkommensteuer-Vorauszahlungen (soweit in einem Steuerbescheid festgesetzt und entrichtet) und u.U. bereits erhobene Lohn-, Kapitalertrag- und Bauabzugsteuer in Anrechnung. An dieser groben Beschreibung des Weges durch das Einkommensteuerrecht orientiert sich auch die Gliederung der nachfolgenden Ausführungen zum Einkommensteuerrecht. Im Übrigen findet sich diese grobe Systematik in vielen weiteren Einzelsteuergesetzen wieder. Sie kann als Anhalt für eine erste Orientierung in einem völlig neuen Steuergesetz dienen.

	Der Weg durch das Einkommensteuerrecht
1. Schritt	Feststellung der steuerpflichtigen Personen • unbeschränkte Einkommensteuerpflicht • beschränkte Einkommensteuerpflicht
2. Schritt	Festellung des Umfangs der Besteuerung Ermittlung der Bemessungsgrundlage (sog. zu versteuerndes Einkommen)

3. Schritt	Feststellung des zu zahlenden Steuerbertrags
	 • Anwendung des Steuersatzes auf die ermittelte Bemessungsgrundlage
	 • Anrechnung von
	   • geleisteten Vorauszahlungen
	   • bereits erhobener Lohnsteuer, Kapitalertragsteuer, Bauabzugsteuer

2. Steuerpflicht

Persönlich steuerpflichtig ist ganz allgemein, wer nach den Steuergesetzen als solcher bezeichnet wird. Wer i.S. eines Einzelsteuergesetzes steuerpflichtig ist, kommt persönlich für diese bestimmte Besteuerung in Betracht.

PERSÖNLICHE STEUERPFLICHT

Das EStG kennt zwei Arten der persönlichen Steuerpflicht,

- die unbeschränkte und
- die beschränkte Steuerpflicht.

Arten der persönlichen Steuerpflicht

2.1. Unbeschränkte Steuerpflicht

Unbeschränkt einkommensteuerpflichtig sind nach § 1 Abs. 1 Satz 1 EStG alle natürlichen Personen, die im Inland einen Wohnsitz oder ihren gewöhnlichen Aufenthalt haben. Natürliche Personen in diesem Sinne sind alle lebenden Menschen; ihre persönliche Steuerpflicht beginnt mit der Geburt und endet mit dem Tod. Geschäftsfähigkeit, Alter, Geschlecht, Familienstand oder Staatsangehörigkeit sind für die Bestimmung dieses Tatbestandsmerkmales ohne Bedeutung. Im Umkehrschluss lässt sich aus § 1 EStG schließen,

Voraussetzungen der unbeschränkten Steuerpflicht

dass nichtnatürliche Personen nicht unter das EStG fallen; das sind insbesondere

Kapital- und Personengesellschaften fallen nicht unter das EStG.

- die Kapitalgesellschaften (z.B. Aktiengesellschaft, GmbH). Diese mit einer eigenen Rechtsfähigkeit versehenen Organisationen werden als »juristische« Personen bezeichnet und unterliegen der Körperschaftsteuer (= Einkommensteuer der juristischen Personen).
- Personengesellschaften (z.B. offene Handelsgesellschaften, Kommanditgesellschaften, Gesellschaften bürgerlichen Rechts) sind weder natürliche noch juristische Personen. Sie unterfallen weder dem EStG noch dem KStG. Die Besteuerung dieser Personengesellschaften erfolgt über die steuerliche Erfassung der von den Gesellschaftern erzielten Gewinnanteile bei der Einkommensteuer.

Der Begriff »Inland« i.S.d. EStG ist gesetzlich nicht definiert. Gemeint ist im Grundsatz das Gebiet der Bundesrepublik Deutschland. Zum Inland gehört auch der der Bundesrepublik Deutschland zustehende Anteil am Festlandsockel, soweit dort Naturschätze des Meeresgrundes und des Meeresuntergrundes erforscht oder ausgebeutet werden (§ 1 Abs. 1 Satz 2 EStG). Internationalen Abmachungen entsprechend sind dem Inland auch Zollanschlussgebiete, Freihäfen und die von der Dreimeilenzone eingeschlossenen Küstengewässer. Auch Seeschiffe gehören zum Inland, soweit sie sich in inländischen Gewässern oder auf hoher See befinden (nicht allerdings während des Aufenthalts in ausländischen Hoheitsgewässern).

Begriff des Wohnsitzes

Begriff des gewöhnlichen Aufenthalts

Die unbeschränkte Einkommensteuerpflicht setzt weiter voraus, dass der Steuerpflichtige einen Wohnsitz oder gewöhnlichen Aufenthalt im Inland hat. Einen Wohnsitz i.S.d. Steuergesetze hat jemand dort, wo er eine Wohnung innehat unter Umständen, die daraus schließen lassen, dass er die Wohnung beibehalten und benutzen wird (§ 8 AO). Eine natürliche Person hat ihren gewöhnlichen Aufenthalt dort, wo sie sich unter Umständen aufhält, die erkennen lassen, dass sie an diesem Ort oder in diesem Gebiet nicht nur vorübergehend verweilt (§ 9 AO). Als gewöhnlicher Aufenthalt ist stets und von Beginn an ein zeitlich zusammenhängender Aufenthalt von mehr als sechs Monaten Dauer anzusehen; kurzfristige Unterbrechungen bleiben unberücksichtigt. Dies gilt nicht, wenn der Aufenthalt ausschließlich zu Besuchs-, Erholungs-, Kur- oder ähnlichen privaten Zwecken dient und nicht länger als ein Jahr dauert. Es ist nicht erforderlich, dass der sechsmonatige Aufenthalt in ein und dasselbe Kalenderjahr fällt.

Beispiel: Ein Belgier mit Familienwohnsitz in Antwerpen arbeitet in der Bundesrepublik Deutschland für eine dortige Firma. Er hat im Inland eine kleine Wohnung gemietet und kehrt jeweils an den Wochenenden zu seiner Familie nach Belgien zurück; er tritt seine Arbeitsstelle am 01.08.01 an. Unbeschränkte Einkommensteuerpflicht in 01? Der belgische Arbeitnehmer hat (zumindest) seinen gewöhnlichen Aufenthalt im Inland, denn die Umstände (Antritt einer neuen Arbeitsstelle) lassen erkennen, dass er sich in der Bundesrepublik Deutschland nicht nur vorübergehend aufhält. Die Tatsache, dass der belgische Arbeitnehmer in 01 nur für fünf Monate im Inland verweilt hat, ist dabei ohne Bedeutung. Er ist also ab August 01 unbeschränkt einkommensteuerpflichtig.

Auf die Sonderfälle der unbeschränkten Einkommensteuerpflicht gem. §§ 1 Abs. 2 und 3 EStG (betr. erweiterte unbeschränkte Steuerpflicht für Auslandsbeschäftigte) und fiktive unbeschränkte Einkommensteuerpflicht gemäß § 1a EStG (betr. EU- und EWR-Familienangehörige) soll an dieser Stelle aufgrund der nur eingeschränkten Bedeutung nicht näher eingegangen werden.

Die unbeschränkte Einkommensteuerpflicht hat zur Folge, dass der Steuerpflichtige mit allen inländischen und ausländischen Einkünften der deutschen Einkommenbesteuerung unterliegt (»Welteinkommensprinzip«). Da die ausländischen Einkünfte im Regelfall auch im Ausland der dortigen Einkommensteuer unterliegen werden, würde die nochmalige Erfassung im Inland zu einer Doppelbesteuerung führen. Zur Vermeidung dieser Doppelbesteuerung hat die Bundesrepublik Deutschland mit den meisten ausländischen Staaten sog. »Doppelbesteuerungsabkommen« abgeschlossen, in denen auf der Grundlage der Gegenseitigkeit die Vertragsstaaten ihre Besteuerungsrechte beschränken. In diesen Abkommen wird die mehrfache steuerliche Erfassung dadurch vermieden, dass der Wohnsitzstaat auf die volle Besteuerung der ausländischen Einkünfte verzichtet und nur eine verminderte Steuer erhebt oder dass die gezahlte ausländische Steuer ganz oder zum Teil auf die inländische Einkommensteuer angerechnet wird. Einzelheiten hierzu sind dem Kapitel »Internationales Steuerrecht« vorbehalten.

Margin notes:
Unbeschränkt Einkommensteuerpflichtige unterliegen mit ihrem Welteinkommen der Einkommensteuer.

Abkommen zur Vermeidung der Doppelbesteuerung

2.2. Beschränkte Steuerpflicht

Voraussetzungen der beschränkten Steuerpflicht

Natürliche Personen, die im Inland weder einen Wohnsitz noch ihren gewöhnlichen Aufenthalt haben, sind beschränkt steuerpflichtig, wenn sie inländische Einkünfte i.S.d. § 49 EStG haben (§ 1 Abs. 4 EStG). Die beschränkte Einkommensteuerpflicht hat zur Folge, dass der Einkommensteuer nur die im Inland bezogenen Einkünfte unterliegen. Was unter »inländischen« Einkünften i.S.d. beschränkten Steuerpflicht zu verstehen ist, ergibt sich aus der erschöpfenden Aufzählung in § 49 EStG. Auch bei der Besteuerung beschränkt Steuerpflichtiger ist im Einzelfall der Inhalt von Doppelbesteuerungsabkommen zu beachten.

Beispiel: Ein Niederländer ist Eigentümer eines Miethauses in der Bundesrepublik Deutschland. Er ist zwar mangels Wohnsitzes oder gewöhnlichen Aufenthaltes in der Bundesrepublik Deutschland nicht unbeschränkt einkommensteuerpflichtig, gleichwohl ist er mit seinen erzielten Mieteinnahmen (§ 49 Abs. 1 Nr. 6 EStG) beschränkt einkommensteuerpflichtig i.S.d. § 1 Abs. 4 EStG.

Persönliche Einkommensteuerpflicht	
Unbeschränkte Steuerpflicht	Beschränkte Steuerpflicht
- Natürliche Personen - die im Inland - ihren Wohnsitz oder gewöhnlichen Aufenthalt haben (Sonderfälle: Erweiterte unbeschränkte Steuerpflicht für Auslandsbeschäftigte i.S.v. § 1 Abs. 2 und 3 EStG)	- Natürliche Personen - die im Inland - weder ihren Wohnsitz noch gewöhnlichen Aufenthalt haben
Folge: Besteuerung des »Welteinkommens« Beachte: Abkommen zur Vermeidung einer Doppelbesteuerung	Folge: Besteuerung der im Inland erzielten Einkünfte i.S.d. § 49 EStG

3. Bemessungsgrundlage der Einkommensteuer

Zentrale Größe des Einkommensteuerrechts ist das »zu versteuernde Einkommen«. Es bildet die Bemessungsgrundlage für die Berechnung der auf den einzelnen Steuerpflichtigen entfallenden Einkommensteuer. Der Gesetzgeber verwendet den Begriff des zu versteuernden Einkommens in § 2 Abs. 5 EStG und schreibt im Rahmen dieses § 2 EStG eine strikt einzuhaltende Reihenfolge hinsichtlich der Ermittlung dieser Bemessungsgrundlage vor.

»Zu versteuerndes Einkommen« als zentrale Größe des Einkommensteuerrecht

Umfang der Besteuerung, Begriffsbestimmungen

§ 2 EStG

(1) Der Einkommensteuer unterliegen

1. Einkünfte aus Land- und Forstwirtschaft,
2. Einkünfte aus Gewerbebetrieb,
3. Einkünfte aus selbständiger Arbeit,
4. Einkünfte aus nichtselbständiger Arbeit,
5. Einkünfte aus Kapitalvermögen,
6. Einkünfte aus Vermietung und Verpachtung,
7. sonstige Einkünfte im Sinne des § 22,

die der Steuerpflichtige während seiner unbeschränkten Einkommensteuerpflicht oder als inländische Einkünfte während seiner beschränkten Einkommensteuerpflicht erzielt. Zu welcher Einkunftsart die Einkünfte im einzelnen Fall gehören, bestimmt sich nach den §§ 13 bis 24.

(2) Einkünfte sind

1. bei Land- und Forstwirtschaft, Gewerbebetrieb und selbständiger Arbeit der Gewinn (§§ 4 bis 7k),
2. bei den anderen Einkunftsarten der Überschuss der Einnahmen über die Werbungskosten (§§ 8 bis 9a).

Bei den Einkünften aus Kapitalvermögen tritt § 20 Abs. 9 EStG vorbehaltlich der Regelung in § 32d Abs. 2 EStG an die Stelle der §§ 9, 9a)

(3) Die Summe der Einkünfte, vermindert um den Altersentlastungsbetrag, den Entlastungsbetrag für Alleinerziehende und den Abzug nach § 13 Abs. 3, ist der Gesamtbetrag der Einkünfte.

(4) Der Gesamtbetrag der Einkünfte, vermindert um die Sonderausgaben und die außergewöhnlichen Belastungen, ist das Einkommen.

(5) Das Einkommen, vermindert um die Freibeträge nach § 32 Abs. 6 und um die sonstigen vom Einkommen abzuziehenden Beträge, ist das zu versteuernde Einkommen; dieses bildet die Bemessungsgrundlage für die tarifliche Einkommensteuer. Knüpfen andere Gesetze an den Begriff des zu versteuernden Einkommens an, ist für deren Zweck das Einkommen in allen Fällen des § 32 um die Freibeträge nach § 32 Abs. 6 zu vermindern.

(5a) Knüpfen außersteuerliche Rechtsnormen an die in den vorstehenden Absätzen definierten Begriffe (Einkünfte, Summe der Einkünfte, Gesamtbetrag der Einkünfte, Einkommen, zu versteuerndes Einkommen) an, erhöhen sich für deren Zwecke diese Größen um die nach § 32d Abs. 1 und nach § 43 Abs. 5 zu besteuernden Beträge sowie um die) nach § 3 Nr. 40 steuerfreien Beträge und mindern sich um die nach § 3c Abs. 2 nicht abziehbaren Beträge.

(5b) Soweit Rechtsnormen dieses Gesetzes an die in den vorstehenden Absätzen definierten Begriffe (Einkünfte, Summe der Einkünfte, Gesamtbetrag der Einkünfte, Einkommen, zu versteuerndes Einkommen) anknüpfen, sind Kapitalerträge nach § 32d Abs. 1 und § 43 Abs. 5 nicht einzubeziehen. Satz 1 gilt nicht in den Fällen

1. des § 10b Abs. 1, wenn der Steuerpflichtige dies beantragt, sowie

2. des § 32 Abs. 4 Satz 2, des § 32d Abs. 2 und 6, des § 33 Abs. 3 und des § 33a Abs. 1 Satz 4 und Abs. 2 Satz 2.

(6) Die tarifliche Einkommensteuer, vermindert um den Entlastungsbetrag nach § 32c, die anzurechnenden ausländischen Steuern und die Steuerermäßigungen, vermehrt um die Steuer nach § 32d Abs. 3 und 4), die Steuer nach § 34c Abs. 5, die Nachsteuer nach § 10 Abs. 5 und den Zuschlag nach § 3 Abs. 4 Satz 2 des Forstschäden-Ausgleichsgesetzes, ist die festzusetzende Einkommensteuer. Wurde der Gesamtbetrag der Einkünfte in den Fällen des § 10a Abs. 2 um Sonderausgaben nach § 10a Abs. 1 gemindert, ist für die Ermittlung der festzusetzenden Einkommensteuer der Anspruch auf Zulage nach Abschnitt XI der tariflichen Einkommensteuer hinzuzurechnen; bei der Ermittlung der dem Steuerpflichtigen zustehenden Zulage bleibt die Erhöhung der Grundzulage ach § 84 Satz 2 außer Betracht. Wird das Einkommen in den Fällen des § 31 um die Freibeträge nach § 32 Abs. 6 gemindert, ist der Anspruch auf Kindergeld nach Abschnitt X der tariflichen Einkommensteuer hinzurechnen.

(7) Die Einkommensteuer ist eine Jahressteuer. Die Grundlagen für ihre Festsetzung sind jeweils für ein Kalenderjahr zu ermitteln.

Besteht während eines Kalenderjahres sowohl unbeschränkte als auch beschränkte Einkommensteuerpflicht, so sind die während der beschränkten Einkommensteuerpflicht erzielten inländischen Einkünfte in eine Veranlagung zur unbeschränkten Einkommensteuerpflicht einzubeziehen.

Zu versteuerndes Einkommen

1. Bildung der Summe der Einkünfte (§ 2 Abs. 1 S. 2 EStG)
   - Zusammenrechnung der vom Steuerpflichtigen im Veranlagungszeitraum bezogenen Einkünfte an den 7 Einkunftsarten
   - Grundsätzlich Summe der positiven und negativen Einkünfte

2. Ermittlung des Gesamtbetrages der Einkünfte (§ 2 Abs. 3 EStG)
   - Minderung der Einkünfte um
     - Altersentlastungsbetrag (§ 24a EStG)
     - Entlastungsbetrag für Alleinerziehende (§ 24b EStG)
     - Freibetrag für Land- und Forstwirte (§ 13 Abs. 3 EStG)

3. Einkommensermittlung (§ 2 Abs. 4 EStG)
   - Minderung des Gesamtbetrages der Einkünfte um
     - Sonderausgaben (§§ 10, 10a, 10b, 10c EStG)
     - Außergewöhnliche Belastungen (§§ 33 bis 33b EStG)
     - Verlustabzug (§ 10d EStG)

4. Ermittlung des zu versteuernden Einkommens (§ 2 Abs. 5 EStG)
   - Minderung des Einkommens um persönliche Freibeträge
     - Freibeträge für Kinder (§§ 31, 32 EStG)

Ausgangspunkt für die Ermittlung des zu versteuernden Einkommens bildet die so genannte »Summe der Einkünfte« aus den einzelnen in § 2 Abs. 1 Nr. 1-7 EStG aufgeführten Einkunftsarten. Diese sieben Einkunftsarten beschreiben alle verschiedenen Sparten von Erwerbstätigkeit, die das EStG steuerlich erfassen will. Als Einkünfte bezeichnet das EStG den Reinertrag aus allen wirtschaftlichen Betätigungen, die zu derselben Einkunftsart gehören. Bei der Ermittlung der Einkünfte einer Einkunftsart (z.B. Einkünfte aus Gewerbebetrieb) muss man daher zunächst feststellen, ob eine bestimmte Betätigung auch zu dieser Einkunftsart gehört. Die so ermittelten einzelnen Ergebnisse von wirtschaftlichen Betätigungen innerhalb einer Einkunftsart werden in einem nächsten Schritt zusammengerechnet und bilden dann die Einkünfte dieser Einkunftsart.

Begriff der Einkünfte

Beispiel: Ein Steuerpflichtiger ist Eigentümer von vier Mietwohngrundstücken. Aus der Vermietung von drei Grundstücken erzielt der Steuerpflichtige ein positives Ergebnis, bei einem Grundstück jedoch einen Verlust. Zur Ermittlung der Einkünfte aus Vermietung und Verpachtung werden die positiven und negativen Einzelergebnisse zusammengerechnet. Das Ergebnis sind die Einkünfte aus dieser Einkunftsart.

»Summe der Einkünfte« ist die Summe der positiven und negativen Einkünfte aller Einkunftsarten.

Die Summe der Einkünfte stellt die für einen Veranlagungszeitraum zusammengerechneten Einkünfte der verschiedenen Einkunftsarten dar, die der Steuerpflichtige in diesem Veranlagungszeitraum bezogen hat. Die Summe der Einkünfte ist also grundsätzlich die Summe der positiven und der negativen Einkünfte aller Einkunftsarten.

Beispiel: Der Steuerpflichtige hat folgende Einkünfte erzielt:

Einkünfte aus Gewerbebetrieb	+	*5.000,– €*
Einkünfte aus selbständiger Arbeit	+	*50.000,– €*
Einkünfte aus Vermietung und Verpachtung	÷	*3.000,– €*
Im Beispielsfall ist die Summe der Einkünfte		*52.000,– €*

Überwiegen die negativen Einkünfte, so ist bei der Einkommensteuerveranlagung des betreffenden Jahres die Summe der Einkünfte mit 0,– € anzusetzen.

Verlustausgleich ist vom so genannten »Verlustabzug« iSd. § 10d EStG zu unterscheiden

Merke: Von diesem Verlustausgleich (Verrechnung positiver und negativer Einkünfte bei der Bildung der Summe der Einkünfte) ist der so genannte »Verlustabzug« i.S.d. § 10 d EStG zu unterscheiden.

Diese Vorschrift ermöglicht es, Verluste, die bei Ermittlung des Gesamtbetrages der Einkünfte nicht ausgeglichen werden, wie Sonderausgaben unter den Voraussetzungen des § 10d EStG vom Gesamtbetrag der Einkünfte des unmittelbar vorangegangenen Veranlagungszeitraumes (vorrangiger Verlustrücktrag) bzw. nachfolgender Veranlagungszeiträume (Verlustvortrag) abzuziehen.

»Gesamtbetrag der Einkünfte«

Die Summe der Einkünfte wird zur Ermittlung des »Gesamtbetrages der Einkünfte« (§ 2 Abs. 3 EStG) um den »Altersentlastungsbetrag« (§ 24a EStG), den Entlastungsbetrag für Alleinerziehende (§ 24b EStG) und den Freibetrag für Land- und Forstwirte (§ 13 Abs. 3 EStG) gemindert. Werden vom Gesamtbetrag der Einkünfte die Sonderausgaben und die außergewöhnlichen Belastungen abgezogen, so ergibt sich nach der Wortwahl des Gesetzgebers in § 2 Abs. 4 EStG das »Einkommen«. Sonderausgaben und außergewöhnliche Belastungen sind bestimmte, vom Gesetzgeber abschließend aufgezählte Privatausgaben, die den Steuerpflichtigen außerhalb irgendwelcher steuerrelevanter wirtschaftlicher Betätigungen belasten und die nach dem Willen des Gesetzgebers ausnahmsweise steuermindernd berücksichtigt werden sollen. Zum »zu versteuernden Einkommen« gelangt man, wenn man vom Einkommen die Freibeträge für Kinder (§§ 31, 32 EStG) in Abzug bringt und darüber hinaus sonstige vom Einkommen abziehbare Beträge (z.B. frei bleibender Betrag nach § 46 Abs. 3 EStG) berücksichtigt.

»Einkommen«

»Zu versteuerndes Einkommen«

4. Summe der Einkünfte

Kernstück des zu versteuernden Einkommens bildet die Summe der Einkünfte. In § 2 Abs. 1 Nr. 1-7 EStG hat der Gesetzgeber abschließend aufgezählt, welche Reinerträge aus wirtschaftlichen Betätigungen verschiedenster Art der Besteuerung unterworfen werden sollen. Sodann ist in Abs. 2 des § 2 EStG festgeschrieben, was unter den Einkünften der einzelnen sieben Einkunftsarten zu verstehen ist. Danach sind die Einkünfte bei Land- und Forstwirtschaft, Gewerbebetrieb und selbständiger Arbeit der Gewinn (§ 2 Abs. 2 Nr. 1 EStG). Auf Grund dessen werden diese drei Einkunftsarten auch »Gewinneinkunftsarten« genannt. Bei den verbleibenden vier Einkunftsarten sind die Einkünfte der Überschuss der Einnahmen über die Werbungskosten (§ 2 Abs. 2 Nr. 2 EStG); sie werden daher als »Überschusseinkunftsarten« bezeichnet. Weil die Grundsätze der Einkünfteermittlung jeweils für eine Gruppe von Einkunftsarten Gültigkeit haben, ist es sinnvoll, diese zunächst vor die Klammer zu ziehen und erst im Anschluss die einzelnen Einkunftsarten zu behandeln.

Einkünfte sind
- bei »Gewinneinkunftsarten« der Gewinn
- bei »Überschusseinkunftsarten der Überschuss der Einkünfte über die Werbungskosten

ERMITTLUNG DER SUMME DER EINKÜNFTE

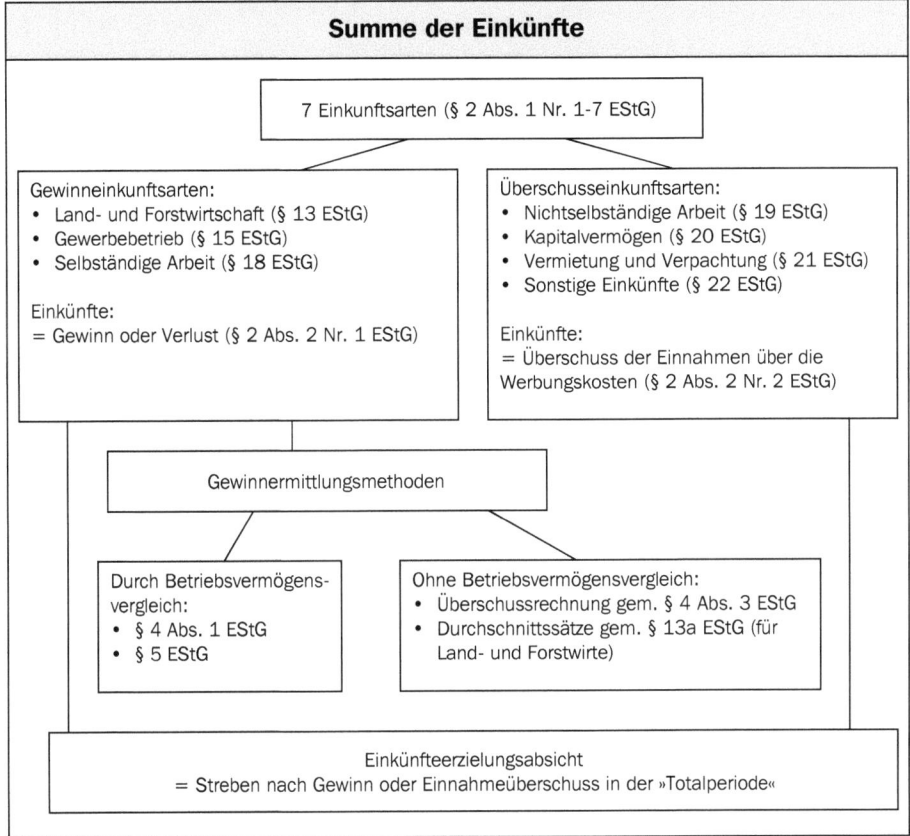

4.1. Grundsätze der Einkünfteermittlung

4.1.1. Ermittlung der Gewinneinkünfte

Ganz grob lassen sich zwei große Gruppen von Gewinnermittlungsmethoden feststellen:

- Gewinnermittlung durch Betriebsvermögensvergleich
- Gewinnermittlung ohne Betriebsvermögensvergleich

Gewinnermittlung durch Betriebsvermögensvergleich und ohne Betriebsvermögensvergleich

Gewinnermittlung durch Betriebsvermögensvergleich Innerhalb dieser Gewinnermittlungsmethode lässt sich der Betriebsvermögensvergleich nach § 4 Abs. 1 EStG und nach § 5 EStG unterscheiden.

Gewinnermittlung	
§ 4 Abs. 1 EStG • Land- und Forstwirte, die nach § 141 AO zur Buchführung verpflichtet sind bzw. freiwillig Bücher führen • Selbständig Tätige, die freiwillig Bücher führen	§ 5 Abs. 1 EStG • Gewerbetreibende, die nach Handels- oder Steuerrecht zur Buchführung verpflichtet sind oder freiwillig Bücher führen
Folge: • Nur einkommensrechtliche (nicht handelsrechtliche) Vorschriften über die Bewertung von Wirtschaftsgütern des Betriebsvermögens sind zu beachten.	Folge: • Bei der Gewinnermittlung sind einkommensrechtliche und handelsrechtliche Vorschriften bei der Bewertung von Wirtschaftsgütern des Betriebsvermögens zu beachten.

Definition des Gewinnbegriffs in § 4 Abs. 1 Satz 1 EStG

In § 4 Abs. 1 Satz 1 EStG hat der Gesetzgeber den Gewinnbegriff legal definiert. Er gilt für beide Arten der Gewinnermittlung durch Betriebsvermögensvergleich. Danach ist Gewinn der Unterschiedsbetrag zwischen dem Betriebsvermögen am Schluss des Wirtschaftsjahres und dem Betriebsvermögen am Schluss des vorangegangenen Wirtschaftsjahres, vermehrt um den Wert der Entnahmen und vermindert um den Wert der Einlagen. Als Betriebsvermögen i.S.d. Vorschrift ist der Unterschiedsbetrag zwischen dem Vermögen und den Schulden eines Betriebes zu verstehen (bilanzmäßig auch Eigenkapital genannt). Hat man auf diese Weise die Betriebsvermögensbeträge am Schluss des Wirtschaftsjahres und am Schluss des vorangegangenen Wirtschaftsjahres ermittelt, ist der Unterschiedsbetrag zwischen beiden Betriebsvermögen festzustellen. Dieser Unterschiedsbetrag kann auch negativ sein. Zur Ermittlung des Gewinnes i.S.d. § 4 Abs. 1 Satz 1 EStG ist dieser Unterschiedsbetrag noch um »Entnahmen« und »Einlagen« zu berichtigen. Entnahmen sind alle Wirtschaftsgüter (Barentnahmen, Waren, Erzeugnisse, Nutzung und Leistungen), die der Steuerpflichtige dem Betrieb für sich, für seinen Haushalt oder für andere betriebsfremde Zwecke im Laufe des Wirtschaftsjahres entnommen hat (§ 4 Abs. 1 Satz 2 EStG). Einlagen sind alle Wirtschaftsgüter (Bareinzahlungen oder sonstige Wirtschaftsgüter), die der Steuerpflichtige dem Betrieb im Laufe des Wirtschaftsjahres aus seinem

Betriebsvermögen ist der Unterschiedsbetrag zwischen dem Vermögen und den Schulden eines Betriebes.

Begriff der Entnahme

Begriff der Einlage

Privatvermögen zugeführt hat (§ 4 Abs. 1 Satz 7 EStG). Der Sinn und Zweck dieser Korrekturen besteht darin, nur Vermögensänderungen im betrieblichen Bereich steuerlich zu erfassen.

Beispiel: Am Ende des Wirtschaftsjahres 02 wurde durch Inventur folgender Bestand an Wirtschaftsgütern festgestellt:

VERMÖGEN (Aktiva)

Grundstück	200.000,- €
Waren	50.000,- €
Forderungen aus Lieferungen und Leistungen	10.000,- €
Kassenbestand	5.000,- €
Vermögensbestand	265.000,- €

SCHULDEN

Verbindlichkeiten aus Lieferungen u. Leistungen	15.000,- €
Bankverbindlichkeiten	30.000,- €
Schulden insgesamt	45.000,- €

Das Betriebsvermögen zum Schluss des vorangegangenen Wirtschaftsjahres betrug 180.000,- €.

Darüber hinaus hat A im Laufe des Wirtschaftsjahres 02 Waren im Wert von 3.000,- € entnommen, von seinem privaten Bankkonto 10.000,- € abgehoben und in das Betriebsvermögen eingelegt.

GEWINN

Der Gewinn für 02 errechnet sich folgendermaßen:

Betriebsvermögen am Schluss des Wirtschaftsjahres (31.12.02)	220.000,- €
Betriebsvermögen am Schluss des vorangegangenen Wirtschaftsjahres (31.12.01)	180.000,- €
Unterschiedsbetrag	+ 40.000,- €
+ Entnahme 02	3.000,- €
÷ Einlagen 02	10.000,- €
= Gewinn aus Gewerbebetrieb 02	33.000,- €

Auch wenn diese herausgearbeiteten Grundsätze über die Ermittlung des Gewinnes i.S.d. § 4 Abs. 1 EStG für beide Gewinnermittlungsmethoden durch Betriebsvermögensvergleich gelten, bestehen jedoch zwischen der Gewinnermittlung nach § 4 Abs. 1 und der

Gewinnbegriff aus § 4 EStG für beide Gewinnermittlungsmethoden durch Betriebsvermögensvergleich

Gewinnermittlung nach § 5 EStG sowohl in persönlicher als auch in sachlicher Hinsicht Unterschiede: Eine Gewinnermittlung nach § 4 Abs. 1 EStG kommt in persönlicher Hinsicht nur für Land- und Forstwirte in Betracht, die nach § 141 AO zur Buchführung verpflichtet sind bzw. freiwillig Bücher führen. Darüber hinaus kann diese Gewinnermittlungsmethode von selbständig Tätigen in Anspruch genommen werden, die freiwillig Bücher führen. § 5 Abs. 1 EStG gilt dagegen nur für Gewerbetreibende, die nach Handels- oder Steuerrecht zur Buchführung verpflichtet sind oder freiwillig Bücher führen. In sachlicher Hinsicht besteht der Unterschied darin, dass bei der Gewinnermittlung nach § 4 Abs. 1 EStG lediglich die einkommensteuerrechtlichen Vorschriften über die Bewertung von Wirtschaftsgütern des Betriebsvermögens zu beachten sind, während bei der Gewinnermittlung nach § 5 EStG sowohl die steuerrechtlichen als auch die handelsrechtlichen Bewertungsvorschriften zu berücksichtigen sind. § 5 Abs. 1 EStG schreibt für diese Gewerbetreibenden vor, dass für den Schluss des Wirtschaftsjahres das Betriebsvermögen anzusetzen ist, das nach den handelsrechtlichen Grundsätzen ordnungsgemäßer Buchführung auszuweisen ist. Danach sind also handelsrechtliche Wertansätze grundsätzlich für die Steuerbilanz und die Bewertung der Wirtschaftsgüter des Betriebsvermögens maßgebend. Man spricht in diesem Zusammenhang von dem Grundsatz der Maßgeblichkeit der Handelsbilanz für die Steuerbilanz. Diese Grundsätze ordnungsgemäßer Buchführung, deren Beachtung § 5 Abs. 1 EStG dem betreffenden Gewerbetreibenden vorschreibt, sind gesetzlich in § 252 HGB festgeschrieben. Zum Beispiel schreibt § 252 Abs. 1 Nr. 3 HGB vor, dass Vermögensgegenstände und Schulden zum Abschlussstichtag einzeln zu bewerten sind (Grundsatz der Einzelbewertung).

Hinweis: Weitere Einzelheiten zu diesen Grundsätzen ordnungsgemäßer Buchführung und Bilanzierung vgl. Birk, Steuerrecht, Rz. 807, 825 ff.; Tipke/Lang, § 17, Rz. 60 ff.

Zur Ermittlung des Betriebsvermögens i.S.d. § 4 Abs. 1 Satz 1 EStG ist es – wie gezeigt – erforderlich, dass der Steuerpflichtige am Schluss des Wirtschaftsjahres möglichst exakt den Vermögens- und Schuldenbestand seines Betriebes aufführt. Diese Vermögensaufstellung (= Bilanz) ist dann Grundlage der Gewinnermittlung. Um diese Gewinnermittlung möglichst exakt durchführen zu können, muss der Steuerpflichtige zunächst feststellen, welche Wirtschaftsgüter zu seinem Betriebsvermögen gehören. In diesem Zusammenhang ist eine genaue Trennung zwischen Betriebsvermögen und Privatvermögen des Steuerpflichtigen vorzunehmen.

Umfang des Betriebsvermögens und seine Bewertung

Zum Betriebsvermögen gehören:

- Wirtschaftsgüter, die ausschließlich oder zu mehr als 50 % betrieblich genutzt werden (notwendiges Betriebsvermögen)

- Wirtschaftsgüter, die zu mindestens 10 % und höchstens zu 50 % betrieblich genutzt werden (gewillkürtes Betriebsvermögen) Steuerpflichtiger hat ein Wahlrecht hinsichtlich der Zuordnung zum Betriebsvermögen oder zum Privatvermögen

Bewertung betrieblicher Wirtschaftsgüter:

- Abnutzbare Wirtschaftsgüter des Anlagevermögens (§ 6 Abs. 1 Nr. 1 EStG): Anschaffungskosten / Herstellungskosten abzüglich Absetzung für Abnutzung (AfA) = Bilanzansatz (u.U. niedrigerer Teilwert) Beachte aber striktes Wertaufholungsgebot; Sonderregelung für die Herstellungskosten eines Gebäudes (§ 6 Abs. 1 Nr. 1a EStG)

- Nicht abnutzbare Wirtschaftsgüter des Anlagevermögens (§ 6 Abs. 1 Nr. 2 EStG): Anschaffungskosten (u.U. niedrigerer Teilwert) Beachte aber striktes Wertaufholungsgebot

- Umlaufvermögen (§ 6 Abs. 1 Nr. 2 EStG): Anschaffungskosten / Herstellungskosten (u.U. niedrigerer Teilwert) Beachte aber striktes Wertaufholungsgebot; Sonderregelung für den Wertansatz gleichartiger Wirtschaftsgüter des Vorratsvermögens (§ 6 Abs. 1 Nr. 2a EStG)

- Verbindlichkeiten (§ 6 Abs. 1 Nr. 3 EStG): Anschaffungskosten bzw. niedrigerer Teilwert, beachte Abzinsungsgebot Sonderregelung für Rückstellungen

- Entnahmen und Einlagen (§ 6 Abs. 1 Nrn. 4, 5 EStG) Teilwert

Dabei sind ohne Weiteres dem Betriebsvermögen zuzurechnen:
- alle Wirtschaftsgüter, die ihrer Art nach ausschließlich und unmittelbar betrieblichen Zwecken zu dienen bestimmt und geeignet sind
- alle Wirtschaftsgüter, die betrieblich und privat genutzt werden, deren betriebliche Nutzung aber mehr als 50 % beträgt

Notwendiges Betriebsvermögen bei betrieblicher Nutzung über 50 %

Beispiel: Der Steuerpflichtige betreibt ein Feinkostgeschäft und nutzt einen Pkw zu 70 % betrieblich und zu 30 % privat. Der Pkw ist notwendiges Betriebsvermögen.

Handelt es sich dagegen um Wirtschaftsgüter, die mindestens zu 10 % aber höchstens zu 50 % betrieblich genutzt werden, hat der Steuerpflichtige grundsätzlich die Wahl, diese als Betriebsvermögen zu behandeln. Übt der Steuerpflichtige dieses Wahlrecht im Hinblick auf die Behandlung als Betriebsvermögen aus, so werden diese Wirtschaftsgüter als sog. gewillkürtes Betriebsvermögen behandelt. In Abgrenzung dazu gehören alle Wirtschaftsgüter, die ausschließlich oder zu mehr als 90 % privat genutzt werden, zum notwendigen Privatvermögen. Steht der Umfang des Betriebsvermögens für den Steuerpflichtigen fest, stellt sich für ihn bei der Aufstellung der Bilanz die weitere Frage, mit welchem Wert die einzelnen Wirtschaftsgüter des Betriebsvermögens in die Vermögensaufstellung eingehen. Die Bewertung betrieblicher Wirtschaftsgüter ist weitestgehend in § 6 EStG geregelt. Zur Wertfindung der einzelnen Bilanzpositionen verwendet diese Vorschrift im Wesentlichen drei Bewertungsmaßstäbe:

- Anschaffungskosten: Nach der Legaldefinition des § 255 Abs. 1 HGB sind darunter alle Aufwendungen zu verstehen, die geleistet werden, um einen Vermögensgegenstand zu erwerben und ihn in einen betriebsbereiten Zustand zu versetzen, soweit sie dem Vermögensgegenstand einzeln zugeordnet werden können. Zu den Anschaffungskosten gehören auch die Nebenkosten sowie die nachträglichen Anschaffungskosten. *Beispiel: Zu den Anschaffungskosten einer Maschine gehören neben dem Kaufpreis auch u.a. die Kosten des Transportes und der Montage.*

- Herstellungskosten: Herstellungskosten sind die Aufwendungen, die durch den Verbrauch von Gütern und die Inanspruchnahme von Diensten für die Herstellung eines Vermögensgegenstandes, seine Erweiterung oder für eine über seinen ursprünglichen Zustand hinausgehende wesentliche Verbesserung entstehen (§ 255 Abs. 2 HGB).

- Teilwert: Nach § 6 Abs. 1 Nr. 1 Satz 3 EStG ist Teilwert der Betrag, den ein Erwerber des ganzen Betriebes im Rahmen des Gesamtkaufpreises für das einzelne Wirtschaftsgut ansetzen würde; dabei ist davon auszugehen, dass der Erwerber den Betrieb fortführt.

Unter Verwendung dieser Bewertungsmaßstäbe nimmt § 6 EStG hinsichtlich der Bewertung einzelner Bilanzpositionen eine Unterteilung in Gruppen von Wirtschaftsgütern vor:

- **Abnutzbare Wirtschaftsgüter des Anlagevermögens.**
Nach § 6 Abs. 1 Nr. 1 EStG sind Wirtschaftsgüter des Anlagevermögens, die der Abnutzung unterliegen (abnutzbare Wirtschaftsgüter des Anlagevermögens), mit den Anschaffungs- oder Herstellungskosten, vermindert um die Absetzungen für Abnutzung (AfA) nach § 7 EStG, anzusetzen. In diese Gruppe der Bilanzposten fallen Wirtschaftsgüter, die am Bilanzstichtag dazu bestimmt sind, dem Betrieb dauernd zu dienen und deren Nutzung zeitlich begrenzt ist (z.B. Kfz, Gebäude, Maschinen). Nach § 6 Abs. 1 Nr. 1 EStG sind die Anschaffungs- oder Herstellungskosten dieser Wirtschaftsgüter um die Absetzungen für Abnutzung (AfA) i.S.d. § 7 EStG zu mindern. § 7 Abs. 1 Satz 1 EStG schreibt fest, dass bei Wirtschaftsgütern, deren Verwendung oder Nutzung durch den Steuerpflichtigen zur Erzielung von Einkünften sich erfahrungsgemäß auf einen Zeitraum von mehr als einem Jahr erstreckt, jeweils für ein Jahr der Teil der Anschaffungs- oder Herstellungskosten abzusetzen ist, der bei gleichmäßiger Verteilung dieser Kosten auf die Gesamtdauer der Verwendung oder Nutzung auf ein Jahr entfällt (AfA in gleichen Jahresbeträgen). Die Absetzung bemisst sich hierbei nach der betriebsgewöhnlichen Nutzungsdauer des Wirtschaftsgutes. Neben dieser Abschreibung in gleichen Jahresbeträgen sieht das EStG auch noch eine AfA nach Maßgabe der Leistungen (Leistungs-AfA) oder Absetzungen für außergewöhnliche technische oder wirtschaftliche Abnutzung vor. Die AfA in fallenden Jahresbeträgen (degressive AfA) ist aufgehoben worden und gilt nur noch für nach dem 31.12.2008 und vor dem 01.01.2011 angeschaffte oder hergestellte bewegliche Wirtschaftsgüter.

Beispiel: Die zum abnutzbaren Anlagevermögen eines Einzelunternehmens gehörende Maschine hat eine betriebsgewöhnliche Nutzungsdauer von fünf Jahren. Der Steuerpflichtige hat diese Maschine am 01.01.01 zu einem Kaufpreis von 25.000,– € erworben. Die Bewertung dieser Maschine zum 31.12.01 ergibt einen Bilanzansatz in Höhe von 20.000,– € (Anschaffungskosten = 25.000,– € abzügl. 5.000,– € AfA).

Besonderheit: *Geringwertige abnutzbare bewegliche Wirtschaftsgüter des Anlagevermögens, die einer selbständigen Nutzung fähig sind, können in voller Höhe als Betriebsausgaben abgezogen wer-*

den, wenn die Anschaffungs- oder Herstellungskosten, vermindert um einen darin enthaltenen Vorsteuerbetrag (§ 9b EStG), den Wert von 410 € nicht übersteigen (§ 6 Abs. 2 EStG). Beträgt der Wert solcher Wirtschaftsgüter zwischen 150 € und 1.000 € kann auch nach § 6 Abs. 2a EStG eine so genannte Poolbildung mit einer Abschreibung über fünf Jahre erfolgen.

Weitere Arten der AfA

Buchführende Gewerbetreibende müssen den niedrigeren Teilwert ansetzen (kein Wahlrecht)

Statt dieses Bilanzansatzes kann gem. § 6 Abs. 1 Nr. 1 Satz 2 EStG der Teilwert angesetzt werden, wenn dieser niedriger, und eine dauernde Wertminderung festzustellen ist. Über § 5 Abs. 1 EStG (Maßgeblichkeitsgrundsatz) und § 141 Abs. 1 Satz 2 AO (buchführende Gewerbetreibende) führte dieses steuerliche Wahlrecht zum Ansatzzwang, sofern es sich um einen dauernde Wertminderung von Anlagevermögen handelt (§ 253 Abs. 3 HGB). Ob das Handelsrecht auch nach Einführung des § 5 Abs. 1 Satz 1 Halbs. 2 EStG im Jahr 2009 noch zum Ansatz des niedrigen Teilwertes zwingt, ist umstritten (vgl. Birk, Steuerrecht, Rz. 887). Kann der Steuerpflichtige nicht nachweisen, dass die Teilwertminderung anhält, ist steuerrechtlich zwingend zu dem Wert nach § 6 Abs. 1 Nr. 1 Satz 1 EStG zurückzukehren (§ 6 Abs. 1 Nr. 1 Satz 4 EStG; sog. Wertaufholungsgebot). Auch handelsrechtlich besteht dieses Wertaufholungsgebot (§ 253 Abs. 5 Satz 1 HGB).

Eine Sonderregelung hinsichtlich der Zuordnung von Instandsetzungs- und Modernisierungsmaßnahmen zu den Herstellungskosten eines Gebäudes enthält § 6 Abs. 1 Nr. 1a EStG. Danach zählen die vorstehenden Aufwendungen immer dann zu den Gebäudeherstellungskosten, wenn die Maßnahmen innerhalb von drei Jahren nach der Anschaffung ohne die Umsatzsteuer 15 % der Anschaffungskosten des Gebäudes übersteigen (sog. anschaffungsnahe Herstellungskosten). Zu den Instandsetzungs- und Modernisierungsaufwendungen gehören nicht die Aufwendungen für Erweiterungen im Sinne des § 255 Abs. 2 Satz 1 HGB sowie Aufwendungen für Erhaltungsarbeiten, die jährlich üblicherweise anfallen.

- **Nichtabnutzbare Wirtschaftsgüter des Anlagevermögens und Umlaufvermögen**

Nichtabnutzbare Wirtschaftsgüter des Anlagevermögens und Umlaufvermögen sind grundsätzlich mit den Anschaffungs- bzw. Herstellungskosten zu bewerten.

Als zweite große Gruppe nennt § 6 Abs. 1 Nr. 2 EStG die nichtabnutzbaren Wirtschaftsgüter des Anlage- und Umlaufvermögens. Hierzu zählen z.B. Grund und Boden oder für den Handel bestimmte Waren (Umlaufvermögen). Die Bewertung erfolgt hier grundsätzlich mit den Anschaffungs- oder Herstellungskosten. Zum Ansatz des niedrigeren Teilwertes bei voraussichtlich dauernder

Wertminderung gilt für die nichtabnutzbaren Wirtschaftsgüter des Anlagevermögens das Gleiche wie für die abnutzbaren Wirtschaftsgüter (siehe oben).

Gegenstände des **Umlaufvermögens** müssen handelsrechtlich mit dem niedrigeren Wert als den Anschaffungs- oder Herstellungskosten angesetzt werden (§ 253 Abs. 4 Satz 2 HGB; sog. strenges Niederswertprinzip). Steuerrechtlich kann gemäß § 6 Abs. 1 Nr. 2 Satz 2 EStG nur bei einer voraussichtlich dauernden Wertminderung auf den niedrigeren Teilwert abgeschrieben werden. Ist der Teilwert niedriger als der gemäß § 253 Abs. 4 HGB beizulegende Wert, kann wegen § 5 Abs. 1 Satz 1 Halbs. 2 EStG der niedrigere Wert gewählt werden. Die Differenz zwischen dem handelsrechtlichen Wert und dem niedrigeren Teilwert ist in das Verzeichnis nach § 5 Abs. 1 Satz 2 EStG aufzunehmen. Ist der Teilwert hingegen höher als der handelsrechtliche Wert, darf steuerrechtlich der Teilwert nicht unterschritten werden, da die steuerrechtlichen Vorschriften gemäß § 5 Abs. 6 EStG vorgehen (siehe hierzu Birk, Steuerrecht, Rz. 889 ff.).

Im Zusammenhang mit der Beschränkung der Teilwertabschreibung auf nachhaltige Wertminderungen wurde zudem ein striktes Wertaufholungsgebot für alle Wirtschaftsgüter des Anlage- und Umlaufvermögens eingeführt (§ 6 Abs. 1 Nr. 1 Satz 4, Nr. 2 Satz 3; § 7 Abs. 1 Satz 7 EStG). Grundsätzlich ergibt sich der Wertansatz danach für alle Wirtschaftsgüter zu jedem Bilanzstichtag aus den fortgeführten Anschaffungs- oder Herstellungskosten. Diese stellen die Obergrenze für die Wertaufholung dar und können u.U. bis zur DM-Eröffnungsbilanz 1948 zurückreichen. Nur wenn zum Bilanzstichtag nachgewiesen wird, dass der Teilwert aufgrund dauernder Wertminderung niedriger ist, wird die Wertaufholung auf diesen Teilwert begrenzt.

Für bilanzierende Steuerpflichtige ist hinsichtlich der Bewertung gleichartiger Wirtschaftsgüter des Vorratsvermögens die Vorschrift des § 6 Abs. 1 Nr. 2a EStG zu beachten. Danach kann für den Wertansatz unterstellt werden, dass die zuletzt angeschafften oder hergestellten Wirtschaftsgüter zuerst verbraucht oder veräußert worden sind, soweit dies den handelsrechtlichen Grundsätzen ordnungsgemäßer Buchführung entspricht.

- **Verbindlichkeiten**

Die dritte große Gruppe von Bilanzpositionen bilden die Verbindlichkeiten. Sie sind unter sinngemäßer Anwendung der Vorschrift

Bewertung der Verbindlichkeiten erfolgt zum Nennwert oder unter Umständen zum höheren Teilwert.

des § 6 Abs. 1 Nr. 2 EStG anzusetzen (§ 6 Abs. 1 Nr. 3 EStG). Danach erfolgt die Bewertung zu den Anschaffungskosten bzw. dem höheren Teilwert. Anschaffungskosten i.d.S. sind der Nennwert (Rückzahlungsbetrag) der Verbindlichkeit. Für unverzinsliche Verbindlichkeiten, deren Laufzeit am Bilanzstichtag mehr als 12 Monate beträgt und die nicht auf einer Anzahlung oder Vorauszahlung beruhen, sieht das Gesetz eine Abzinsung mit einem Zinssatz von 5,5 % vor. Ist der Teilwert (Kurswert) der Verbindlichkeit am Bilanzstichtag höher, so müssen Steuerpflichtige, die nach § 5 EStG bilanzieren, den höheren Teilwert ansetzen. Grundsätzlich ist dem Steuerpflichtigen auch die Möglichkeit eröffnet, steuermindernde Rückstellungen z.B. für zukünftige Verbindlichkeiten zu bilden, die nach Entstehung, Grund, und/oder Höhe und/oder Fälligkeit ungewiss sind. § 6 Abs. 1 Nr. 3a Buchst. a bis f EStG dienen dabei allesamt dem Ziel einer realitätsnäheren Bewertung dieser Rückstellungen. Bei der Bewertung von Rückstellungen für gleichartige Verbindlichkeiten ist z.B. auf Grundlage der Erfahrungen der Vergangenheit die Wahrscheinlichkeit der Inanspruchnahme zu berücksichtigen. Die Kenntnis weiterer Einzelheiten ist für den Einsteiger entbehrlich.

- **Entnahmen und Einlagen**

Bewertung von Entnahmen und Einlagen erfolgt grundsätzlich mit dem Teilwert.

Für die Bewertung von Entnahmen sieht § 6 Abs. 1 Nr. 4 EStG den Teilwertansatz vor. § 6 Abs. 1 Nr. 4 Sätze 2 und 3 EStG enthalten Regelungen zur Berechnung der Privatnutzung eines zu mehr als 50 % betrieblich genutzten Pkw. Danach ist diese Privatnutzung mit 1 % des Neuwagenlistenpreises (zzgl. Kosten für Sonderausstattung) einschließlich der Umsatzsteuer anzusetzen. § 6 Abs. 1 Nr. 4 Satz 3 EStG gibt dem Steuerpflichtigen aber die Möglichkeit, eine tatsächlich geringere Privatnutzung durch Führen eines Fahrtenbuches nachzuweisen (sog. Escape-Klausel).

Einlagen sind nach § 6 Abs. 1 Nr. 5 EStG ebenfalls grundsätzlich mit dem Teilwert für den Zeitpunkt der Zuführung anzusetzen (zu den Besonderheiten vgl. § 6 Abs. 1 Nr. 5 a bis c EStG: höchstens Anschaffungs- oder Herstellungskosten).

Ist die Einlage ein Wirtschaftsgut, das vorher im Bereich der Einnahmeüberschusseinkunftsarten abgeschrieben worden ist (z.B. ein vermietetes Gebäude), treten nach dem neuen § 6 Abs. 1 Nr. 5 Satz 2 EStG für weitere Absetzungen an die Stelle des Teilwertes die fortgeführten Anschaffungs- oder Herstellungskosten. Ist Gegenstand der Einlage ein Wirtschaftsgut, das vor der Zuführung aus dem Betriebsvermögen des Steuerpflichtigen entnommen worden ist, so tritt an die Stelle der Anschaffungs- und Herstellungskosten der Wert, mit dem die Entnahme angesetzt worden ist, und an die Stelle des Zeitpunkts der Anschaffung oder Herstellung der Zeitpunkt der Entnahme. Damit soll verhindert werden, dass durch den bloßen Einlagevorgang, eventuell nach vorheriger Entnahme, neues AfA-Volumen geschaffen wird, mit anderen Worten, ein Wirtschaftsgut soll nicht mehrmals steuermindernd abgeschrieben werden.

Zusammenfassung: Um in diesem scheinbaren Wirrwarr der Gewinnermittlung durch Betriebsvermögensvergleich nicht den Boden unter den Füßen zu verlieren, wiederhole ich an dieser Stelle noch einmal die wesentlichen Grundsätze: Im Grundsatz gibt es zwei Gruppen von Gewinnermittlungsmethoden durch Betriebsvermögensvergleich (§ 4 Abs. 1 bzw. § 5 EStG). Die Besonderheit der Gewinnermittlung nach § 5 EStG liegt in der Berücksichtigung handelsrechtlicher Besonderheiten bei der Bewertung einzelner Wirtschaftsgüter. Der Gewinnbegriff beider Gewinnermittlungsmethoden ist identisch und ergibt sich aus § 4 Abs. 1 EStG. Zur Durchführung des in dieser Vorschrift vorgeschriebenen Betriebsvermögensvergleiches hat der Steuerpflichtige am Ende des jeweiligen Wirtschaftsjahres eine Aufstellung aller Vermögens- und Schuldposten (Bilanz) vorzunehmen. In dieser Bilanz sind sämtliche Wirtschaftsgüter seines Betriebsvermögens (notwendiges oder gewillkürtes Betriebsvermögen) aufzuführen. Die Bewertung der einzelnen Bilanzpositionen richtet sich im Wesentlichen nach § 6 EStG.

Zusammenfassung zur Gewinnermittlung durch Betriebsvermögensvergleich

Literaturhinweis: Birk, Steuerrecht, Rz. 804 ff.

Gewinnermittlung ohne Betriebsvermögensvergleich

Das EStG kennt zwei Gewinnermittlungsmethoden ohne Betriebsvermögensvergleich: § 4 Abs. 3 EStG und § 13a EStG. Die Ermittlung des Gewinns nach Durchschnittssätzen i.S.d. § 13a EStG betrifft nur Land- und Forstwirte, die nicht zur Buchführung gesetzlich verpflichtet sind und deren Betrieb eine bestimmte Größe nicht überschreitet. Die Ermittlung des Durchschnittssatzgewinnes ergibt sich im Einzelnen aus § 13a Abs. 3-6 EStG. Da diese Vorschrift in Praxis und Ausbildung nur wenig Bedeutung hat, ist lediglich die Kenntnis der Norm an sich für das Verständnis und das System der Gewinnermittlungsmethoden erforderlich.

Überschussrechnung i.S.d. § 4 Abs. 3 EStG: Betriebseinnahmen ÷ Betriebsausgaben

Relevanter ist die Überschussrechnung i.S.d. § 4 Abs. 3 EStG. Steuerpflichtige, die nicht aufgrund gesetzlicher Vorschriften verpflichtet sind, Bücher zu führen und regelmäßig Abschlüsse zu machen, und die auch keine Bücher führen und keine Abschlüsse machen, können als Gewinn den Überschuss der Einnahmen über die Betriebsausgaben ansetzen (§ 4 Abs. 3 Satz 1 EStG). Diese Gewinnermittlung setzt also voraus, dass der Steuerpflichtige die in einem Wirtschaftsjahr angefallenen Betriebseinnahmen und Betriebsausgaben aufzeichnet. Den Begriff der Betriebseinnahmen kennt das EStG nicht. Der Begriff »Einnahmen« ist jedoch allgemein in § 8 Abs. 1 EStG definiert. In Anlehnung an diese Vorschrift sind Betriebseinnahmen alle Güter, die in Geld oder Geldeswert bestehen und dem Steuerpflichtigen im Rahmen der Gewinneinkunftsarten zufließen. Danach gehören zu den Einnahmen nicht nur zugeflossene Geldbeträge, sondern auch Sachwerte.

Begriff der Betriebseinnahmen

Umfang der Einnahmen: zugeflossene Geldbeträge und Sachwerte

Keine Betriebseinnahmen sind jedoch Geldbeträge, die dem Betrieb durch die Aufnahme eines Darlehens zufließen, solche, die der Steuerpflichtige selbst in den Betrieb einlegt und Geldbeträge, die lediglich im Rahmen und für Rechnung eines anderen vereinnahmt werden (durchlaufende Posten).

Zuflussprinzip gem. § 11 Abs. 1 EStG

Betriebseinnahmen sind innerhalb des Kalenderjahres zu erfassen, in dem sie dem Steuerpflichtigen zugeflossen sind. Regelmäßig wiederkehrende Einnahmen, die dem Steuerpflichtigen kurze Zeit vor Beginn und kurze Zeit nach Beendigung des Kalenderjahres, zu dem sie wirtschaftlich gehören, zugeflossen sind, gelten als in diesem Kalenderjahr bezogen (Zuflussprinzip, § 11 Abs. 1 EStG). Als kurze Zeit i.S.d. Vorschrift ist i.d.R. ein Zeitraum von 10 Tagen anzusehen.

Beispiel für regelmäßig wiederkehrende Einnahmen: Sparzinsen

Eine Besonderheit gilt für Vorauszahlungen in Zusammenhang mit Nutzungsüberlassungen (Miete, Pacht o.ä.). In diesen Fällen *können* abweichend zum Zuflussprinzip die Einnahmen insgesamt auf den Zeitraum verteilt werden, für den die Vorauszahlung geleistet wird (§ 11 Abs. 1 Satz 3 EStG).

Den Zufluss von Arbeitslohn (laufender Arbeitslohn und sonstige Bezüge) regeln die Vorschriften der §§ 38a Abs. 1 Sätze 2 und 3, 40 Abs. 3 Satz 2 EStG gesondert.

Der Betriebsausgabenbegriff ist legal in § 4 Abs. 4 EStG definiert. Betriebsausgaben sind danach Aufwendungen, die durch den Betrieb veranlasst sind. Ist die betriebliche Veranlassung der Kosten gegeben, steht dem Abzug nicht entgegen, dass sie zeitlich vor dem Zufluss von entsprechenden Betriebseinnahmen entstanden sind (sog. »vorab veranlasste Betriebsausgaben«).

Betriebsausgaben sind Aufwendungen, die durch den Betrieb veranlasst sind.

Beispiel: Kosten in Zusammenhang mit einer Betriebsgründung

Als Betriebsausgaben kommen jedoch nicht nur Geldabflüsse in Betracht, sondern im Bereich abnutzbarer Wirtschaftsgüter des Anlagevermögens (z.B. Maschinen, Pkw) wie beim Betriebsvermögensvergleich auch Abschreibungen (§ 4 Abs. 3 Satz 3 EStG). Die Anschaffungs- oder Herstellungskosten für nichtabnutzbare Wirtschaftsgüter des Anlagevermögens (z.B. Grund und Boden) sind erst im Zeitpunkt der Veräußerung oder Entnahme dieser Wirtschaftsgüter als Betriebsausgaben zu berücksichtigen. Hinsichtlich der zeitlichen Zuordnung von Betriebsausgaben gilt gem. § 11 Abs. 2 EStG das so genannte Abflussprinzip, wonach das für die zeitliche Zuordnung der Einnahmen Gesagte entsprechend gilt. Für Vorauszahlungen im Rahmen einer Nutzungsüberlassung, die den Zeitraum von 5 Jahren überschreiten, gilt ebenfalls eine in § 11 Abs. 2 Satz 3 EStG geregelte Besonderheit: Die Ausgaben sind insgesamt auf den Zeitraum zu verteilen, für den die Vorauszahlung geleistet wird.

Auch Absetzungen für Abnutzungen sind Betriebsausgaben.

Abflussprinzip gem. § 11 Abs. 2 EStG

Es sind jedoch nicht alle im Zusammenhang mit dem Betrieb verausgabten Kosten als Betriebsausgaben abzugsfähig. Das EStG schränkt den Betriebsausgabenabzug in § 4 Abs. 5 EStG insoweit ein, als die dort aufgezählten Betriebsausgaben den Gewinn nicht mindern dürfen (nichtabzugsfähige Betriebsausgaben). Darunter fallen z.B. Aufwendungen für Geschenke an Personen, die nicht Arbeitnehmer des Steuerpflichtigen sind (§ 4 Abs. 5 Nr. 1 EStG), Bewirtungskosten (§ 4 Abs. 5 Nr. 2 EStG) oder Aufwendungen für eine häusliches Arbeitszimmer, das nicht den Mittelpunkt der ge-

Einschränkungen des Betriebsausgabenabzugs gem. § 4 Abs. 5 EStG

samten betrieblichen und beruflichen Betätigung bildet (§ 4 Abs. 5 Nr. 6b EStG).

Besonderheit »gemischte Aufwendungen«

Kein generelles Aufteilungs- und Abzugsverbot für gemischte Aufwendungen

Von gemischten Aufwendungen spricht man, wenn Kosten sowohl betrieblich/beruflich als auch durch die private Lebensführung (zu mindestens 10%) veranlasst sind. Die ältere Rechtsprechung des BFH hatte für solche gemischten Aufwendungen aus § 12 Nr. 1 Satz 2 EStG ein sog. Aufteilungs- und Abzugsverbot abgeleitet.

Nach der jüngsten Rechtsprechung des Großen Senats des BFH (BFH GrS 1/06, BStBl. II 2010, 672) sind gemischt veranlasste Aufwendungen aber grundsätzlich aufzuteilen, sofern eine Aufteilung nach objektiven Kriterien möglich ist. Ein allgemeines Aufteilungs- und Abzugsverbot lasse sich – so der BFH – danach aus § 12 Nr. 1 S. 2 EStG nicht herleiten. Bestehen keine Zweifel daran, dass ein nach objektivierbaren Kriterien abgrenzbarer Teil der Aufwendungen beruflich/betrieblich veranlasst ist, bereitet seine Quantifizierung aber Schwierigkeiten, so ist dieser Anteil unter Berücksichtigung aller maßgeblichen Umstände de Einzelfalls zu schätzen (§ 162 AO). Ein Abzug der Aufwendungen kommt aber dann insgesamt nicht in Betracht, wenn die – für sich gesehen jeweils nicht unbedeutenden – betrieblichen/beruflichen und privaten Veranlassungsbeiträge so ineinander greifen, dass ein Trennung nicht möglich und eine Grundlage für eine Schätzung nicht erkennbar ist. Nur in diesen Fall verbleibt es bei einem Aufteilungs- und Abzugsverbot.

Sind die Aufwendungen also sowohl durch betriebliche/berufliche als auch durch private Gründe von jeweils nicht untergeordneter Bedeutung (> 10%) veranlasst, ist nach Möglichkeit eine Aufteilung der Aufwendungen nach Veranlassungsbeiträgen vorzunehmen. Dafür ist ein geeigneter, den Verhältnissen des Einzelfalls gerecht werdender Aufteilungsmaßstab zu finden. In Betracht kommen z.B. Zeit-, Mengen- und Flächenanteile sowie eine Aufteilung nach Köpfen.

Gewinnermittlung ohne Betriebsvermögensvergleich	
§ 4 Abs. 3 EStG - Steuerpflichtige ohne gesetzliche Buchführungspflicht und ohne freiwillige Buchführung Insbesondere: - Kleingewerbetreibende freiberuflich Tätige	§ 13a EStG - nur für Land- und Forstwirte ohne gesetzliche Buchführungspflicht
Gewinnermittlung durch Gegenüberstellung von Betriebseinnahmen und -ausgaben (§§ 8, 4 Abs. 4 EStG) Beachte: Zufluss- und Abflussprinzip gem. § 11 EStG Beschränkungen für Betriebsausgabenabzug gem. §§ 4 Abs. 5, 12 EStG	Ermittlung des Durchschnittssatzgewinns (§ 13a Abs. 3 - 7 EStG)

Neben der Kenntnis der verschiedenen Gewinnermittlungsmethoden, der Feststellung des Umfanges des Betriebsvermögens und der Bewertung der einzelnen betrieblichen Wirtschaftsgüter muss der Steuerpflichtige weiterhin wissen, für welchen Zeitraum er den Gewinn nach den bisher dargestellten Grundsätzen ermitteln soll. Eine Festlegung dieses Gewinnermittlungszeitraumes nimmt das EStG in § 4a vor. Danach ist bei Land- und Forstwirten und bei Gewerbetreibenden der Gewinn jeweils nach dem Wirtschaftsjahr zu ermitteln. Im Grundsatz stimmt das Wirtschaftsjahr mit dem Kalenderjahr überein. Dies gilt für Gewerbetreibende nach der ausdrücklichen Regelung in § 4a Abs. 1 Nr. 3 EStG und für selbständig Tätige i.S.d. § 18 EStG, die nicht von der Regelung des § 4a EStG erfasst sind, nach dem allgemeinen Grundsatz, dass die Einkommensteuer als Jahressteuer jeweils für ein Kalenderjahr zu ermitteln ist (§ 2 Abs. 7 EStG). Bei Land- und Forstwirten dagegen ist das Wirtschaftsjahr der Zeitraum vom 1.7. bis zum 30.6. (§ 4a Abs. 1 Nr. 1 EStG). Der Gewinn des Wirtschaftsjahres dieser Land- und Forstwirte ist dann auf das Kalenderjahr, in dem das Wirtschaftsjahr beginnt, und auf das Kalenderjahr, in dem das Wirtschaftsjahr endet, entsprechend dem zeitlichen Anteil aufzuteilen (§ 4a Abs. 2 Nr. 1 EStG).

Der maßgebliche Gewinnermittlungszeitraum ergibt sich aus § 4a EStG.

Beispiel: Das Wirtschaftsjahr eines Land- und Forstwirtes läuft vom 1.7. bis zum 30.6. Der Gewinn seines land- und forstwirtschaftlichen Betriebes beträgt im Wirtschaftsjahr

01/02	100.000,– €
02/03	80.000,– €

Aufgrund der gesetzlich vorgeschriebenen zeitlichen Aufteilung ergibt sich für das Kalenderjahr 02 folgender Gewinn:

50 % des Gewinnes aus 01/02	50.000,– €
50 % des Gewinnes aus 02/03	40.000,– €
Gewinn 02	90.000,– €

Abweichend von dem oben dargelegten Grundsatz können auch Gewerbetreibende, deren Firma im Handelsregister eingetragen ist, ein vom Kalenderjahr abweichendes Wirtschaftsjahr wählen (z.B. 1.4.-31.3). Die Umstellung des Wirtschaftsjahres auf einen vom Kalenderjahr abweichenden Zeitraum ist steuerlich nur dann wirksam, wenn sie im Einvernehmen mit dem Finanzamt vorgenommen wird (§ 4a Abs. 1 Nr. 2 EStG). Bei diesen Gewerbetreibenden mit abweichendem Wirtschaftsjahr gilt der Gewinn des Wirtschaftsjahres als in dem Kalenderjahr bezogen, in dem das Wirtschaftsjahr endet (§ 4a Abs. 2 Nr. 2 EStG).

Umstellung des Wirtschaftsjahres im Einvernehmen mit dem Finanzamt möglich

Beispiel: Endet das abweichende Wirtschaftsjahr 02/03 mit einem Gewinn von 70.000,– €, so gilt dieser Gewinn als in 03 bezogen; er wird in diesem Kalenderjahr der Einkommensteuer unterworfen.

```
┌─────────────────────────────────────────────────────────────────────┐
│                    Gewinnermittlungszeitraum                        │
├─────────────────────────────────────────────────────────────────────┤
│                Gewinnermittlung nach dem Wirtschaftsjahr            │
├──────────────────────────────┬──────────────────────────────────────┤
│ Grundsatz:                   │ Ausnahme: Wirtschaftsjahr vom        │
│ Wirtschaftsjahr              │ Kalenderjahr abweichend              │
│ = Kalenderjahr               │                                      │
│                              │ • Land- und Forstwirte (01.07.-30.06.)│
│ • Gewerbetreibende           │                                      │
│                              │ • Gewerbetreibende, deren Firma im   │
│ • Selbständige               │   Handelsregister eingetragen ist:   │
│                              │   Mit dem Finanzamt abgestimmter     │
│                              │   abweichender Zeitraum (§ 4a Abs. 1 │
│                              │   Nr. 2 EStG)                        │
├──────────────────────────────┴──────────────────────────────────────┤
│         Maßgeblicher Gewinn bei abweichendem Wirtschaftsjahr        │
├──────────────────────────────┬──────────────────────────────────────┤
│ Bei Land- und Forstwirten:   │ Bei Gewerbetreibenden:               │
│                              │                                      │
│ Aufteilung des Gewinnes auf  │ Erfassung des Gewinnes in dem        │
│ die Kalenderjahre des Beginns│ Kalenderjahr, in dem das Wirtschafts-│
│ und des Endes des Wirt-      │ jahr endet (§ 4a Abs. 2 Nr. 2 EStG)  │
│ schaftsjahres entsprechend   │                                      │
│ dem zeitlichen Anteil        │                                      │
│ (§ 4a Abs. 2 Nr. 1 EStG)     │                                      │
└──────────────────────────────┴──────────────────────────────────────┘
```

4.1.2. Ermittlung der Überschusseinkünfte

Nach § 2 Abs. 2 Nr. 2 EStG sind die Einkünfte bei den sogenannten Überschusseinkunftsarten der Überschuss der Einnahmen über die Werbungskosten. Die Überschussermittlungsmethode besteht in einem schlichten Gegenüberstellen der im Rahmen einer der Überschusseinkunftsarten zugeflossenen Einnahmen und abgeflossenen Werbungskosten. Diese Methode ist unmittelbar vergleichbar mit der bereits dargestellten Gewinnermittlungsmethode nach § 4 Abs. 3 EStG.

Definition des Einnahmenbegriffs

Einnahmen sind alle Güter, die in Geld oder Geldeswert bestehen und dem Steuerpflichtigen im Rahmen einer der Überschusseinkunftsarten (nichtselbständige Arbeit, Kapitalvermögen, Vermietung und Verpachtung, sonstige Einkünfte) zufließen (§ 8 Abs. 1 EStG).

Überschussermittlungsmethode

Gegenüberstellung der Einnahmen und Werbungskosten

Einnahmen:	Werbungskosten
Alle Güter in Geld oder Geldwert, die im Rahmen einer der Überschusseinkunftsarten zufließen (§ 8 Abs. 1 EStG)	Aufwendungen zur Erwerbung, Sicherung oder Erhaltung der Einnahmen (§ 9 Abs. 1 Satz 1 EStG)
	• Werbungskostenpauschbeträge (§ 9a EStG) • Grds. Aufteilung sog. gemischter Aufwendungen (§ 12 Nr. 1 Satz 2 EStG)

Zufluss- und Abflussprinzip des § 11 EStG gilt.

Beispiel: Bei Arbeitnehmern werden also nicht nur der jährlich erhaltene Arbeitslohn, sondern u.U. auch die kostenlos überlassene Werkswohnung oder verbilligt überlassene Waren als Einnahmen erfasst.

Der Ansatz von Sachbezügen (z.B. unentgeltlich überlassene Werkswohnung) erfolgt mit den üblichen Endpreisen am Abgabeort (§ 8 Abs. 2 Satz 1 EStG).

Werbungskosten sind alle Aufwendungen zur Erwerbung, Sicherung und Erhaltung der Einnahmen.

Auch »vorab veranlasste« Werbungskosten sind abzugsfähig.

Diesen Einnahmen sind die **Werbungskosten** gegenüberzustellen. Nach der Legaldefinition in § 9 Abs. 1 Satz 1 EStG sind Werbungskosten alle Aufwendungen zur Erwerbung, Sicherung und Erhaltung der Einnahmen. Sie sind bei der Einkunftsart abzuziehen, bei der sie erwachsen sind. Der Begriff der Werbungskosten ist vergleichbar mit dem der Betriebsausgaben i.S.d. § 4 Abs. 4 EStG. Auch hier kommen Werbungskosten bereits vor Beginn der Erwerbstätigkeit in Betracht (sog. »vorab veranlasste Werbungskosten«). Durch die Berücksichtigung dieser Werbungskosten soll sichergestellt werden, dass steuerlich im Rahmen jeder Einkunftsart nur der dem Steuerpflichtigen verbleibende Nettobetrag der Besteuerung unterliegt. Demzufolge sind alle diejenigen Aufwendungen steuerlich zu berücksichtigen, die mit den erzielten Einnahmen unmittelbar oder mittelbar in wirtschaftlichem Zusammenhang stehen.

Beispiel: Bei einem Arbeitnehmer ist der jährlich erzielte Bruttoarbeitslohn als Einnahmen aus nichtselbständiger Arbeit zu erfassen. Von diesen Einnahmen kann der Steuerpflichtige zur Ermittlung der Einkünfte (Nettoertrag) die damit im Zusammenhang stehenden Werbungskosten abziehen.

Werbungskosten eines Arbeitnehmers sind z.B. die Aufwendungen für Fahrten zwischen Wohnung und Arbeitsstätte (§ 9 Abs. 1 Satz 3 Nr. 4 EStG: Ansatz mit 0,30 € pro Entfernungskilometer bis zum Höchstbetrag von jährlich 4.500 €) und die Aufwendungen für Arbeitsmittel, die der Gesetzgeber exemplarisch in § 9 Abs. 1 Satz 3 Nr. 6 als typische Werbungskosten aufgezählt hat.

Im Unterschied zu der Gewinnermittlung nach § 4 Abs. 3 EStG lässt das EStG für die Überschusseinkunftsarten den Abzug von Werbungskosten-Pauschbeträgen zu (§ 9a EStG). Bei diesen Pauschbeträgen handelt es sich um in § 9a EStG festgeschriebene Pauschalen, die steuermindernd abgezogen werden können, wenn nicht höhere Werbungskosten nachgewiesen werden. Diese Pauschbeträge betragen im Einzelnen:

Abzug von Werbungskosten-Pauschbeträgen nach § 9a EStG

- für die Einkünfte aus nichtselbständiger Arbeit: Arbeitnehmer-Pauschbetrag in Höhe von 920 € (§ 9a Nr. 1 Buchst. a EStG)
- für die Einkünfte aus nichtselbständiger Arbeit, soweit es sich um Versorgungsbezüge im Sinne des § 19 Abs. 2 EStG handelt: Pauschbetrag in Höhe von 102 €)
- für die sonstigen Einkünfte: Pauschbetrag von insgesamt 102,- €

Wie bei den Betriebsausgaben i.S.d. § 4 Abs. 4 EStG besteht auch bei den Werbungskosten das Problem der Abzugsfähigkeit sog. **gemischter Aufwendungen** (siehe oben). Nach Aufgabe des generellen Aufteilungs- und Abzugsverbots durch die Rechtsprechung des Großen Senats des BFH ist auch in diesem Bereich der beruflich veranlasste Teil der Aufwendungen zu quantifizieren (ggf. im Schätzwege) und als Werbungskosten insoweit abzugsfähig.

Kein generelles Aufteilungs- und Abzugsverbot für gemischte Aufwendungen

Beispiel: Der angestellte Arzt A besucht einen Fachkongress in London. Er reist Samstag früh an. Die Veranstaltung findet ganztägig von Dienstag bis Donnerstag statt. Am Samstag reist er wieder nach Haus. Abzugsfähigkeit der Kosten für Flug, Hotel, Verpflegung und Kongressgebühren.

Lösung: Die Hotel- und Verpflegungskosten während der Veranstaltungstage und die Kongressgebühren sind vollständig als Werbungskosten abzugsfähig, da sie eindeutig und ausschließlich be-

ruflich veranlasst sind; während der freien Tage sind die Kosten für Hotel und Verpflegung privat veranlasst und damit als Kosten der Lebensführung gar nicht abzugsfähig (§ 12 Nr. 1 EStG). Die Flugkosten sind gemischte Aufwendungen und im Verhältnis der Veranstaltungstage (beruflich veranlasst) zu den freien Tagen (privat veranlasst) in einen als Webungskosten abzugsfähigen und einen nichtabzugsfähigen Teil aufzuteilen. Ein Anteil von 3/9 der Flugkosten ist damit als Werbungskosten zu berücksichtigen.

Nur in den Fällen, in denen die Trennung in einen beruflich und einen privat veranlassten Teil nicht einmal im Wege einer sachgerechten Schätzung (§ 162 AO) möglich ist und eine Aufteilung damit willkürlich wäre, verbleibt es bei einem Aufteilungs- und Abzugsverbot für (untrennbar) gemischte Aufwendungen.

Beispiele: Aufwendungen für eine überregionale Zeitung; Aufwendungen eines in Deutschland lebenden Ausländers für das Erlernen der deutschen Sprache; Beitrag für den Golfclub; schwarzer Anzug eines Bankangestellten.

Das aus § 12 Nr. 1 Satz 2 EStG abgeleitete Aufteilungs- und Abzugsverbot gilt damit in erster Linie noch für private Lebensführungskosten, die auch dem Beruf oder Betrieb des Steuerpflichtigen dienen (sog. Repräsentationskosten).

Repräsentationskosten

Der Überschussermittlungszeitraum ist das jeweilige Kalenderjahr (§ 2 Abs. 7 EStG). Welche Einnahmen bzw. Werbungskosten in einem bestimmten Kalenderjahr erfasst werden müssen, richtet sich nach der Vorschrift des § 11 EStG. Hiernach kommt es grundsätzlich auf den Zufluss von Einnahmen bzw. auf den Abfluss von Aufwendungen an (Zufluss-/Abflussprinzip). Auf die Besonderheiten hinsichtlich der Erfassung regelmäßig wiederkehrender Einnahmen und Ausgaben wurde bereits bei den Erläuterungen zur Gewinnermittlungsmethode nach § 4 Abs. 3 EStG hingewiesen.

Überschussermittlungszeitraum ist das Kalenderjahr (Zufluss- und Abflussprinzip gilt).

4.1.3. Einkünfteerzielungsabsicht

Wer den Tatbestand verwirklicht, an den das EStG die Steuer knüpft, erzielt Einkünfte und hat sie zu versteuern. Voraussetzung ist aber nicht nur, dass der Steuerpflichtige durch Beteiligung am allgemeinen wirtschaftlichen Verkehr Einnahmen erzielt (= objektiver Tatbestand), er muss darüber hinaus auch mit der Absicht gehandelt haben, durch die Erwerbstätigkeit einen Überschuss der Bezüge über die Aufwendungen zu erzielen (= subjektiver Tatbe-

Einkünfteerzielungsabsicht besteht in einem Streben nach Gewinn oder einem Einnahmeüberschuss

stand). Erforderlich ist also eine Einkünfteerzielungsabsicht, die in einem Streben nach Gewinn oder einem Einnahmeüberschuss besteht. Bei der Beurteilung dieses subjektiven Tatbestandes kommt es grundsätzlich darauf an, welchen Plan der Steuerpflichtige für die gesamte Dauer der Erwerbstätigkeit (Totalperiode) verfolgt. Hinsichtlich des Vorliegens oder Fehlens einer entsprechenden Absicht kommt es aber nicht allein auf Erklärungen des Steuerpflichtigen an, sondern vielmehr auf äußerlich erkennbare objektive Umstände, die für die Finanzbehörden nachprüfbar sind. Der Steuerpflichtige ist insoweit nachweispflichtig. Erzielt der Steuerpflichtige mit seiner Erwerbstätigkeit positive Einkünfte, gibt es hinsichtlich seiner Einkünfteerzielungsabsicht keine Bedenken. Problematisch wird es immer dann, wenn – wie das oft z.B. bei Beginn einer neuen gewerblichen Tätigkeit der Fall ist – über eine längere Periode nur Verluste erwirtschaftet werden. Zur Anerkennung dieser sich steuermindernd auswirkenden Verluste muss der Steuerpflichtige also darlegen und ggf. beweisen, dass die Tätigkeit trotz solcher Anlaufverluste darauf angelegt ist, auf Dauer Gewinne/Überschüsse zu erzielen. Gelingt der Nachweis nicht, behandelt die Finanzbehörde die Erwerbstätigkeit als steuerlich unbeachtliche so genannte »Liebhaberei« und berücksichtigt die Verluste bei der Ermittlung der Summe der Einkünfte nicht.

Maßgebend für die Annahme einer Einkünfteerzielungsabsicht sind vorwiegend äußerlich erkennbare objektive Umstände.

Literaturhinweis: Birk, Steuerrecht, Rz. 930 ff. (Gewinnermittlung nach § 4 Abs. 3 EStG) und Rz. 993 ff. (Ermittlung der Überschusseinkünfte). Tipke/Lang, Steuerrecht, § 9, Rz. 350 ff. (Überschusseinkünfteermittlung) und § 17, Rz. 255 ff. (Überschussrechnung).

4.2. Umfang der einzelnen Einkunftsarten

Da die Einkünfteermittlungsmethoden, einzelne Steuervergünstigungen oder Auswirkungen auf andere Steuerarten (z.B. Gewerbesteuer) von der Zuordnung zu einer Einkunftsart abhängen, ist der Umfang der Einkunftsarten exakt zu bestimmen.

4.2.1. Land- und Forstwirtschaft

Kernbereiche der Land- und Forstwirtschaft

Die Einkünfte aus Land- und Forstwirtschaft sind im einzelnen im § 13 EStG geregelt. Ganz allgemein sind unter Land- und Forstwirtschaft die planmäßige Nutzung der natürlichen Kräfte des Bodens und die Verwertung der dadurch gewonnenen Erzeugnisse zu verstehen. Neben den Kernbereichen der Landwirtschaft (z.B. Getreideanbau, Obstanbau u.ä.) und Forstwirtschaft (z.B. Holzgewinnung und -verarbeitung) gehört als dritte große Gruppe auch die Tierzucht und Tierhaltung zu diesen Einkünften. Auf Einzelheiten wird wegen der geringen Bedeutung hier verzichtet. Auf die Ermittlung des Gewinnes aus Land- und Forstwirtschaft nach Durchschnittssätzen (§ 13a EStG) wurde bereits im Zusammenhang mit der Darstellung der Gewinnermittlungsmethoden hingewiesen.

4.2.2. Gewerbebetrieb

§ 15 EStG regelt im Einzelnen den Umfang der Einkünfte aus Gewerbebetrieb.

Begriff des Gewerbebetriebes

Definition des Begriffs »Gewerbebetrieb«

Insbesondere zur Abgrenzung gegenüber den anderen Einkunftsarten hat es der Gesetzgeber für notwendig erachtet, den Begriff des Gewerbebetriebes in § 15 Abs. 2 EStG zu definieren. Danach ist eine selbständige nachhaltige Betätigung, die mit der Absicht, Gewinn zu erzielen, unternommen wird und sich als Beteiligung am allgemeinen wirtschaftlichen Verkehr darstellt, ein Gewerbebetrieb, wenn die Betätigung weder als Ausübung von Land- und Forstwirtschaft noch als Ausübung eines freien Berufes noch als eine andere selbständige Arbeit anzusehen ist. Einkünfte aus Gewerbebetrieb kann zunächst nur beziehen, wer selbständig tätig ist. Dadurch unterscheiden sich die Einkünfte aus Gewerbebetrieb von den Einkünften aus nichtselbständiger Arbeit. Selbständigkeit setzt voraus, dass eine natürliche Person auf eigene Rechnung und Gefahr tätig ist, also das Erfolgsrisiko der eigenen Betätigung trägt und Unternehmerinitiative entfalten kann. Unselbständig ist dagegen jemand, der in der Betätigung seines geschäftlichen Willens unter der Leitung eines Arbeitgebers steht oder im geschäftlichen Organismus eines Arbeitgebers dessen Weisung zu folgen verpflichtet ist. Mit dem Tatbestandsmerkmal der Nachhaltigkeit soll gewährleistet werden, dass nur eine auf Wiederholung angelegte Betätigung Gewerbebetrieb sein kann. Beteiligung am allgemeinen wirtschaftlichen Verkehr i.S.d. § 15 Abs. 2 EStG erfordert, dass eine Tätigkeit am Markt gegen Entgelt und für Dritte äußerlich erkennbar angeboten wird. Zudem muss für die Annahme eines Gewerbebetriebes die sogenannte Gewinnerzielungsabsicht vorliegen. Diese Gewinnerzielungsabsicht ist eine spezielle Ausprägung der bereits behandelten Einkünfteerzielungsabsicht und bezieht sich – obwohl nur in der Definition des Gewerbebetriebes erwähnt – auf alle Gewinneinkunftsarten. Das Streben des Steuerpflichtigen muss darauf gerichtet sein, durch die Betätigung i.S.d. § 15 Abs. 2 EStG Gewinne zu erzielen. Das heißt nicht, dass z.B. Verluste in der Gründungsphase eines Unternehmens die Einordnung als Gewerbebetrieb hindern, vielmehr muss das Streben nach Gewinn sich in einem positiven Gesamtergebnis des Betriebes in der Zeit der Gründung bis zur Veräußerung oder Aufgabe (Totalperiode) dokumentieren.

Selbständigkeit setzt Tätigwerden auf eigene Rechnung voraus.

Tätigkeit muss auf Wiederholung angelegt sein

Beteiligung am allgemeinen wirtschaftlichen Verkehr ist erforderlich

Eine Gewinnerzielungsabsicht muss vorliegen.

Abgrenzung zur privaten Vermögensverwaltung

Da auch die private Vermögensverwaltung (z.B. Vermietung von Grundstücken und Gebäuden) eine selbständige, nachhaltige und von Gewinnabsichten getragene Teilnahme am allgemeinen wirtschaftlichen Verkehr sein kann, ist – ungeschriebenes, d.h. in § 15 Abs. 2 Satz 1 EStG nicht erwähntes negatives – Tatbestandsmerkmal des Gewerbebetriebes, dass die Betätigung den Rahmen privater Vermögensverwaltung überschreitet. Problematisch ist die schwierige Abgrenzung bei der Veräußerung von Gegenständen des Privatvermögen, insbesondere Grundstücken. Denn die Veräußerung unter Ausnutzung substantieller Vermögenswerte kann über die Nutzung von Grundbesitz im Sinne der Fruchtziehung durch Selbstnutzung oder Vermietung hinausgehen und eine gewerbliche Tätigkeit (Handel) darstellen. Nach der Rechtsprechung des BFH sind das Gesamtbild der Verhältnisse und die Verkehrsanschauung maßgeblich dafür, ob die Grenze zur privaten Vermögensverwaltung überschritten wird.

Gewerbebetrieb setzt Überschreitung privater Vermögensverwaltung voraus.

Aus Gründen der Verwaltungsvereinfachung und der Rechtssicherheit hat der BFH hierfür den Grundsatz entwickelt, dass der Bereich der privaten Vermögensverwaltung erst dann verlassen wird, wenn mindestens vier einzelne Objekte, seien es unbebaute Grundstücke, bebaute Grundstücke oder Eigentumswohnungen, angeschafft bzw. errichtet und veräußert werden. Neben der Überschreitung dieser »Drei-Objekt-Grenze« sind zwei Fristen von erheblicher Bedeutung: Anschaffung bzw. Bebauung des Grundstücks und seine Veräußerung müssen jeweils innerhalb eines Zeitraumes von fünf Jahren erfolgt sein. Außerdem muss sich die Veräußerung der maßgeblichen vier Objekte innerhalb eines Zeitraumes von fünf Jahren vollziehen. Die Rechtsprechung weist in diesem Zusammenhang jedoch darauf hin, dass die zeitlichen Grenzen keine starre Bedeutung haben. Bei Überschreitung der Fristen bedarf es besonderer Umstände der Gewerblichkeit (z.B. eine dem Baumarkt nahe Tätigkeit als Architekt, Makler etc.) oder eine höhere Zahl von Veräußerungen, die den Aspekt der Umschichtung verstärken. Sind bebaute Grundstücke mindestens zehn Jahre vermietet oder zu eigenen Wohnzwecken genutzt worden, so liegt kein gewerblicher Grundstückshandel vor, weil die Fruchtziehung des Stammvermögens dominiert.

Abgrenzung zu den anderen Gewinneinkunftsarten

Dienten die bislang erläuterten Tatbestandsmerkmale insbesondere der Abgrenzung zu den Überschusseinkunftsarten, so wird am Ende der Legaldefinition des Gewerbebetriebes klargestellt, dass es sich weder um die Ausübung von Land- und Forstwirtschaft, noch um die Ausübung eines freien Berufes, noch um eine andere selbständige Tätigkeit handeln darf. Hierdurch wird die Abgrenzung zu den anderen Gewinneinkunftsarten gewährleistet.

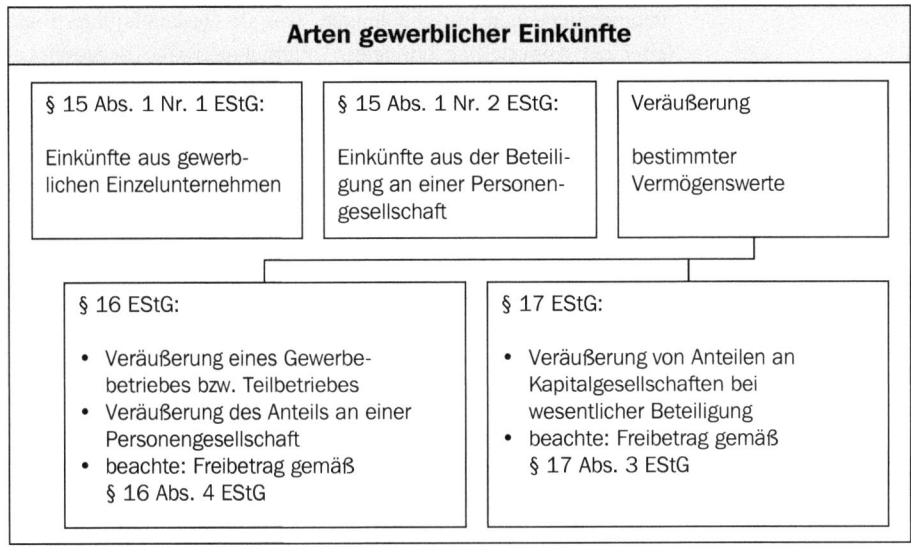

Arten der Einkünfte aus Gewerbebetrieb

Die verschiedenen Arten gewerblicher Einkünfte sind in den §§ 15, 16 und 17 EStG im Einzelnen geregelt. Dabei lässt sich grob eine Dreiteilung vornehmen:

- Einkünfte aus gewerblichen Unternehmen.

Zunächst führt § 15 Abs. 1 Nr. 1 EStG die Einkünfte aus gewerblichen Unternehmen auf. Dieser Regelung unterfallen in erster Linie die gewerblichen Einzelunternehmen, wie z.B. Einzelhandelsbetriebe und von einem Unternehmer geführte Industriebetriebe. Zur Klarstellung sei darauf hingewiesen, dass die Einkünfte aus Gewerbebetrieb hier nicht dem Einzelunternehmen, sondern der allein steuerpflichtigen natürlichen Person, dem Unternehmer, zugerechnet werden.

Einkünfte aus gewerblichen Unternehmen fallen unter § 15 Abs. 1 Nr. 1 EStG.

- Einkünfte aus der Beteiligung an einer Personengesellschaft.

Über § 15 Abs. 1 Nr. 2 EStG werden die Gewinnanteile der Gesellschafter einer oHG, einer KG oder einer anderen Gesellschaft, bei der Gesellschafter als Unternehmer (Mitunternehmer) des Betriebes anzusehen ist, erfasst. Mitunternehmer in diesem Sinne ist nur, wer aufgrund eines zivilrechtlichen Gesellschaftsverhältnisses oder wirtschaftlich damit vergleichbaren Gemeinschaftsverhältnisses zusammen mit anderen Personen eine Unternehmerinitiative entfalten kann und ein Unternehmerrisiko trägt. Unternehmerinitiative bedeutet in der Regel gesellschaftsrechtliche Teilnahme an

Einkünfte aus der Beteiligung an einer Personengesellschaft fallen unter § 15 Abs. 1 Nr. 2 EStG

Begriff des Mitunternehmers

Unternehmerinitiative und Unternehmerrisiko erforderlich

unternehmerischen Entscheidungen, wie sie Geschäftsführern und leitenden Angestellten obliegen. Unternehmerrisiko bedeutet gesellschaftsrechtliche Teilhabe am Erfolg oder Misserfolg eines Gewerbebetriebes in der Regel durch Beteiligung am Gewinn und Verlust sowie an den stillen Reserven (= Unterschied zwischen den Werten der betrieblichen Wirtschaftsgüter in der Bilanz und den tatsächlichen Verkehrswerten) einschl. eines Geschäftswertes.

Steuerlich erfasst werden die Gewinnanteile beim Gesellschafter (Mitunternehmer).

Auch hier werden die Gewinnanteile dem Gesellschafter, also der natürlichen Person und nicht der Gesellschaft, zugerechnet und dort einkommensteuerlich erfasst.

Beispiel: Die oHG, bestehend aus den Gesellschaftern A und B, erzielt im Wirtschaftsjahr 01 einen Gewinn von 100.000,– €. Nach dem Gesellschaftsvertrag sind A und B mit jeweils 50 % am Gewinn und Verlust beteiligt. Durch Gewinnfeststellungsbescheid wird den oHG-Gesellschaftern jeweils ein Gewinnanteil von 50.000,– € für 01 zugerechnet.

Dieser Gewinnanteil in Höhe von 50.000,– € wird steuerlich bei jedem Gesellschafter als Einkünfte aus Gewerbebetrieb i.S.d. § 15 Abs. 1 Nr. 2 EStG erfasst.

- Einkünfte aus der Veräußerung bestimmter Vermögenswerte.

Veräußerung von Gewerbebetrieben, Teilbetrieben und Anteilen an Personengesellschaften führen zu gewerblichen Einkünften.

Neben diesen beiden Hauptarten gewerblicher Einkünfte zählen die §§ 16 und 17 EStG bestimmte Veräußerungstatbestände auf, die ebenfalls zu gewerblichen Einkünften führen. § 16 Abs. 1 EStG erfasst dabei im Wesentlichen Gewinne aus der Veräußerung eines ganzen Gewerbebetriebes bzw. eines Teilbetriebes und eines Anteils an einer Personengesellschaft i.S.d. § 15 Abs. 1 Nr. 2 EStG. Der als Einkünfte aus Gewerbebetrieb zu versteuernde Veräußerungsgewinn ist dabei der Betrag, um den der Veräußerungspreis nach Abzug der Veräußerungskosten den Wert des Betriebsvermögens oder den Wert des Anteils am Betriebsvermögen übersteigt (§ 16 Abs. 2 EStG). Als Veräußerung gilt auch die Aufgabe des Betriebes oder Mitunternehmeranteils (§ 16 Abs. 3 Satz 1 EStG). Der so ermittelte Veräußerungsgewinn wird jedoch zur Einkommensteuer nur herangezogen, soweit er den Freibetrag gemäß § 16 Abs. 4 EStG übersteigt. Danach wird ein Veräußerungsgewinn auf Antrag nur dann zur Einkommensteuer herangezogen, soweit er 45.000,– € übersteigt. Voraussetzung für diese Freibetragsgewährung ist, dass der Steuerpflichtige das 55. Lebensjahr vollendet hat oder im sozialversicherungsrechtlichen Sinne dauernd berufsunfähig ist. Der Freibetrag steht dem Steuerpflichtigen nur einmal zu.

Zudem ermäßigt sich der Freibetrag der Höhe nach um den Betrag, um den der Veräußerungsgewinn 136.000,- € übersteigt. Der verbleibende Betrag kann ggf. nach § 34 EStG begünstigt besteuert werden.

Beispiel: Der 60jährige Einzelunternehmer A veräußert seinen ganzen Gewerbebetrieb, der im Zeitpunkt der Veräußerung einen (steuerlichen) Wert des Betriebsvermögens in Höhe von 130.000,- € aufweist. Der Veräußerungspreis beträgt nach Abzug der Veräußerungskosten 280.000,- €, der Veräußerungsgewinn damit 150.000,- €. Unter Berücksichtigung eines Freibetrages von 31.000,- € (45.000,- € ./. 14.000,- €) ist letztlich ein Veräußerungsgewinn in Höhe von 119.000,- € als Einkünfte aus Gewerbebetrieb i.S.d. § 16 EStG zu erfassen und ggf. gemäß § 34 Abs. 1 oder 3 EStG begünstigt zu versteuern.

Zu den Einkünften aus Gewerbebetrieb gehört auch der Gewinn aus der Veräußerung von Anteilen an einer Kapitalgesellschaft, wenn der Veräußerer innerhalb der letzten fünf Jahre unmittelbar oder mittelbar zu mindestens 1 % am Kapital der Gesellschaft beteiligt war (§ 17 Abs. 1 Satz 1 EStG). Anteile an einer Kapitalgesellschaft i.S.d. § 17 EStG sind z.B. Aktien oder Anteile an einer GmbH.

Wesentliche Beteiligung bei unmittelbarer und mittelbarer Beteiligung von mindestens 1 %

Veräußerungsgewinn i.S.d. § 17 Abs. 2 EStG ist der Betrag, um den der Veräußerungspreis nach Abzug der Veräußerungskosten die Anschaffungskosten übersteigt. Ähnlich der Vorschrift des § 16 Abs. 4 EStG wird auch hier von dem so ermittelten Veräußerungsgewinn ein Freibetrag abgezogen (vgl. § 17 Abs. 3 EStG: 9.060,- €). Der Freibetrag ermäßigt sich um den Betrag, um den der Veräußerungspreis den Teil von 36.100,- € übersteigt, der dem veräußerten Anteil an der Kapitalgesellschaft entspricht. Die Berücksichtigung von Veräußerungsverlusten ist unter Berücksichtigung der Einschränkungen des § 17 Abs. 2 Satz 6 EStG möglich.

Wichtiger Hinweis: § 17 EStG erfasst in seinem sachlichen Anwendungsbereich nur Anteile im Privatvermögen. Befinden sich die Anteile im Betriebsvermögen, ist die Veräußerung ein Betriebsvorgang, wobei der Gewinn dann nach §§ 4 oder 5 EStG zu ermitteln ist.

§ 17 EStG erfasst nur Anteile im Privatvermögen.

Die Einkünfte aus Gewerbebetrieb hat der Steuerpflichtige in seiner Einkommensteuererklärung anzugeben. Für die entsprechenden Angaben ist auf den amtlichen Vordrucken die Anlage G vorgesehen.

Anlage G 2010

zur Einkommensteuererklärung / zur Erklärung zur gesonderten Feststellung

Einkünfte aus Gewerbebetrieb

Zeile		
1	Name	
2	Vorname	
3	Steuernummer	Bei Bruttoeinnahmen ab 17 500 € ist für jeden Betrieb, soweit keine Bilanz erstellt wird, zusätzlich eine Anlage EÜR abzugeben.

Jeder Ehegatte mit Einkünften aus Gewerbebetrieb hat eine eigene Anlage G abzugeben. Stpfl. / Ehemann — Ehefrau

Gewinn (ohne die Beträge in den Zeilen 31, 34, 38, 40, 41 und 44; bei ausländischen Einkünften: Anlage AUS beachten) — 44

als Einzelunternehmer
(Art des Gewerbes, bei Verpachtung: Art des vom Pächter betriebenen Gewerbes)

Zeile	Betrieb	Kennziffer	EUR
4	1. Betrieb	10/11	
5	2. Betrieb	82/63	
6	Weitere Betriebe	12/13	
7	lt. gesonderter Feststellung (Betriebsfinanzamt und Steuernummer)	58/59	

als Mitunternehmer (Gesellschaft, Finanzamt und Steuernummer)

Zeile		Kennziffer	EUR
8	1.	14/15	
9	2.	16/17	
10	3.	18/19	
11	4.	20/21	
12	Gesellschaften / Gemeinschaften / ähnliche Modelle i. S. d. § 15 b EStG		
13	In den Zeilen 4 bis 11 und 44 nicht enthaltener steuerfreier Teil der Einkünfte, für die das Teileinkünfteverfahren gilt – Berechnung auf besonderem Blatt –	24/25	
14	In den Zeilen 4 bis 11 und 44 enthaltener steuerpflichtiger Teil der Einkünfte aus der Veräußerung an eine REIT-AG oder einen Vor-REIT	26/27	
15	Für den in den Zeilen 4 bis 11 und 34 enthaltenen Gewinn beantrage ich die Begünstigung nach § 34 a EStG. Beigefügte Anlage(n) 34 a	Anzahl	

Zusätzliche Angaben bei Steuerermäßigung nach § 35 EStG

Zeile		Kennziffer	EUR
16	Für 2010 festzusetzender (anteiliger) Gewerbesteuer-Messbetrag i. S. d. § 35 EStG des Betriebs / des Mitunternehmeranteils lt. Zeile (ohne Gewerbesteuer-Messbetrag, der auf nach § 5 a Abs. 1 EStG ermittelten Gewinn oder Gewinn i. S. d. § 18 Abs. 3 UmwStG entfällt) – Berechnung auf besonderem Blatt –	64/65	
17	Für 2010 tatsächlich zu zahlende Gewerbesteuer, die auf den Gewerbesteuer-Messbetrag lt. Zeile 16 entfällt – Berechnung auf besonderem Blatt –	66/67	
18	Für 2010 festzusetzender (anteiliger) Gewerbesteuer-Messbetrag i. S. d. § 35 EStG des Betriebs / des Mitunternehmeranteils lt. Zeile (ohne Gewerbesteuer-Messbetrag, der auf nach § 5 a Abs. 1 EStG ermittelten Gewinn oder Gewinn i. S. d. § 18 Abs. 3 UmwStG entfällt) – Berechnung auf besonderem Blatt –	68/69	
19	Für 2010 tatsächlich zu zahlende Gewerbesteuer, die auf den Gewerbesteuer-Messbetrag lt. Zeile 18 entfällt – Berechnung auf besonderem Blatt –	70/71	
20	Summe aller weiteren für 2010 festzusetzenden (anteiligen) Gewerbesteuer-Messbeträge i. S. d. § 35 EStG der Betriebe / der Mitunternehmeranteile (ohne Gewerbesteuer-Messbeträge, die auf nach § 5 a Abs. 1 EStG ermittelte Gewinne oder Gewinne i. S. d. § 18 Abs. 3 UmwStG entfallen) – Berechnung auf besonderem Blatt –	85/86	
21	Summe aller weiteren für 2010 tatsächlich zu zahlenden Gewerbesteuern, die auf die Gewerbesteuer-Messbeträge lt. Zeile 20 entfallen – Berechnung auf besonderem Blatt –	81/82	
22	Summe der Höchstbeträge nach § 35 EStG aus mittelbaren Beteiligungen – Berechnung auf besonderem Blatt –	74/75	

Bei zusammenveranlagten Ehegatten:
Bezieht nur ein Ehegatte Einkünfte aus Gewerbebetrieb, sind in den Zeilen 23 bis 30 auch die Einkünfte des anderen Ehegatten einzutragen. Beziehen beide Ehegatten Einkünfte aus Gewerbebetrieb, füllt jeder Ehegatte die Zeilen 23 bis 30 in seiner eigenen Anlage G aus.

Zeile		Stpfl./Ehemann EUR	Ehefrau EUR
23	Summe der positiven Einkünfte aus Land- und Forstwirtschaft		
24	Summe der positiven Einkünfte aus Gewerbebetrieb		
25	Summe der positiven Einkünfte aus selbständiger Arbeit		
26	Summe der positiven Einkünfte aus nichtselbständiger Arbeit		
27	Positive Summe der Einkünfte aus Kapitalvermögen		
28	Summe der positiven Einkünfte aus Vermietung und Verpachtung		
29	Summe der positiven sonstigen Einkünfte		
30	Summe der Zeilen 23 bis 29	72	73

2010AnlG231NET – Aug. 2010 – 2010AnlG231NET

4.2.3. Selbständige Arbeit

Zu den Einkünften aus selbständiger Arbeit gehören die Einkünfte aus den in § 18 Abs. 1 EStG erschöpfend aufgeführten Tätigkeiten, bei denen im allgemeinen das geistige Vermögen und die persönliche Arbeitskraft eines Menschen im Vordergrund stehen. Ob eine derartige Tätigkeit dauernd oder nur vorübergehend ausgeübt wird, ist ohne Bedeutung. Voraussetzung für die Annahme von Einkünften aus selbständiger Arbeit ist allerdings in jedem Fall, dass die Tätigkeit selbständig ausgeübt wird (zur Abgrenzung von den nichtselbständigen Tätigkeiten i.S.d. § 19 EStG) und steuerlich weder als gewerbliche noch land- und forstwirtschaftliche Betätigung zu behandeln ist.

Begriff der freiberuflichen Tätigkeit

Innerhalb der verschiedenen Arten selbständiger Arbeit kommt der freiberuflichen Tätigkeit die größte Bedeutung zu.

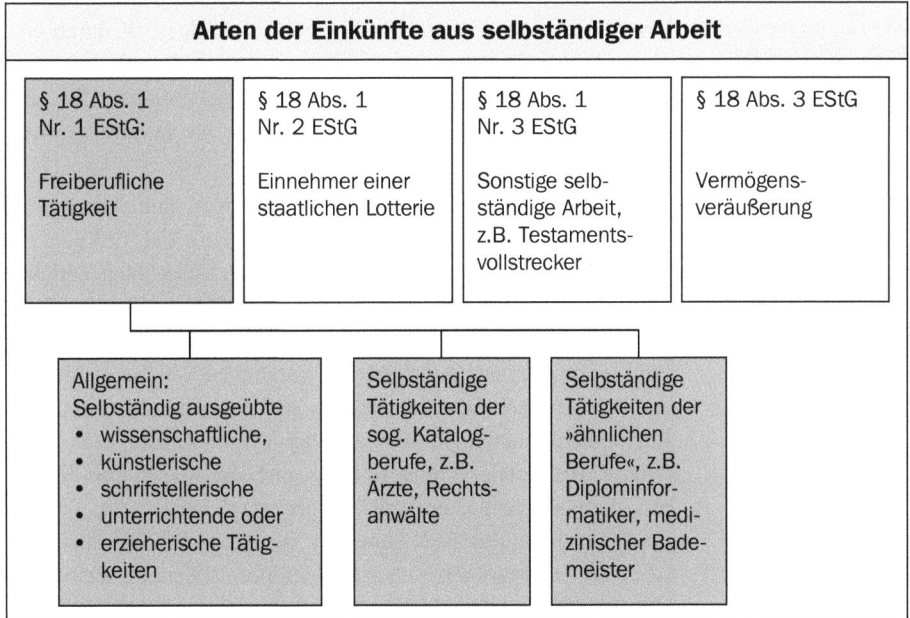

Aufgrund der in § 18 Abs. 1 Nr. 1 Satz 2 EStG gemachten Ausführungen zum Umfang der freiberuflichen Tätigkeit lassen sich drei große Gruppen herausarbeiten:

Zu der ersten Gruppe der freiberuflichen Tätigkeit gehört allgemein die selbständig ausgeübte wissenschaftliche, künstlerische, schrift-

Zur freiberuflichen Tätigkeit gehört die selbständig ausgeübte wissenschaftliche, künstlerische, schriftstellerische, unterrichtende oder erzieherische Tätigkeit.

stellerische, unterrichtende oder erzieherische Tätigkeit. Eine wissenschaftliche Tätigkeit übt aus, wer eine forschende oder eine sonstige, nach wissenschaftlichen Methoden zu erledigende Arbeit leistet. Künstlerisch ist eine eigenschöpferische Tätigkeit, die zu Leistungen führt, in denen sich eine individuelle Anschauungsweise und eine besondere Gestaltungskraft widerspiegeln und die eine gewisse künstlerische Gestaltungshöhe erreichen (z.B. Musiker, Maler, Modezeichner). Eine schriftstellerische Tätigkeit liegt vor, wenn eigene Gedanken mit Mitteln der Sprache schriftlich ausgedrückt werden. Jede unterrichtende oder erzieherische Tätigkeit, die selbständig ausgeübt wird, ist eine freiberufliche Tätigkeit. Als unterrichtende Tätigkeit ist jede Tätigkeit anzusehen, die auf die Vermittlung bestimmter Kenntnisse oder bestimmter Fähigkeiten gerichtet ist. Auf den Unterrichtsgegenstand kommt es insoweit nicht an (z.B. Schwimm-, Tennis- oder Sprachlehrer). Unter erzieherischer Tätigkeit ist jede planmäßige Tätigkeit mit dem Ziel einer körperlichen, geistigen und sittlichen Formung junger Menschen zu verstehen.

Aufzählung bestimmter Berufe, die als freiberufliche Tätigkeiten eingeordnet werden (sogenannte Katalogberufe)

Die zweite große Gruppe der freiberuflich Tätigen ist durch eine nicht abschließende Aufzählung der einzelnen Berufe gesetzlich bestimmt (Katalogberufe). Hierzu gehört insbesondere die selbständige Berufstätigkeit der Ärzte, Zahnärzte, Rechtsanwälte, Steuerberater usw.

Den Katalogberufen ähnliche Berufe fallen auch unter § 18 Abs. 1 Nr. 1 EStG.

Die dritte Gruppe bilden die den Katalogberufen ähnlichen Berufe. Ein ähnlicher Beruf i.S.d. § 18 Abs. 1 Nr. 1 Satz 2 aE EStG ist immer dann gegeben, wenn das Gesamtbild der ausgeübten Tätigkeit dem typischen Bild einer der in dieser Vorschrift aufgezählten Tätigkeiten entspricht, wenn die ausgeübte Tätigkeit in wesentlichen Punkten mit einem Katalogberuf verglichen werden kann. Die Ähnlichkeit muss dabei hinsichtlich aller typischen Merkmale des Katalogberufs bestehen. Setzt also der Vergleichsberuf eine qualifizierte Ausbildung voraus, so muss auch die Ausbildung desjenigen, der einen ähnlichen Beruf ausübt, vergleichbar sein. Von der Rechtsprechung des BFH sind, z.B. die Tätigkeit eines medizinischen Bademeisters oder eines Diplominformatikers als freiberufliche Tätigkeiten anerkannt worden. Dagegen hat die Rechtsprechung bei Tätigkeiten eines Anlageberaters oder Kfz-Sachverständigen eine Einordnung als »ähnlicher Beruf« i.S.d. § 18 Abs. 1 Nr. 1 EStG abgelehnt.

Neben den Einkünften der Einnehmer einer staatlichen Lotterie und solchen aus sonstiger selbständiger Arbeit (z.B. Vergütungen für die Vollstreckung von Testamenten) gehört auch der Gewinn, der bei der Veräußerung des Vermögens oder eines selbständigen Teiles des Vermögens oder eines Anteiles am Vermögen erzielt wird, das der selbständigen Arbeit dient, zu den Einkünften aus § 18 EStG. Die Erläuterungen zu § 16 EStG gelten entsprechend.

Abgrenzung zu den Einkünften aus Gewerbebetrieb

Die Frage, ob eine Tätigkeit den Einkünften aus selbständiger Arbeit oder aus Gewerbebetrieb zuzuordnen ist, ist weniger für das Einkommensteuerrecht – die Zuordnung zu einer ganz bestimmten Einkunftsart ist hier ohne steuerliche Auswirkung –, sondern vielmehr für die Gewerbesteuer von Bedeutung. Im Gegensatz zu Einkünften aus selbständiger Arbeit sind gewerbliche Einkünfte grundsätzlich zusätzlich gewerbesteuerpflichtig. Diese negative steuerliche Auswirkung hat jedoch an Bedeutung verloren, nachdem der Gesetzgeber in § 35 EStG die Möglichkeit der Anrechnung der Gewerbesteuer auf die Einkommensteuer geschaffen hat.

Abgrenzung zu den Einkünften aus Gewerbebetrieb hat Bedeutung für die Gewerbesteuer

Ist eine Tätigkeit den »Katalogberufen« i.S.d. § 18 Abs. 1 Nr. 1 Satz 2 EStG zuzurechnen, bereitet die Abgrenzung keine Schwierigkeiten. Ansonsten gibt es jedoch keine eindeutigen Abgrenzungsmerkmale, da das EStG den Begriff der selbständigen Arbeit nicht definiert. Nach der Rechtsprechung des BFH ist jedoch grundsätzlich Voraussetzung für die Annahme einer selbständigen Tätigkeit, dass der Berufsträger aufgrund seiner Fachkenntnisse leitend und eigenverantwortlich tätig wird. Die Tätigkeit i.S.d. § 18 EStG ist überwiegend durch die Persönlichkeit des Ausübenden geprägt. Unschädlich ist aber, wenn sich der Freiberufler der Mithilfe fachlich vorgebildeter Arbeitskräfte bedient. Ob diese Merkmale erfüllt sind, lässt sich nicht allgemein, sondern nur unter Berücksichtigung der gesamten Umstände eines einzelnen Falles beurteilen. So wird nach der Rechtsprechung z.B. ein Fotograf als Gewerbetreibender eingeordnet, wobei ein Foto-Designer künstlerisch tätig sein kann mit der Folge, dass er Einkünfte aus selbständiger Arbeit erzielt.

Tätigkeit i.S.d. § 18 EStG ist überwiegend durch die Persönlichkeit des Ausübenden geprägt.

Die Angaben zu den Einkünften aus selbständiger Arbeit erfolgen auf der Rückseite der Anlage G zur Einkommensteuererklärung.

2010

Anlage S
- [ ] zur Einkommensteuererklärung
- [ ] zur Erklärung zur gesonderten Feststellung

1 Name
2 Vorname
3 Steuernummer

Bei Bruttoeinnahmen ab 17.500 € ist für jede Tätigkeit, soweit keine Bilanz erstellt wird, zusätzlich eine Anlage EUR abzugeben.

Jeder Ehegatte mit Einkünften aus selbständiger Arbeit hat eine eigene Anlage S abzugeben.

- [ ] Stpfl. / Ehemann
- [ ] Ehefrau

Einkünfte aus selbständiger Arbeit

Gewinn (ohne Veräußerungsgewinne in den Zeilen 15 und 18; bei ausländischen Einkünften: Anlage AUS beachten) | 22

Zeile	Beschreibung	Kz	EUR
4	aus freiberuflicher Tätigkeit (genaue Berufsbezeichnung oder Tätigkeit)	12/13	,—
5	lt. gesonderter Feststellung (Finanzamt und Steuernummer)	58/59	,—
6	aus Beteiligung (Gesellschaft, Finanzamt und Steuernummer) 1. Beteiligung	16/17	,—
7	aus allen weiteren Beteiligungen	18/19	,—
8	aus Gesellschaften / Gemeinschaften / ähnlichen Modellen i. S. d. § 15 b EStG		,—
9	aus sonstiger selbständiger Arbeit (z. B. als Aufsichtsratsmitglied)	20/21	,—
10	aus allen weiteren Tätigkeiten (genau bezeichnen)	22/23	,—
11	In den Zeilen 4 bis 7, 9 und 10 nicht enthaltener steuerfreier Teil der Einkünfte, für die das **Teileinkünfteverfahren gilt** – Berechnung auf besonderem Blatt –	62/63	,—
12	Leistungsvergütungen als Beteiligter einer Wagniskapitalgesellschaft, die **vor** dem 1.1.2009 gegründet wurde (§ 18 Abs. 1 Nr. 4 EStG) Gesellschaft, Finanzamt und Steuernummer	46/47	,—
13	Leistungsvergütungen als Beteiligter einer Wagniskapitalgesellschaft, die **nach** dem 31.12.2008 gegründet wurde (§ 18 Abs. 1 Nr. 4 EStG) Gesellschaft, Finanzamt und Steuernummer	45/87	,—
14	Für den in den Zeilen 4 bis 7 und 18 enthaltenen Gewinn beantrage ich die Begünstigung nach § 34 a EStG. Beigefügte **Anlage(n) 34 a**	Anzahl	

Veräußerungsgewinn vor Abzug etwaiger Freibeträge bei Veräußerung / Aufgabe eines ganzen Betriebs, eines Teilbetriebs, eines ganzen Mitunternehmeranteils (§ 16 EStG)

Zeile	Beschreibung	Kz	EUR
15	Veräußerungsgewinn, für den der **Freibetrag nach § 16 Abs. 4 EStG** wegen dauernder Berufsunfähigkeit oder Vollendung des 55. Lebensjahres beantragt wird. Für nach dem 31.12.1995 erfolgte Veräußerungen / Aufgaben wurde der Freibetrag nach § 16 Abs. 4 EStG bei keiner Einkunftsart in Anspruch genommen.	24/25	,—
16	In Zeile 15 enthaltener steuerpflichtiger Teil, für den das **Teileinkünfteverfahren** gilt	52/53	,—
17	In Zeile 15 enthaltener Veräußerungsgewinn, für den der **ermäßigte Steuersatz** des § 34 Abs. 3 EStG wegen dauernder Berufsunfähigkeit oder Vollendung des 55. Lebensjahres beantragt wird	54/55	,—
18	Veräußerungsgewinne, für die der **Freibetrag nach § 16 Abs. 4 EStG nicht beantragt** wird oder **nicht zu gewähren ist**	28/29	,—
19	In Zeile 18 enthaltener steuerpflichtiger Teil, für den das **Teileinkünfteverfahren** gilt	56/57	,—
20	In Zeile 18 enthaltener Veräußerungsgewinn, für den der **ermäßigte Steuersatz** des § 34 Abs. 3 EStG wegen dauernder Berufsunfähigkeit oder Vollendung des 55. Lebensjahres beantragt wird	64/65	,—
21	In Zeile 20 enthaltener steuerpflichtiger Teil, für den das **Teileinkünfteverfahren** gilt	66/67	,—
22	**Zu den Zeilen 15 bis 21:** Erwerber ist eine Gesellschaft, an der die veräußernde Person oder ein Angehöriger beteiligt ist (Erläuterungen auf besonderem Blatt)		

2010AnlS221NET – Aug. 2010 – 2010AnlS221NET

4.2.4. Nichtselbständige Arbeit

Die bedeutendste Einkunftsart innerhalb der Überschusseinkunftsarten bilden die Einkünfte aus nichtselbständiger Arbeit i.S.d. § 19 EStG. Die auf den Arbeitslohn entfallenden Einkommensteuerbeträge (= Lohnsteuer) tragen maßgeblich zum Gesamtsteueraufkommen bei (in 2009 nach der Umsatzsteuer der zweitgrößte Posten).

Lohnsteuer macht Löwenanteil des Gesamtsteueraufkommens aus.

Einkünfte aus nichtselbständiger Arbeit

Arbeitnehmer sind Personen, die
- im öffentlichen oder privaten Dienst angestellt sind,
- aus diesem Dienstverhältnis Arbeitslohn beziehen und
- im Rahmen des Dienstverhältnisses ihre Arbeitskraft schulden, d.h. unter der Leitung des Arbeitgebers stehen oder weisungsgebunden sind und i.d.R. kein Unternehmerrisiko tragen

Arbeitslohn:
- alle Einnahmen, die dem Arbeitnehmer aus dem Dienstverhältnis zufließen
- verschiedene Erscheinungsformen des Arbeitslohnes aus einem gegenwärtigen und früheren Dienstverhältnis sind in § 19 Abs. 1 und 2 EStG aufgeführt
- beachte: Steuerbefreiungen in § 3 EStG

Lohnsteuerabzug vom Lohn
- Lohnsteuer = besondere Erhebungsform der Einkommensteuer
- Anmeldung und Abführung der Lohnsteuer durch Arbeitgeber (i.d.R. monatlich)
- Einkommsteuerveranlagung von Arbeitnehmern von Amts wegen bzw. auf Antrag

Vom Arbeitslohn abziehbare Beträge:
- Versorgungsfreibetrag (§ 19 Abs. 2 EStG)
- tatsächliche Werbungskosten (§ 9 EStG) oder Werbungskostenpauschale (§ 9a Nr. 1 EStG)
- beachte: Abzugsverbot nach § 3c EStG

Begriff des Arbeitnehmers

Voraussetzung für die Erzielung von Einkünften i.S.d. § 19 EStG ist die Arbeitnehmerstellung des Steuerpflichtigen. Arbeitnehmer sind Personen, die in öffentlichem oder privatem Dienst angestellt oder beschäftigt sind oder waren und die aus diesem Dienstverhältnis oder einem früheren Dienstverhältnis Arbeitslohn beziehen (§ 1 Abs. 1 Satz 1 LStDV). Ein Dienstverhältnis i.d.S. liegt vor, wenn der Angestellte (Beschäftigte) dem Arbeitgeber seine Arbeitskraft schuldet. Dies ist der Fall, wenn die tätige Person in der Betätigung ihres geschäftlichen Willens unter der Leitung des Arbeitgebers

Arbeitnehmerbegriff

steht oder im geschäftlichen Organismus des Arbeitgebers dessen Weisungen zu folgen verpflichtet ist (§ 1 Abs. 2 LStDV). Wichtigstes Kennzeichen der Arbeitnehmertätigkeit ist demnach die Weisungsgebundenheit gegenüber einem Arbeitgeber. Durch dieses Merkmal unterscheidet sich die Arbeitnehmerstellung von einem Gewerbetreibenden oder Freiberufler. Darüber hinaus fehlt dem Arbeitnehmer gegenüber diesen Tätigkeiten das Tragen eines Unternehmerrisikos. Ein eigenes Unternehmerrisiko trägt, wer sich auf eigene Rechnung und Gefahr betätigt und die Höhe der Einnahmen wesentlich durch eine Steigerung seiner Arbeitsleistung oder durch die Herbeiführung eines besonderen Erfolges beeinflussen kann (z.B. durch Anstellung selbst bezahlter Mitarbeiter). Durch diese in den LStDV gegebenen Merkmale lässt sich der Arbeitnehmerbegriff jedoch nicht abschließend bestimmen. Er ist ein offener Typus, der nur durch eine größere und unbestimmte Zahl von Merkmalen beschrieben werden kann, für den ein Gesamtbild kennzeichnend ist.

Beispiel: Im Rahmen der eigenen Praxis wird ein Arzt selbständig i.S.d. § 18 EStG, als Krankenhausarzt wird er unselbständig tätig. Ist der Krankenhausarzt berechtigt, Privatpatienten mit eigenem Liquidationsrecht zu behandeln, so ist er insoweit selbständig tätig (Rechtsprechung des BFH).

Arbeitslohn

Ausgangsgröße für die Ermittlung der Einkünfte aus nichtselbständiger Arbeit ist der Bruttoarbeitslohn, d.h. der Arbeitslohn vor Kürzung der Abzüge. Nach der Definition in § 2 Abs. 1 LStDV sind unter dem Begriff »Arbeitslohn« alle Einnahmen zu verstehen, die dem Arbeitnehmer aus dem Dienstverhältnis zufließen. Dabei ist unerheblich, unter welcher Bezeichnung oder in welcher Form die Einnahmen gewährt werden. § 19 Abs. 1 EStG führt verschiedene Erscheinungsformen des Arbeitslohnes an, wobei das Gesetz in Arbeitslohn aus einem gegenwärtigen (§ 19 Abs. 1 Nr. 1 EStG) und einem früheren (§ 19 Abs. 1 Nr. 2 EStG) Dienstverhältnis unterscheidet. Zu der ersteren Gruppe gehören Gehälter, Löhne, Gratifikationen (= zusätzliche Vergütungen für Arbeitnehmer aus besonderem Anlass, wie z.B. Weihnachtsgratifikation), Tantiemen (= einmalige Sondervergütungen für Arbeitnehmer, die nach dem Umsatz oder Gewinn bemessen werden) und andere Bezüge oder Vorteile (= Güter, die dem Arbeitnehmer in Geld oder Geldeswert zufließen, z.B. freie Werkswohnung, verbilligte Waren), die für

> Wichtigstes Kennzeichen der Arbeitnehmertätigkeit ist die Weisungsgebundenheit.

Besonderes Steuerrecht: Einkommensteuer

eine Beschäftigung im öffentlichen oder privaten Dienst gewährt werden. Zur letzteren Gruppe gehören z.B. Ruhegelder (= Beträge, die zur Versorgung des Arbeitnehmers für die Zeit nach Auflösung des Dienstverhältnisses gezahlt werden). Zu beachten ist insbesondere bei den Einkünften aus nichtselbständiger Arbeit, dass nicht alle Einnahmen aus einem Dienstverhältnis auch steuerpflichtig sind, d.h. der Einkommensteuer unterliegen. Bestimmte Einnahmen hat der Gesetzgeber aus der Versteuerung ausgeklammert, d.h. steuerfrei gestellt. Diese Steuerbefreiungen finden sich im Wesentlichen in § 3 EStG.

Beispiele für Steuerbefreiungen:
- Arbeitslosengeld (§ 3 Nr. 2 EStG)
- Aufwandsentschädigungen für bestimmte nebenberufliche Tätigkeiten (§ 3 Nr. 26 EStG)
- Überlassung typischer Berufskleidung (§ 3 Nr. 31 EStG)
- Trinkgelder, die dem Arbeitnehmer von Dritten gezahlt werden, ohne dass ein Rechtsanspruch darauf besteht (§ 3 Nr. 51 EStG).

Lohnsteuerabzugsverfahren

Bei den Einkünften aus nichtselbständiger Tätigkeit wird die Einkommensteuer durch Abzug vom Arbeitslohn erhoben, d.h., der Arbeitnehmer bekommt monatlich nur einen neben anderen Abzügen um die Lohnsteuer geminderten Arbeitslohn ausgezahlt.

Merke: Diese Lohnsteuer ist keine besondere Steuerart, sondern lediglich eine im Steuerabzugsverfahren erhobene Einkommensteuer; sie stellt eine besondere Erhebungsform der Einkommensteuer dar.

Die Lohnsteuer muss nicht mit der am Ende des Jahres geschuldeten Einkommensteuer übereinstimmen (z.B. wegen geltend gemachter Werbungskosten). Die genaue Steuerschuld ergibt sich daher erst im Rahmen der Einkommensteuerveranlagung nach Ablauf des Veranlagungszeitraumes. Dabei wird die gezahlte Lohnsteuer auf die ermittelte Einkommensteuer angerechnet (§ 36 Abs. 2 Nr. 2 EStG). Um die durch die frühzeitige Erhebung der Lohnsteuer entstehende Ungleichbehandlung der Arbeitnehmer gegenüber den übrigen Steuerpflichtigen auszugleichen und zugleich das Steueraufkommen zeitnah zu sichern, sind gemäß § 37 Abs. 1 EStG auf die voraussichtliche Einkommensteuerschuld eines Steuerjahres vierteljährliche Einkommensteuervorauszahlungen zu leisten, die das Finanzamt durch Vorauszahlungsbescheid fest-

Die Lohnsteuer ist keine besondere Steuerart. Sie stellt lediglich eine besondere Erhebungsform der Einkommensteuer dar.

setzt (§ 37 Abs. 3 EStG). Auch diese Vorauszahlungen werden dann wiederum auf die Jahressteuerschuld angerechnet (§ 36 Abs. 2 Nr. 1 EStG).

Der Arbeitnehmer ist Schuldner dieser Lohnsteuer, die in dem Zeitpunkt entsteht, in dem der Arbeitslohn dem Arbeitnehmer zufließt. Der Arbeitgeber jedoch hat die Lohnsteuer für Rechnung des Arbeitnehmers bei jeder Lohnzahlung vom Arbeitslohn einzubehalten (§ 38 Abs. 1-3 EStG). Diese einbehaltene Lohnsteuer hat der Arbeitgeber spätestens am 10. Tag nach Ablauf eines Lohnsteueranmeldungszeitraumes (i.d.R. Kalendermonat) an das zuständige Finanzamt abzuführen und gleichzeitig eine Steuererklärung einzureichen, in der er die Summe der einzubehaltenden und abzuführenden Lohnsteuerbeträge angibt (Lohnsteueranmeldung). Die Berechnung der Lohnsteuer und die Durchführung des Lohnsteuerabzugs sind in den §§ 38a ff. EStG detailliert geregelt. Ab 1.1.2012 ist die Einführung eines elektronischen Verfahren vorgesehen, dass die bisherige Lohnsteuerkarte überflüssig macht (sog. ElsterLohn II).

Der Arbeitgeber hat die Lohnsteuer einzubehalten und an das zuständige Finanzamt abzuführen.

Besteht das Einkommen ganz oder teilweise aus Einkünften aus nichtselbständiger Arbeit, von denen ein Steuerabzug vorgenommen worden ist, so ist die jährlich zu ermittelnde Einkommensteuer für den Steuerpflichtigen durch den oben dargestellten Lohnsteuerabzug abgegolten. Er ist also grundsätzlich nicht mehr verpflichtet, eine Steuererklärung abzugeben. Gleichwohl eröffnet ihm § 46 Abs. 2 Nr. 8 EStG die Möglichkeit, eine Einkommensteuerveranlagung am Ende des Kalenderjahres zu beantragen. Diese so genannte »Antragsveranlagung« ersetzt den 1991 abgeschafften Lohnsteuerjahresausgleich. Im Rahmen dieser beantragten Einkommensteuerveranlagung kann der Steuerpflichtige eine Steuererklärung abgeben und z.B. bei der Berechnung der Höhe der abgezogenen Lohnsteuer nicht berücksichtigte Ausgaben geltend machen. Auf Grund dessen kann sich zugunsten des Arbeitnehmers ein Steuererstattungsanspruch insoweit ergeben, als die letztendlich ermittelte Einkommensteuer geringer ist als die bereits vorausgezahlten Lohnsteuerbeträge. Der Antrag ist durch Abgabe einer Einkommensteuererklärung zu stellen (§ 46 Abs. 2 Nr. 8 EStG). Er ist nicht mehr fristgebunden.

Antragsveranlagung statt Lohnsteuerjahresausgleich

Ansonsten ist eine Veranlagung nur durchzuführen, wenn bestimmte – im Einzelnen in § 46 Abs. 2 Nr. 1-7 EStG aufgeführte – Fälle vorliegen. Ein solcher Fall ist z.B. gegeben, wenn die positive Summe der einkommensteuerpflichtigen Einkünfte, die nicht dem

Steuerveranlagung in den Fällen des § 46 Abs. 2 Nr. 1 bis 7 EStG

Lohnsteuerabzug unterliegen, mehr als 410,- € beträgt (§ 46 Abs. 2 Nr. 1 EStG). Wie bei der Veranlagung auf Antrag hat auch hier der Steuerpflichtige am Ende des Kalenderjahres eine Einkommensteuererklärung einzureichen. Aufgrund der dort gemachten Angaben wird sodann die Einkommensteuer für dieses Kalenderjahr berechnet und der Steuerpflichtige nach Abzug der bereits gezahlten Lohnsteuerbeträge zur Zahlung des Differenzbetrages mittels Steuerbescheid aufgefordert.

Vom Arbeitslohn abziehbare Beträge

Wird am Ende eines Kalenderjahres für einen Arbeitnehmer eine Steuerveranlagung auf Antrag oder von Amts wegen durchgeführt, so hat der zuständige Finanzbeamte die Einkünfte aus nichtselbständiger Tätigkeit zu ermitteln. Neben der Erfassung sämtlicher Einnahmen, die zum Arbeitslohn gehören, hat er zur Ermittlung der Einkünfte bestimmte Beträge in Abzug zu bringen.

Zum einen ist der »Versorgungsfreibetrag« i.S.d. § 19 Abs. 2 EStG zu berücksichtigen. Hat der Steuerpflichtige in dem betreffenden Kalenderjahr Versorgungsbezüge (z.B. Ruhegehalt oder bestimmte Betriebspensionen) erhalten, so bleibt ein nach einem Prozentsatz ermittelter, auf einen Höchstbetrag begrenzter Betrag und ein Zuschlag zum Versorgungsfreibetrag steuerfrei. Maßgebender Prozentsatz, Höchstbetrag und Zuschlag zum Versorgungsfreibetrag sind je nach Jahr des Versorgungsbeginns unterschiedlich; die einzelnen Beträge können einer ins Gesetz aufgenommenen Tabelle entnommen werden (§ 19 Abs. 2 Satz 3 EStG).

Abzug des »Versorgungsfreibetrages« bei Bezug von Versorgungsbezügen

Dieser Versorgungsfreibetrag ist in der betreffenden Höhe bereits bei der Bemessung des Lohnsteuerabzuges berücksichtigt worden. Dergleichen gilt für den sog. »Arbeitnehmer-Werbungskostenpauschbetrag« i.S.d. § 9a Nr. 1 EStG. Dieser Pauschbetrag in Höhe von derzeit 920,- € ist in Abzug zu bringen, wenn nicht der Steuerpflichtige im Rahmen der Einkommensteuererklärung höhere Werbungskosten nachweist. Dabei kommen als Werbungskosten i.S.d. § 9 EStG all diejenigen Aufwendungen in Betracht, die durch das betreffende Dienstverhältnis veranlasst worden sind, soweit sie nicht mit steuerfreien Einnahmen in Zusammenhang stehen (§ 3c Abs. 1 EStG). Beispiele für Werbungskosten:

»Arbeitnehmer-Werbungskosten-Pauschbetrag«

Werbungskosten sind alle Aufwendungen, die durch das Dienstverhältnis veranlasst sind.

- Beiträge zu Berufsverbänden
- Aufwendungen für Arbeitsmittel
- Kosten einer Dienstreise, die nicht vom Arbeitgeber erstattet werden

In diesem Zusammenhang sei nochmals auf die bereits behandelte Problematik der sog. gemischten Aufwendungen hingewiesen, also Aufwendungen, die sowohl dem Beruf als auch der privaten Lebensführung dienen. Grundsätzlich ist hier ein Werbungskostenabzug im Wege der Aufteilung (ggf. im Schätzwege) möglich, es sei denn, es handelt sich um untrennbar gemischte Aufwendungen.

Beispiel: Anzug eines Bankangestellten

Die Angaben in der Steuererklärung erfolgen auf der mittlerweile drei Seiten umfassenden Anlage N.

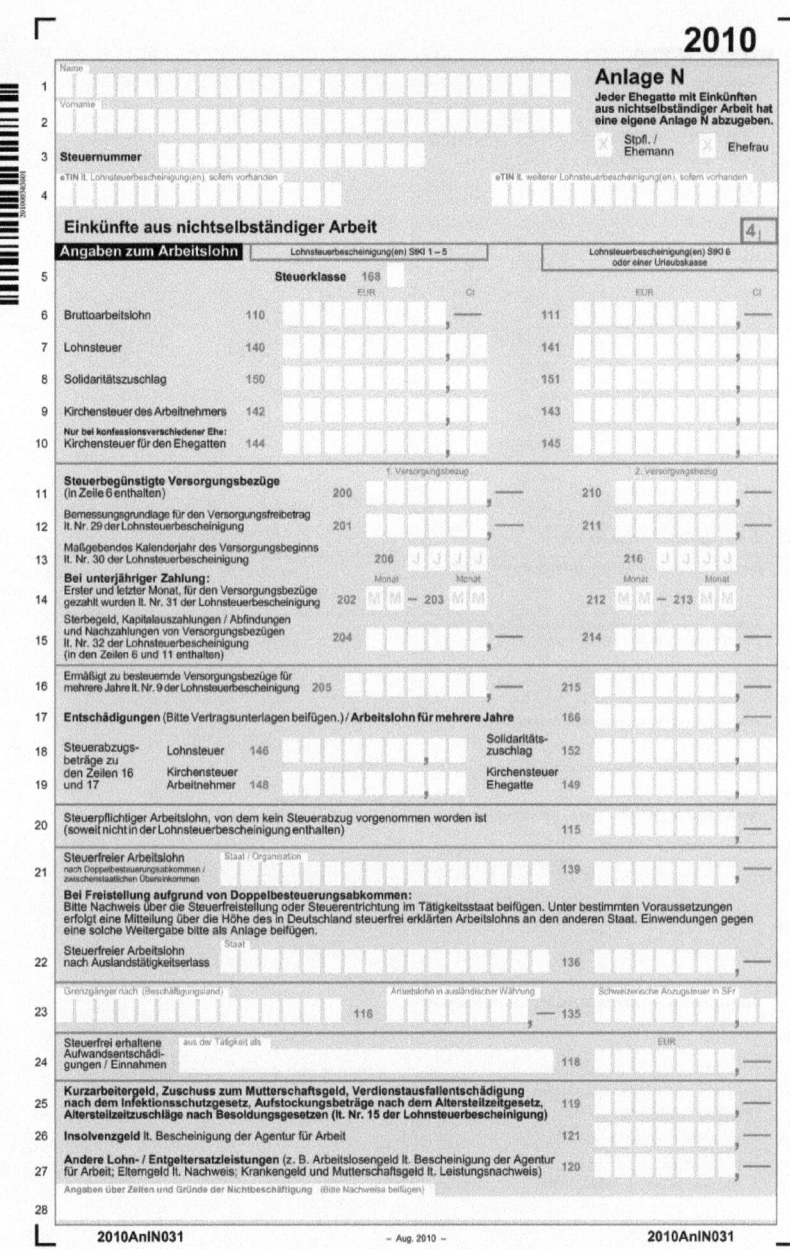

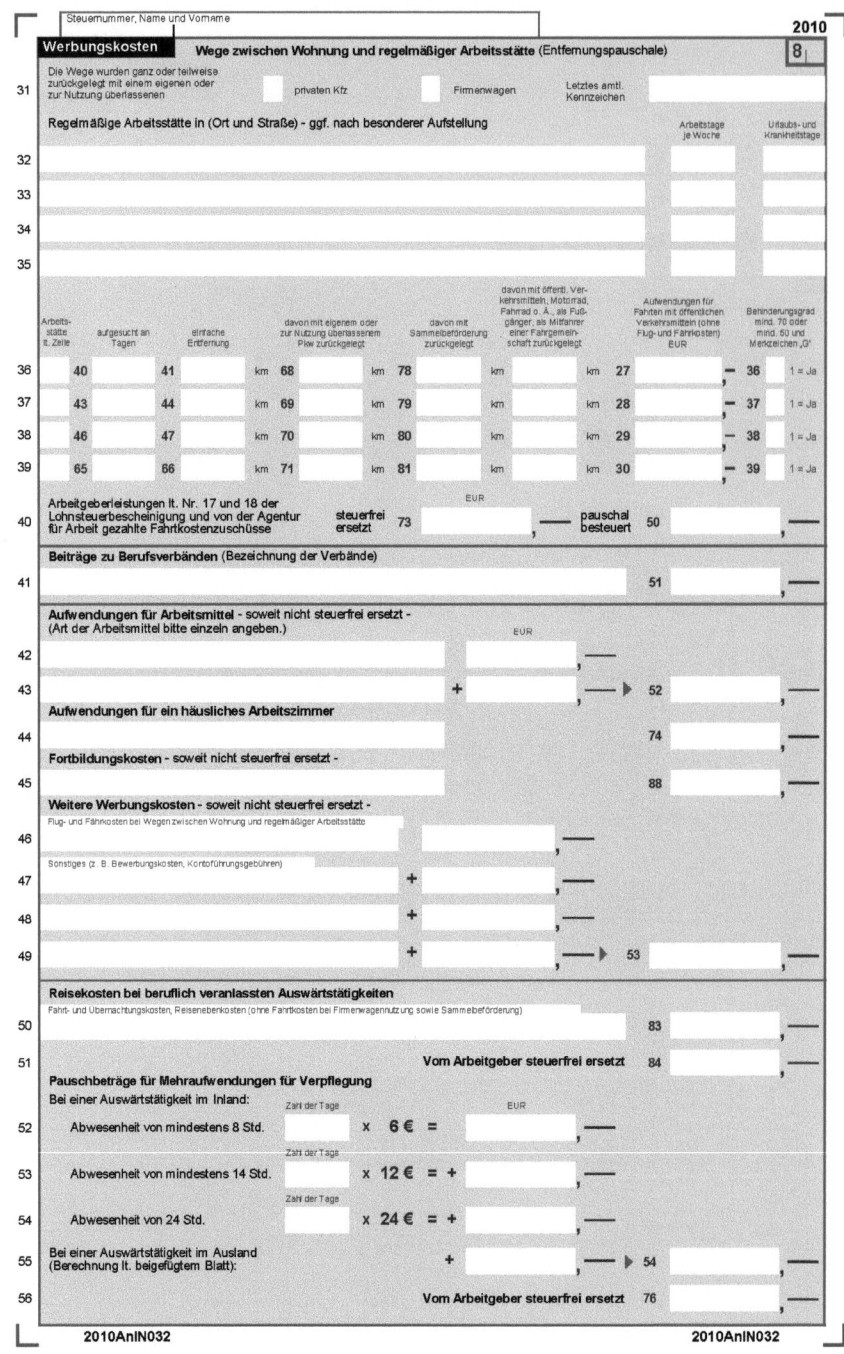

	Steuernummer, Name und Vorname

Mehraufwendungen für doppelte Haushaltsführung

61 Der doppelte Haushalt wurde aus beruflichem Anlass begründet — Beschäftigungsort

62 Grund _____ am ____ und hat seitdem ununterbrochen bestanden bis ____ 2010

Eigener Hausstand am Lebensmittelpunkt

63 Nein ☐ Ja, in _____ seit _____

Kosten der ersten Fahrt zum Beschäftigungsort und der letzten Fahrt zum eigenen Hausstand (ohne Fahrtkosten bei Firmenwagennutzung sowie Sammelbeförderung) — EUR

64 mit öffentlichen Verkehrsmitteln

65 mit privatem Kfz — Entfernung in km ____ × EUR Ct ____ = +

Fahrtkosten für Heimfahrten (ohne Fahrtkosten bei Firmenwagennutzung sowie Sammelbeförderung) einfache Entfernung ohne Flugstrecken

66 km ____ × Anzahl ____ × 0,30 € =

67 Kosten für öffentliche Verkehrsmittel (ohne Flug- und Fährkosten)

68 Höherer Betrag aus den Zeilen 66 oder 67 +

Nur bei Behinderungsgrad von mindestens 70 oder mindestens 50 und Merkzeichen „G": einfache Entfernung bei Benutzung des privaten Kfz

69 km ____ × Anzahl ____ × 0,60 € =

70 tatsächliche Kosten für private Kfz und öffentliche Verkehrsmittel (lt. Nachweis)

71 Höherer Betrag aus den Zeilen 69 oder 70 +

72 Flug- und Fährkosten für Heimfahrten (lt. Nachweis) +

73 Kosten der Unterkunft am Arbeitsort (lt. Nachweis) +

Verpflegungsmehraufwendungen bei einer Abwesenheit

74 von mindestens 8 Std. — Zahl der Tage ____ × 6 € = +

75 von mindestens 14 Std. — Zahl der Tage ____ × 12 € = +

76 von 24 Std. — Zahl der Tage ____ × 24 € = +

77 _____ +

78 55

79 Vom Arbeitgeber / von der Agentur für Arbeit steuerfrei ersetzt 77

Angaben zum Antrag auf Festsetzung der Arbeitnehmer-Sparzulage

80 Beigefügte Bescheinigung(en) vermögenswirksamer Leistungen (**Anlage VL**) des Anlageinstituts / Unternehmens — Anzahl

2010AnlN033NET

4.2.5. Kapitalvermögen

Durch das Unternehmensteuerreformgesetz 2008 ist ab dem Veranlagungszeitraum 2009 die Besteuerung der Kapitaleinkünfte neu geregelt worden.

Mit der Einführung einer so genannten **Abgeltungsteuer** ist eine Neuordnung der Einkünfte aus Kapitalvermögen verbunden. Nach der Neufassung des § 20 EStG werden nicht nur wie zuvor laufende Einkünfte aus Kapitalvermögen erfasst, z.B. Dividenden (§ 20 Abs. 1 Nr. 1 EStG) und Zinsen (§ 20 Abs. 1 Nr. 7 EStG), sondern auch die bislang nur in Ausnahmefällen nach § 23 Abs. 1 Nr. 2 EStG (alte Fassung) steuerbaren Gewinne aus der Veräußerung von im Privatvermögen gehaltenen Gesellschaftsanteilen (insbesondere Aktienverkäufe, § 20 Abs. 2 Nr. 1 EStG). Davon abgesehen werden weitere laufende Einkünfte in § 20 Abs. 1 Nrn. 1 bis 11 EStG aufgezählt; weitere Veräußerungstatbestände ergeben sich aus § 20 Abs. 2 Nrn. 1 bis 8 EStG.

Nach der Subsidiaritätsklausel in § 20 Abs. 8 EStG erfolgt die Versteuerung als Einkünfte aus Kapitalvermögen nur dann, wenn die betreffenden Einkünfte nicht einer anderen Einkunftsart zuzurechnen sind. Dies hat Bedeutung für die Anwendung der Abgeltungsteuer:

Abgeltungsteuer bei Kapitalerträgen i.S.d. § 20 EStG

Werden die Einkünfte (z.B. Zinsen, Dividenden, Wertpapierveräußerungsgewinne) von § 20 EStG erfasst, weil sie zum Privatvermögen gehören und die Voraussetzungen des § 17 EStG nicht erfüllt sind, erfolgt die Versteuerung in voller Höhe (vgl. § 3 Nr. 40 Satz 2 EStG) mit dem Abgeltungsteuersatz von 25 % der Erträge (§§ 43 Abs. 1 und 5, 43a Abs. 1 Nr. 1 EStG). Mit dem Steuerabzug von 25 % ist die Einkommensteuer grundsätzlich abgegolten (§ 43 Abs. 5 Satz 1 EStG). Die Abgeltungswirkung hat zur Folge, dass grundsätzlich keine Endbesteuerung der Kapitalerträge im Rahmen der Veranlagung mehr erfolgt. Der Steuerpflichtige kann aber gleichwohl beantragen, die Kapitaleinkünfte der tariflichen Einkommensteuer zu unterwerfen, wenn dies zu einer niedrigeren Steuerbelastung führt, also der individuelle Einkommensteuersatz unter 25 % liegt (§ 32d Abs. 6 EStG; sog. Optionsveranlagung).

Sofern Angaben bei der Einkommensteuererklärung erforderlich sind, erfolgen diese auf der Anlage KAP.

Von den Kapitalerträgen abziehbare Beträge

Der Abzug von Werbungskosten (tatsächliche Werbungskosten und Werbungskosten-Pauschbetrag) ist im Anwendungsbereich der Abgeltungsteuer grundsätzlich ausgeschlossen. Das gilt selbst dann, wenn freiwillig von dem Antragsrecht auf Veranlagung Gebrauch gemacht wird. Künftig kann nur noch ein Sparer-Pauschbetrag in Höhe von 801,– € bei Einzel- und 1.602 € bei Zusammenveranlagung in Abzug gebracht werden (§ 20 Abs. 9 Satz 1 EStG).

Da für Kapitaleinkünfte ab 2009 ein eigener Abgeltungsteuersatz gilt, sind Verluste aus Kapitalvermögen weder mit Einkünften aus anderen Einkunftsarten verrechenbar, noch können diese im Rahmen eines Verlustrück- oder -vortrags gemäß § 10d EStG in anderen Veranlagungszeiträumen berücksichtigt werden.

Teileinkünfteverfahren außerhalb des § 20 EStG

Werden Kapitaleinkünfte (z.B. Zinsen, Dividenden, Veräußerungsgewinne) nicht von § 20 EStG erfasst, z.B. weil sie zum Betriebsvermögen gehören oder der Tatbestand des § 17 EStG erfüllt ist, kommt das so genanntes Teileinkünfteverfahren zur Anwendung. Dies hat zur Folge, dass dann 40 % der nach § 3 Nr. 40 EStG erfassten Einkünfte steuerfrei sind. Eine entsprechende Kürzung erfolgt auf der Ausgabenseite (§ 3c Abs. 2 EStG).

Anlage KAP 2010

zur Einkommensteuererklärung
zur Erklärung zur Festsetzung der Kirchensteuer auf Kapitalerträge
zur Erklärung zur gesonderten Feststellung

Name
Vorname
Steuernummer

Bitte Steuerbescheinigung(en) im Original beifügen

Stpfl. / Ehemann   Ehefrau

Einkünfte aus Kapitalvermögen, Anrechnung von Steuern

Die Zeilen 4 bis 6 sind nur auszufüllen, wenn der Vordruck als Anlage zur Einkommensteuererklärung beigefügt wird.

4 — Ich beantrage die Günstigerprüfung für sämtliche Kapitalerträge. (Bei Zusammenveranlagung: Die Anlage meines Ehegatten ist beigefügt.) — 01 — 1=Ja

5 — Ich beantrage eine Überprüfung des Steuereinbehalts für bestimmte Kapitalerträge. — 02 — 1=Ja

6 — Ich bin kirchensteuerpflichtig und habe Kapitalerträge erzielt, von denen Kapitalertragsteuer aber keine Kirchensteuer einbehalten wurde. — 03 — 1=Ja

Kapitalerträge, die dem inländischen Steuerabzug unterlegen haben

Zeile		Nr.	Beträge lt. Steuerbescheinigung(en) EUR	Nr.	korrigierte Beträge (Erläuterungen auf besonderem Blatt) EUR
7	Kapitalerträge	10		20	
8	In Zeile 7 enthaltene Gewinne aus Kapitalerträgen i. S. d. § 20 Abs. 2 EStG	11		21	
9	In Zeile 8 enthaltene Gewinne aus Aktienveräußerungen i. S. d. § 20 Abs. 2 Satz 1 Nr. 1 EStG	12		22	
10	In Zeile 7 enthaltene Stillhalterprämien i. S. d. § 20 Abs. 1 Nr. 11 EStG	13		23	
11	Ersatzbemessungsgrundlage i. S. d. § 43 a Abs. 2 Satz 7, 10, 13 und 14 EStG (enthalten in Zeile 7)	14		24	
12	Nicht ausgeglichene Verluste ohne Verluste aus der Veräußerung von Aktien	15		25	
13	Nicht ausgeglichene Verluste aus der Veräußerung von Aktien i. S. d. § 20 Abs. 2 Satz 1 Nr. 1 EStG	16		26	

Sparer-Pauschbetrag

14 — In Anspruch genommener Sparer-Pauschbetrag, der auf die in den Zeilen 7 bis 13 erklärten Kapitalerträge entfällt — 17

Bei Eintragungen in den Zeilen 7 bis 13, 15 bis 21 und 32 bis 46:

14a — In Anspruch genommener Sparer-Pauschbetrag, der auf die in der Anlage KAP nicht erklärten Kapitalerträge entfällt (ggf. „0") — 18

Kapitalerträge, die nicht dem inländischen Steuerabzug unterlegen haben

Zeile		Nr.	Betrag
15	Kapitalerträge (ohne Betrag in Zeile 21)	30	
16	In Zeile 15 enthaltene Gewinne aus der Veräußerung von Kapitalanlagen i. S. d. § 20 Abs. 2 EStG	31	
17	In Zeile 16 enthaltene Gewinne aus Aktienveräußerungen i. S. d. § 20 Abs. 2 Satz 1 Nr. 1 EStG	32	
18	In Zeile 15 enthaltene Verluste ohne Verluste aus der Veräußerung von Aktien	35	
19	In Zeile 15 enthaltene Verluste aus der Veräußerung von Aktien i. S. d. § 20 Abs. 2 Satz 1 Nr. 1 EStG	36	
20	In Zeile 15 enthaltene Stillhalterprämien i. S. d. § 20 Abs. 1 Nr. 11 EStG	33	
21	Zinsen, die vom Finanzamt für Steuererstattungen gezahlt wurden	60	

Kapitalerträge, die der tariflichen Einkommensteuer unterliegen
(nicht in den Zeilen 7, 15, 32 und 39 enthalten)

Zeile		Nr.	Betrag
22	Laufende Einkünfte aus sonstigen Kapitalforderungen jeder Art, aus stiller Gesellschaft und partiarischen Darlehen, Hinzurechnungsbetrag nach § 10 AStG	70	
23	Gewinn aus der Veräußerung oder Einlösung von Kapitalanlagen lt. Zeile 22	71	
24	Ich beantrage für die Einkünfte lt. Zeile 25 die Anwendung der tariflichen Einkommensteuer		1=Ja
25	Laufende Einkünfte aus einer unternehmerischen Beteiligung an einer Kapitalgesellschaft – bitte Anleitung beachten – Gesellschaft, Finanzamt und Steuernummer	72	

2010AnlKAP051NET — Aug. 2010 — 2010AnlKAP051NET

	Steuernummer, Name und Vorname		
	Erträge aus Beteiligungen		
	1. Beteiligung	2. Beteiligung	
	Gemeinschaft, Finanzamt und Steuernummer	Gemeinschaft, Finanzamt und Steuernummer	
31			

			EUR		
	– mit inländischem Steuerabzug				
32	Kapitalerträge	40			
33	In Zeile 32 enthaltene Gewinne aus Kapitalerträgen i. S. d. § 20 Abs. 2 EStG	41			
34	In Zeile 33 enthaltene Gewinne aus Aktienveräußerungen i. S. d. § 20 Abs. 2 Satz 1 Nr. 1 EStG	42			
35	In Zeile 32 enthaltene Stillhalterprämien i. S. d. § 20 Abs. 1 Nr. 11 EStG	43			
36	Ersatzbemessungsgrundlage i. S. d. § 43 a Abs. 2 Satz 7, 10, 13 und 14 EStG (enthalten in Zeile 32)	44			
37	Nicht ausgeglichene Verluste **ohne** Verluste aus der Veräußerung von Aktien	45			
38	Nicht ausgeglichene Verluste aus der Veräußerung von Aktien i. S. d. § 20 Abs. 2 Satz 1 Nr. 1 EStG	46			
	– ohne inländischen Steuerabzug				
39	Kapitalerträge (ohne Betrag in Zeile 45)	50			
40	In Zeile 39 enthaltene Gewinne aus der Veräußerung von Kapitalanlagen i. S. d. § 20 Abs. 2 EStG	51			
41	In Zeile 40 enthaltene Gewinne aus Aktienveräußerungen i. S. d. § 20 Abs. 2 Satz 1 Nr. 1 EStG	52			
42	In Zeile 39 enthaltene Verluste **ohne** Verluste aus der Veräußerung von Aktien	55			
43	In Zeile 39 enthaltene Verluste aus der Veräußerung von Aktien i. S. d. § 20 Abs. 2 Satz 1 Nr. 1 EStG	56			
44	In Zeile 39 enthaltene Stillhalterprämien i. S. d. § 20 Abs. 1 Nr. 11 EStG	53			
45	Gewinn aus der Veräußerung anteiliger Wirtschaftsgüter bei Veräußerung einer unmittelbaren oder mittelbaren Beteiligung an einer Personengesellschaft	61			
46	In Zeile 45 enthaltene Gewinne / Verluste aus Aktienveräußerungen	62			
	– die der tariflichen Einkommensteuer unterliegen				
47	Laufende Einkünfte aus sonstigen Kapitalforderungen jeder Art, aus stiller Gesellschaft und partiarischen Darlehen, Hinzurechnungsbetrag nach § 10 AStG	73			
48	Gewinn aus der Veräußerung oder Einlösung von Kapitalanlagen lt. Zeile 47	74			

Steuerabzugsbeträge zu Erträgen in den Zeilen 7 bis 20 und zu Beteiligungen in den Zeilen 31 bis 46

		lt. beigefügter Bescheinigung(en) EUR, Ct	aus Beteiligungen EUR, Ct
49	Kapitalertragsteuer	80	90
50	Solidaritätszuschlag	81	91
51	Kirchensteuer zur Kapitalertragsteuer	82	92
52	Angerechnete ausländische Steuern	83	93
53	Anrechenbare noch nicht angerechnete ausländische Steuern	84	94
54	Fiktive ausländische Quellensteuern (nicht in den Zeilen 52 und 53 enthalten)	85	95

Anzurechnende Steuern zu Erträgen in den Zeilen 22 bis 25, 47 und 48 und aus anderen Einkunftsarten

		EUR, Ct	EUR, Ct
55	Kapitalertragsteuer	86	96
56	Solidaritätszuschlag	87	97
57	Kirchensteuer zur Kapitalertragsteuer	88	98

Nach der Zinsinformationsverordnung (ZIV) anzurechnende Quellensteuern

58	Summe der anzurechnenden Quellensteuern nach der ZIV (lt. beigefügter Bescheinigung)	99	

Verrechnung von Altverlusten

59	Ich beantrage die Verrechnung von Verlusten nach § 23 EStG nach der bis zum 31. 12. 2008 geltenden Rechtslage.	04	1=Ja
60	Ich beantrage die Verrechnung von Verlusten nach § 22 Nr. 3 EStG nach der bis zum 31. 12. 2008 geltenden Rechtslage.	05	1=Ja

Steuerstundungsmodelle
Einkünfte aus Gesellschaften / Gemeinschaften / ähnlichen Modellen i. S. d. § 15 b EStG
(Erläuterungen auf besonderem Blatt)

61			

4.2.6. Vermietung und Verpachtung

Besteuert werden die Erträge aus der Nutzungsüberlassung privater Grundstücke.

Kernstück der Einkünfte aus Vermietung und Verpachtung bilden die Erträge, die der Steuerpflichtige aus der Nutzungsüberlassung von Grundstücken erzielt, wenn die Grundstücke zum Privatvermögen gehören (§ 21 Abs. 1 Nr. 1 EStG). Hierunter fällt in erster Linie die Vermietung bebauter Grundstücke (z.B. Einfamilienhäuser, Zweifamilienhäuser, Mietwohngrundstücke, Geschäftsgrundstücke u.ä.). Die Vermietung einzelner Gegenstände (z.B. Pkw, Maschinen u.ä.) gehört nicht in den Bereich der Einkünfte aus Vermietung und Verpachtung. Die Vermietungseinkünfte sind nach der sog. »Subsidiaritätsklausel« des § 21 Abs. 3 EStG nur dann dieser Einkunftsart zuzurechnen, wenn sie nicht zu einer anderen Einkunftsart gehören.

»Subsidiaritätsklausel«

Einkünfte aus Vermietung und Verpachtung

Erträge aus der Nutzungsüberlassung privater Grundstücke
(z.B. Einfamilienhäuser, Zweifamilienhäuser, Geschäftsgrundstücke)

Beachte:
- Subsidiaritätsklausel
- Abgrenzung zum Gewerbebetrieb

Einnahmen:	Werbungskosten:
• Vereinnahmte Mieten (auch Vermietung von Garagen) • Umlagen (z.B. Müllabfuhr, Heizung, Wasser)	• Schuldzinsen (§ 9 Abs. 1 Nr. 1 EStG) • Erhaltungsaufwand (beachte: Abgrenzung zum Herstellungsaufwand) • Abgrenzung für Abnutzung (§ 9 Abs. 1 Nr. 7 i.V.m. § 7 Abs. 4, 5 EStG) • Sonstige Werbungskosten (z.B. Müllabfuhr, Wasser) Beachte: Aufteilung bei teilweiser unentgeltlicher Überlassung oder Nutzung zu eigenen Wohnzwecken

Abgrenzung: Private Vermögensverwaltung/Gewerbebetrieb

In diesem Zusammenhang ist die Abgrenzung zum Gewerbebetrieb von besonderer Bedeutung. Diese Abgrenzung der Vermietung/Verpachtung zum Gewerbebetrieb ist besonders schwierig, weil auch die Vermietungs-/Verpachtungstätigkeit eine selbständige und nachhaltige Beteiligung am allgemeinen wirtschaftlichen Verkehr darstellt, mithin die Merkmale des Gewerbebetriebs i.S.d. § 15 Abs. 2 EStG erfüllt. Nach ständiger Rechtsprechung des BFH ist eine private Vermögensverwaltung i.S.d. § 21 EStG anzunehmen, solange sich die Tätigkeit noch als Nutzung von Grundbesitz durch Fruchtziehung aus zu erhaltender Substanz darstellt. Insoweit ist also die Anzahl der vermieteten oder verpachteten Objekte ohne Bedeutung. Entscheidend kommt es vielmehr darauf an, ob beim Steuerpflichtigen besondere Umstände vorliegen, aufgrund derer sich die Tätigkeit als gewerbliche qualifizieren lässt. Dies ist z.B. der Fall, wenn für die Vermietung ein unternehmerischer Aufwand betrieben wird und Leistungen erbracht werden, die über das Maß der üblichen Vermietungs- und Verpachtungstätigkeit hinausgehen. Ein Inhaber eines Campingplatzes ist z.B. gewerblich tätig, weil der neben der Vermietung der Parzellen wesentliche Nebenleistungen (Sanitäre Einrichtungen, Reinigung, Instandhaltung, Pflege und Überwachung des Platzes, Abwasser, Müllbeseitigung, Zurverfügungstellung von Strom und Trinkwasser) erbringt. Auch bei der Vermietung von Ferienwohnungen an ständig wechselnde Mieter oder bei häufigen Grundstücksveräußerungen durch Überschreiten der sog. »Drei-Objekt-Grenze« (Stichwort: Gewerblicher Grundstückhandel, siehe oben) kann der Tatbestand des Gewerbetriebs erfüllt sein.

Abgrenzung zum Gewerbebetrieb

Einkünfteermittlung

Die Einkünfteermittlung erfolgt bei Vermietung und Verpachtung durch Gegenüberstellen der Einnahmen und damit in Zusammenhang stehenden Ausgaben (= Werbungskosten). Zu den Einnahmen gehören die durch die Vermietung vereinnahmten Mietzahlungen. Dazu zählen auch die Entgelte für die Vermietung von Garagen. Auf den Mieter umgelegte Kosten (z.B. Müllabfuhr, Heizung, Wasser, Grundsteuer) sind ebenfalls als Einnahmen zu erfassen. Von diesen Einnahmen können grundsätzlich alle durch die Vermietung / Verpachtung veranlassten Aufwendungen als Werbungskosten abgezogen werden.

Zu den Einnahmenr zählen neben den vereinnahmten Mieten auch Umlagen.

Werbungskosten sind alle Aufwendungen, die durch die Vermietung / Verpachtung veranlasst sind.

Im Rahmen der Einkünfte aus Vermietung und Verpachtung sind insbesondere vier Gruppen von Aufwendungen von Bedeutung:

• Schuldzinsen

Schuldzinsen sind neben Darlehenszinsen auch Geldbeschaffungskosten.

Nach § 9 Abs. 1 Nr. 1 EStG sind Schuldzinsen als Werbungskosten zu berücksichtigen, soweit sie mit einer Einkunftsart (hier: Vermietung und Verpachtung) in wirtschaftlichem Zusammenhang stehen. Unter Schuldzinsen sind dabei nicht nur die bei Aufnahme eines Darlehens (z.B. für die Renovierung eines Mietwohngrundstückes) anfallenden Zinsen zu verstehen, sondern auch Finanzierungsnebenkosten (z.B. Kreditprovisionen, Bereitstellungsgebühren u.ä.). Auch Geldbeschaffungskosten (z.B. Damnum, Hypothekenvermittlungs- und Notariatsgebühren) gehören zu den Werbungskosten.

• Erhaltungsaufwand

Erhaltungsaufwendungen sind Aufwendungen für die laufende Instandhaltung und -setzung

Erhaltungsaufwendungen sind Aufwendungen für die laufende Instandhaltung und Instandsetzung, die allgemein durch die gewöhnliche Nutzung des Grundstückes veranlasst sind und die Wesensart des Gebäudes nicht verändern. Beispiele für den Erhaltungsaufwand:

• Anstreicherarbeiten
• Dach-, Fenster-, Heizungs- oder sonstige Reparaturen
• Verkleidung schadhafter Außenwände

Diese Erhaltungsaufwendungen sind in voller Höhe in dem Kalenderjahr abzusetzen, in dem sie geleistet worden sind.

• Herstellungsaufwand

Abgrenzung zum Herstellungsaufwand

Von dem Erhaltungsaufwand ist der Herstellungsaufwand zu unterscheiden. Diese Differenzierung ist bedeutsam, da im Unterschied zum Erhaltungsaufwand der Herstellungsaufwand lediglich über die Nutzungsdauer des Gebäudes, mit dem er zusammenhängt, abzuschreiben ist. Für den Herstellungsaufwand eines Gebäudes ist charakteristisch, dass etwas Neues, bisher nicht Vorhandenes, geschaffen wird. Herstellungsaufwand ist bei einem Gebäude immer dann anzunehmen, wenn durch die Baumaßnahme das Gebäude in seiner Substanz vermehrt (z.B. Anbau), in seinem Wesen erheblich verändert (z.B. Umbau) oder über seinen bisherigen Zustand hinaus deutlich verbessert wird (z.B. Einbau einer Fahrstuhlanlage). Die Abgrenzung zwischen »Erhaltungsaufwand« und »Herstellungsaufwand« ist teilweise sehr schwierig und muss unter Berücksichtigung aller Umstände des Einzelfalles getroffen werden. Hinsichtlich der Instandsetzungs- und Modernisierungsaufwendungen im zeitlichen Zusammenhang mit der Anschaffung eines Gebäudes hat der Gesetzgeber in § 6 Abs. 1 Nr. 1a EStG insoweit eine Hilfestellung gegeben: Diese Aufwendungen gehören kraft Gesetzes immer dann zu den Herstellungskosten eines Gebäudes, wenn die Maßnahmen innerhalb von 3 Jahren seit der Anschaffung durchgeführt worden sind und der Höhe nach (ohne Umsatzsteuer) 15 % der Anschaffungskosten des Gebäudes übersteigen (so genannter anschaffungsnaher Herstellungsaufwand).

Eine weitere Vereinfachungsregeln ergibt sich auf R 21.1 Abs. 2 Satz 2 EStR: Betragen die Aufwendungen nach Fertigstellung eines Gebäudes für die einzelne Baumaßnahme nicht mehr als 4.000,– € (Rechnungsbetrag ohne Umsatzsteuer) je Gebäude, ist auf Antrag dieser Aufwand stets als Erhaltungsaufwand zu behandeln.

- Absetzung für Abnutzung (AfA)

Zu den Werbungskosten bei Vermietung und Verpachtung gehören auch die »Absetzungen für Abnutzung«. Bei Gebäuden beträgt grundsätzlich der Abschreibungssatz, unter Berücksichtigung einer gewöhnlichen Nutzungsdauer eines Gebäudes von 50 Jahren, jährl. 2 % der Anschaffungs- oder Herstellungskosten (§ 7 Abs. 4 Nr. 2 a EStG). Diese Absetzungen bezeichnet man als »lineare« AfA. Die so genannte »degressive« AfA (mit fallenden Abschreibungssätzen) hat der Gesetzgeber ab VZ 2006 abgeschafft.

Neben diesen grundsätzlichen Regelungen zur AfA enthält das EStG zahlreiche Sonderregelungen, die aber nicht im Einzelnen erörtert werden sollen (z.B. §§ 7c, 7h, 7i EStG).

Außerhalb der gesetzlich geregelten Fälle des Werbungskostenabzugs sind aber auch sonstige Aufwendungen abzugsfähig, soweit sie nur mit einer Tätigkeit im Bereich der Einkunftsart Vermietung und Verpachtung in Zusammenhang stehen (z.B. Grundsteuer, Hausversicherungen, Gebühren für Müllabfuhr, Kanalbenutzung u.ä.).

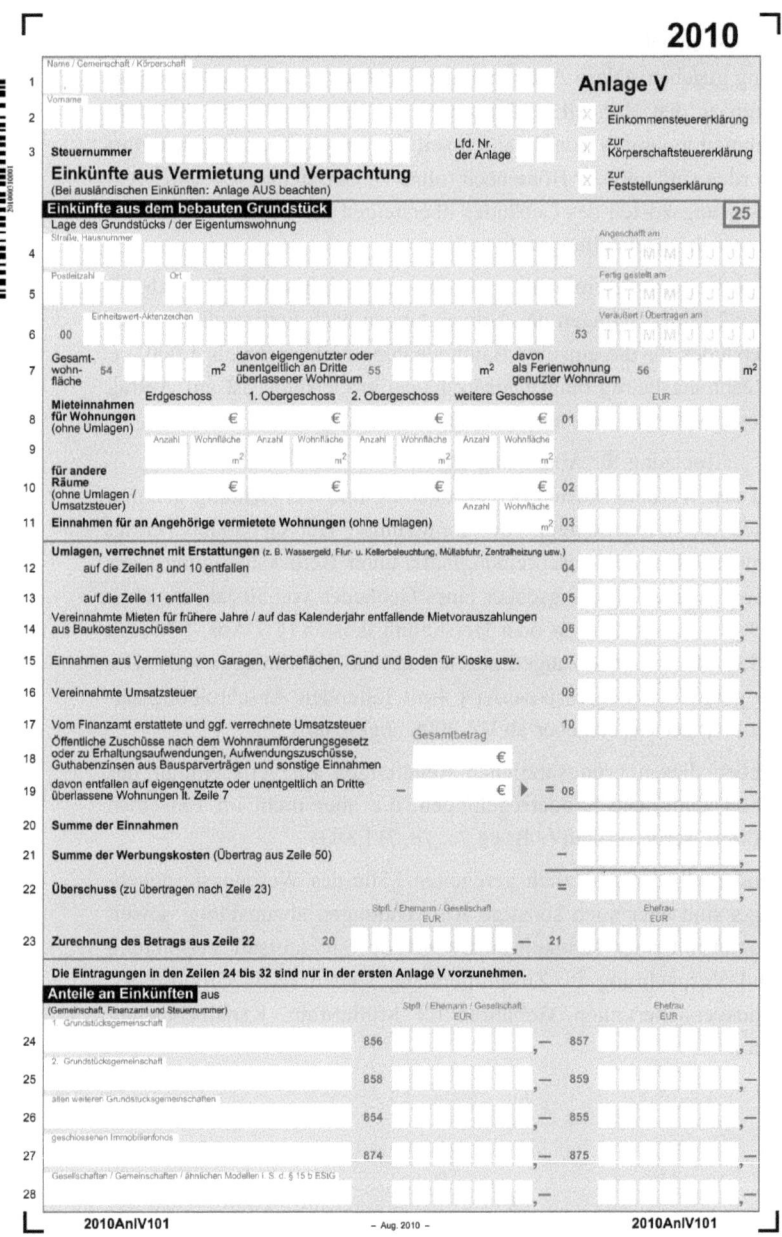

Merke: Der Abzug von Werbungskosten kommt jedoch nur dann in Betracht, wenn er durch eine Vermietungs- oder Verpachtungstätigkeit veranlasst worden ist. Stehen bestimmte Aufwendungen im Zusammenhang mit z.B. unentgeltlicher Überlassung von Wohnraum oder steuerirrelevanter Nutzung zu eigenen Wohnzwecken, so sind die Kosten insoweit nicht abzugsfähig.

Grundsatz: Keine Einnahmen – keine Werbungskosten!

Keine Einnahmen – keine Werbungskosten

Ist eine eindeutige Zuordnung von Aufwendungen nicht möglich (z.B. Kosten der Erneuerung der Außenfassade eines nur teilweise vermieteten Objektes), so erfolgt eine Aufteilung in einen abzugsfähigen und einen nicht abzugsfähigen Teil entsprechend dem Wohnflächenverhältnis.

Wird eine Immobilie verbilligt (insbesondere an Angehörige) vermietet und beträgt die vereinbarte Miete weniger als 56 % der ortsübliche Marktmiete, so ist die Nutzungsüberlassung in einen entgeltlichen und einen unentgeltlichen Teil aufzuteilen (§ 21 Abs. 2 EStG). Im Ergebnis bedeutet dies eine entsprechende Kürzung der Werbungskostenabzugs.

Die Angaben zur Einkunftsart »Vermietung und Verpachtung« sind in der Steuererklärung in der Anlage V zu machen.

4.2.7. Sonstige Einkünfte

Den Abschluss der im Gesetz aufgezählten Einkunftsarten bilden die »sonstigen Einkünfte« i.S.d. § 22 EStG. Die sonstigen Einkünfte sind eine Art »Auffangbecken«, d.h., falls eine im Hinblick auf die Steuerrelevanz überprüfte Tätigkeit nicht unter die bislang behandelten sechs Einkunftsarten fällt, so ist stets noch abschließend zu prüfen, ob es sich nicht um sonstige Einkünfte i.S.d. § 22 EStG handelt (siehe Subsidiaritätsklauseln in § 22 Nr. 1 Satz 1 EStG und § 23 Abs. 2 EStG). Von den in § 22 EStG aufgezählten Arten der sonstigen Einkünfte werden im Folgenden die »wiederkehrenden Bezüge« (§ 22 Nr. 1 EStG), die privaten Veräußerungsgeschäfte (§ 22 Nr. 2 EStG) und die »bestimmten Leistungen« (§ 22 Nr. 3 EStG) ausführlicher behandelt. Die Einkünfte aus Unterhaltsleistungen (§ 22 Nr. 1a EStG) – hier werden den Unterhaltszahlungen vom getrennt lebenden oder geschiedenen Ehegatten erfasst –, die Einkünfte aus Vorsorgeleistungen (§ 22 Nr. 1b EStG), die Abgeordnetenbezüge (§ 22 Nr. 4 EStG) und Leistungen aus Altersvorsorgeverträgen, Pensionsfonds, Pensionskassen und Direktversicherungen (§ 22 Nr. 5 EStG) werden ausgespart.

Sonstige Einkünfte sind eine Art »Auffangbecken«

Einkünfte aus wiederkehrenden Bezügen

§ 22 Nr. 1 EStG nennt zunächst die Einkünfte aus wiederkehrenden Bezügen. Wiederkehrende Bezüge sind steuerlich hier zu erfassen, wenn sie nicht zu anderen Einkunftsarten gehören und soweit sie sich bei wirtschaftlicher Betrachtung nicht als Kapitalrückzahlungen, z.B. Kaufpreisraten, darstellen. Wiederkehrende Bezüge setzen voraus, dass sie auf einem einheitlichen Entschluss oder einem einheitlichen Rechtsgrund beruhen und mit einer gewissen Regelmäßigkeit wiederkehren. Explizit im Gesetz werden als Beispiel für »wiederkehrende Bezüge« die so genannten »Leibrenten« genannt (§ 22 Nr. 1 Satz 3 Buchst. a EStG). Diese Leibrenten zeichnen sich dadurch aus, dass deren Dauer nur von der Lebenszeit einer Person abhängt. Zu diesen Leibrenten gehören vor allem die Renten aus den gesetzlichen Rentenversicherungen der Arbeiter und Angestellten und aus anderen Altersvorsorgesystemen und -möglichkeiten.

Im Zuge des Übergangs zur nachgelagerten Besteuerung werden diese Leibrenten grundsätzlich nach § 22 Nr. 1 Satz 3 Buchst. a, Doppelbuchst. aa EStG besteuert, und zwar mit einem vom Jahr des Rentenbeginns abhängigen Besteuerungsanteil, der sich aus der im Gesetz abgedruckten Tabelle ergibt. So sind z.B. Renten aus der gesetzlichen Rentenversicherung, deren Bezug in 2011 beginnt, mit einem Besteuerungsanteil von 62 v.H. zu versteuern. Dieser Anteil ist für den Rentenbezugszeit konstant. Der verbleibende Teil ist steuerfrei. Der Besteuerungsanteil steigt bei späterem Rentenbeginn nach der Tabelle bis zur vollen Versteuerung im Jahr 2040 an. Hintergrund dieser Regelung ist die vom Bundesverfassungsgericht angemahnte steuerliche Gleichbehandlung aller Alterseinkünfte. Eine solche Gleichbehandlung der bis 2004 unterschiedlichen Besteuerung von Renten (Besteuerung mit einem Ertragsanteil) und Pensionen (volle Versteuerung) war nur über eine langfristige Übergangsregelung möglich.

Von den vorgenannten Leibrenten sind die ebenfalls in § 22 Nr. 1 Satz 3 Buchst. a EStG genannten »sonstigen Leibrenten« zu unterscheiden. Hier werden weiterhin lediglich die sich aus dem Rentenrecht ergebenden Erträge versteuert. Die Höhe des Ertragsanteils ergibt sich aus einer weiteren, unter § 22 Nr. 1 Satz 3 Buchst. a, Doppelbuchst. bb EStG abgedruckten Tabelle.

Beispiel: Der 65jährige Vater überträgt seinem Sohn sein Geschäft gegen eine monatliche Leibrente von 2.000,- € (Jahresrente:

Voraussetzungen für die Annahme »wiederkehrender Bezüge«

Leibrenten als Beispiel »wiederkehrender Bezüge«

*24.000,– €). Der zu versteuernde Ertragsanteil beträgt 18 v.H.,
mithin 4.320,– €.*

Diesen wiederkehrenden Bezügen als Einnahmen sind die tatsächlichen Werbungskosten i.S.d. § 9 EStG (z.B. Kosten für die Begründung des Rentenstammrechts, wie Eintragungskosten, Notarkosten u.ä.) oder ein niedrigerer Werbungskosten-Pauschbetrag i.S.d. § 9a Nr. 3 EStG in Höhe von 102,– € zur Ermittlung der Einkünfte gegenüberzustellen.

Einkünfte aus privaten Veräußerungsgeschäften

Die zweite große Gruppe der sonstigen Einkünfte bilden die privaten Veräußerungsgeschäfte (früher »Spekulationsgeschäfte«, § 22 Nr. 2 i.V.m. § 23 EStG). Private Veräußerungsgeschäfte sind Veräußerungsgeschäfte, bei denen der Zeitraum zwischen Anschaffung und Veräußerung beträgt:

- bei Grundstücken und Rechten, die den Vorschriften des bürgerlichen Rechts über Grundstücke unterliegen (z.B. Erbbaurecht) nicht mehr als zehn Jahre
- bei anderen Wirtschaftsgütern nicht mehr als ein Jahr.

Private Veräußerungs-Geschäfte bei Anschaffung und Veräußerung von Wirtschaftsgütern innerhalb der Veräußerungsfrist

Wichtig: Mit der Einführung der Abgeltungsteuer ab dem VZ 2009 werden Gewinne aus der Veräußerung von Wertpapieren ausschließlich nach § 20 Abs. 2 EStG als Einkünfte aus Kapitalvermögen erfasst.

Bei Grundstücksveräußerungen werden Gebäude und Außenanlagen einbezogen, sofern sie innerhalb der Frist errichtet, ausgebaut oder erweitert worden sind (§ 23 Abs. 1 Satz 2 EStG). Unter bestimmten zeitlichen Voraussetzungen sind jedoch zu eigenen Wohnzwecken genutzte Wirtschaftsgüter ausgenommen (§ 23 Abs. 1 Satz 3 EStG).

Zu beachten ist, dass der Gesetzgeber Anschaffungen und Veräußerungen in § 23 Abs. 1 Sätze 2 und 5 EStG fingiert. Danach gilt als Anschaffung auch die Überführung eines Wirtschaftsgutes (vom Betriebsvermögen) ins Privatvermögen durch Entnahme oder Betriebsaufgabe. Wird z. B. ein Grundstück innerhalb eines Zeitraums von 10 Jahren seit der Entnahme veräußert, ersetzt zur Ermittlung der Einkünfte der Teilwert bei Entnahme die Anschaffungs- oder Herstellungskosten (§ 23 Abs. 3 Satz 3 EStG). Als Veräußerung gilt auf der anderen Seite auch die Einlage eines Wirtschaftsgutes in das Betriebsvermögen, wenn die Veräußerung aus dem Betriebsvermögen innerhalb von zehn Jahren seit der Anschaffung erfolgt (§ 23 Abs. 1 Satz 5 Nr. 1 EStG). Diese gesetzlichen Fiktionen für Anschaffungen und Veräußerungen haben das Ziel, Besteuerungslücken zu schließen und damit Steuerumgehungen zu verhindern.

Nur die Gewinne aus Veräußerungsgeschäften unterliegen der Besteuerung. Für Kleinstgewinne hat der Gesetzgeber aber eine Freigrenze von 600,– € festgelegt.

Werbungskosten sind bei diesen privaten Veräußerungsgeschäften nur die vom Veräußerer getragenen, im Zusammenhang mit dem Veräußerungsvorgang angefallenen Aufwendungen (z.B. Maklerkosten). Ein Werbungskosten-Pauschbetrag ist bei dieser Art der sonstigen Einkünfte nicht vorgesehen (!).

Merke: Veräußerungspreis abzgl. Anschaffungs- bzw. Herstellungskosten (vermindert um Absetzungen für Abnutzung) abzgl. Werbungskosten = Privater Veräußerungsgewinn/-verlust

Verluste aus privaten Veräußerungsgeschäften dürfen nur bis zur Höhe von Gewinnen i.S.d. § 23 EStG, die der Steuerpflichtige im gleichen Kalenderjahr erzielt hat, ausgeglichen werden. Verbleibende Verluste mindern jedoch nach Maßgabe des § 10d EStG die positiven Einkünfte aus privaten Veräußerungsgeschäften, die der Steuerpflichtige in dem unmittelbar vorangegangenen Veranlagungszeitraum oder in den folgenden Veranlagungszeiträumen erzielt hat oder erzielt (§ 23 Abs. 3 Satz 8 EStG).

Sonstige Einkünfte i.S.d. § 22 EStG

§ 22 Nr. 1 EStG	§ 22 Nr. 2 EStG	§ 22 Nr. 3 EStG
Einkünfte aus wiederkehrenden Bezügen, insbesondere Renten aus gesetzlichen Rentenversicherungen	Einkünfte aus privaten Veräußerungsgeschäften, wenn Anschaffung und Veräußerung innerhalb eines Zeitraumes von - 10 Jahren bei Grundstücken - 1 Jahr bei anderen Wirtschaftsgütern (z.B. Wertpapieren)	Einkünfte aus bestimmten Leistungen (z.B. gelegentliche Vermittlung, Vermietung einzelner Gegenstände)
Beachte: - Leibrenten werden nur mit dem Besteuerungsanteil oder einem Ertragsanteil erfasst	Sonderregelungen für Überführungen ins Privatvermögen und Einlagen in das Betriebsvermögen	Beachte: - bis 256,– € bleiben die Einkünfte steuerfrei - Verlustausgleich nur mit anderen positiven Einkünften aus § 22 Nr. 3 EStG - Verlustrück- und -vortrag möglich
Werbungskosten - Abzug der mit den Einnahmen in Zusammenhang stehenden Aufwendungen (z.B. Kosten für die Begründung des Rentenstammrechts) oder Werbungskosten-Pauschbetrag i.H.v. 102,– €	Beachte: - bis 512,– € (ab VZ 2009: 600,– €) sind Gewinne steuerfrei - Verlustausgleich nur mit anderen positiven Spekulationseinkäufen Verlustrück- und -vortrag ist möglich Werbungskosten nur die vom Veräußerer getragenen in Zusammenhang mit dem Veräußerungsvorgang angefallenen Aufwendungen (z.B. Maklerkosten) Beachte: kein Werbungskosten-Pauschbetrag	Werbungskosten nur durch Einnahmen veranlasste Aufwendungen Beachte: kein Werbungskosten-Pauschbetrag

Einkünfte aus sonstigen Leistungen

Begriff der Leistung i.S.d. § 22 Nr. 3 EStG

Neben diesen beiden Kernbereichen der sonstigen Einkünfte gehören in diese Einkunftsart schließlich noch bestimmte Leistungen, die weder anderen Einkunftsarten noch den gerade beschriebenen Arten der sonstigen Einkünfte zugerechnet werden können. Unter dem Begriff der Leistung ist jedes Tun, Unterlassen und Dulden zu verstehen, das Gegenstand eines entgeltlichen Vertrags sein kann und um des Entgeltes willen erbracht wird. Dabei kommen sowohl einmalige als auch auf Wiederholung angelegte Leistungen in Betracht. Zu diesen Leistungseinkünften gehören z.B. Einkünfte aus gelegentlichen Vermittlungen und aus der Vermietung einzelner beweglicher Gegenstände (§ 22 Nr. 3 EStG). Solche Einkünfte sind nicht einkommensteuerpflichtig, wenn sie weniger als 256,– € im Kalenderjahr betragen haben. Auch hier können die tatsächlichen Werbungskosten (= nur durch Einnahmen aus diesen bestimmten Leistungen veranlasste Aufwendungen) zur Ermittlung der Einkünfte abgezogen werden. Ein Werbungskosten-Pauschbetrag ist auch hier nicht vorgesehen (!). Übersteigen die Werbungskosten die Einnahmen, so darf der übersteigende Betrag bei der Ermittlung des Einkommens nicht ausgeglichen werden. Verbleibende Verluste mindern jedoch – wie bei § 23 EStG – nach Maßgabe des § 10d EStG die positiven Einkünfte aus bestimmten Leistungen, die der Steuerpflichtige in dem unmittelbar vorangegangenen Veranlagungszeitraum oder in den folgenden Veranlagungszeiträumen erzielt oder erzielt hat (§ 22 Nr. 3 Satz 4 EStG).

Kein Werbungskosten-Pauschbetrag bei Leistungen i.S.d. § 22 Nr. 3 EStG

Die Angaben zu den sonstigen Einkünften sind in der Steuererklärung auf den Anlagen R (insbesondere Renten und sonstige Leistungen) und SO (private Veräußerungsgeschäfte) zu machen (vgl. Muster).

> Merke: Ist eine zu untersuchende Tätigkeit eines Steuerpflichtigen diesen sieben Einkunftsarten nicht zuzurechnen, so sind die daraus erzielten Einnahmen nicht steuerbar. Der Begriff »Steuerbarkeit« besagt also, dass die Einnahmen aus einer bestimmten Tätigkeit vom Einkommensteuergesetz erfasst werden.

> Hinweis: Weitere Einzelheiten zu den verschiedenen Einkunftsarten finden Sie bei Tipke/Lang, Steuerrecht, § 9, Rz. 400 ff. und Birk, Steuerrecht, Rz. 691 ff.

Besonderes Steuerrecht: Einkommensteuer

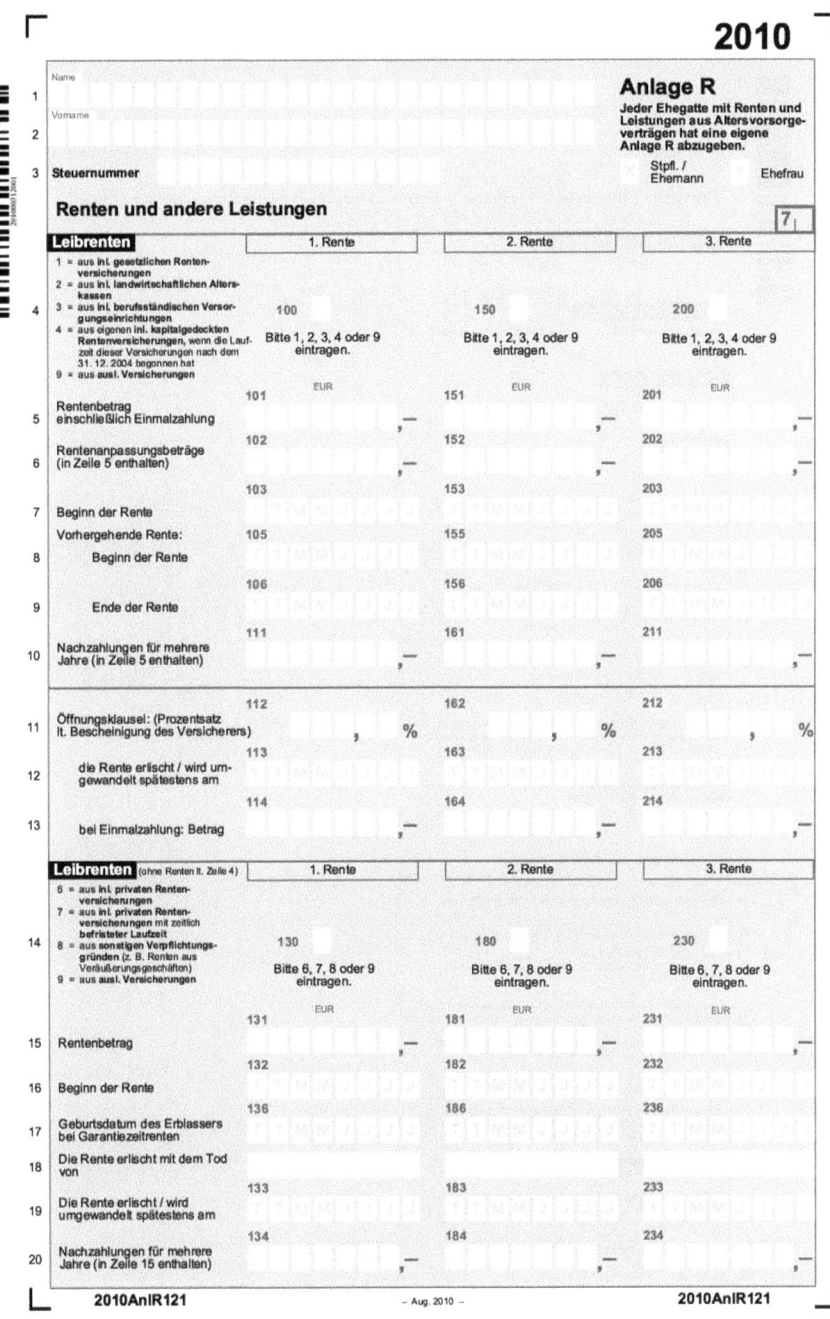

2010

Anlage SO
☐ zur Einkommensteuererklärung
☐ zur Feststellungserklärung

1	Name / Gemeinschaft
2	Vorname
3	Steuernummer

Sonstige Einkünfte (ohne Renten und ohne Leistungen aus Altersvorsorgeverträgen)

Wiederkehrende Bezüge

		Stpfl. / Ehemann EUR	Ehefrau EUR
4	Einnahmen aus	158	159

Unterhaltsleistungen

| 5 | soweit sie vom Geber als Sonderausgaben abgezogen werden | 146 | 147 |

Werbungskosten

| 6 | zu den Zeilen 4 und 5 | 160 | 161 |

Leistungen

		EUR	EUR
7	Einnahmen aus		
8	Einnahmen aus	+	+
9	Einnahmen aus	+	+
10	Summe der Zeilen 7 bis 9	164	165
11	Werbungskosten zu den Zeilen 7 bis 9	176 -	177 -
12	Einkünfte	=	=
13	Die nach Maßgabe des § 10 d Abs. 1 EStG in 2009 vorzunehmende Verrechnung nicht ausgeglichener negativer Einkünfte 2010 aus Leistungen (Zeile 12) soll wie folgt begrenzt werden		

Abgeordnetenbezüge

		EUR	EUR
14	Steuerpflichtige Einnahmen ohne Vergütung für mehrere Jahre	200	201
15	In Zeile 14 enthaltene Versorgungsbezüge	202	203
16	Bemessungsgrundlage für den Versorgungsfreibetrag	204	205
17	Maßgebendes Kalenderjahr des Versorgungsbeginns	216	217
18	Bei unterjähriger Zahlung: Erster und letzter Monat, für den Versorgungsbezüge gezahlt wurden	206 Monat — 208 Monat	207 Monat — 209 Monat
19	Sterbegeld, Kapitalauszahlungen / Abfindungen und Nachzahlungen von Versorgungsbezügen (in Zeile 14 enthalten)	210	211
20	In Zeile 14 **nicht** enthaltene Vergütungen für mehrere Jahre (Angaben auf besonderem Blatt)	212	213
21	In Zeile 20 enthaltene Versorgungsbezüge	214	215
22	Aufgrund der vorgenannten Tätigkeit als Abgeordnete(r) bestand eine Anwartschaft auf Altersversorgung ganz oder teilweise ohne eigene Beitragsleistung	242 1=Ja 2=Nein	243 1=Ja 2=Nein

Steuerstundungsmodelle

| 23 | Einkünfte aus Gesellschaften / Gemeinschaften / ähnlichen Modellen i. S. d. § 15 b EStG (Erläuterungen auf besonderem Blatt) | EUR | EUR |

4.3. Ermittlung der Summe der Einkünfte und Verlustausgleich

Zur Ermittlung der Summe der Einkünfte – ein Zwischenergebnis in dem in § 2 EStG festgeschriebenen Ablaufschema zur Ermittlung des zu versteuernden Einkommens – werden die einzelnen Einkünfte der 7 Einkunftsarten zusammengerechnet. Da die Einkünfte das Ergebnis der jeweiligen Betätigungen innerhalb einer Einkunftsart darstellen, können sie sowohl positiv als auch negativ sein. In diesem Zusammenhang stellt sich also die Frage, inwieweit Verluste aus einzelnen Betätigungen innerhalb einer Einkunftsart bzw. insgesamt negative Einkünfte bei der Ermittlung der Einkünfte berücksichtigt werden können. Zunächst sind zwei Gruppen von Verlustausgleich auseinander zu halten:

Nach Zusammenrechnung der Einkünfte aus den 7 Einkunftsarten ergibt sich die Summe der Einkünfte.

Die Verrechnung der positiven und negativen Ergebnisse der verschiedenen Betätigungen innerhalb einer Einkunftsart bezeichnet man als »**horizontalen Verlustausgleich**«.

»Horizontaler Verlustausgleich«: Verrechnung positiver und negativer Ergebnisse innerhalb einer Einkunftsart

Beispiel: Der Steuerpflichtige »A« ist Gesellschafter der »A und B oHG« und gleichzeitig Einzelunternehmer. Aus der Beteiligung an der »A und B oHG« erzielt »A« in 01 einen Verlust in Höhe von 25.000,- €, sein Einzelunternehmen schließt in 01 mit einem Gewinn in Höhe von 80.000,- € ab.

Einkünfte aus Gewerbebetrieb:

Gewinn aus dem Einzelunternehmen	*80.000,- €*
Verlustanteil an der »A und B oHG«	*÷ 25.000,- €*
Einkünfte	*55.000,- €*

Vom horizontalen Verlustausgleich ist der so genannte »**vertikale Verlustausgleich**« zu unterscheiden. Unter einem vertikalen Verlustausgleich versteht man die Verrechnung der positiven und negativen Einkünfte (verschiedener Einkunftsarten) zur Ermittlung der Summe der Einkünfte.

»Vertikaler Verlustausgleich«: Verrechnung positiver und negativer Einkünfte zur Ermittlung der Summe der Einkünfte

Beispiel: Der Steuerpflichtige »B« erzielt in 01 folgende Einkünfte:

Einkünfte aus Vermietung und Verpachtung	*50.000,- €*
Einkünfte aus Gewerbebetrieb	*÷ 40.000,- €*
Die Summe der Einkünfte beträgt nach Durchführung des vertikalen Verlustausgleiches	*10.000,- €*

Für den Fall, dass die negativen Einkünfte die positiven Einkünfte übersteigen, wird die Summe der Einkünfte mit 0,– € angesetzt, d.h., ein vertikaler Verlustausgleich ist nur bis zur Höhe der positiven Einkünfte möglich.

Verlustausgleich

Verlustausgleich bei Ermittlung der Summe der Einkünfte

Horizontaler Verlustausgleich	Vertikaler Verlustausgleich	Nichtausgleichsfähige Verluste
= Verrechnung aller positiven und negativen Ergebnisse der verschiedenen Betätigungen innerhalb einer Einkunftsart	= Verrechnung der positiven und negativen Einkünfte der 7 Einkunftsarten zur Ermittlung der Summe der Einkünfte - nur bis zur Höhe der positiven Einkünfte - u.U. Verlustabzug nach § 10 d EStG in einem anderen Veranlagungs-Zeitraum - Beachte: Begrenzung des Verlustabzugs	= Beschränkungen bei der Verrechnung mit bestimmten Verlusten; z.B. - Verluste bei Veräußerung von wesentlichen Beteiligungen an Kapitalgeschäften (§ 17 Abs. 2 EStG) - Verluste aus bestimmten Leistungen (§ 22 Nr. 3 EStG) - Verluste aus Spekulationsgeschäften (§ 23 Abs. 3 EStG) - Verlustrechnung bei Termingeschäften (§ 15 Abs. 4 EStG) Beachte: Sonderregelung des § 15a EStG für Verluste bei beschränkter Haftung von Kommanditisten

Für nicht ausgeglichene Verluste kommt der »Verlustabzug« i.S.d. § 10d EStG in Betracht.

Das bedeutet aber noch nicht, dass die insoweit nicht ausgeglichenen Verluste steuerlich unberücksichtigt bleiben. Unter bestimmten Voraussetzungen können sie nach § 10d EStG zurück- bzw. vorgetragen werden (Verlustabzug). Diese Verluste wirken sich damit u.U. in einem anderen Veranlagungszeitraum (= Kalenderjahr) aus.

Ein solcher Verlustabzug ist aber der Höhe nach begrenzt, um ein Art Mindestbesteuerung zu garantieren (siehe § 10d Abs. 1 EStG für Verlustrücktrag in den vorangegangenen VZ bzw. § 10d Abs. 2 EStG für die folgenden VZ). Der am Schluss eines Veranlagungszeitraums nicht ausgeschöpfte Verlustvortrag wird gesondert in einem Steuerbescheid festgestellt (§ 10d Abs. 4 EStG) und kann dann in einem späteren VZ nutzbar gemacht werden.

Der Steuerpflichtige kann jedoch nicht alle erwirtschafteten Verluste bei der Ermittlung der Summe der Einkünfte ausgleichen; das EStG sieht einzelne Beschränkungen vor:

Einzelne Beschränkungen beim Verlustausgleich

- Einschränkung der Verlustverrechnung bei Veräußerung wesentlicher Beteiligungen (§ 17 Abs. 2 Satz 6 EStG)
- Verluste aus bestimmten Leistungen i.S.d. § 22 Nr. 3 EStG
- Verluste aus privaten Veräußerungsgeschäften (§ 23 Abs. 3 EStG)
- Verluste aus Termingeschäften im gewerblichen Bereich (§ 15 Abs. 4 EStG)
- Der einem Kommanditisten zuzurechnende Anteil am Verlust der Kommanditgesellschaft darf weder mit anderen Einkünften aus Gewerbebetrieb noch mit Einkünften aus anderen Einkunftsarten ausgeglichen werden, soweit ein negatives Kapitalkonto des Kommanditisten entsteht oder sich erhöht; er darf auch nicht nach § 10d EStG (Verlustabzug) abgezogen werden (§ 15a Abs. 1 EStG). Damit wird grundsätzlich gewährleistet, dass ein Verlust eines Kommanditisten sich steuerlich nur in der Höhe auswirkt, in der er auch Gesellschaftsgläubigern gegenüber zur (beschränkten) Haftung verpflichtet ist. § 15a Abs. 2 EStG ergänzt diesen Ausschluss aber dahingehend, dass die nicht »ausgleichs- und abzugsfähigen Verluste« nicht verloren gehen, sondern vielmehr als »verrechenbare Verluste« die Gewinne des Kommanditisten aus der Beteiligung an der Kommanditgesellschaft in späteren Wirtschaftsjahren mindern.

5. Gesamtbetrag der Einkünfte

Summe der Einkünfte abzügl. Altersentlastungsbetrag abzügl. Freibetrag für Land- und Forstwirte = Gesamtbetrag der Einkünfte

Die nächste Station auf dem Weg zur Ermittlung des zu versteuernden Einkommens bildet die Berechnung des »Gesamtbetrages der Einkünfte«. Diese Zwischengröße ist die Summe der Einkünfte, vermindert um den Altersentlastungsbetrag nach § 24a EStG, den Entlastungsbetrag für Alleinerziehende nach § 24b EStG und den Freibetrag für Land- und Forstwirte nach § 13 Abs. 3 EStG (§ 2 Abs. 3 EStG).

Altersentlastungsbetrag

Der Altersentlastungsbetrag i.S.v. § 24a EStG ist bis zu einem Höchstbetrag im Kalenderjahr ein nach einem Prozentsatz ermittelter Betrag des Arbeitslohns (ohne Versorgungsbezüge i.S.d. § 19 Abs. 2 EStG) und der positiven Summe der Einkünfte (außer darin enthaltene Einkünfte aus Leibrenten oder Abgeordneten-Versorgungsbezüge), die nicht zu den Einkünften aus nichtselbständiger Arbeit gehören. Der maßgebende Prozentsatz und der Höchstbetrag ergeben sich aus einer in § 24a Satz 5 EStG abgedruckten Tabelle. Voraussetzung für den Abzug ist, dass der Steuerpflichtige vor Beginn des Veranlagungszeitraumes das 64. Lebensjahr vollendet hat.

Persönliche Voraussetzung für den Abzug des Altersentlastungsbetrages ist die Vollendung des 64. Lebensjahres vor Beginn des Kalenderjahres.

Entlastungsbetrag für Alleinerziehende

Allein stehende Steuerpflichtige können einen Entlastungsbetrag in Höhe von 1.308,– € im Kalenderjahr von der Summe der Einkünfte abziehen, wenn zu ihrem Haushalt mindestens ein Kind gehört, für das ihnen ein Freibetrag nach § 32 Abs. 6 EStG (Kinderfreibeträge) oder Kindergeld zusteht.

Freibetrag für Land- und Forstwirte

Neben den vorstehenden Entlastungsbeträgen ist an dieser Stelle der Freibetrag für Land- und Forstwirte gemäß § 13 Abs. 3 EStG abzuziehen. Der Freibetrag ist der Höhe nach auf 670,– € begrenzt und kommt nur dann zum Abzug, wenn das Einkommen des Land- und Forstwirtes ohne Berücksichtigung dieses Abzugsbetrages 30.700,– € nicht übersteigt. Bei Ehegatten, die zusammen zur Einkommensteuer veranlagt werden, erhöht sich der Freibetrag auf 1.340,– € und die Begrenzung auf 61.400,– € im Kalenderjahr. Der Freibetrag für Land- und Forstwirte darf jedoch nicht höher sein als die Einkünfte aus Land- und Forstwirtschaft selbst. Damit kann kein negativer Gesamtbetrag der Einkünfte entstehen.

6. Einkommen

»Einkommen« ist der Gesamtbetrag der Einkünfte, vermindert um die Sonderausgaben und die außergewöhnlichen Belastungen (§ 2 Abs. 4 EStG). Steuersystematisch werden an dieser Stelle auch die in einem anderen Veranlagungszeitraum entstandenen und nicht verbrauchten Verluste im Rahmen des Verlustabzugs abgezogen, und zwar nach dem Wortlaut des § 10d Abs. 1 EStG vorrangig vor den Sonderausgaben und außergewöhnlichen Belastungen (siehe unter 6.2.).

BESONDERE PRIVATAUSGABEN

6.1. Abzug bestimmter Privatausgaben

Hinsichtlich der Berücksichtigung von Ausgaben bei der Ermittlung des zu versteuernden Einkommens lässt das EStG den Grundsatz erkennen, dass nur solche Aufwendungen steuermindernd abgezogen werden können, die mit einer Tätigkeit im Rahmen der sieben Einkunftsarten in wirtschaftlichem Zusammenhang stehen. Diese Art von Ausgaben könnte man als »Erwerbsaufwendungen« bezeichnen. Dies hat zur Folge, dass grundsätzlich reine Privatausgaben oder so genannte »gemischte«, d.h. untrennbar sowohl beruflich/betrieblich als auch privat veranlasste Aufwendungen nicht zum Abzug zugelassen sind.

Grundsätzlich sind nur »Erwerbsaufwendungen« abzugsfähig.

Ausdrücklich zum Abzug zugelassene Privatausgaben

Sonderausgaben

Unbeschränkt abzugsfähige Sonderausgaben, z.B.
- Leistungen aufgrund eines schulrechtlichen Versorgungs-Ausgleichs, § 10 Abs. 1 Nr. 1b EStG
- gezahlte Kirchensteuer, § 10 Abs. 1 Nr. 4 EStG
- Renten und dauernde Lasten, § 10 Abs. 1 Nr. 1 a EStG

Beschränkt abzugsfähige Sonderausgaben

Sonstige beschränkt abzugsfähige Sonderausgaben, z.B.
- Unterhaltszahlungen, § 10 Abs. 1 Nr. 1 EStG
- Berufsausbildungskosten, § 10 Abs. 1 Nr. 7 EStG
- Schulgeld für Privatschulen, § 10 Abs. 1 Nr. 9 EStG
- Spenden i.S.d. § 10 b EStG

Vorsorgeaufwendungen:
- Altersvorsorgeaufwendungen, § 10 Abs. 1 Nr. 2 EStG
- Sonstige Vorsorge-Aufwendungen, § 10 Abs. 1 Nr. 3 und Nr. 3a EStG

beachte: Höchstbetragsregelungen

Außergewöhnliche Belastungen

Allgemeine außergewöhnliche Belastungen

beachte: Zur Ermittlung der abzugsfähigen Beträge wird die zumutbare Eigenbelastung abgezogen

Speziell geregelte außergewöhnliche Belastungen

§ 33 a EStG:
- Unterhaltsaufwendungen
- Ausbildungsfreibeträge
- Kosten einer Haushaltshilfe

- § 33 b EStG: Außergewöhnliche Belastungen von Behinderten, Hinterbliebenen und Pflegepersonen
- Kosten für die Beschäftigung von Personal für die Pflege hilfloser Personen

beachte: Pauschbeträge

Besonderes Steuerrecht: Einkommensteuer

Da die Bemessungsgrundlage für die Einkommensteuer die Leistungsfähigkeit des Steuerpflichtigen widerspiegeln soll, hat es der Gesetzgeber für notwendig erachtet, über die Erwerbsaufwendungen hinaus bestimmte Privatausgaben, die diese Leistungsfähigkeit beeinträchtigen, steuermindernd zu berücksichtigen. Zu diesen, zum Abzug zugelassenen Privatausgaben gehören die Sonderausgaben und die außergewöhnlichen Belastungen.

6.1.1. Sonderausgaben

Der Begriff der »Sonderausgaben« wird im EStG nicht legal definiert. Aus dem Einleitungssatz des § 10 Abs. 1 EStG ist jedoch ersichtlich, dass der Gesetzgeber unter den Begriff der Sonderausgaben alle die in §§ 10, 10a, 10b, 10c EStG erschöpfend aufgezählten Aufwendungen verstehen will, soweit sie weder Betriebsausgaben noch Werbungskosten sind.

Weder Betriebsausgaben noch Werbungskosten

Für den Zeitpunkt des Abzuges, d.h. für die Zuordnung zu einem Kalenderjahr, gilt das bereits mehrfach erwähnte Abflussprinzip des § 11 EStG.

Die Sonderausgaben lassen sich in zwei Gruppen unterteilen:
- unbeschränkt abzugsfähige Sonderausgaben
- beschränkt abzugsfähige Sonderausgaben

Unbeschränkt und beschränkt abzugsfähige Sonderausgaben

Unbeschränkt abzugsfähige Sonderausgaben

»Unbeschränkt abzugsfähig« bedeutet, dass diese Art der Sonderausgaben ohne Begrenzung der Höhe nach zum Abzug zugelassen sind. Hierzu gehören:
- Renten und dauernde Lasten (§ 10 Abs. 1 Nr. 1a EStG)
- Leistungen aufgrund eines schuldrechtlichen Versorgungsausgleichs (§ 10 Abs. 1 Nr. 1b EStG)
- gezahlte Kirchensteuer (§ 10 Abs. 1 Nr. 4 EStG)

Da im Bereich der Sonderausgaben die Systematik bei der Darstellung im Vordergrund stehen soll, werden Details zu den einzelnen Arten der Sonderausgaben hier bewusst außer Acht gelassen.

Beschränkt abzugsfähige Sonderausgaben

Die Gruppe der der Höhe nach »beschränkt abzugsfähigen Sonderausgaben« lässt sich wiederum in zwei Arten von Sonderausgaben unterteilen: in beschränkt abzugsfähige Sonderausgaben, die keine Vorsorgeaufwendungen sind, und Vorsorgeaufwendungen.

Sonstige beschränkt abzugsfähigen Sonderausgaben sind z.B.:
- bestimmte **Unterhaltsleistungen** an den geschiedenen oder dauernd getrennt lebenden Ehegatten (§ 10 Abs. 1 Nr. 1 EStG). Der Abzug erfolgt hier nur unter den im Gesetz genannten Voraussetzungen und ist der Höhe nach auf 13.805,– € pro Kalenderjahr beschränkt. Im übrigen ist hier zu beachten, dass der Empfänger der Unterhaltsleistungen diese als sonstige Einkünfte i.S.d. § 22 EStG steuerlich erfassen muss.
- **Berufsausbildungskosten** (§ 10 Abs. 1 Nr. 7 EStG). Unter diese Vorschrift fallen in erster Linie Aufwendungen für die erstmalige Berufsausbildung und das Erststudium, die vom Gesetzgeber in § 12 Nr. 5 EStG als Kosten der allgemeinen Lebensführung qualifiziert werden und deshalb seit 2004 nicht mehr als Werbungskosten oder Betriebsausgaben abzugsfähig sind. Die gesetzliche Höchstgrenze beträgt 4.000,– €.
- **Schulgeld** (§ 10 Abs. 1 Nr. 9 EStG). Unter bestimmten Voraussetzungen können 30 % des Entgelts (höchstens 5.000,- €) für den Besuch einer anerkannten Privatschule als Sonderausgaben abgesetzt werden.
- **Spenden** für mildtätige, kirchliche, religiöse, wissenschaftliche und gemeinnützige Zwecke sowie Mitgliedsbeiträge und Spenden an politische Parteien (§ 10b EStG). Die Beschränkungen der Höhe nach ergeben sich aus § 10b Abs. 1-3 EStG. Weitere Einzelheiten ergeben sich aus §§ 48 ff. EStDV.
- **Zusätzliche Altersvorsorgebeiträge** (§ 10a EStG). Durch die Regelung der §§ 10a, 79 ff EStG sollen die Aufwendungen für den Erwerb einer zusätzlichen Altersvorsorge (Riesterrente) steuerlich gefördert werden. Begünstigte Steuerpflichtige können diese Beiträge bis zu einem Höchstbetrag von 2.100,– € als Sonderausgaben geltend machen.

Altersvorsorgeaufwendungen

Unter den Begriff der »Vorsorgeaufwendungen« als Unterfall der beschränkt abzugsfähigen Sonderausgaben fasst der Gesetzgeber die in § 10 Abs. 1 Nr. 2 und 3 EStG aufgezählten Aufwendungen. § 10 Abs. 1 Nr. 2 EStG erfasst dabei die Altersvorsorgeaufwendungen. Dies sind in erster Linie die Beiträge zur gesetzlichen Rentenversicherung (auch steuerfreier Arbeitgeberanteil) und Beitragszahlungen für andere Altersvorsorgesysteme und -möglichkeiten, die an die Stelle der gesetzlichen Rentenversicherung treten bzw. treten können.

Altersvorsorgeaufwendungen im Sinne des § 10 Abs. 1 Nr. 2 EStG sind zunächst der Höchstbetragsregelung des § 10 Abs. 3 EStG. Der Höchstbetrag beträgt 20.000,- € (bei zusammenveranlagten Ehegatten: 40.000,- €). Von den unter Berücksichtigung des Höchstbetrag ermittelten Altersvorsorgeaufwendungen ist dann aber lediglich ein jährlich sich erhöhender prozentualer Anteil gemäß § 10 Abs. 3 Sätze 4 und 6 EStG (60 % in 2005; jährlich um 2 % ansteigend) anzusetzen. Tatsächlich als Sonderausgaben abzugsfähig ist schließlich nur der um den nach § 3 Nr. 62 EStG steuerfreien Arbeitgeberanteil zur gesetzlichen Rentenversicherung geminderte Betrag (§ 10 Abs. 3 Satz 5 EStG).

Sonstige Vorsorgeaufwendungen

Zu den sonstigen Vorsorgeaufwendungen zählt das EStG Beiträge zu Arbeitslosen-, Erwerbs- und Berufsunfähigkeits-, Kranken-, Pflege-, Unfall- oder Haftpflichtversicherungen sowie vor 2005 begonnene Rentenversicherungen. Der Höchstbetrag für diese Sonderausgaben beträgt grundsätzlich 2.800,- € (§ 10 Abs. 4 S. 1 EStG). Für Beamte, Arbeitnehmer und Rentner gilt gemäß § 10 Abs. 4 S. 2 EStG jedoch ein ermäßigter Höchstbetrag von 1.900,- €, weil diese Berufsgruppen einen Anspruch auf vollständige oder teilweise Übernahme der Kosten haben (so Beamte) oder ihr Arbeitgeber oder der Träger der Rentenversicherung (bei Rentnern) nach § 3 Nr. 14 bzw. § 3 Nr. 62 EStG steuerfreie Leistungen an die Krankenversicherung zahlen.

Soweit Kranken- und Pflegeversicherungsbeiträge auf eine Basisversicherung (= Sozialhilfeniveau) des Steuerpflichtigen entfallen (§ 10 Abs. 1 Nr. 3 Buchst. a und b EStG), sind sie seit dem 01.01.2010 unbeschränkt abzugsfähig (§ 10 Abs. 4 Satz 4 EStG). Vorsorgeaufwendungen, die die Höchstbeträge übersteigen, wirken sich steuerlich nicht aus.

Pauschalierter Sonderausgabenabzug

Ähnlich dem Werbungskosten-Pauschbetrag gemäß § 9a EStG kommt von Amts wegen ein so genannter Sonderausgaben-Pauschbetrag i.H.v. 36 € (bei zusammenveranlagten Ehegatten: 76 €) zum Ansatz, wenn der Stpfl. keine höheren Sonderausgaben i.S.d. § 10 Abs. 1 Nr. 1, 1a, 4, 7 und 9 EStG (betr. Sonderausausgaben, die nicht Vorsorgeaufwendungen i.S.v. § 10

Abs. 1 Nr. 2 EStG sind) bzw. Spenden gemäß § 10b EStG nachweist (§ 10c Abs. 1 EStG).

6.1.2. Außergewöhnliche Belastungen

Neben den Sonderausgaben zählen auch die außergewöhnlichen Belastungen zu denjenigen Privatausgaben, die der Gesetzgeber ausdrücklich zum Abzug zugelassen hat.

Allgemeine außergewöhnliche Belastungen

Begriff der außergewöhnlichen Belastung

Der Begriff der außergewöhnlichen Belastungen ist allgemein in § 33 Abs. 1 EStG legal definiert. Danach handelt es sich dann um außergewöhnliche Belastungen, wenn einem Steuerpflichtigen zwangsläufig größere Aufwendungen als der überwiegenden Mehrzahl der Steuerpflichtigen gleicher Einkommensverhältnisse, gleicher Vermögensverhältnisse und gleichen Familienstandes erwachsen. Aufwendungen erwachsen dem Steuerpflichtigen zwangsläufig, wenn er sich ihnen aus

Gründe für eine »Zwangsläufigkeit«

- rechtlichen (z.B. gesetzliche Unterhaltspflicht),
- tatsächlichen (z.B. Unfall, Krankheit, Tod),
- oder sittlichen (z.B. Unterhaltsverpflichtung gegenüber Geschwistern)

Gründen nicht entziehen kann, soweit die Aufwendungen den Umständen nach notwendig sind und einen angemessenen Betrag nicht übersteigen (§ 33 Abs. 2 Satz 1 EStG). Ein typisches Beispiel für diese (allgemeinen) außergewöhnlichen Belastungen sind die Krankheitskosten, die nicht ihre Ursache in einem Beruf bzw. dessen Ausübung haben (dann Werbungskosten). Zu diesen Krankheitskosten zählen z.B. Krankenhauskosten sowie sämtliche notwendige Heil- und Hilfsmittel. Erfüllen geltend gemachte Aufwendungen die an außergewöhnliche Belastungen gestellten Voraussetzungen, so sind sie jedoch nicht in voller Höhe abzugsfähig. Zum einen werden von dritter Stelle erhaltene Ersatzleistungen (z.B. aus einer Krankenversicherung für Arztkosten und Arzneimittel, Beihilfen des Arbeitgebers in Krankheitsfällen) angerechnet. Darüber hinaus wird dem Steuerpflichtigen vom Gesetzgeber zugemutet, einen gewissen Anteil an den ihm entstandenen außergewöhnlichen Belastungen selbst zu tragen (»zumutbare Eigenbelastung«). Die Höhe der zumutbaren Eigenbelastung richtet sich nach dem Gesamtbetrag der Einkünfte, der Wahl des Veranlagungsverfahrens (Einzelveranlagung oder Zusammenveranlagung

Von dritter Stelle erhaltene Ersatzleistungen werden angerechnet.

»Zumutbare Eigenbelastung«

mit dem Ehegatten) und der Zahl der Kinder. Der Ansatz dieser zumutbaren Eigenbelastung soll dem Umstand Rechnung tragen, dass die persönliche Leistungsfähigkeit eines Steuerpflichtigen dadurch möglichst genau bestimmt wird. Die Ermittlung der zumutbaren Eigenbelastung erfolgt durch Anwendung eines Prozentsatzes auf den Gesamtbetrag der Einkünfte. Der maßgebende Prozentsatz ergibt sich im Einzelnen aus § 33 Abs. 3 EStG. Der die zumutbare Eigenbelastung übersteigende Betrag bildet den abzugsfähigen Teil der außergewöhnlichen Belastung.

Gesetzlich geregelte außergewöhnliche Belastungen

Neben diesen allgemeinen außergewöhnlichen Belastungen i.S.d. § 33 EStG kennt das Gesetz auch eine Vielzahl von speziell geregelten außergewöhnlichen Belastungen. So finden sich in § 33a EStG Regelungen hinsichtlich der Berücksichtigung von bestimmten Unterhaltsaufwendungen (Abs. 1) und Aufwendungen für die Berufsausbildung der Kinder (»Ausbildungsfreibetrag«, Abs. 2). Für diese Aufwendungen sieht das Gesetz bestimmte Höchst- bzw. Freibeträge vor.

Speziell geregelte außergewöhnliche Belastungen

§ 33a EStG

§ 33b EStG befasst sich mit der Abzugsfähigkeit von außergewöhnlichen Belastungen von Behinderten, Hinterbliebenen und Pflegepersonen. Um diesen Steuerpflichtigen den Nachweis tatsächlich gezahlter außergewöhnlicher Belastungen zu erleichtern oder zu ersparen, wird ihnen im Rahmen des § 33b Abs. 2-4 EStG ermöglicht, statt dessen bestimmte Pauschbeträge in Anspruch zu nehmen. Daneben findet sich in § 33b Abs. 6 EStG auch noch eine Regelung hinsichtlich außergewöhnlicher Belastungen, die einem Steuerpflichtigen durch die Pflege einer Person erwachsen, die nicht nur vorübergehend hilflos ist. Auch hier gewährt der Gesetzgeber anstelle einer Steuerermäßigung nach § 33 EStG einen Pauschbetrag in Höhe von 924,– € im Kalenderjahr.

§ 33b EStG

In dem amtlichen Steuererklärungsvordruck sind die Seiten 2 und 3 des »Mantelbogens« für Eintragungen zu Sonderausgaben und außergewöhnlichen Belastungen vorgesehen.

	Steuernummer										Fußnoten siehe Seite 4

30	X	Das Unternehmen ist **Organträger.**	Name, zuständiges Finanzamt, Steuernummer der Organgesellschaft(en) ggf. auf besonderem Blatt.
31	X	Das Unternehmen ist **Organgesellschaft.**	Name, zuständiges Finanzamt, Steuernummer des Organträgers ggf. auf besonderem Blatt.
32		Es besteht ein vom Kalenderjahr abweichendes Wirtschaftsjahr vom T T M M bis T T M M	Im Erhebungszeitraum enden zwei Wirtschaftsjahre X Nein X Ja

Gewerbeertrag   21

33	Gewinn aus Gewerbebetrieb – **ohne Beträge lt. Zeilen 34, 35, 75 und 76** –, der nach den Vorschriften des X Einkommensteuergesetzes ❹ X Körperschaftsteuergesetzes ❺ ermittelt worden ist – Negative Beträge bitte mit Minuszeichen – – ggf. „0" –	10	EUR ,
34	Gewinne i. S. des § 5a Abs. 4 EStG	27	,
35	Sondervergütungen nach § 5a Abs. 4a EStG	28	,

Hinzurechnungen:

Finanzierungsanteile nach § 8 Nr. 1 GewStG (Enden im Erhebungszeitraum zwei Wirtschaftsjahre, sind hier die Eintragungen für das erste Wirtschaftsjahr vorzunehmen und zusätzlich die Zeilen 42 bis 47 auszufüllen.) ❼
Bitte die Beträge in voller Höhe eintragen, ggf. auf besonderer Anlage erläutern; der Hinzurechnungsbetrag wird von Amts wegen ermittelt.

36	Entgelte für Schulden (§ 8 Nr. 1 Buchst. a GewStG)	31	,
37	Renten und dauernde Lasten (§ 8 Nr. 1 Buchst. b GewStG)	32	,
38	Gewinnanteile der stillen Gesellschafter (§ 8 Nr. 1 Buchst. c GewStG)	33	,
39	Miet- und Pachtzinsen (einschl. Leasingraten) für die Benutzung fremder **beweglicher** Betriebsanlagegüter (§ 8 Nr. 1 Buchst. d GewStG)	34	,
40	Miet- und Pachtzinsen (einschl. Leasingraten) für die Benutzung fremder **unbeweglicher** Betriebsanlagegüter (§ 8 Nr. 1 Buchst. e GewStG)	35	,
41	Aufwendungen für die zeitlich befristete Überlassung von Rechten – insbesondere Konzessionen und Lizenzen – (§ 8 Nr. 1 Buchst. f GewStG)	36	,

Finanzierungsanteile nach § 8 Nr. 1 GewStG für ein zweites, im Erhebungszeitraum endendes Wirtschaftsjahr
Bitte die Beträge in voller Höhe eintragen, ggf. auf besonderer Anlage erläutern; der Hinzurechnungsbetrag wird von Amts wegen ermittelt.

42	Entgelte für Schulden (§ 8 Nr. 1 Buchst. a GewStG)	41	,
43	Renten und dauernde Lasten (§ 8 Nr. 1 Buchst. b GewStG)	42	,
44	Gewinnanteile der stillen Gesellschafter (§ 8 Nr. 1 Buchst. c GewStG)	43	,
45	Miet- und Pachtzinsen (einschl. Leasingraten) für die Benutzung fremder **beweglicher** Betriebsanlagegüter (§ 8 Nr. 1 Buchst. d GewStG)	44	,
46	Miet- und Pachtzinsen (einschl. Leasingraten) für die Benutzung fremder **unbeweglicher** Betriebsanlagegüter (§ 8 Nr. 1 Buchst. e GewStG)	45	,
47	Aufwendungen für die zeitlich befristete Überlassung von Rechten – insbesondere Konzessionen und Lizenzen – (§ 8 Nr. 1 Buchst. f GewStG)	46	,
48	Nur bei einer Kommanditgesellschaft auf Aktien: Gewinnanteile der in § 8 Nr. 4 GewStG bezeichneten Art an persönlich haftende Gesellschafter ❽	14	,
49	Gewinnanteile (Dividenden) und die diesen gleichgestellten Bezüge und erhaltenen Leistungen aus Anteilen an einer Körperschaft, Personenvereinigung oder Vermögensmasse i. S. des KStG (§ 8 Nr. 5 GewStG) ❿ – soweit nicht die Voraussetzungen des § 9 Nr. 2a oder Nr. 7 GewStG vorliegen – nach Abzug der damit im Zusammenhang stehenden Betriebsausgaben, soweit sie nach § 3c Abs. 2 EStG und § 8b Abs. 5 und 10 KStG bei Ermittlung des Gewinns unberücksichtigt geblieben sind – Bei Organträgern: Ohne entsprechende Beträge der Organgesellschaften. Keine Hinzurechnung bei Organgesellschaften. –	26	,
50	Anteile am Verlust von **in-** oder **ausländischen Personengesellschaften** (§ 8 Nr. 8 GewStG) ❽ ❾ – Betrag nicht mit Minuszeichen –	16	,
51	Ausgaben i. S. des § 9 Abs. 1 Nr. 2 KStG, soweit sie als Betriebsausgaben bei der Ermittlung des Gewinns lt. Zeile 33 abgezogen worden sind (§ 8 Nr. 9 GewStG)	50	,
52	Ausschüttungs- und abführungsbedingte Gewinnminderungen bei Beteiligungsbesitz (§ 8 Nr. 10 GewStG), soweit nicht schon nach § 50c EStG 1997[1)] berücksichtigt (auch soweit die Gewinnminderung Folge einer Ausschüttung von Liquidationsraten ist)	19	,
53	Ausländische Steuern, soweit sie auf Gewinne oder Gewinnanteile entfallen, die nach § 9 GewStG gekürzt werden oder sonst nicht im Gewerbeertrag enthalten sind (§ 8 Nr. 12 GewStG)	22	,
54	**Negativer** Teil des Gewerbeertrags, der auf **Betriebsstätten im Ausland** entfällt (§ 9 Nr. 3 GewStG) – Betrag nicht mit Minuszeichen –	17	,

Kürzungen: 22

Einheitswert (Ersatzwirtschaftswert) des am 1.1.2010 zum Betriebsvermögen gehörenden oder betrieblich genutzten und im Eigentum des Unternehmers stehenden Grundbesitzes, soweit dieser nicht von der Grundsteuer befreit ist (§ 9 Nr. 1 Satz 1 GewStG):
(DM-Beträge bitte mit amtlichem Kurs (1 € = 1,95583 DM) in Euro umrechnen) — EUR

55	anzusetzen mit ⓰ X 100 % X 140 % X 250 % X 400 % X 600 %	51	,

2010GewSt1A702   2010GewSt1A702

Steuernummer													Fußnoten siehe Seite 4

			EUR	
60	**Erweiterte Kürzung** bei einem **Grundstücksunternehmen** i. S. des § 9 Nr. 1 Sätze 2 und 3 GewStG	30		,
61	Anteile am **Gewinn** von in- oder **ausländischen Personengesellschaften** (§ 9 Nr. 2 GewStG)	31		,
62	Gewinne aus **Anteilen an nicht steuerbefreiten inländ. Kapitalgesellschaften**, Kredit- oder Versicherungsanstalten des öffentl. Rechts, Erwerbs- und Wirtschaftsgenossenschaften oder an Unternehmensbeteiligungsgesellschaften (§ 9 Nr. 2a GewStG), soweit nicht bereits bei der Ermittlung des Gewinns lt. Zeile 33 nach § 3 Nr. 40 EStG bzw. § 8b KStG abgezogen – Bei Organträgern: Ohne entsprechende Beträge der Organgesellschaften –	32		,
63	**Nur bei persönlich haftendem Gesellschafter einer Kommanditgesellschaft auf Aktien:** Die nach § 8 Nr. 4 GewStG dem Gewinn aus Gewerbebetrieb der KGaA hinzugerechneten Gewinnanteile (§ 9 Nr. 2b GewStG)	53		,
64	**Positiver** Teil des **Gewerbeertrags**, der auf **Betriebsstätten im Ausland** entfällt (§ 9 Nr. 3 GewStG)	33		,

Zuwendungen (Spenden und Mitgliedsbeiträge) nach § 9 Nr. 5 GewStG

65	Festgestellter Zuwendungsvortrag zum 31. 12. 2009	73		,
66	Zuwendungen im Kalenderjahr 2010 bzw. im abweichenden Wirtschaftsjahr 2009/2010 – **ohne Betrag, der in Zeile 69 einzutragen ist** – zur Förderung steuerbegünstigter Zwecke i. S. der §§ 52 bis 54 AO (§ 9 Nr. 5 Satz 1 GewStG)	71		,
67	Bei dem übernehmenden Unternehmen im Jahr der Vermögensübernahme: auf dieses nach § 12 Abs. 3 i. V. mit § 15 Abs. 1, § 16, § 18 UmwStG übergegangener Zuwendungsvortrag gemäß § 9 Nr. 5 Satz 12 GewStG	84		,
68	Im Falle einer Abspaltung oder Teilübertragung: Verringerung des verbleibenden Zuwendungsvortrags (§ 9 Nr. 5 Satz 12 GewStG) bei der übertragenden Körperschaft (§ 12 Abs. 3 i. V. mit § 15 Abs. 1, § 16, § 18 UmwStG) in Höhe von	85	,	%

Nicht bei einer Körperschaft:
Zuwendungen in den Vermögensstock einer Stiftung (§ 9 Nr. 5 Satz 9 GewStG)

		EUR				
69	Zuwendungen im Kj. 2010 bzw. im abweichenden Wj. 2009/2010		,	Von diesen Beträgen sollen im Erhebungszeitraum 2010 abgezogen werden ▶	72	,
70	noch nicht abgezogene Zuwendungen aus 2001 bis 2009		,			

Vortrag aus Großspenden aus den Vorjahren (§ 9 Nr. 5 Satz 10 GewStG)

71	– aus Zuwendungen für wissenschaftliche, mildtätige und als besonders förderungswürdig anerkannte kulturelle Zwecke	77		,
72	– aus Zuwendungen i. S. der Zeile 71 an Stiftungen	63		,

Nur ausfüllen, wenn für Höchstbetragsberechnung erforderlich:

73	Summe der gesamten Umsätze und der im Wirtschaftsjahr aufgewendeten Löhne und Gehälter – Auf volle Tausend € nach oben runden u. in Tausend € (T€) eintragen –	57		T€
74	Gewinne aus **Anteilen an Kapitalgesellschaften** mit **Geschäftsleitung** und **Sitz im Ausland** (§ 9 Nr. 7 und § 9 Nr. 8 GewStG), soweit nicht bereits bei der Ermittlung des Gewinns lt. Zeile 33 nach § 3 Nr. 40 EStG bzw. § 8b KStG abgezogen – Bei Organträgern: Ohne entsprechende Beträge der Organgesellschaften –	37		,

Gewerbeertrag

75	– bei **Handelsschiffen im internationalen Verkehr** (§ 5a EStG i. V. mit § 7 Satz 3 GewStG); der nach § 5a Abs. 1 EStG ermittelte Gewinn – Hinzurechnungen und Kürzungen entfallen –	23		,
76	– bei **öffentlich-rechtlichen Rundfunkanstalten**: das nach § 8 Abs. 1 Satz 3 KStG ermittelte Einkommen aus dem Geschäft der Veranstaltung von Werbesendungen (§ 7 Satz 2 GewStG) – Hinzurechnungen und Kürzungen entfallen –	25		,

Weitere Angaben

77	**Gewerbeertrag der Organgesellschaft(en)** – bei mehreren Organgesellschaften bitte Einzelaufstellung beifügen – – ggf. „0" –	60		,
78	**Bei Organträgern, soweit nicht selbst Organgesellschaft:** – soweit selbst Organgesellschaft, sind die Zeilen 105 bis 108 auszufüllen – Summe der Korrekturbeträge zum Betrag lt. Zeile 77 aufgrund der Anwendung des § 8b KStG, § 3 Nr. 40, § 3c Abs. 2 EStG i. V. mit § 15 Satz 1 Nr. 2 und Satz 2 KStG (Bitte auf besonderem Blatt erläutern) – Negative Beträge mit Minuszeichen –	79		,

2010GewSt1A703

6.2. Verlustabzug

Der bereits mehrfach erwähnte Verlustabzug wird systematisch an dieser Stelle, und zwar noch vor den Sonderausgaben und außergewöhnlichen Belastungen (siehe § 10d Abs. 1 EStG) vom Gesamtbetrag der Einkünfte abgezogen. Unter dem Begriff »Verlustabzug« versteht das EStG den Verlustrücktrag und den Verlustvortrag. Zur Erinnerung: Es geht hier um Verluste, die im Kalenderjahr deren Entstehen im Rahmen des Verlustausgleichs nicht mit positiven Einkünften aus anderen Einkunftsarten verrechnet werden können. Zur Vermeidung von Härten und zur genauen Abbildung der Leistungsfähigkeit ermöglicht § 10d EStG unter bestimmten gesetzlichen Voraussetzungen Verlustausgleichsmöglichkeiten in anderen Besteuerungszeiträumen.

Verlustrücktrag

Gesetzlicher Regelfall beim Verlustabzug ist der Verlustrücktrag (§ 10d Abs. 1 Satz 1 EStG). Abzugsfähig ist der negative Betrag der Einkünfte, der sich bei der Ermittlung des Gesamtbetrags der Einkünfte ergibt. Dieser Betrag ist bis zur Höhe von 511.500,- € (bei zusammenveranlagten Ehegatten: 1.023.000,- €) vom Gesamtbetrag der Einkünfte des unmittelbar vorangegangenen Veranlagungszeitraums vorrangig abzuziehen. Diese Höchstbeträge sollen eine gewisse Mindestbesteuerung in jedem Kalenderjahr garantieren. Ein Rücktrag in weiter zurückliegende Veranlagungszeiträume ist nicht vorgesehen. In § 10d Abs. 1 Sätze 5 und 6 EStG hat der Gesetzgeber dem Steuerpflichtigen ein Wahlrecht eingeräumt: Mit einem Antrag kann man auf den gesetzlich vorgesehenen Verlustrücktrag ganz oder zum Teil verzichten, um z.B. eine größmögliche steuerliche Auswirkung der Verluste zu erreichen.

Verlustvortrag

Übersteigen die ausgleichfähigen Verluste die vorgenannten Höchstbeträge oder reicht der Gesamtbetrag der im Rücktragsjahr zur Verfügung stehenden Einkünfte für den Verlustausgleich nicht aus, gestattet § 10d Abs. 2 EStG den Verlustvortrag in die auf das Verlustentstehungsjahr folgenden, frühestmöglichen Veranlagungszeiträume. Dieser Verlustvortrag ist bis zur Höhe von 1.000.000,- € (bei Zusammenveranlagung: 2.000.000,- €) unbeschränkt zulässig. Übersteigende Beträge können bis zur Höhe von 60 v.H. berücksichtigt werden.

Der zum Schluss eines Veranlagungszeitraumes danach verbleibende Verlustvortrag wird gesondert in einem Steuerbescheid festgestellt (§ 10d Abs. 4 EStG).

Beispiel: Bescheid über die Feststellung des verbleibenden Verlustvortrags auf den 31.12.2010

Somit wird festgehalten, in welcher Höhe in zukünftigen Veranlagungszeiträumen noch ein Verlustabzug möglich ist. Hinsichtlich des Verlustvortrags ist kein Wahlrecht vorgenommen, d.h. hierauf kann nicht ganz oder zum Teil verzichtet werden.

Vertiefende Erläuterungen zu den privaten Abzügen finden Sie bei Tipke/Lang, Steuerrecht, § 9, Rz. 700 ff.; Birk, Steuerrecht, Rz. 1033 ff.

7. Zu versteuerndes Einkommen

Um von dem Zwischenergebnis »Einkommen« zum »zu versteuernden Einkommen« zu kommen, werden die Freibeträge für Kinder und sonstige vom Einkommen abziehbare Beträge (Härteausgleich) abgezogen.

KINDERFREIBETRAG ODER KINDERGELD

7.1. Freibeträge für Kinder / Kindergeld

Neuordnung durch sog. Familienleistungsausgleich

Bis zum 31.12.1995 wurde für jedes berücksichtigungsfähige Kind im Sinne von § 32 EStG ein Kinderfreibetrag gewährt. Durch Einfügung der §§ 31, 62 ff. EStG (Familienleistungsausgleich) hat der Gesetzgeber in diesem Bereich eine Neuordnung vorgenommen: Nunmehr kann wahlweise der Kinderfreibetrag (zuzüglich eines Freibetrages für den Betreuungs-, Erziehungs- und Ausbildungsbedarf) oder das Kindergeld in Anspruch genommen werden. Bei der Einkommensteuerveranlagung berücksichtigt das Finanzamt dann die für den Steuerpflichtigen günstigere Regelung. Das Kindergeld wird grundsätzlich vom Arbeitsamt (Familienkasse) festgesetzt und ausgezahlt.

»Familienleistungsausgleich«
Kindergeld (zuzüglich Freibetrag für Betreuungs-, Erziehungs- und Ausbildungsbedarf) oder Kinderfreibetrag
- grundsätzlich wird Kindergeld von der Familienkasse festgesetzt und ausgezahlt
- Freibetrag nach § 32 Abs. 6 EStG wird vom Finanzamt im Rahmen der Einkommensteuerveranlagung nur berücksichtigt, wenn dessen steuerliche Auswirkung günstiger ist
Kinder sind
1. im ersten Grad verwandte Kinder
2. Pflegekinder
3. im Sinne des Kindergeldrechtes – im Haushalt aufgenommene Stief- und Enkelkinder
Altersabhängige Voraussetzungen für die Berücksichtigung
bis zur Vollendung des 18. Lebensjahres: uneingeschränkte Berücksichtigung
bis zur Vollendung des 21. Lebensjahres: nur zu berücksichtigen, wenn das Kind arbeitslos ist
bis zur Vollendung des 25. Lebensjahres:
nur zu berücksichtigen, wenn das Kind:
für einen Beruf ausgebildet wird oder
sich in einer Übergangszeit zwischen zwei Ausbildungsabschnitten von höchstens vier Monaten oder einem Ausbildungsabschnitt und der Ableistung eines Sonderdienstes befindet oder
eine Berufsausbildung mangels Arbeitsplatz nicht beginnen oder fortsetzen kann oder
ein freiwilliges soziales Jahr oder ökologisches Jahr oder bestimmten anderen Freiwilligendienst leistet
wegen körperlicher, geistiger oder seelischer Behinderung außerstande ist, sich selbst zu unterhalten (Behinderung muss vor Vollendung des 25. Lebensjahres eingetreten sein)
Verlängerung der Frist bei Ableistung von gesetzlichen oder freiwilligen Grundwehr-, Zivil- oder vergleichbaren Diensten
Merke: Eigene Einkünfte und Bezüge des Kindes über 8.004,- € pro Kalenderjahr sind i.d.R. schädlich.

Der Kinderfreibetrag beträgt pro Kind jährlich 2.184,- € für das sächliche Existenzminimum (§ 32 Abs. 6 Satz 1 EStG). Neben dem Kinderfreibetrag gewährt das Gesetz für jedes zu berücksichtigende Kind zusätzlich einen Freibetrag in Höhe von 1.320,- € für den Betreuungs-, Erziehungs- und Ausbildungsbedarf des Kindes (§ 32

Abs. 6 Satz 2 EStG). Bei Zusammenveranlagung verdoppeln sich diese Beträge. Dieser Freibetrag wird bei der Einkommensteuerveranlagung jedoch nur berücksichtigt, wenn dessen steuerliche Auswirkung größer als das im laufenden Kalenderjahr gezahlte Kindergeld ist. In diesem Fall werden die geleisteten Kindergeldzahlungen im Rahmen der Veranlagung, ähnlich wie Vorauszahlungen, verrechnet.

Voraussetzungen für die »Kindervergünstigungen«

Ob für ein Kind Kindergeld gezahlt wird oder die Freibeträge für Kinder gewährt werden, richtet sich nach den §§ 32, 63 EStG.

Kinder in diesem Sinne sind danach:

1. die im ersten Grad mit dem Steuerpflichtigen verwandten Kinder (leibliches Kind oder Adoptivkind); § 32 Abs. 1 Nr. 1 EStG.
2. Pflegekinder (Personen, mit denen der Steuerpflichtige durch ein familienähnliches, auf längere Dauer berechnetes Band verbunden ist, sofern er sie nicht zu Erwerbszwecken en in seinem Haushalt aufgenommen hat und das Obhuts- und Pflegeverhältnis zu den Eltern nicht mehr besteht); § 32 Abs. 1 Nr. 2 EStG
3. – im Sinne des Kindergeldrechtes – in den Haushalt aufgenommene Stief- und Enkelkinder, § 63 Abs. 1 Nr. 2 und 3 EStG.

Diese unter Ziffer 1. bis 3. genannten Kinder werden ab dem Kalendermonat der Geburt bis zum Kalendermonat der Vollendung des 18. Lebensjahres berücksichtigt. Hat das Kind das 18. Lebensjahr vollendet, kommt eine steuerliche Berücksichtigung nur unter den altersabhängigen Voraussetzungen der Absätze 4 und 5 des § 32 EStG in Betracht:

Ein Kind wird bis zum 21. Lebensjahr berücksichtigt, wenn es arbeitslos ist.

Bis zur Vollendung des 25. Lebensjahres ist erforderlich, dass das Kind

- für einen Beruf ausgebildet wird oder
- sich in einer Übergangszeit von höchstens vier Monaten zwischen zwei Ausbildungsabschnitten oder einem Ausbildungsabschnitt und der Ableistung eines Sonderdienstes wie Bundeswehr oder Zivildienst befindet oder
- eine Berufsausbildung mangels Ausbildungsplatz nicht beginnen oder fortsetzen kann oder
- ein freiwilliges soziales Jahr oder ein freiwilliges ökologisches Jahr einen entsprechenden Freiwilligendienst i.S.v. § 32 Abs. 4 Nr. 2d EStG leistet oder

- wegen körperlicher, geistiger oder seelischer Behinderung außerstande ist, sich selbst zu unterhalten.

Die Behinderung muss dabei vor Vollendung des 25. Lebensjahres eingetreten sein.

Außer bei den zu berücksichtigenden behinderten Kindern im Sinne des § 32 Abs. 4 Nr. 3 EStG ist bei den altersabhängigen Voraussetzungen schädlich, wenn den Kindern Einkünfte und Bezüge zur Bestreitung ihres Lebensunterhaltes oder ihrer Berufsausbildung in Höhe von 8.004,– € im Kalenderjahr zustehen (§ 32 Abs. 4 Satz 2 EStG).

Beachten Sie: Im Steuervereinfachungsgesetz 2011 plant der Gesetzgeber die Abschaffung dieser schädlichen Einkünfte- und Bezügegrenze bei Kindern, die sich in Erstausbildung befinden. Nach Abschluss der Erstausbildung soll aber eine Vollerwerbstätigkeit (mehr als 20 Wochenstunden) – unabhängig von der Höhe der Einkünfte – schädlich sein.

Leistet das Kind einen gesetzlichen oder freiwilligen Grundwehr-, Zivil- oder vergleichbaren Dienst ab, so kommt eine Berücksichtigung über das 21. bzw. 25. Lebensjahr hinaus für einen der Dauer dieser Dienste entsprechenden Zeitraum in Betracht (§ 32 Abs. 5 EStG).

Angaben zu den Kindern erfolgen auf der Anlage »Kind« zur Einkommensteuererklärung.

7.2. Sonstige vom Einkommen abziehbare Beträge

Zur Vervollständigung ist darauf hinzuweisen, dass neben den Freibeträgen für Kinder das Einkommen auch noch um einen so genannten Härteausgleich gemäß §§ 46 Abs. 3 EStG, 70 EStDV zu mindern ist.

Dieser Härteausgleich hängt zusammen mit einer besonderen Veranlagungsart bei Arbeitnehmern: der Antragsveranlagung (§ 46 EStG). Danach werden z.B. Steuerpflichtige, bei denen das Einkommen ganz oder zum Teil aus Arbeitnehmereinkünften mit Lohnsteuerabzug besteht und deren positive Summe der übrigen Einkünften unterhalb von 410,– € liegt, grundsätzlich nur veranlagt, wenn hierzu ein Antrag durch Abgabe der Einkommensteuererklärung gestellt wird (§ 46 Abs. 2 Nrn. 1 und 8 EStG). Abgesehen von den Ausnahmeregelungen in § 46 Abs. 2 Nr. 2 bis 7 EStG gilt die Einkommensteuer hier mit dem erfolgten Lohnsteuerabzug als abgegolten (§ 46 Abs. 4 EStG). Im Ergebnis sind daher bei diesen Arbeitnehmern, die ohne Veranlagung bleiben, die Nebeneinkünfte bis 410,– € unversteuert. Um die Arbeitnehmer, bei denen auf Antrag eine Veranlagung erfolgt (oder bei denen Ausnahmen des § 46 Abs. 2 Nr. 2 bis 7 EStG vorliegen), insoweit nicht zu benachteiligen, sieht § 46 Abs. 3 EStG vor, dass in diesen Fällen Nebeneinkünfte bis zu einem Betrag 410,– € vom Einkommen abzuziehen sind. Für Nebeneinkünfte über 410,– € wäre danach aber in voller Höhe die Einkommensteuer zu zahlen. Die sich hieraus ergebenden Härten sollen über die Regelung des § 70 EStDV abgemildert werden (= Härteausgleich).

Auch die Gewährung dieser Abzugsbeträge (Freibeträge für Kinder und Härteausgleich) dient letztlich dem Ziel, die persönliche Leistungsfähigkeit, die z.B. gerade bei Eltern von in der Ausbildung befindlichen Kindern besonderes gemindert ist, genau zu bestimmen. Nach Abzug dieser persönlichen Freibeträge ergibt sich somit die Bemessungsgrundlage für die Einkommensteuer, das zu versteuernde Einkommen.

8. Steuerfestsetzung

Der dritte große Schritt ist die betragsmäßige Ermittlung des Steuerbetrages und dessen Festsetzung im Einkommensteuerbescheid. Die zu zahlende Einkommensteuer ergibt sich aus der Anwendung des in § 32a ff. EStG geregelten Tarifs auf das zu versteuernde Einkommen.

Einkommensteuertarif

Je nach Höhe des zu versteuernden Einkommens sind nach § 32a Abs. 1 Satz 2 EStG folgende Tarifzonen zu unterscheiden:

- Nullzone: Bis zum einem Betrag von 8.004,- € fällt keine Steuern. Hierdurch wird die Freistellung des Existenzminimums gewährleistet.
- Progressionszonen: Zwischen 8.004 € und 13.468 € werden die Einkommenszuwächse mit einem von 14% bis 23,97% stetig steigenden Steuersatz (linear progressiv) besteuert (=untere Progressionszone, § 32a Abs. 1 Satz 2 Nr. 2 EStG). Daran schließt sich zwischen 13.470 € bis 52.881 € die obere Progressionszone an. Hier werden die Zuwächse mit einem stetig steigenden Steuersatz (linear progressiv) von 23,97% bis 42% belastet.
- Proportionalzonen: Ab 52.882 € werden die Einkommenszuwächse proportional mit einem Spitzensteuersatz von 42% belastet (= erste obere Proportionalzone, § 32a Abs. 1 Satz 2 Nr. 4 EStG); ab 250.001 € gilt ein »Reichensteuersatz« von 45% (= zweite obere Proportionalzone, § 32a Abs. 1 Satz 2 Nr. 5 EStG).

Beachte: Die mit zunehmenden zu versteuerndem Einkommen ansteigende Prozentbelastung erfasst nicht das gesamte zu versteuernde Einkommen, sondern nur die Zuwächse (Prinzip der Grenzbesteuerung)!

In diesem Zusammenhang sind folgende Steuersatzbegriffe auseinander zu halten:

- Grenzsteuersatz: Steuersatz, der auf den letzten Euro des Einkommens entfällt.
- Spitzensteuersatz: der höchste Grenzsteuersatz; ab VZ 2007: 45 v.H.

- Durchschnittsteuersatz: Steuersatz, der sich aus dem Verhältnis der tariflichen Einkommensteuer zum zu versteuernden Einkommen ergibt.

Grund- und Splittingtarif

Grundsätzlich erfolgt für jeden Steuerpflichtigen nach Ablauf des Kalenderjahres eine so genannte Einzelveranlagung, d.h. es wird ein zu versteuerndes Einkommen dieses Steuerpflichtigen ermittelt und der entsprechende Tarif darauf zur Ermittlung der zu zahlenden Einkommensteuer angewendet.

Für Ehegatten sieht das EStG Besonderheiten vor. Sie können gemäß § 26 EStG unter bestimmten Voraussetzungen zwischen Zusammenveranlagung (§ 26b EStG), getrennter Veranlagung (§ 26a EStG) und besonderer Veranlagung im Jahr der Eheschließung (§ 26c EStG) wählen.

Von diesem Wahlrecht können nur unbeschränkt einkommensteuerpflichtige Ehegatten Gebrauch machen, die nicht dauernd getrennt leben. Diese Voraussetzungen müssen mindestens einen Tag im betreffenden Kalenderjahr gleichzeitig vorliegen.

Im Regelfall ist die Zusammenveranlagung günstig. Dabei werden die Einkünfte zunächst getrennt ermittelt und anschließend zusammengerechnet. Von diesem Gesamtbetrag ausgehend wird ein gemeinsames Ehegatteneinkommen durch Abzug von gemeinsamen Privatabzügen wie Sonderausgaben und außergewöhnlichen Belastungen ermittelt. Auf dieses einheitliche zu versteuernde Einkommen wird dann der Splittingtarif angewendet (§ 32a Abs. 5 EStG). Die günstige steuerliche Auswirkung ergibt sich daraus, dass zunächst auf die Hälfte des zu versteuernden Ehegatteneinkommens der Grundtarif für Einzelveranlagungen angewandt und der sich ergebende Steuerbetrag anschließend verdoppelt wird. Wegen der progressiven Ausgestaltung des Steuertarifs profitieren von der Zusammenveranlagung alle Ehegatten mit unterschiedlich hohen Einkommen. Den größten Vorteil erzielen Ehegatten, bei denen nur ein Ehegatte Einkünfte erzielt.

Ermittlung der zu zahlenden Einkommensteuer

Der durch Anwendung des Tarifs auf das zu versteuernde Einkommen ermittelte Steuerbetrag wird als tarifliche Einkommensteuer bezeichnet. Die Festsetzung der Einkommensteuer erfolgt dann mittels Steuerbescheid, der dem Steuerpflichtigen bekannt gegeben wird. Die festgesetzte Einkommensteuer dient dabei gleichzeitig als Bemessungsgrundlage für die Kirchensteuer und den Solidaritätszuschlag. Sofern die Freibeträge für Kinder nach § 32 Abs. 6 EStG berücksichtigt werden, ist an dieser Stelle das gezahlte Kindergeld der Einkommensteuer hinzuzurechnen (§ 36 Abs. 2 Satz 1 EStG).

Welchen Betrag genau der Steuerpflichtige aufgrund der Einkommensteuerfestsetzung (noch) zu zahlen hat, richtet sich danach, welche Steuerbeträge auf diese ermittelte Einkommensteuer angerechnet werden können. Nach § 36 Abs. 2 EStG werden auf die Einkommensteuer angerechnet:

Anrechnungsbeträge gem. § 36 Abs. 2 EStG

- die für die Veranlagungszeitraum entrichteten Einkommensteuervorauszahlungen i.S.d. § 37 EStG
- die bereits durch den Steuerabzug erhobene Einkommensteuer (wie Lohnsteuer, Kapitalertragsteuer)

Den nach Anrechnung dieser Beträge sich ergebenden Restbetrag hat der Steuerpflichtige an das Finanzamt zu entrichten. Sollte sich ein negativer Betrag ergeben, hat der Steuerpflichtige einen Erstattungsanspruch. Die Abschlusszahlung hat der Steuerpflichtige innerhalb eines Monats nach Bekanntgabe des Steuerbescheides zu entrichten.

Abschlusszahlung ist innerhalb eines Monats nach Bekanntgabe des Steuerbescheids fällig

Besonderheiten durch die Einführung der Abgeltungsteuer

Wie bereits im Rahmen der Einkünfte aus Kapitalvermögen erläutert ergeben sich mit der Einführung der Abgeltungsteuer für bestimmte Kapitaleinkünfte eine tarifliche Besonderheiten. Insoweit kommt statt des vorgenannten Einkommensteuertarifs der in § 32d EStG geregelt besondere Steuertarif zur Anwendung. Der Abgeltungsteuersatz für diese Kapitaleinkünfte beträgt 25%. Eine Besteuerung der Einkünfte aus Kapitalvermögen mit dem sich aus § 32a EStG ergebenden Tarif erfolgt damit nur noch auf Antrag (§ 32d Abs. 4 und Abs. 6 EStG).

Steuersatz- und Steuerbetragsermäßigungen

Der Vollständigkeit halber soll nicht unerwähnt bleiben, dass das EStG eine Reihe von Vorschriften enthält, nach denen sich der reguläre Einkommensteuersatz ermäßigt bzw. die errechnete Einkommensteuer betragsmäßig mindert.

Zu der Gruppe der Steuersatzermäßigungen gehören:
- § 34 Abs. 1 EStG: Fünftelungsregelung für außerordentliche Einkünfte im Sinne des § 34 Abs. 2 EStG (z.B. Entschädigun-

gen gemäß § 24 Nr. 1 EStG, Veräußerungsgewinne gemäß §§ 14, 14a, 16 Abs. 4 und 18 Abs. 3 EStG, Vergütungen für mehrjährige Tätigkeiten)
- § 34 Abs. 3 EStG: Besteuerung mit dem halben Steuersatz für betriebliche Veräußerungs- und Aufgabegewinne im Sinne des § 34 Abs. 2 Nr. 1 EStG.
- § 34a EStG: Besteuerung nicht entnommener Gewinne aus Land- und Forstwirtschaft, Gewerbebetrieb und selbständiger Arbeit mit einem ermäßigten Steuersatz von 28,25% (ab VZ 2008)

Zu den Steuerbetragsermäßigungen zählen insbesondere:
- § 35 EStG: Steuerermäßigung bei Einkünften aus Gewebebetrieb zur Abmilderung der Doppelbelastung mit Gewerbesteuer.
- § 35a EStG: Steuerermäßigung bei Aufwendungen für haushaltsnahe Beschäftigungsverhältnisse und für die Inanspruchnahme haushaltsnaher Dienstleistungen
- § 35b EStG: Steuerermäßigung bei Doppelbelastung mit Erbschaftsteuer

Besonderes Steuerrecht: Einkommensteuer 181

9. Wiederholungsfragen

1. Was ist die Bemessungsgrundlage für die Einkommensteuer? Skizzieren Sie grob die Ermittlung dieser Bemessungsgrundlage! Lösung S. 93 ff.
2. Erklären Sie den Unterschied zwischen unbeschränkter und beschränkter Steuerpflicht! Lösung S. 89 ff.
3. Welches sind die sieben Einkunftsarten des EStG? Lösung S. 120
4. Erläutern Sie die Begriffe »Einnahmen«, »Einkünfte« und »Einkommen«! Lösung S. 115 ff.
5. Welche Gewinnermittlungsmethoden gibt es im EStG? Erläutern Sie kurz die Grundsätze! Lösung S. 100 f.
6. Welche Wirtschaftsgüter gehören zum Betriebsvermögen des Steuerpflichtigen? Lösung S. 100
7. Wie erfolgt die Bewertung betrieblicher Wirtschaftsgüter? Erläutern Sie in diesem Zusammenhang die folgenden Bewertungsmaßstäbe: »Anschaffungskosten«, »Herstellungskosten«, »Teilwert«! Lösung S. 104 ff.
8. Nach welchem Prinzip richtet sich die zeitliche Zuordnung von Einnahmen und Ausgaben im Einkommensteuerrecht? Lösung S. 111
9. Erklären Sie das »Aufteilungs- und Abzugsverbot« aus § 12 Nr. 1 Satz 2 EStG! Lösung S. 112
10. Definieren Sie die Begriffe »Betriebsausgaben« und »Werbungskosten«! Lösung S. 111, 116
11. Wodurch unterscheiden sich die Einkünfte aus »Gewerbebetrieb« von den Einkünften aus »selbständiger Arbeit«, nichtselbständiger Arbeit«, »Vermietung und Verpachtung«? Lösung S. 123 ff.
12. Erläutern Sie das Lohnsteuerabzugsverfahren! Lösung S. 133
13. Was versteht man unter den Begriffen »horizontaler« bzw. »vertikaler« Verlustausgleich, Verlustabzug? Lösung S. 157
14. Welche Gruppen von Privatausgaben dürfen das zu versteuernde Einkommen mindern? Lösung S. 161 f.
15. Welche Einkommensteuertarife gibt es und für welche Steuerpflichtigen sind sie jeweils anzuwenden? Lösung S. 177 ff.

16. Welche Tarifzonen gibt es beim Einkommensteuertarif? Lösung S. 164
17. Beschreiben Sie die Begriffe »Grenzsteuersatz«, »Durchschnittsteuersatz« und »Spitzensteuersatz«! Lösung S. 164

Besonderes Steuerrecht: Körperschaftsteuer

1. Allgemeines und Überblick   184

2. Körperschaftsteuerpflicht   188

3. Bemessungsgrundlage für die Körperschaftsteuer   191

4. Grundlagen der Besteuerung von Körperschaft und Anteilseigner   201

5. Wiederholungsfragen   204

1. Allgemeines und Überblick

Zu einer der im Detail am schwierigsten zu erfassenden Steuerarten zählt die Körperschaftsteuer. Systematisch wird sie direkt im Anschluss an die Einkommensteuer behandelt, da man die Körperschaftsteuer auch als Einkommensteuer der juristischen Person bezeichnen kann. Juristische Personen haben wie natürliche Personen auch eine eigene Rechtspersönlichkeit, d.h., sie können Träger von Rechten und Pflichten sein. Dieser Umstand rechtfertigt es, sie einer eigenen Steuer, nämlich der Körperschaftsteuer, zu unterwerfen. Von den juristischen Personen sind die Personengesellschaften (z.B. OHG, KG) streng zu trennen. Letztgenannten steht grundsätzlich keine eigene Rechtspersönlichkeit zu. Demzufolge ist hier auch nicht die Gesellschaft selbst steuerpflichtig, sondern vielmehr die natürliche Person als Gesellschafter mit den auf sie entfallenden Gewinnanteilen (z.B. Gewinnanteil eines OHG-Gesellschafters unterliegt als Einkünfte aus Gewerbebetrieb i.S.d. § 15 Abs. 1 Nr. 2 EStG der Einkommensteuer).

Körperschaftsteuer ist die Einkommensteuer der juristischen Person.

Personengesellschaften sind mangels eigener Rechtspersönlichkeit selbst nicht steuerpflichtig.

Auch die Körperschaftsteuer gehört zu den Haupteinnahmequellen des Staates. Das Aufkommen der Körperschaftsteuer steht dem Bund und den Ländern gemeinsam zu (Gemeinschaftsteuer); diese Gebietskörperschaften sind je zur Hälfte beteiligt (vgl. Art. 106 Abs. 3 GG).

Lässt man komplizierte Details zunächst außer Acht, so weist die Körperschaftsteuer eine Vielzahl von Parallelen zur Einkommensteuer auf. Sie ist ebenfalls eine Jahressteuer; die Grundlagen für ihre Festsetzung – das Einkommen der juristischen Person als Gegenstand der Besteuerung – werden ebenfalls jeweils grundsätzlich für ein Kalenderjahr ermittelt (§ 7 Abs. 3 KStG). Die Ermittlung der Besteuerungsgrundlagen und die Festsetzung der Körperschaftsteuer erfolgen in einem förmlichen Verfahren, dem sog. »Veranlagungsverfahren«.

Zuständig für die Verwaltung der Körperschaftsteuer sind – wie bei der Einkommensteuer – die örtlichen Finanzämter, die die Körperschaftsteuerveranlagung durchführen. Dieses Veranlagungsverfahren beginnt mit der Abgabe der Steuererklärung.

Die gesetzlichen Vertreter einer Körperschaft (z.B. Geschäftsführer einer GmbH) sind nach Ablauf eines Kalenderjahres (= Veranlagungszeitraum) zur Abgabe einer solchen Körperschaftsteuererklärung verpflichtet (vgl. § 31 Abs. 1 KStG, § 56 EStDV). Die Steuererklärung ist nach amtlich vorgeschriebenem Vordruck bei dem örtlich zuständigen Finanzamt, in dessen Bezirk sich die Geschäftsleitung der Körperschaft befindet, fristgemäß abzugeben. Ab dem Veranlagungszeitraum 2011 ist die Körperschaftsteuererklärung nicht mehr in Papierform, sondern grundsätzlich nach amtlich vorgeschriebenen Datensatz durch Datenfernübertragung zu übermitteln (§ 31 Abs. 1a KStG). Die zuständigen Finanzbeamten prüfen die eingereichte Steuererklärung und setzen daraufhin durch schriftlichen Steuerbescheid die Körperschaftsteuer fest. Die Rechtsgrundlagen für die Festsetzung der Körperschaftsteuer sind das Körperschaftsteuergesetz (KStG) und die dazu ergangene Körperschaftsteuer-Durchführungsverordnung (KStDV). Neben diesen gesetzlichen Grundlagen hat die Bundesregierung außerdem mit Zustimmung des Bundesrates sog. »Körperschaftsteuer-Richtlinien« (KStR) erlassen. Hat man sich einmal mit der Systematik des Einkommensteuergesetzes auseinandergesetzt, so fällt es grundsätzlich auch nicht schwer, sich im Körperschaftsteuergesetz zurechtzufinden. Der Aufbau des Einkommensteuergesetzes (Steuerpflicht, Ermittlung des zu versteuernden Einkommens, Ermittlung der zu zahlenden Steuer) findet sich auch im KStG wieder. Nach den einführenden Vorschriften über die unbeschränkte und beschränkte Körperschaftsteuerpflicht (§§ 1 und 2 KStG) wird in den §§ 8 ff. KStG das zu versteuernde Einkommen ermittelt. In einem dritten Schritt wird ebenfalls die Körperschaftsteuer unter Anwendung eines Steuersatzes auf die Bemessungsgrundlage errechnet (§ 23 KStG). Im Unterschied zum Einkommensteuerrecht, wo es – wie gezeigt – von der Höhe des zu versteuernden Einkommens abhängige Steuersätze gibt, beträgt im Körperschaftsteuerrecht der Steuersatz einheitlich 15% (§ 23 Abs. 1 KStG). Die so ermittelte Körperschaftsteuer ist eine Definitivsteuer, die nicht mehr anrechenbar ist. Es erfolgt im Übrigen keine Unterscheidung zwischen ausgeschütteten und nicht ausgeschütteten (thesaurierten) Gewinnen.

Marginalien:
Rechtsgrundlagen sind das Körperschaftsteuergesetz (KStG) und die Körperschaftsteuer-Durchführungsverordnung (KStDV).

Parallelen zum Einkommensteuerrecht

Im Körperschaftsteuerrecht gibt es nur einen einheitlichen Steuersatz.

Überblick über den Aufbau des KStG

I. Steuerpflicht (§§ 1 bis 6 KStG)

In diesem Abschnitt wird festgelegt, wer körperschaftsteuerpflichtig ist und für wen persönliche Befreiungen von der Körperschaftsteuer bestehen.

II. Einkommen (§§ 7 bis 22 KStG)

Dieser Teil enthält Regelungen zur Ermittlung des steuerpflichtigen Einkommens (§§ 7 bis 13 KStG) und Sondervorschriften für die Organschaft (§§ 14 bis 19 KStG) sowie für Versicherungsunternehmen, Bausparkassen und Genossenschaften (§§ 20 bis 22 KStG).

III. Tarif, Besteuerung bei ausländischen Einkunftsteilen (§§ 23 bis 26 KStG)

Inhalt dieses Teils sind der Steuersatz, Freibeträge für bestimmte Körperschaften und die Maßnahmen zur Vermeidung der Doppelbesteuerung bei ausländischen Einkünften.

IV. Nicht in das Nennkapital geleistete Einlagen, Entstehung und Veranlagung (§§ 27 bis 32a KStG)

Dieser Abschnitt enthält Vorschriften zur Erfassung der Vermögensmehrungen, die gesellschaftsrechtlich veranlasst sind, und verfahrensrechtliche Regelungen.

V. Ermächtigungs- und Schlussvorschriften (§§ 33 bis 35 KStG)

VI. Sondervorschriften für den Übergang vom Anrechnungs- zum Halbeinkünfteverfahren (§§ 36 bis 39 KStG)

Die Besteuerung der Kapitalgesellschaft erfolgt dabei unabhängig von der des Anteilseigners. Hierin liegt der entscheidende Unterschied zur steuerlichen Behandlung der Personengesellschaften, deren Gewinn den Gesellschaftern unmittelbar zugerechnet wird (§ 15 Abs. 1 Nr. 2 EStG, siehe oben). Solange keine Ausschüttung erfolgt, treten beim Anteilseigner keine steuerliche Folgen ein. Erst bei Ausschüttung erfolgt eine Doppelbelastung der Gewinne der Kapitalgesellschaft mit Ertragsteuern (Körperschaftsteuer der Gesellschaft, Einkommensteuer des Gesellschafters).

Ab VZ 2001 bis zum VZ 2008 wird diese Doppelbesteuerung in typisierter Form durch das so genannte Halbeinkünfteverfahren beseitigt. Mit der Einführung der Abgeltungsteuer im Rahmen der Unternehmensteuerreform 2008 wird das Halbeinkünfteverfahren mit Wirkung ab dem VZ 2009 für Einkünfte im Privatvermögen abgeschafft und für Beteiligungserträge und Veräußerungsvorgänge im Betriebsvermögen zu einem Teileinkünfteverfahren umgewandelt. Ausführungen hierzu bleiben einem gesonderten Abschnitt vorbehalten.

2. Körperschaftsteuerpflicht

Hinsichtlich der Steuerpflicht von Körperschaften kann im Wesentlichen auf die Ausführungen zur Einkommensteuerpflicht zurückgegriffen werden. Auch im Körperschaftsteuerrecht wird zwischen unbeschränkter und beschränkter Steuerpflicht unterschieden.

Unbeschränkte und beschränkte Körperschaftsteuerpflicht

Körperschaftsteuerpflicht	
Unbeschränkte Steuerpflicht	**Beschränkte Steuerpflicht**
• Körperschaften, Personenvereinigungen, Vermögensmassen i.S.d. § 1 Abs. 1 Nrn. 1-6 KStG, insbesondere Kapitalgesellschaften (GmbH, AG) – die ihre Geschäftsleitung – oder ihren Sitz im Inland haben • Steuerpflicht erstreckt sich auf sämtliche Einkünfte • Beginn der Steuerpflicht mit dem Vertragsabschluss (Satzung, Statut, Vertrag, usw.) Beachte: Vorgründungsgesellschaft (= Mitunternehmerschaft) Vorgesellschaft (= Körperschaftsteuersubjekt) • Ende der Steuerpflicht mit Beendigung der Liquidation	• insbesondere gem. § 2 Nr. 1 KStG • Körperschaften, Personenvereinigungen, Vermögensmassen – die weder ihre Geschäftsleitung – noch ihren Sitz im Inland haben • Steuerpflicht erstreckt sich auf die inländischen Einkünfte • Beginn und Ende der Steuerpflicht entsprechen der unbeschränkten Steuerpflicht

Voraussetzungen der unbeschränkten Körperschaftsteuerpflicht

Unbeschränkt körperschaftsteuerpflichtig sind die in § 1 Abs. 1 Nr. 1-6 KStG aufgeführten Körperschaften, Personenvereinigungen und Vermögensmassen, die ihre Geschäftsleitung oder ihren Sitz im Inland haben (§ 1 Abs. 1 KStG). Wichtigste Gruppe dieser Aufzählung juristischer Personen bilden die Kapitalgesellschaften (insbesondere GmbH, AG). Was bei der natürlichen Person im Einkommensteuerrecht der Wohnsitz bzw. gewöhnliche Aufenthalt ist, ist bei den juristischen Personen die »Geschäftsleitung« bzw. der »Sitz«. Auch diese Begriffe sind in der Abgabenordnung definiert. Danach ist Geschäftsleitung der

Geschäftsleitung ist der Mittelpunkt der geschäftlichen Oberleitung

Mittelpunkt der geschäftlichen Oberleitung (§ 10 AO). Darunter kann man sich i.d.R. die Büroräume der Gesellschaft vorstellen. Den Sitz hat eine Körperschaft, Personenvereinigung oder Vermögensmasse an dem Ort, der sich durch Gesetz, Gesellschaftsvertrag, Satzung, Stiftungsgeschäft oder dergleichen bestimmt (§ 11 AO). Geschäftsleitung oder Sitz müssen zur unbeschränkten Steuerpflicht im Inland (Gebiet der Bundesrepublik Deutschland) gelegen sein.

Sitz einer Körperschaft ist der Ort, der durch Gesetz, Gesellschaftsvertrag, Satzung u.ä. bestimmt ist.

Die unbeschränkte Steuerpflicht erstreckt sich dabei auf sämtliche Einkünfte (§ 1 Abs. 2 KStG). Dies entspricht dem so genannten »Welteinkommensprinzip« bei der Einkommensteuer. Die Körperschaftsteuerpflicht beginnt mit dem Vertragsschluss (Satzung, Statut, Vertrag usw.). Dabei entsteht die »Gründungs-« oder »Vorgesellschaft«, die wie im Zivilrecht eher Ähnlichkeit mit der gegründeten Körperschaft als mit anderen Gebilden hat und folglich wie diese körperschaftsteuerpflichtig ist. Unerheblich ist, ob diese Gesellschaft nach außen auftritt oder Vermögen besitzt. Zweifelhaft in diesem Zusammenhang ist die Beurteilung hinsichtlich der Körperschaftsteuerpflicht gescheiterter Vorgesellschaften. Eine Gründung scheitert, wenn die Körperschaft im zivilrechtlichen Sinne nicht zur Entstehung gelangt, insbesondere bei Aktiengesellschaften und GmbHs, wenn die Eintragung im Handelsregister unterbleibt. Überwiegend wird in der Rechtsprechung des BFH und in der Literatur vertreten, dass bei Scheitern der Gründung rückwirkend eine Gesellschaft bürgerlichen Rechts bzw. ggf. eine gewerbliche Mitunternehmerschaft angenommen wird mit der weiteren Folge, dass auch die Körperschaftsteuerpflicht rückwirkend entfällt. Von dieser Vorgesellschaft ist die so genannte »Vorgründungsgesellschaft« zu unterscheiden. Sie entsteht bereits mit der Vereinbarung, eine Körperschaft zu errichten oder zu gründen. Zivilrechtlich ist dieses Gesellschaftsgebilde als BGB-Gesellschaft bzw. OHG zu beurteilen und mithin kein Steuersubjekt i.S.d. § 1 Abs. 1 KStG, sondern es ist vielmehr eine Mitunternehmerschaft i.S.d. § 15 Abs. 1 Nr. 2 EStG.

Körperschaftsteuerpflicht beginnt mit dem Vertragsschluss

»Vorgründungsgesellschaften« sind keine Steuersubjekte i.S.d. § 1 Abs, 1 KStG.

Merke: Die Vorgründungsgesellschaft ist nicht körperschaftsteuerpflichtig.

Die unbeschränkte Körperschaftsteuerpflicht endet grundsätzlich mit der Beendigung der Liquidation, also mit dem Zeitpunkt, in dem die Körperschaft über keine bilanzierungs- und bewertungsfähigen Vermögensgegenstände mehr verfügt. Auf die Löschung im Handelsregister kommt es damit nicht an.

Körperschaftsteuerpflicht endet grundsätzlich mit der Beendigung der Liquidation

Die beschränkte Steuerpflicht i.S.d. § 2 Nr. 1 KStG entspricht der Regelung über die beschränkte Einkommensteuerpflicht in § 1 Abs. 4 EStG. Danach sind Körperschaften, Personenvereinigungen und Vermögensmassen, die weder ihre Geschäftsleitung noch ihren Sitz im In-

Voraussetzungen der beschränkten Steuerpflicht

land haben, mit ihren inländischen Einkünften beschränkt körperschaftsteuerpflichtig.

Unter die beschränkte Körperschaftsteuerpflicht fallen nach § 2 Nr. 2 KStG auch sonstige Körperschaften, Personenvereinigungen und Vermögensmassen, die nicht unbeschränkt steuerpflichtig sind, mit den inländischen Einkünften, von denen ein Steuerabzug vorgenommen wird. Zu diesen »sonstigen« Gesellschaften zählen alle inländischen juristischen Personen des öffentlichen Rechts; insbesondere sind dies die Gebietskörperschaften (Bund, Länder, Gemeinden, Gemeindeverbände) sowie Kammern, Innungen und Anstalten.

Merke: Für das Verständnis des Körperschaftsteuerrechts sind zunächst nur die Erläuterungen zur unbeschränkten Körperschaftsteuerpflicht von Bedeutung. Die darüber hinausgehenden Ausführungen dienen in erster Linie der Vervollständigung der Darstellung.

3. Bemessungsgrundlage für die Körperschaftsteuer

Sind die steuerpflichtigen Körperschaften nicht ausnahmsweise gemäß § 5 KStG von der Körperschaftsteuer befreit, stellt sich die Frage nach der Bemessungsgrundlage. Die Körperschaftsteuer bemisst sich wie die Einkommensteuer nach dem zu versteuernden Einkommen (§ 7 Abs. 1 KStG).

Bemessungsgrundlage ist das zu versteuernde Einkommen.

Überblick über den Körperschaftsteuertatbestand

Gewinn/Verlust lt. Steuerbilanz (= korrigierter Jahresüberschuss/ Jahresfehlbetrag lt. Handelsbilanz)

+/- Korrektur von gesellschaftsrechtlichen Vorgängen (offene und verdeckte Gewinnausschüttungen, Gesellschaftseinlagen, verdeckte Einlagen, Kapitalrückzahlungen, bzw. Kapitalforderungen)

- Steuerbefreiungen von Gewinnausschüttungen (§ 8b Abs. 1 KStG)
- Steuerbefreiungen für Veräußerungsgewinne (§ 8b Abs. 2 KStG)
+ nicht abziehbare Aufwendungen (§ 10 KStG)
- aufgrund körperschaftsteuerlicher Vorschrift abziehbare Aufwendungen (§ 9 KStG)

= **Summe der Einkünfte**

- abziehbare Spenden und Beiträge (§ 9 Nr. 2 KStG)
+ zuzurechnendes Einkommen von Organgesellschaften (§§ 14, 17, 18 KStG)

= **Gesamtbetrag der Einkünfte**

- Verlustabzug (§ 8c KStG)

= **Einkommen**

- Freibetrag für bestimmte Körperschaften (§§ 24, 25 KStG)

= **zu versteuerndes Einkommen**

x Körperschaftsteuersatz von 15% (§ 23 Abs. 1 KStG)

= **tarifliche Körperschaftsteuer** (i.d.R. = festzusetzende Körperschaftsteuer)
- Vorauszahlungen
- Anrechenbare Steuerabzüge (z.B. Kapitalertragsteuer)

= **zu zahlende Körperschaftsteuer oder Körperschaftsteuererstattung**

Zu versteuerndes Einkommen i.S.d. KStG ist das Einkommen i.S.d. § 8 Abs. 1 KStG, vermindert um die Freibeträge der §§ 24 und 25 KStG. Was als Einkommen der Körperschaft gilt und wie das Einkommen zu ermitteln ist, bestimmt sich nach den Vorschriften des EStG und des KStG. Da Kapitalgesellschaften, die hier allein behandelt werden sollen, lediglich Einkünfte aus Gewerbebetrieb haben (§ 8 Abs. 2 KStG) und Privatausgaben mangels Privatsphäre nicht möglich sind, ist das Einkommen einer Kapitalgesellschaft grundsätzlich mit den Einkünften aus Gewerbebetrieb (= Gewinn i.S.d. § 2 Abs. 2 Nr. 1 EStG), modifiziert durch Spezialvorschriften des KStG in §§ 8 ff., gleichzusetzen. Hinsichtlich der Gewinnermittlung gelten die Ausführungen zu den Einkünften aus Gewerbebetrieb im Einkommensteuerrecht entsprechend. Bei Steuerpflichtigen, die verpflichtet sind, Bücher nach den Vorschriften des Handelsgesetzbuches zu führen, ist der Gewinn nach dem Wirtschaftsjahr zu ermitteln, für das sie regelmäßig Abschlüsse machen. Weicht bei diesen Steuerpflichtigen das Wirtschaftsjahr, für das sie regelmäßig Abschlüsse machen, vom Kalenderjahr ab, so gilt der Gewinn aus Gewerbebetrieb als in dem Kalenderjahr bezogen, in dem das Wirtschaftsjahr endet. Die Umstellung des Wirtschaftsjahres auf einen vom Kalenderjahr abweichenden Zeitraum ist steuerlich nur wirksam, wenn sie im Einvernehmen mit dem Finanzamt vorgenommen wird (§ 7 Abs. 4 KStG). Auch diese Regelungen hinsichtlich des Gewinnermittlungszeitraumes finden sich im EStG unter § 4a EStG fast inhaltsgleich wieder. Wie sich im einzelnen der Weg von diesem Ausgangspunkt, dem (Steuerbilanz-)Gewinn aus Gewerbebetrieb bis hin zum zu versteuernden Einkommen im Körperschaftsteuerrecht vollzieht, ist dem vorangestellten Überblick zu entnehmen. Dem folgt auch der amtlichen Vordruck zur Körperschaftsteuererklärung.

Betrachtet man die einzelnen Stationen auf dem Weg zur Ermittlung des zu versteuernden Einkommens, so fällt auf, dass die uns bereits aus dem Einkommensteuerrecht geläufigen Begriffe (wie Summe der Einkünfte, Gesamtbetrag der Einkünfte, Einkommen usw.) auch im Körperschaftsteuerrecht verwendet werden. Da die Modifikationen des Körperschaftsteuerrechts im Detail jedoch lediglich für Fortgeschrittene geeignet sind, werden sie im Wesentlichen ausgespart.

Marginalien:
Das Einkommen einer Kapitalgesellschaft besteht grundsätzlich in den erzielten Einkünften aus Gewerbebetrieb.

Gewinnermittlungsvorschriften des Einkommensteuerrecht gelten entsprechend

Das Erlernen des Basiswissens zu den folgenden Thematiken erscheint dagegen für das Verständnis der Systematik des Körperschaftsteuerrecht sinnvoll:

Verdeckte Gewinnausschüttungen

Wichtig erscheint mir jedoch die Behandlung der verdeckten Gewinnausschüttungen. Nach der ausdrücklichen Regelung des § 8 Abs. 3 Satz 2 KStG dürfen verdeckte Gewinnausschüttungen das Einkommen nicht mindern. Verdeckte Gewinnausschüttungen liegen vor, wenn Handlungen (oder Unterlassungen), die den Jahresüberschuss der Körperschaft mindern, dazu bestimmt sind, dem Anteilseigner einen wirtschaftlichen Vorteil zu verschaffen, ohne dass diese Zuwendung betrieblich motiviert ist.

_{Verdeckte Gewinnaus-Schüttungen dürfen das Einkommen nicht mindern.}

– 2 –

Steuernummer

Einkommen im Kalenderjahr 2010

Bitte nur volle Euro-Beträge eintragen
Negative Beträge in Rot oder mit Minuszeichen

Zeile		EUR	EUR	99	13
20	**Steuerbilanzgewinn / -verlust** (ohne den Zeile 20a entsprechenden Betrag) ❷❸		110	110	
20a	**Pauschaler Gewinn aus dem Betrieb von Handelsschiffen bei gesonderter Gewinnermittlung nach § 5a EStG**		181	181	
20b	Bei partieller Steuerpflicht: Gewinn / Verlust aus dem steuerpflichtigen Bereich lt. besonderer Ermittlung (nach Berücksichtigung des Abzugs nach § 10g EStG - Abzug höchstens bis auf 0 €)		165	165	
21	**Jahresüberschuss / Jahresfehlbetrag** ❷❸ (wenn keine Steuerbilanz aufgestellt ist)	111		111	
22	Dazu / Davon ab: Korrektur nach § 60 Abs.2 Satz 1 EStDV zur Anpassung der Handelsbilanz an die steuerlich maßgeblichen Wertansätze (lt. beigefügter Erläuterung)	113		113	
23	Summe der Zeilen 21 und 22		▶		
24 frei					
24a	Dazu: Nach **§ 50c EStG 1997**[1] i. V. mit § 52 Abs. 59 EStG steuerlich nicht zu berücksichtigende Gewinnminderungen		137	137	
25	Dazu / Davon ab: Erhöhung um nicht ausgleichsfähige Verluste i.S. des § 8 Abs. 4 Satz 4 KStG 2006 2), des § 2b EStG 2002 3) i.V. mit § 52 Abs. 4 EStG, des § 15 Abs. 4 EStG bzw. des § 15a Abs.1 und Abs. 1a EStG, des § 15b Abs. 1 Satz 1 EStG, des § 20 Abs. 1 Nr. 4 Satz 2 EStG und des § 13 Abs. 3 KStG (Betrag lt. Zeile 17 der Anlage WoBau), des § 2 Abs. 4 UmwStG und des § 20 Abs. 6 Satz 4 UmwStG, sowie Hinzurechnung nach § 15a Abs.3 EStG und § 13 Abs. 3 Satz 10 KStG (Betrag lt. Zeile 31 der Anlage WoBau) **oder** Kürzung nach § 2b EStG 2002 i.V. mit § 52 Abs. 4 EStG, § 15 Abs. 4 Satz 2, 3 oder 7 und § 15a Abs. 2 oder Abs. 3 Satz 4 EStG, nach § 15b Abs. 1 Satz 2 EStG, nach § 20 Abs. 1 Nr. 4 Satz 2 EStG und nach §13 Abs. 3 Satz 7 KStG (Betrag lt. Zeile 27 der Anlage WoBau) (Bitte Einzelaufstellung auf besonderem Blatt beifügen)		138	138	
25a	Dazu / Davon ab: **Erhöhung bzw. Kürzung** nach § 19 Abs. 4 REITG (vorbehaltlich des § 19a Abs. 1 Satz 2 REITG)		267	267	
26	Dazu: **Gewinnzuschlag** nach § 6b Abs. 7 und 8 EStG		139	139	
26a	Davon ab: **Investitionsabzugsbetrag** nach § 7g Abs. 1 EStG		239	239	
26b	Dazu: Im Wirtschaftsjahr der Anschaffung: **Investitionsabzugsbetrag** nach § 7g Abs. 2 Satz 1 EStG		240	240	
27	Dazu: **Verdeckte Gewinnausschüttungen** nach § 8 Abs. 3 Satz 2 KStG (lt. beigefügter Erläuterung bzw. bei genossenschaftlichen Rückvergütungen lt. Zeile 14 der Anlage GR)		116	116	
27a	Davon ab: Gewinnerhöhungen im Zusammenhang mit **versteuerten verdeckten Gewinnausschüttungen** (gemäß BMF-Schreiben vom 28. 5. 2002 - BStBl I S. 603)		166	166	
28	Dazu: **Nicht erfolgswirksam gebuchte Einlagen** i. S. des § 8 Abs. 3 Satz 4 KStG		226	226	
29	Dazu: **Nicht abziehbare Aufwendungen** laut Zeile 15 der Anlage A				
30 bis 32 frei	Davon ab / Dazu: **Nicht der Körperschaftsteuer unterliegende inländische Vermögensmehrungen und -minderungen** (soweit sie im Betrag lt. Zeilen 20 oder 21 erfasst sind)				
	– Einlagen der Gesellschafter, die nicht das Nennkapital erhöht haben (einschließlich eines Erhöhungsbetrags i. S. des § 23 Abs. 2 und 3 UmwStG):				
33	davon sind bis zum Ende des Wirtschaftsjahres geleistet		140	140	
34	davon sind bis zum Ende des Wirtschaftsjahres nicht geleistet		148	148	
34a	– Gewinnerhöhung aus der Begründung des Besteuerungsrechts der Bundesrepublik Deutschland hinsichtlich des Gewinns aus der Veräußerung eines Wirtschaftsguts (§ 4 Abs. 1 Satz 7 EStG)		220	220	
34b	– Ertrag oder Gewinnminderung in Zusammenhang mit dem Anspruch auf Auszahlung des KSt-Guthabens (§ 37 Abs. 5 bis 7 KStG)		222	222	
34c	– Gewinnminderung oder Ertrag in Zusammenhang mit der Verpflichtung zur Entrichtung des KSt-Erhöhungsbetrags (§ 38 Abs. 5 bis 10 KStG)		232	232	
35 frei					
36	– Investitionszulagen		131	131	
37	– sonstige steuerfreie Einnahmen		130	130	
37a	Dazu: **Einkommenserhöhung aus der Steuerentstrickung** nach § 12 Abs. 1 KStG (soweit sie im Betrag lt. Zeilen 20 oder 21 nicht erfasst sind)		221	221	
38 und 39 frei	Nicht bei Organgesellschaften und - bei Organträgern - ohne von Organgesellschaften übernommene Beträge:				
39a	Dazu: Nach § 4 Abs. 6 UmwStG nicht zu berücksichtigender **Übernahmeverlust** ❾		235	235	
39b	Zwischensumme (Übertrag)				

Fußnoten siehe Seite 3.

Besonderes Steuerrecht: Körperschaftsteuer

- 3 -

Steuernummer			

Zeile		Bitte nur volle Euro-Beträge eintragen Negative Beträge in Rot oder mit Minuszeichen EUR	EUR	99	13
39b	Zwischensumme (Übertrag)				
39c	Dazu: **Einnahmen i. S. des § 7 UmwStG** (soweit sie im Betrag lt. Zeilen 20 oder 21 nicht erfasst sind)	223		223	
39d	Davon ab: Nach § 12 Abs. 2 Satz 1 UmwStG nicht zu berücksichtigender **Übernahmegewinn** (ohne anteiligen Betrag i. S. des § 12 Abs. 2 Satz 2 UmwStG)	224		224	
39e	Dazu: Nach § 12 Abs. 2 Satz 1 UmwStG nicht zu berücksichtigender **Übernahmeverlust**		236		236
40 frei 40a	Dazu: Im Veranlagungszeitraum 2010 zu versteuernder **„Einbringungsgewinn I"** i. S. des § 22 Abs. 1 UmwStG	225		225	
41	Davon ab / Dazu: **Ausländische Einkünfte / ausländische Steuern** (Betrag lt. Zeile 33 der Anlage AE)				
42 frei	Nicht nach DBA steuerfreie negative Einkünfte / Nicht zu berücksichtigende Gewinnminderungen mit Bezug zu Drittstaaten im Sinne des § 2a Abs. 1 EStG: – Dazu:				
43	Betrag lt. Zeile 38 Spalte 7 der Anlage AE				
44	– Davon ab: Betrag lt. Zeile 38 Spalte 8 der Anlage AE				
44a frei	**Inländische Sachverhalte i. S. des § 8b KStG** (ohne Beträge, für die § 8b Abs. 7 oder 8 KStG gilt) Zeilen 44b bis 44l: Nicht bei Organgesellschaften und - bei Organträgern - ohne von Organgesellschaften übernommene Beträge ❹ Bei Beteiligungen an mehreren Kapitalgesellschaften und / oder mittelbarer Beteiligung an Kapitalgesellschaften über Personengesellschaften: Bitte Einzelaufstellung auf besonderem Blatt beifügen.				
44b	Inländische Bezüge i. S. von § 8b Abs. 1 KStG (einschließlich der Einnahmen i. S. des § 7 UmwStG; ohne Beträge i. S. der Zeile 44m und - vorbehaltlich des § 19a Abs. 1 REITG - ohne Ausschüttungen einer REIT-Aktiengesellschaft – vgl. § 19 Abs. 3 REITG) ❺❻	182		182	
44c	Davon ab: Nicht abziehbare Ausgaben (5% des Betrags lt. Zeile 44b - § 8b Abs. 5 KStG)				
44d	Unterschiedsbetrag (Übertrag in die Hauptspalte mit umgekehrtem Vorzeichen) ▶				
44e	Inländische Gewinne i. S. des § 8b Abs. 2 KStG, ggf. unter Berücksichtigung des Übernahmegewinns nach § 12 Abs. 2 Satz 2 UmwStG und einschließlich eines Übernahmegewinns i. S. des § 4 Abs. 7 UmwStG (ohne Beträge i. S. der Zeile 44m, ohne Gewinne aus der Veräußerung von Anteilen an einer REIT-Aktiengesellschaft - vgl. § 19 Abs. 3 REITG) ❾	185		185	
44f	Davon ab: Nicht abziehbare Ausgaben (5% des Betrages lt. Zeile 44e - § 8b Abs. 3 Satz 1 KStG)				
44g	Unterschiedsbetrag (Übertrag in die Hauptspalte mit umgekehrtem Vorzeichen) ▶				
44h	Dazu: Gewinnminderungen i. S. des § 8b Abs. 3 Satz 3 bis 7 KStG, die im Zusammenhang mit inländischen Anteilen stehen; in Anwendungsfällen des § 19a Abs. 1 Satz 2 REITG einschließlich entsprechender Beträge in Zusammenhang mit Anteilen an einer REIT-Aktiengesellschaft ❾	287		287	
44i	Davon ab: Gewinne i. S. des § 8b Abs. 3 Satz 8 KStG, die im Zusammenhang mit inländischen Anteilen stehen	288		288	
44j	Dazu / Davon ab: **Korrekturbetrag** nach § 8b Abs. 8 Satz 4 und 5 KStG		168		168
44k	Dazu: Nach § 8b Abs. 10 Satz 1 KStG **nicht abziehbare Aufwendungen**, soweit sie sich auf die Überlassung inländischer Anteile beziehen	227		227	
44l	Dazu: **Fiktive inländische Einnahmen und/oder Bezüge** i.S. des § 8b Abs. 10 Satz 2 KStG		228		228
44m	Zeilen 44m und 44n: Nicht bei Organgesellschaften und - bei Organträgern - ohne von Organgesellschaften übernommene Beträge Davon ab: inländische Beträge i. S. der Zeile 44l, soweit es sich dabei um Bezüge i. S. des § 8b Abs. 1 und/oder Abs. 2 KStG handelt ❻	229		229	
44n	Davon ab: Bei der entleihenden Körperschaft: 5% der Beträge i. S. der Zeilen 44b und / oder 44e, soweit es sich hierbei um Bezüge aus entliehenen Anteilen i. S. des § 8b Abs. 10 KStG handelt ❻	230		230	
45	Zwischensumme				
46 und 47 frei	**Bei Organschaft: Gewinnabführung / Verlustübernahme**				
48	Dazu: Summe der Beträge aus nebenstehenden Zeilen aller Anlagen ORG	Nur Organträger Zeile 10 Sp. 1	Nur Organgesellschaft Zeile 23 Sp. 1	Gleichzeitig Organträger u. Organgesellschaft Zeile 10 Sp.1 u. Zeile 23 Sp.1	
49	Davon ab: Summe der Beträge aus nebenstehenden Zeilen aller Anlagen ORG	Zeile 10 Sp. 2	Zeile 23 Sp. 2	Zeile 10 Sp.2 u. Zeile 23 Sp.2	
49a	Zwischensumme (Übertrag)				

1) EStG 1997 = Einkommensteuergesetz in der Fassung des Gesetzes vom 2.8.2000 (BGBl. I S. 1270).
2) KStG 2006 = Körperschaftsteuergesetz in der Fassung des Gesetzes vom 13. 12. 2006 (BGBl. I S. 2878).
3) EStG 2002 = Einkommensteuergesetz in der Fassung des Gesetzes vom 19. 10. 2002 (BGBl. I S. 4210).
4) UmwStG 2006 = Umwandlungssteuergesetz in der Fassung vom 7. 12. 2006 (BGBl. I S. 2782, 2791).

Zeile		EUR	EUR	Kz	Wert
	Steuernummer			99	13
49a	Zwischensumme (Übertrag)				
	Nicht bei Organgesellschaften; bei Organträgern: einschließlich der entsprechenden Beträge der Organgesellschaften				
49b	Davon ab: Nach Anwendung des § 8a KStG i. V. mit § 4h EStG **(Zinsschranke)** als Betriebsausgaben abziehbare Zinsaufwendungen (Betrag lt. Zeile 14 der Anlage Zinsschranke)				
49c	Zwischensumme				
	Bei zusätzlichem Rumpfwirtschaftsjahr:				
50	Dem Betrag lt. Zeile 49c entsprechendes **Ergebnis des Rumpfwirtschaftsjahres** (lt. zusätzlich beigefügtem Vordruck KSt 1 A)				
51	Wenn während des Kalenderjahrs sowohl unbeschränkte als auch beschränkte Steuerpflicht bestanden hat: Dazu / Davon ab: Während der beschränkten Steuerpflicht erzielte Einkünfte (Betrag lt. Zeile 42 der beigefügten Erklärung KSt 1 C für die Zeit der beschränkten Steuerpflicht; vgl. § 32 Abs. 2 Nr. 1 KStG)	210	210		
52 und 53 frei 54	**Summe der Einkünfte**				
	Davon ab: Zuwendungen nach § 9 Abs. 1 Nr. 2 KStG zur Förderung steuerbegünstigter Zwecke			99	15
54a frei	(lt. Nachweis Betriebsfinanzamt bzw. lt. beigefügten Zuwendungsbestätigungen) Die abziehbaren Zuwendungen sind unter Verwendung des Vordrucks **Anlage SP** zu ermitteln - auch soweit sie in 2010 geleistet worden sind -, wenn zum 31. 12. 2009 ein **Vortrag** aus **Großspenden** (ggf. aus Großspenden an Stiftungen) besteht	10	10		
54b	Lt. Zeile 22 der Anlage SP sind **insgesamt** abziehbar (weiter mit Zeile 57)				
55 frei 56	Außer in den Fällen der Zeile 54b: **Abziehbare Zuwendungen für steuerbegünstigte Zwecke** (Betrag lt. Zeile 99)				
57 58 bis 62 frei 63	Dazu: Betrag lt. Zeile 33a der Anlage AE Zwischensumme				
63a	Dazu: Nach § 8c KStG nicht berücksichtigungsfähiger Verlust des laufenden Veranlagungszeitraums (ggf. i. V. mit §§ 2 Abs. 4, 20 Abs. 6 Satz 4 UmwStG) (Bitte auf besonderem Blatt erläutern)	51	51		
63b	Zwischensumme			Kz	Wert
	Wenn Sie Organträger sind:				
64	Dazu / Davon ab: **Zuzurechnende Einkommen der Organgesellschaften** (Summe der Beträge aus Zeile 13 aller Anlagen ORG)				
64a	Zwischensumme				
64b	Dazu: Im Falle einer Abspaltung bei der übertragenden Körperschaft: wegfallender Verlust aus dem laufenden Veranlagungszeitraum (§§ 15 Abs. 3, 16 UmwStG)	52	52		
64c	Zwischensumme				
65	**Wenn Sie Organgesellschaft sind:** Dazu: Vom Organträger zu leistende Ausgleichszahlungen (§ 16 Satz 2 KStG) (Betrag lt. Zeile 26 der Anlage ORG)				
66	**Wenn Sie Organgesellschaft sind:** Dem Organträger zuzurechnendes Einkommen (Betrag lt. Zeile 28 der Anlage ORG - einzutragen mit umgekehrtem Vorzeichen)				
67	**Gesamtbetrag der Einkünfte**				
68	Nur bei Gesellschaften, die unter § 8 Abs. 7 Satz 1 Nr. 2 Satz 2 KStG fallen und bei Gesellschaften und BgA, die Organträger solcher Gesellschaften sind; nicht bei Organgesellschaften: Dazu: Summe der negativen Gesamtbeträge der Einkünfte aus den einzelnen Sparten i. S. des § 8 Abs. 9 Satz 1 Nr. 1 bis 3 KStG (Betrag lt. Zeile 13 Spalte 2 der Anlage ÖHK)	75	75		
69	**Maßgeblicher Gesamtbetrag der Einkünfte** in den Fällen des § 8 Abs. 9 KStG				
70	Davon ab: **Verlustabzug** (§ 8 Abs. 1 und 4 KStG, § 8c KStG, § 10d EStG) – Verlustvortrag (nicht in Fällen lt. Zeile 70a) (Summe der Beträge lt. Zeilen 86 und 88)		47		
70a	– Verlustvortrag (in den Fällen des § 8 Abs. 9 KStG) (Betrag lt. Zeile 27 Spalte 2 der Anlage ÖHK)		76		
71	– Verlustrücktrag aus 2011 auf 2010 (nicht in Fällen lt. Zeile 71a)		67		
71a	– Verlustrücktrag aus 2011 auf 2010 (in den Fällen des § 8 Abs. 9 KStG)		77		
72 frei 73	**Einkommen**				
74	Davon ab: **Freibetrag nach** ☐ **§ 24 oder** ☐ **§ 25 KStG ❽**		28	§24=1 §25=2	
75	**Zu versteuerndes Einkommen**				
	Körperschaftsteuer		EUR		
75a	15% des Betrags lt. Zeile 75 (§ 23 Abs. 1 KStG)				
76 und 77 frei 77a	Nur in den Fällen des Antrags nach § 34 Abs. 16 KStG: **Erhöhung der Körperschaftsteuer** nach § 38 KStG, ggf. i. V. mit §§ 9, 16 UmwStG, § 10 UmwStG 2006 [4]) § 40 KStG 2006 (Summe der Beträge lt. Zeilen 9, 23 und 36 des Vordrucks KSt 1 F - 38)				
	Nur bei Berufsverbänden				
77b	Einnahmen				
77c	Mittel, die für die unmittelbare oder mittelbare Unterstützung oder Förderung politischer Parteien verwendet wurden		80		
77d	Körperschaftsteuer (50% des Betrags aus Zeile 77c)				

Beispiele für verdeckte Gewinnausschüttungen:
- Ein Gesellschafter erhält ein Darlehen von der Gesellschaft zinslos oder zu einem außergewöhnlich geringen Zinsfuß.
- Ein Gesellschafter gibt der Gesellschaft ein Darlehen zu einem außergewöhnlich hohen Zinsfuß.
- Eine Gesellschaft verzichtet auf Rechte, die ihr einem Gesellschafter gegenüber zustehen.

Eine verdeckte Gewinnausschüttung kann auch in der Verschaffung eines mittelbaren wirtschaftlichen Vorteiles bestehen, sei es, dass die Gesellschaft den Vorteil einer dem Gesellschafter nahe stehenden Person (z.B. einem Verwandten) gewährt, sei es, dass die Gesellschaft eine Aufgabe wahrnimmt, zu deren Erfüllung der Gesellschafter rechtlich verpflichtet gewesen wäre oder der er sich nicht hätte entziehen können. Da diese Vorteilsgewährung (z.B. Zahlung eines außergewöhnlich hohen Zinses für ein in Anspruch genommenes Darlehen) den Gewinn der Kapitalgesellschaft gemindert hat, ohne dass ein betrieblicher Anlass vorhanden war, muss er zur Ermittlung des Einkommens gem. § 8 Abs. 3 Satz 2 KStG wieder hinzugerechnet werden.

Verdeckte Gewinnaus-Schüttungen sind auch bei Gewährung eines Vorteils an dem Gesellschafter nahe stehende Personen gegeben.

Steuerbefreiungen für Gewinnausschüttungen und Veräußerungsgewinne

Neben dem EStG enthält auch das KStG spezielle sachliche Steuerbefreiungsvorschriften (z.B. § 8 Abs. 5 KStG betr. satzungsmäßige Mitgliederbeiträge an Personenvereinigungen).

Von großer praktischer Bedeutung sind insbesondere die Steuerbefreiungen:
- für Gewinnausschüttungen einer anderen Kapitalgesellschaft gemäß § 8b Abs. 1 KStG
- von Gewinnen aus der Veräußerung eines Anteils an einer Körperschaft gemäß § 8b Abs. 2 KStG

Von der Körperschaftsteuer befreit sind Gewinnausschüttungen (Dividenden), die eine Körperschaft von einer anderen Körperschaft erhält. Hintergrund der Regelung ist das Ziel, dass jede Körperschaft die Körperschaftsteuer auf ihr Einkommen entrichten soll. Dies wird als Definitivbesteuerung bezeichnet. Durch § 8b Abs. 1 KStG werden in diesem Zusammenhang also Doppel- oder sogar Mehrfachbesteuerungen vermieden.

Auf der anderen Seite hat aber auch eine etwaige Verteilung (Gewinnausschüttung an Gesellschafter) auf die Ermittlung des Einkommens der ausschüttenden Körperschaft keine Auswirkung (§ 8 Abs. 3 Satz 1 KStG).

Obwohl die Gewinnausschüttungen an die Mutterkapitalgesellschaft danach steuerbefreit sind, unterliegen die Dividenden dem Kapitalertragsteuerabzug (§ 43 Abs. 1 Nr. 1 Satz 3 EStG). Bei inländischen Kapitalgesellschaften werden diese Kapitalertragsteuern (ähnlich der Lohnsteuer nur eine Art Vorauszahlung) später aber bei der Veranlagung der Körperschaft angerechnet (§ 31 Abs. 1 KStG i.V.m. § 36 Abs. 2 Nr. 2 Satz 1 EStG).

Grundsätzlich sind Aufwendungen im Zusammenhang mit steuerfreien Einnahmen nicht abzugsfähig (§ 3c Abs. 1 EStG). Dies gilt jedoch nach der gesetzlichen Bestimmung des § 8b Abs. 5 Satz 2 KStG ausdrücklich nicht für Finanzierungskosten zum Erwerb der (ausschüttenden) Beteiligung und andere im Zusammenhang damit angefallenen Aufwendungen. Stattdessen fingiert § 8b Abs. 5 Satz 1 KStG, dass pauschal 5% der nach § 8b Abs. 1 KStG steuerbefreiten Dividenden – unabhängig davon, ob tatsächlich Beteiligungsaufwendungen angefallen sind – als nicht abzugsfähige Betriebsausgaben gelten.

Mit der Steuerfreistellung der bei der Veräußerung eines Anteils an einer Körperschaft entstandenen Gewinne gemäß § 8b Abs. 2 KStG wird an die in § 8b Abs. 1 KStG enthaltene Steuerbefreiung für Gewinnausschüttungen angeknüpft und das System der Definitivbesteuerung von Körperschaften konsequent fortgeführt.

Ermittlung des Veräußerungsgewinns (§ 8b Abs. 2 Satz 2 KStG):

Veräußerungspreis

abzgl. Anschaffungskosten der Beteiligung

abzgl. Veräußerungskosten

= Veräußerungsgewinn/ -verlust

Ergibt die Berechnung einen Veräußerungsgewinn, wird dessen Steuerfreiheit jedoch noch durch § 8b Abs. 3 Satz 1 KStG auf 95% reduziert. Dies geschieht in der Weise, dass nach der gesetzlichen Fiktion 5% des Veräußerungsgewinns als nicht abzugsfähige Betriebsausgaben gelten (ähnlich § 8b Abs. 5 KStG).

Verluste aus der Veräußerung einer Beteiligung an einer Körperschaft oder Teilwertabschreibungen können auf der anderen Seite nicht gewinnmindernd berücksichtigt werden (§ 8b Abs. 3 Satz 3 KStG).

Die vorstehenden Steuerbefreiungen gemäß § 8b Abs. 1 und Abs. 2 KStG gelten im Übrigen auch dann, wenn eine Kapitalgesellschaft an einer Personengesellschaft beteiligt ist, die wiederum Einkünfte aus Gewinnausschüttungen oder Anteilsveräußerungen erzielt (§ 8b Abs. 6 KStG). Diese entsprechende Geltung ist natürlich beschränkt auf den Gewinnanteil an der Personengesellschaft.

Abgrenzung 1: Ist der Anteilseigner eine natürliche Person, stellen die privaten Veräußerungsgewinne ab VZ 2009 – unabhängig von Beteiligungshöhe und Haltedauer – Einkünfte aus Kapitalvermögen i.S.d. § 20 Abs. 2 Nr. 1 EStG dar, die grundsätzlich der 25%igen Abgeltungsteuer unterliegen.

Abgrenzung 2: Der Vollständigkeit halber sei an dieser Stelle erwähnt, dass Gewinne einer natürlichen Person aus der Veräußerung einer im Betriebsvermögen gehaltenen Beteiligung nach dem so genannten Teileinkünfteverfahren zu 60% der Einkommensteuer unterliegen (§ 3 Nr. 40 Buchst. a EStG).

Nichtabziehbare Aufwendungen

Zu den hier erwähnenswerten Modifikationen des Gewinnes aus Gewerbebetrieb zählen auch die besonderen Vorschriften über den Abzug von Ausgaben im Körperschaftsteuergesetz. Neben den in § 9 KStG ausdrücklich zum Abzug zugelassenen Aufwendungen werden in § 10 KStG die »nichtabziehbaren Aufwendungen« behandelt. Diese Vorschrift ergänzt die allgemeinen einkommensteuerrechtlichen Bestimmungen betreffend die nichtabzugsfähigen Ausgaben (z.B. §§ 3c, 4 Abs. 5 EStG), die über § 8 Abs. 1 KStG auch bei der Körperschaftsteuer gelten. Dazu zählen z.B. die Steuern vom Einkommen und sonstige Personensteuern sowie die Umsatzsteuer, die Entnahmen oder verdeckte Gewinnausschüttungen sind (§ 10 Nr. 2 KStG). Auch diese nichtabziehbaren Aufwendungen haben bei Ermittlung der Einkünfte aus Gewerbebetrieb den Gewinn gemindert und sind zur Ermittlung des körperschaftsteuerlichen Einkommens hinzuzurechnen.

Nichtabziehbare Aufwendungen i.S.d. § 10 KStG werden (wieder) hinzugerechnet.

Ab VZ 2008 hat der Gesetz als Gegenfinanzierungsmaßnahme zur Absenkung des Körperschaftsteuersatz und anderer steuermindernder Maßnahmen den Kreis der nichtabzugsfähigen Aufwendung erweitert. Neben der Einschränkung der Abzugsfähigkeit von Zinsaufwendungen (so genannte Zinsschranke, § 4h EStG) ist insbesondere in der steuerliche Praxis von Bedeutung, dass ab dem Veranlagungszeitraum 2008 die Gewerbesteuer und die darauf entfallenden Nebenleistungen keine Betriebsausgaben mehr darstellen (§ 4 Abs. 5b EStG) und damit ebenfalls zu den nichtabzugsfähigen Aufwendungen gehören.

Verlustabzug

Auch bei Kapitalgesellschaften können steuerliche Verluste Rahmen eines Verlustabzug in einem anderen Besteuerungszeitraum verrechnet werden. Der Verlustabzug bei der Körperschaftsteuer entspricht der Regelung des § 10d EStG. Es besteht somit sowohl die Möglichkeit des Verlustrücktrags als auch des Verlustvortrags. Zu den Begrenzungen des Verlustabzug zur Grwährleistung einer Mindeststeuer kann auf die Ausführungen zum Verlustabzug bei der Einkommensteuer verwiesen werden.

Ermittlung der Körperschaftsteuer

Nach Berücksichtigung der Freibeträge i.S.d. §§ 24, 25 KStG ergibt sich das »zu versteuernde Einkommen« als Bemessungsgrundlage für die Körperschaftsteuer. Die Körperschaftsteuer von 15% wird dann mittels Körperschaftsteuerbescheid gegenüber der Kapitalgesellschaft festgesetzt.

4. Grundlagen der Besteuerung von Körperschaft und Anteilseigner

Die rechtliche Trennung zwischen der Steuerpflicht der Körperschaft und ihrer Gesellschafter (sog. Trennungsprinzip) führt im Ergebnis zu einer steuerlichen Doppelbelastung des von der Gesellschaft erwirtschafteten Einkommens. Auf der Ebene der Gesellschaft wird das Einkommen mit 15% KSt belastet, bei Ausschüttung dieses Einkommens fällt für den Anteilseigner Einkommensteuer an.

Bis zum Jahr 2001 hatte der Gesetzgeber versucht, die Vorbelastung auf Gesellschaftsebene durch ein kompliziertes Anrechnungssystem bei der Besteuerung der Beteiligungseinkünfte zu berücksichtigen. Dieses *Anrechnungsverfahren* wurde 2001 abgelöst durch ein so genanntes *Halbeinkünfteverfahren* (Vermeidung einer Doppelbelastung durch hälftige Freistellung).

Mit der Einführung der Abgeltungsteuer zum 1.1.2009 gilt ein so genanntes *duales System*:

- Beteiligung im Privatvermögen: 25% Abgeltungsteuer
- Beteiligung im Betriebsvermögen: Teileinkünfteverfahren

Besteuerung der Körperschaft

Auf der Ebene der Körperschaft kommt es zunächst zu der bereits erwähnten Defintivbesteuerung von 15% des zu versteuernden Einkommens, und zwar unabhängig davon, ob die Gesellschaft den Gewinn wieder ausschüttet oder dieser in der Gesellschaft verbleibt (sog. Thesaurierung).

Kommt es zur Gewinnausschüttung an die Gesellschafter, sind von dem Gesamtbetrag der Ausschüttung (einschließlich ggf. nach § 3 Nr. 40 EStG steuerfrei bleibenden Anteils) 25% Kapitalertragsteuer einzubehalten und an das Finanzamt abzuführen (§§ 43 Abs. 1 Satz 1 Nr. 1, 43a Abs. 1 Nr. 1 EStG).

Besteuerung des Anteilseigners

Die Besteuerungsfolgen beim Anteilseigner hängen wesentlich davon ab, ob die Beteiligung im Privat- oder Betriebsvermögen gehalten wird.

Mit der Einführung der Abgeltungsteuer hat der von der Körperschaft vorgenommene Kapitalertragsteuerabzug (zzgl. 5,5% Solidaritätszuschlag und ggf. Kirchensteuer) für den Anteilseigner, der seine Anteile im *Privatvermögen* hält, abgeltende Wirkung, d.h. ihn treffen darüber keine weiteren steuerlichen Folgen hinsichtlich der Versteuerung des nach Steuerabzug verbleibenden Anteils der Ausschüttung (§§ 32d, 43 Abs. 5 EStG).

Weitere Folge der Abgeltungswirkung ist, dass über die Berücksichtigung des Sparerpauschbetrages (801 €; Ehegatten: 1.602 €) hinaus ein Werbungskostenabzug nicht mehr möglich ist (§ 20 Abs. 9 EStG).

Merke: Hinsichtlich dieser Besteuerungsfolgen für laufende Ausschüttung kommt es nicht darauf an, ob es sich eine wesentliche Beteiligung i.S.v. § 17 EStG handelt

Ist der Anteilseigner jedoch mehr als 25% an einer Kapitalgesellschaft beteiligt oder zu mindestens 1% beteiligt und gleichzeitig beruflich für diese tätig, eröffnet § 32d Abs. 2 Nr. 3 EStG ein *Optionsrecht zur Anwendung des Teileinkünfteverfahrens* (§ 3 Nr. 40 Buchst. d EStG).

Rechtsfolgen des Teileinkünfteverfahrens:
- Einnahmen zu 60% steuerpflichtig
- Beteiligungsbezogene Ausgaben zu 60% abzugsfähig (§ 3c Abs. 2 EStG)

Die Besteuerungsfolgen bei *Veräußerung der privaten Beteiligung* hängen von der Höhe der Beteiligung ab:
- *Beteiligung < 1%*: Veräußerungsgewinn unterliegt – unabhängig von der Haltedauer - der Abgeltungsteuer i.H.v. 25%; Veräußerungsverlust unterliegt der Verrechnungsbeschränkung des § 20 Abs. 6 EStG
- *Beteiligung > 1%*: (= Wesentliche Beteiligung i.S.v. § 17 EStG): Gewinne und Verluste aus der Veräußerung unterliegen ausschließlich dem Teileinkünfteverfahren (§ 17 i.V.m. § 3 Nr. 40 Buchst. c und § 3c Abs. 2 EStG)

Die Besteuerungsfolgen für eine Beteiligung im *Betriebsvermögen* hängen davon ab, ob die Anteile von einer
- natürlichen Person
- Personengesellschaft oder
- Kapitalgesellschaft

gehalten werden. Hinsichtlich der Personengesellschaft kommt es zudem darauf an, wer Gesellschafter ist.

Systematisch lassen sich die Besteuerungsfolgen einer Ausschüttung wie folgt darstellen:
- *Natürliche Person*: Zurodnung zu den Einkünften aus §§ 13, 15, 18 EStG (Subsidiaritätsklausel des § 20 Abs. 8 EStG); Anwendung des Teileinkünfteverfahrens (§ 3 Nr. 40 Satz 2 EStG)

- *Personengesellschaft (Gesellschafter sind natürliche Personen)*: Teileinkünfteverfahren
- *Personengesellschaft (Gesellschafter sind Kapitalgesellschaften)*: steuerfrei (§ 8b Abs. 1, 2, 6 KStG)
- *Kapitalgesellschaft:* steuerfrei (§ 8b Abs. 1 KStG)

Literaturhinweis: vgl. zum Körperschaftsteuerrecht Tipke/Lang, Steuerrecht, § 11, Rz. 1 ff.; Birk, Steuerrecht, Rz. 1200 ff.

5. Wiederholungsfragen

1. Welche Unterschiede bestehen hinsichtlich der Besteuerung zwischen Personengesellschaften und Kapitalgesellschaften? Lösung S. 184
2. Was rechtfertigt die Besteuerung von juristischen Personen? Lösung S. 184
3. Wie hoch ist der Körperschaftsteuersatz für einbehaltene und ausgeschüttete Gewinne im VZ 2008? Lösung S. 186
4. Wann ist eine Körperschaft unbeschränkt körperschaftsteuerpflichtig? Lösung S. 188
5. Beurteilen Sie die Steuerpflicht »gescheiterter Vorgesellschaften« und »Vorgründungsgesellschaften«! Lösung S. 189
6. Wonach bemisst sich die Körperschaftsteuer? Lösung S. 191
7. Skizzieren Sie grob den Weg zur Ermittlung dieser Bemessungsgrundlage! Lösung S. 192
8. Wann liegt eine »verdeckte Gewinnausschüttung« vor? Lösung S. 193
9. Welche Folge haben verdeckte Gewinnausschüttungen? Lösung S. 193
10. Nennen Sie drei Beispiele für verdeckte Gewinnausschüttungen! Lösung S. 197
11. Welche Besteuerungsfolgen ergeben sich, wenn eine Körperschaft eine Gewinnausschüttung von einer anderen Körperschaft erhält? Lösung S. 197
12. Welche Besteuerungsfolgen ergeben sich für Gewinne und Verluste aus der Veräußerung eines Anteils an einer Körperschaft? Lösung S. 201
13. Erläutern Sie den Begriffe »duales System« und »Teileinkünfteverfahren«! Lösung S. 201
14. Welche Besteuerungsfolgen ergeben sich, wenn die Körperschaft an den Gesellschafter einen Gewinn ausschüttet und der Gesellschafter seine Beteiligung im Privatvermögen (alt. Betriebsvermögen) hält? Lösung S. 201

Besonderes Steuerrecht: Gewerbesteuer

1.	Allgemeines und Überblick	206
2.	Steuergegenstand	211
2.1.	Gewerbebetriebe kraft gewerblicher Betätigung	213
2.2.	Gewerbebetriebe kraft Rechtsform	214
2.3.	Gewerbebetriebe kraft wirtschaftlichen Geschäftsbetriebes	214
3.	Ermittlung des Gewerbesteuermessbetrags	215
4.	Gewerbesteuerfestsetzung	219
5.	Wiederholungsfragen	221

1. Allgemeines und Überblick

Gewerbesteuer ist die wichtigste Einnahmequelle der Gemeinden.

Die Gewerbesteuer ist die wichtigste Einnahmequelle der Gemeinden. Sie sind berechtigt, die Gewerbesteuer zu erheben. Den Gemeinden steht grundsätzlich das Gewerbesteueraufkommen zu. Gem. Art. 106 Abs. 6 GG können Bund und Länder durch eine Umlage an dem Aufkommen der Gewerbesteuer beteiligt werden. Von dieser Möglichkeit hat der Gesetzgeber im Gemeindefinanzreformgesetz von 1969 Gebrauch gemacht und eine Gewerbesteuer- Umlage eingeführt. Im Ergebnis ist die Gewerbesteuer damit keine reine Gemeindesteuer mehr.

Die Gewerbesteuer dient quasi als Ausgleich für die Gemeinden, denen gerade durch ortsansässige Gewerbebetriebe verursachte unmittelbare und mittelbare Lasten aufgebürdet werden (z.B. Erschließung von Baugeländen, Schaffung von Verkehrsflächen und Parkplätzen, Bau und Unterhaltung von Straßen usw.).

Trotz aller Reformbestrebungen zur Abschaffung der Gewerbesteuer ist deren Bestand in naher Zukunft nicht »gefährdet«.

Die Gewerbesteuer gehört heute zur Gruppe der Ertragsteuern. Im Gegensatz zur Einkommen- und Körperschaftsteuer ist die Gewerbesteuer aber keine Personen-, sondern eine Objektsteuer, denn sie knüpft nicht an den Betriebsinhaber, sondern an den Gewerbebetrieb selbst an.

Steuerschuldner der Gewerbesteuer ist der Unternehmer. Als Unternehmer gilt der, für dessen Rechnung das Gewerbe betrieben wird.

Rechtsgrundlagen sind das Gewerbesteuergesetz (GewStG) und die Gewerbesteuer-Durchführungsverordnung (GewStDV).

Rechtsgrundlagen der Gewerbesteuer sind das Gewerbesteuergesetz (GewStG) und die Gewerbesteuer-Durchführungsverordnung (GewStDV). Zudem hat die Bundesregierung mit Zustimmung des Bundesrates aufgrund der Ermächtigung in Art. 108 Abs. 4 GG sogenannte »Gewerbesteuer-Richtlinien« (GewStR; aktuell GewStR 2009) erlassen.

Aufbau des Gewerbesteuergesetzes

I. Allgemeines (§§ 1 bis 6 GewStG):

In diesem Teil finden sich Regelungen darüber, wem die Gewerbesteuer zusteht, wer der Gewerbesteuer unterliegt, wer von ihr befreit ist, wer sie schuldet und was die Bemessungsgrundlage ist.

II. Bemessung der Gewerbesteuer (§§ 7 bis 11 GewStG)

Hier finden sich Einzelheiten zur Berechnung der Bemessungsgrundlage und Ermittlung des Steuermessbetrages.

IV. Steuermessbetrag (§§ 14 bis 15 GewStG)

In diesem Abschnitt ist die Festsetzung des Steuermessbetrags, die Steuererklärungspflicht, die Erhebungsberechtigung für den Verspätungszuschlag sowie die Möglichkeit zur Pauschalierung der Gewerbesteuer geregelt.

V. Entstehung, Festsetzung und Erhebung (§§ 16 bis 21 GewStG)

Dieser Teil enthält Vorschriften über verschiedene Verfahrensfragen.

VI. Zerlegung (§§ 28 bis 34 GewStG)

Dieser Abschnitt widmet sich der Frage der Verteilung der Gewerbesteuer, wenn ein Unternehmen sich nicht nur in einer Gemeinde wirtschaftlich betätigt.

VII. Gewerbesteuer der Reisegewerbebetriebe (§ 35a GewStG)

Hier sind Besonderheiten für Reisegewerbebetriebe geregelt.

VIII. Änderung des Gewerbesteuerbescheids von Amts wegen (§ 35b GewStG)

Die Vorschrift des § 35b GewStG ist erforderlich, um spätere Änderungen der Einkommen- und Körperschaftsteuerbescheide auch bei der Gewerbesteuer zu berücksichtigen.

IX. Durchführung (§ 35c GewStG)

X. Schlussvorschriften (§§ 36, 37 GewStG)

Das Verfahren bis zur Festsetzung der Gewerbesteuer lässt sich im Wesentlichen mit dem Grundsteuerverfahren vergleichen: Die steuerpflichtigen Unternehmer reichen ihre Gewerbesteuererklärung auf dem dafür vorgesehenen amtlichen Vordruck beim zuständigen Finanzamt ein. Die Steuererklärungspflicht ergibt sich aus § 14a GewStG. Ab dem VZ 2011 ist die Gewerbesteuererklärung nach amtlich vorgeschriebenen Datensatz durch Datenfernübertragung an die Finanzbehörde zu übermitteln.

Gewerbesteuererklärung

2010

Handschriftliche Eintragungen bitte in GROSSBUCHSTABEN vornehmen.

An das Finanzamt

1

2 Steuernummer

Gewerbesteuererklärung
Erklärung zur gesonderten Feststellung des Gewerbeverlustes

Für jedes selbständige Unternehmen ist eine besondere Steuererklärung abzugeben. In Organschaftsfällen ist der Gewerbeertrag für jede Organgesellschaft unter Verwendung des amtlichen Vordrucks „GewSt 1 A" gesondert zu erklären.

Die mit einem Kreis versehenen Zahlen bezeichnen die Erläuterungen in der Anleitung zur Gewerbesteuererklärung.

Allgemeine Angaben

3 Unternehmen / Firma

4 Art des Unternehmens

5 Anschrift der Geschäftsleitung / des Unternehmens (Straße, Hausnummer) im Erhebungszeitraum

6 Postleitzahl | Ort

7 Postleitzahl | Postfach | Telefonisch erreichbar unter Nr.

8 Rechtsform des Unternehmens

9 Das Einzelunternehmen / die Personengesellschaft ist durch Rechtsformwechsel im Laufe des Kalenderjahrs 2010 aus einer Personengesellschaft / einem Einzelunternehmen hervorgegangen: ☒ Ja, am T T M M J J J J

9a Es handelt sich um ein Unternehmen i. S. des § 7 Satz 5 GewStG (auch soweit Organgesellschaft) ☒ Ja

9b Anzahl der beigefügten Anlage(n) ÖHG

10 Bei Personengesellschaften: Im Laufe des Kalenderjahrs 2010
– sind Gesellschafter   eingetreten ☒ Nein ☒ Ja   ausgeschieden ☒ Nein ☒ Ja

10a – hat sich die Beteiligungsquote geändert ☒ Nein ☒ Ja

11 Registergerichtliche Eintragung | Registergericht
☒ Nein ☒ Ja, beim

11a die Eintragung ist erfolgt am T T M M J J J J | Registernummer

12 Unternehmer / gesetzlicher Vertreter / Geschäftsführer einer Personengesellschaft (Vorname, Zuname), wenn von Zeile 3 abweichend

13 Anschrift des Unternehmers / gesetzl. Vertreters / Geschäftsführers d. Personengesellschaft (Straße, Haus-Nr., PLZ u. Ort), wenn von Zeile 5 bis 7 abweichend

14 Der Steuerbescheid soll einem von den Zeilen 3 bis 7 und 12 abweichenden Empfangsbevollmächtigten / Postempfänger zugesandt werden. Empfangsvollmacht ☒ ist beigefügt. ☒ liegt dem Finanzamt vor.

15 Betriebsstätten bestanden im Kalenderjahr 2010 in mehreren Gemeinden ☒ Nein ☒ Ja | Betriebsstätte(n) erstreckte(n) sich im Kalenderjahr 2010 über mehrere Gemeinden ☒ Nein ☒ Ja

16 Die einzige Betriebsstätte wurde im Laufe des Kalenderjahrs 2010 in eine andere Gemeinde verlegt ☒ Nein ☒ Ja, am T T M M J J

17 von | nach

18 Bei Betrieb des Unternehmens im Kalenderjahr 2010 nur als Reisegewerbe: Wohnsitzgemeinde(n), Dauer des Wohnsitzes in der (den) Gemeinde(n)

19 Wurde das Unternehmen im Kalenderjahr 2010 überwiegend oder ausschließlich als Hausgewerbe betrieben (§ 11 Abs. 3 GewStG)? ☒ Nein ☒ Ja

Unterschrift Diese Erklärung muss vom Steuerpflichtigen bzw. von einer in § 34 AO genannten Person eigenhändig unterschrieben sein.

Ort, Datum

Bei der Anfertigung dieser Erklärung hat mitgewirkt: (Name, Anschrift, Tel.-Nr.)

23

(Unterschrift)

Hinweis nach den Datenschutzgesetzen: Die mit der Steuererklärung angeforderten Daten werden auf Grund der §§ 149 ff. der Abgabenordnung i.V. mit § 14a GewStG verlangt.

Einzelne Unternehmer sind jedoch in § 3 GewStG von der Steuerpflicht ausgenommen (z.B. Deutsche Post AG, Deutsche Telekom AG, bestimmte Privatschulen u.ä.). Zuständig ist das »Betriebsfinanzamt« (§ 22 Abs. 1 AO), d.h. das Finanzamt, von dessen Bezirk aus der Unternehmer sein Unternehmen betreibt. Dieses Betriebsfinanzamt stellt die maßgebenden Besteuerungsgrundlagen fest und setzt den »Steuermessbetrag« in einem Gewerbesteuermessbescheid fest. Dieser Bescheid wird sowohl dem betreffenden Steuerpflichtigen als auch der hebeberechtigten Gemeinde bekannt gegeben. Der Gewerbesteuermessbescheid stellt einen Grundlagenbescheid dar, d.h. die getroffenen Feststellungen sind für den (folgenden) Gewerbesteuerbescheid bindend; Einwendungen hinsichtlich der Berechnung des einheitlichen Steuermessbetrags können nur im Wege des Einspruchs gegen diesen Bescheid geltend gemacht werden (§ 351 Abs. 2 AO).

Betriebsfinanzamt setzt Steuermessbetrag fest.

Zuständig für die Festsetzung und die Erhebung der Gewerbesteuer sind i.d.R. die Gemeinden (§§ 1, 4 GewStG). Ausnahmsweise sind diese gemeindlichen Aufgaben durch die Länder den Finanzämtern zugewiesen (z.B. in Berlin). Die Steuerfestsetzung erfolgt auf Grundlage des vom Finanzamt festgesetzten Steuermessbetrags.

Festsetzung und Erhebung der Gewerbesteuer erfolgt durch die Gemeinden.

Überblick über die Gewerbesteuer

Besteuerungsgegenstand

Gewerbebetrieb i.S.d. EStG mit inländischer Betriebsstätte
- eines Einzelgewerbetreibenden
- einer Personengesellschaft (z.B. oHG, KG)
- einer Kapitalgesellschaft (z.B. GmbH, AG)
- einer sonstigen juristischen Person des Privatrechts (z.B. eingetragene Vereine) bzw. eines nichtrechtsfähigen Vereines, soweit ein wirtschaftlicher Geschäftsbetrieb unterhalten wird

Bemessungsgrundlage

- Steuermessbetrag nach dem Gewerbeertrag
- Der Steuermessbetrag wird ermittelt unter Berücksichtigung des Gewinnes aus dem Gewerbebetrieb (Gewerbeertrag)
- Das zuständige Betriebsfinanzamt setzt den Gewerbesteuermessbetrag in einem Steuerbescheid fest (Grundlagenbescheid) und gibt ihn gegenüber der hebeberechtigten Gemeinde und dem betreffenden Steuerpflichtigen bekannt.

Gewerbesteuerfestsetzung

- Festsetzung (auf Grundlage der Gewerbesteuermessbescheide) obliegt i.d.R. der hebeberechtigten Gemeinde im Gewerbesteuerbescheid (Folgebescheid)
- Ermittlung der Gewerbesteuer erfolgt durch Anwendung eines Hebesatzes auf den Gewerbesteuermessbetrag.
- Die Höhe wird von der Gemeinde bestimmt.

2. Steuergegenstand

Der Gewerbesteuer unterliegt jeder stehende Gewerbebetrieb, soweit er im Inland betrieben wird. Unter Gewerbebetrieb ist ein gewerbliches Unternehmen i.S.d. Einkommensteuergesetzes zu verstehen. Im Inland betrieben wird ein Gewerbebetrieb, soweit für ihn im Inland eine Betriebsstätte unterhalten wird (§ 2 Abs. 1 GewStG). »Betriebsstätte« ist nach § 12 AO jede feste Geschäftseinrichtung oder Anlage, die der Tätigkeit eines Unternehmens dient (insbesondere die Stätte der Geschäftsleitung, Zweigniederlassungen, Geschäftsstellen). Bestehen mehrere Betriebsstätten im Inland, so ist Gegenstand der Besteuerung stets der Gewerbebetrieb mit allen inländischen Betriebsstätten. Hat ein Unternehmer mehrere Betriebe verschiedener Art (z.B. Maschinenfabrik und Tankstelle), so ist jeder Betrieb für sich zu besteuern. Der o.e. Begriff des »stehenden Gewerbebetriebes« ist negativ in § 1 GewStDV definiert. Danach ist ein stehender Gewerbebetrieb jeder Gewerbebetrieb, der kein Reisegewerbebetrieb ist. Ein Reisegewerbebetrieb ist nach § 35a Abs. 2 GewStG ein Gewerbebetrieb, dessen Inhaber entweder eine Reisegewerbekarte oder einen Blindenwaren-Vertriebsausweis besitzt.

Der Gewerbesteuer unterliegt jeder stehende Gewerbebetrieb.

Stehender Gewerbebetrieb ist jeder Gewerbebetrieb, der kein Reisegewerbebetrieb ist.

Besteuerungsgegenstand		
(Stehende) Gewerbebetriebe i.S.d. EStG • mit Betriebsstätte im Inland • bei mehreren Betriebsstätten: besteuert wird Gewerbebetrieb mit allen inländischen Betriebsstätten • bei mehreren Betrieben eines Steuerpflichtigen: jeder Betrieb wird für sich besteuert		
Gewerbebetrieb kraft gewerblicher Betätigung	**Gewerbebetrieb kraft Rechtsform**	**Gewerbebetrieb kraft wirtschaftlichen Geschäftsbetriebes**
Beginn: in dem Zeitpunkt, in dem erstmals alle an einen Gewerbebetrieb geknüpften Voraussetzungen erfüllt sind; bloße Vorbereitungshandlungen sind unbeachtlich.	Beginn: grundsätzlich mit Eintragung in das Handelsregister ausnahmsweise vorher, bei nach außen in Erscheinung tretender Geschäftstätigkeit	Beginn: bei Vorliegen aller anderen Voraussetzungen mit der Aufnahme des wirtschaftlichen Geschäftsbetriebes
Erlöschen: mit der tatsächlichen Einstellung des Betriebes	Erlöschen: mit dem Aufhören jeglicher Tätigkeit	Erlöschen: mit der tatsächlichen Einstellung des wirtschaftlichen Geschäftsbetriebes

Drei Arten von stehenden Gewerbebetrieben

Hinsichtlich des stehenden Gewerbebetriebes sind verschiedene Formen auseinanderzuhalten. Die Unterscheidung ist insbesondere wichtig für den Zeitpunkt des Beginnes bzw. Erlöschens der Gewerbesteuerpflicht. Im Wesentlichen kennt das Gewerbesteuergesetz drei Arten von stehenden Gewerbebetrieben:

- Gewerbebetriebe kraft gewerblicher Betätigung
- Gewerbebetriebe kraft Rechtsform
- Gewerbebetriebe kraft wirtschaftlichen Geschäftsbetriebes

2.1. Gewerbebetriebe kraft gewerblicher Betätigung

Da der Begriff des Gewerbebetriebes dem des Einkommensteuergesetzes entspricht, liegt ein Gewerbebetrieb kraft gewerblicher Betätigung dann vor, wenn sämtliche Voraussetzungen des § 15 Abs. 2 EStG erfüllt sind:

- Selbständigkeit
- Nachhaltigkeit
- Gewinnerzielungsabsicht
- Beteiligung am allgemeinen wirtschaftlichen Verkehr
- keine Land- und Forstwirtschaft
- keine selbständige Arbeit
- keine Vermögensverwaltung

Voraussetzungen des § 15 Abs. 2 EStG müssen erfüllt sein.

In die Gruppe der Gewerbebetriebe kraft gewerblicher Betätigung fallen aber nicht nur Einzelgewerbetreibende, sondern auch Personengesellschaften (z.B. oHG, KG, GbR), soweit bei diesen die Voraussetzungen des § 15 Abs. 2 EStG gegeben sind (vgl. § 15 Abs. 3 Nr. 1 EStG). Bei Einzelgewerbetreibenden und bei Personengesellschaften beginnt die Gewerbesteuerpflicht in dem Zeitpunkt, in dem erstmals alle Voraussetzungen erfüllt sind, die zur Annahme eines Gewerbebetriebes erforderlich sind (R 2.5 Abs. 1 GewStR 2009). Bloße Vorbereitungshandlungen, z.B. die Anmietung eines Geschäftslokals, das erst hergerichtet werden muss, oder die Errichtung eines Fabrikgebäudes, in dem die Warenherstellung aufgenommen werden soll, begründen die Gewerbesteuerpflicht noch nicht. Die Eintragung im Handelsregister ist auch bei den Unternehmen, die im Handelsregister einzutragen sind, für die Bestimmung des Zeitpunktes des Beginnes der Gewerbesteuerpflicht unbeachtlich (R 2.5 Abs. 1 Sätze 3 und 4 GewStR 2009). Die Gewerbesteuerpflicht erlischt bei Einzelgewerbetreibenden und bei Personengesellschaften mit der tatsächlichen Einstellung des Betriebes. Die Einstellung liegt nicht erst dann vor, wenn der Betrieb für alle Zeiten aufgegeben wird, sondern schon dann, wenn dies nur für eine gewisse Dauer geschieht. Die Einstellung darf aber nicht von vornherein nur als vorübergehend gedacht sein (vgl. R 2.6 Abs. 1 GewStR 2009).

Einzelgewerbetreibende und Personengesellschaften gehören zu den Gewerbebetrieben kraft gewerblicher Betätigung.

2.2. Gewerbebetriebe kraft Rechtsform

Zu den Gewerbebetrieben kraft Rechtsform zählen die Kapitalgesellschaften wie die AG oder GmbH (vgl. § 2 Abs. 2 Satz 1 GewStG). Die Steuerpflicht kraft Rechtsform beginnt bei Kapitalgesellschaften mit der Eintragung im Handelsregister. Tritt die Gesellschaft jedoch vor der Handelsregistereintragung bereits durch die Aufnahme einer nach außen tretenden Geschäftstätigkeit in Erscheinung, wird bereits zu diesem Zeitpunkt ausnahmsweise die Gewerbesteuerpflicht ausgelöst (vgl. Abschn. 2.5 Abs. 2 GewStR 2009). Beim Erlöschen der Gewerbesteuerpflicht kommt es – anders als bei Einzelgewerbetreibenden und Personengesellschaften – nicht schon auf das Aufhören der gewerblichen Betätigung, sondern auf das Aufhören jeglicher Tätigkeit an. Das ist grundsätzlich der Zeitpunkt, in dem das Vermögen an die Gesellschafter verteilt worden ist (R 2.6 Abs. 2 GewStR 2009).

2.3. Gewerbebetriebe kraft wirtschaftlichen Geschäftsbetriebes

Nach § 2 Abs. 3 GewStG gilt auch die Tätigkeit der sonstigen juristischen Personen des Privatrechts (z.B. eingetragene Vereine) und der nichtrechtsfähigen Vereine als Gewerbebetrieb, soweit sie einen wirtschaftlichen Geschäftsbetrieb unterhalten. Nach der Definition in § 14 AO ist ein wirtschaftlicher Geschäftsbetrieb eine selbständige, nachhaltige Tätigkeit, durch die Einnahmen und andere wirtschaftliche Vorteile erzielt werden und die über den Rahmen einer Vermögensverwaltung hinausgeht. Im Gegensatz zum Begriff des Gewerbebetriebes gehören weder die Gewinnerzielungsabsicht noch die Teilnahme am allgemeinen wirtschaftlichen Verkehr zu den Voraussetzungen des wirtschaftlichen Geschäftsbetriebes. Die Steuerpflicht beginnt hier bei Vorliegen aller anderen Voraussetzungen mit der Aufnahme eines wirtschaftlichen Geschäftsbetriebes (R 2.5. Abs. 3 GewStR 2009). Sie erlischt in dem Zeitpunkt, in dem der wirtschaftliche Geschäftsbetrieb tatsächlich eingestellt wird (R 2.6. Abs. 3 GewStR 2009).

3. Ermittlung des Gewerbesteuermessbetrags

Einheitlicher Gewerbesteuermessbetrag
Steuermessbetrag nach dem Gewerbeertrag:
Ausgangspunkt: Gewinn aus dem Gewerbebetrieb
Korrekturen zur Ermittlung des Gewerbeertrages:
– Hinzurechnungen (z.B. 25 % der Entgelte für Schulden über 100.000 €)
– Kürzungen (z.B. für zum Betriebsvermögen gehörenden Grundbesitz)
– Freibetrag im Höhe von: 24.500 € für natürliche Personen und Personengesellschaften   5.000 € für Gewerbebetrieb kraft wirtschaftlichen Geschäftsbetriebs
Steuermessbetrag wird ermittelt durch Anwendung einer Steuermesszahl auf den Gewerbeertrag

Alleinige Bemessungsgrundlage der Gewerbesteuer ist seit 1998 (Wegfall der Gewerbekapitalsteuer) der auf Grundlage des Gewinns aus Gewerbebetriebs ermittelte Gewerbesteuermessertrag. Dieser Gewerbesteuermessbetrag wird von dem Betriebsfinanzamt festgestellt und gilt gem. § 14 GewStG jeweils für den Erhebungszeitraum (= Kalenderjahr). Der Steuermessbetrag nach dem Gewerbeertrag errechnet sich nach den §§ 7-11 GewStG. Danach ist der Gewerbeertrag der nach den Vorschriften des Einkommensteuer- oder des Körperschaftsteuergesetzes zu ermittelnde Gewinn aus dem Gewerbebetrieb (der bei Ermittlung des Einkommens für den, dem Erhebungszeitraum entsprechenden Veranlagungszeitraum zu berücksichtigen ist) vermehrt oder vermindert um bestimmte, im Gewerbesteuergesetz einzeln aufgeführte Korrekturbeträge. Für Zwecke der Gewerbesteuer sind bei der Ermittlung des Gewinnes aus Gewerbebetrieb jedoch bestimmte einkommensteuerrechtliche Vorschriften nicht anzuwenden, z.B.:

- § 16 Abs. 1 Nr. 1 (erster Halbsatz), Nr. 2 und 3 sowie Abs. 3 EStG (Gewinn aus der Veräußerung oder Aufgabe des Betriebes)
- § 17 EStG (Gewinn aus der Veräußerung wesentlicher Beteiligungen)
- § 24 EStG (Entschädigungen usw.)

Gewerbesteuermessbetrag ist Bemessungsgrundlage für die Gewerbesteuer

Grundlage des Gewerbeertrages ist grundsätzlich der Gewinn aus Gewerbebetrieb (§§ 16 Abs. 1 Nr. 1, 17, 24 EStG sind nicht anzuwenden).

Hinsichtlich des Gewinnermittlungszeitraumes gilt grundsätzlich das zur Einkommensteuer/Körperschaftsteuer Gesagte. Auch durch die Gewerbesteuer soll die wirtschaftliche Leistungsfähigkeit des Steuerpflichtigen besteuert werden. Deshalb unterliegt u.a. die Ertragskraft des Gewerbebetriebes der Gewerbesteuer. Da der Gewinn häufig die Ertragskraft eines Betriebes nicht exakt wiedergibt, ist er zunächst um bestimmte Hinzurechnungen zu vermehren und um bestimmte Kürzungen zu vermindern. Die Hinzurechnungen sind in § 8 Nrn. 1, 4, 8-10, 12 GewStG geregelt.

Zur Bestimmung der Ertragskraft eines Betriebes sind bestimmte Hinzurechnungen und Kürzungen vorzunehmen.

Aus dem Katalog der Hinzurechnungsvorschriften ist insbesondere *§ 8 Nr. 1 Buchst. a – f GewStG* als der in der Praxis bedeutendste hervorzuheben (Hinzurechnung von Zinsen und den Zinsen vergleichbaren Beträge), im Einzelnen:

- Entgelte für Schulden (§ 8 Nr. 1 Buchst. a GewStG),
- Renten und dauernden Lasten (§ 8 Nr. 1 Buchst. b GewStG),
- Gewinnanteile des stillen Gesellschafters (§ 8 Nr. 1 Buchst. c GewStG),
- Ein Fünftel der Miet- und Pachtzinsen für die Benutzung der beweglichen Wirtschaftsgüter des Anlagevermögens, die im Eigentum eines anderen stehen (§ 8 Nr. 1 Buchst. d GewStG),
- Die Hälfte der Miet- und Pachtzinsen für die Benutzung der unbeweglichen Wirtschaftsgüter des Anlagevermögens, die im Eigentum eines anderen stehen (§ 8 Nr. 1 Buchst. e GewStG), und
- Ein Viertel der Aufwendungen für die zeitlich befristete Überlassung von Rechten wie Lizenzen und Konzessionen (§ 8 Nr. 1 Buchst. f GewStG).

Diese Entgelte werden einheitlich mit 25 % hinzugerechnet, soweit die Summe den Betrag von 100.000 € (Freibetrag) übersteigt. Die Hinzurechnung der Entgelte für Schulden gemäß § 8 Nr. 1 Buchst. a GewStG erfolgt dabei unabhängig davon, ob begrifflich Dauerschuldzinsen vorliegen oder ob es sich um kurzfristige Zinsen handelt. Erlösschmälerungen, die ihre Grundlage in einer geschäftsüblichen Vereinbarung haben (z. B. Skonti und Rabatte), werden jedoch nicht zugerechnet. Liegt allerdings der gewährte Vorteil außerhalb des Rahmens einer geschäftsüblichen Vereinbarung, z. B. wenn ein Skonto bei einem unüblich langen Zahlungsziel vereinbart wird, ist der Skontoaufwand zuzurechnen.

Eine weitere bedeutsame Hinzurechnungsvorschrift ist *§ 8 Nr. 8 GewStG*. Hiernach werden die Verlustanteile an einer mitunternehmerisch tätigen Personengesellschaft hinzugerechnet. Die Vorschrift beruht auf dem Gedanken, dass von außen kommende Verlustanteile die Ertragskraft des Betriebs nicht mindern dürfen. Zudem soll die Doppelberücksichtigung der Verluste vermieden werden. Korrespondierend dazu ist der Gewinn aus dem Gewerbetrieb nach *§ 9 Nr. 2 GewStG* um Anteile am Gewinn aus einer im Betriebsvermögen gehaltenen Beteiligung an einer Personengesellschaft zu kürzen.

Die weiteren, nach dem Gewerbesteuergesetz vorzunehmenden Kürzungen des einkommensteuerlichen Gewinnes sind ebenfalls in § 9 GewStG aufgeführt. Zweck der Vorschrift ist die Vermeidung der Doppelbelastung desselben Ertrages mit Objektsteuern. Diesem Zweck dient insbesondere die hier beispielhaft erläuterte Kürzungsvorschrift des *§ 9 Nr. 1 GewStG*. Danach ist die Summe des Gewinnes und der Hinzurechnungen um 1,2 % des Einheitswertes des zum Betriebsvermögen gehörenden und nicht von der Grundsteuer befreiten Grundbesitzes zu kürzen. Maßgebend für die Kürzung ist dabei der Einheitswert, der auf den letzten Feststellungszeitpunkt vor dem Ende des Erhebungszeitraumes lautet. Neben der Grundsteuer sind also auch an dieser Stelle noch weiterhin die alten, auf den Wertverhältnissen zum 01.01.1964 beruhenden Einheitswerte (erhöht um 40 %, § 121a BewG) für Betriebsgrundstücke maßgebend. Auf die weiteren Kürzungen soll an dieser Stelle nicht weiter eingegangen werden.

Kürzung um 1,2 % des Einheitswertes des Grundbesitzes

§ 121a BewG ist zu beachten.

Nach § 10 a GewStG wird zudem der maßgebende Gewerbeertrag um die Verluste gekürzt, die sich bei der Ermittlung des Gewerbeertrages für die vorangegangenen Erhebungszeiträume ergeben haben, soweit diese nicht schon in den Vorjahren berücksichtigt worden sind (vortragsfähiger Gewerbeverlust). Über die Höhe des jeweils vortragsfähigen Fehlbetrags erfolgt seitens des Betriebsfinanzamtes eine gesonderte Feststellung. Erläuterungen zur Ermittlung des Gewerbeertrages, zu den Hinzurechnungen, Kürzungen und zur Berücksichtigung des Gewerbeverlustes hat der Steuerpflichtige auf der Seite 2 des amtlichen Gewerbesteuer-Erklärungsvordruckes zu machen.

Berücksichtigung eines etwaigen Gewerbeverlustvortrags

Ein sich nach Berücksichtigung dieser Korrekturen ergebender positiver Gewerbeertrag ist zunächst auf volle 100,– € nach unten abzurunden und um die in § 11 Abs. 1 GewStG aufgeführten Freibeträge zu kürzen. Bei natürlichen Personen und Personengesellschaften beträgt der Freibetrag 24.500,– €. Bei den Gewerbebetrieben kraft wirtschaftlichen Geschäftsbetriebes ist ein Freibetrag in Höhe von 5.000,– € vorgesehen. Für die Kapitalgesellschaften kommt ein Freibetrag nicht in Betracht. Der verbleibende positive Betrag bildet die Grundlage für die Ermittlung des Steuermessbetrags nach dem Gewerbeertrag. Dazu wird eine so genannte »Steuermesszahl« auf den Gewerbeertrag angewendet. Die Steuermesszahl für den Gewerbeertrag ergibt sich aus § 11 Abs. 2 GewStG. Ab dem Erhebungszeitraum 2008 ersetzt eine einheitliche Steuermesszahl auf von 3,5 % für alle Gewerbebetriebe den bisherigen Staffeltarif.

Kürzung des Gewerbeertrages um persönliche Freibeträge

Ermittlung des Steuermessbetrags nach dem Gewerbeertrag durch Anwendung einer Steuermesszahl auf den Gewerbeertrag

	Steuernummer	Fußnoten siehe Seite 4
30	X Das Unternehmen ist **Organträger.**	Name, zuständiges Finanzamt, Steuernummer der Organgesellschaft(en) ggf. auf besonderem Blatt
31	Das Unternehmen ist **Organgesellschaft.**	Name, zuständiges Finanzamt, Steuernummer des Organträgers ggf. auf besonderem Blatt
32	Es besteht ein vom Kalenderjahr abweichendes Wirtschaftsjahr vom T T M M bis T T M M	Im Erhebungszeitraum enden zwei Wirtschaftsjahre X Nein X Ja

Gewerbeertrag 21

Gewinn aus Gewerbebetrieb – ohne Beträge lt. Zeilen 34, 35, 75 und 76 –, der nach den Vorschriften des ☐ Einkommensteuergesetzes ❶ ☒ Körperschaftsteuergesetzes ❷ ermittelt worden ist EUR

33	– Negative Beträge bitte mit Minuszeichen – – ggf. „0" –	10
34	Gewinne i. S. des § 5a Abs. 4 EStG	27
35	Sondervergütungen nach § 5a Abs. 4a EStG	28

Hinzurechnungen:

Finanzierungsanteile nach § 8 Nr. 1 GewStG (Enden im Erhebungszeitraum zwei Wirtschaftsjahre, sind hier die Eintragungen für das erste Wirtschaftsjahr vorzunehmen und zusätzlich die Zeilen 42 bis 47 auszufüllen.) ❸

Bitte die Beträge in voller Höhe eintragen, ggf. auf besonderer Anlage erläutern; der Hinzurechnungsbetrag wird von Amts wegen ermittelt.

36	Entgelte für Schulden (§ 8 Nr. 1 Buchst. a GewStG)	31
37	Renten und dauernde Lasten (§ 8 Nr. 1 Buchst. b GewStG)	32
38	Gewinnanteile der stillen Gesellschafter (§ 8 Nr. 1 Buchst. c GewStG)	33
39	Miet- und Pachtzinsen (einschl. Leasingraten) für die Benutzung fremder **beweglicher** Betriebsanlagegüter (§ 8 Nr. 1 Buchst. d GewStG)	34
40	Miet- und Pachtzinsen (einschl. Leasingraten) für die Benutzung fremder **unbeweglicher** Betriebsanlagegüter (§ 8 Nr. 1 Buchst. e GewStG)	35
41	Aufwendungen für die zeitlich befristete Überlassung von Rechten – insbesondere Konzessionen und Lizenzen – (§ 8 Nr. 1 Buchst. f GewStG)	36

Finanzierungsanteile nach § 8 Nr. 1 GewStG für ein zweites, im Erhebungszeitraum endendes Wirtschaftsjahr

Bitte die Beträge in voller Höhe eintragen, ggf. auf besonderer Anlage erläutern; der Hinzurechnungsbetrag wird von Amts wegen ermittelt.

42	Entgelte für Schulden (§ 8 Nr. 1 Buchst. a GewStG)	41
43	Renten und dauernde Lasten (§ 8 Nr. 1 Buchst. b GewStG)	42
44	Gewinnanteile der stillen Gesellschafter (§ 8 Nr. 1 Buchst. c GewStG)	43
45	Miet- und Pachtzinsen (einschl. Leasingraten) für die Benutzung fremder **beweglicher** Betriebsanlagegüter (§ 8 Nr. 1 Buchst. d GewStG)	44
46	Miet- und Pachtzinsen (einschl. Leasingraten) für die Benutzung fremder **unbeweglicher** Betriebsanlagegüter (§ 8 Nr. 1 Buchst. e GewStG)	45
47	Aufwendungen für die zeitlich befristete Überlassung von Rechten – insbesondere Konzessionen und Lizenzen – (§ 8 Nr. 1 Buchst. f GewStG)	46
48	**Nur bei einer Kommanditgesellschaft auf Aktien:** Gewinnanteile der in § 8 Nr. 4 GewStG bezeichneten Art an persönlich haftende Gesellschafter ❻	14
49	Gewinnanteile (Dividenden) und die diesen gleichgestellten Bezüge und erhaltenen Leistungen aus Anteilen an einer Körperschaft, Personenvereinigung oder Vermögensmasse i. S. des KStG (§ 8 Nr. 5 GewStG) ❼ – soweit nicht die Voraussetzungen des § 9 Nr. 2a oder Nr. 7 GewStG vorliegen – nach Abzug der damit im Zusammenhang stehenden Betriebsausgaben, soweit sie nach § 3c Abs. 2 EStG und § 8b Abs. 5 und 10 KStG bei Ermittlung des Gewinns unberücksichtigt geblieben sind – Bei Organträgern: Ohne entsprechende Beträge der Organgesellschaften. Keine Hinzurechnung bei Organgesellschaften. –	26
50	Anteile am **Verlust** von In- oder **ausländischen Personengesellschaften** (§ 8 Nr. 8 GewStG) ❽ ❾ – Betrag nicht mit Minuszeichen –	16
51	Ausgaben i. S. des § 9 Abs. 1 Nr. 2 KStG, soweit sie als Betriebsausgaben bei der Ermittlung des Gewinns lt. Zeile 33 abgezogen worden sind (§ 8 Nr. 9 GewStG)	50
52	Ausschüttungs- und abführungsbedingte Gewinnminderungen bei Beteiligungsbesitz (§ 8 Nr. 10 GewStG), soweit nicht schon nach § 50c EStG 1997[1)] berücksichtigt (auch soweit die Gewinnminderung Folge einer Auskehrung von Liquidationsraten ist)	19
53	Ausländische Steuern, soweit sie auf Gewinne oder Gewinnanteile entfallen, die nach § 9 GewStG gekürzt werden oder sonst nicht im Gewerbeertrag enthalten sind (§ 8 Nr. 12 GewStG)	22
54	**Negativer Teil des Gewerbeertrags**, der auf Betriebsstätten im Ausland entfällt (§ 9 Nr. 3 GewStG) – Betrag nicht mit Minuszeichen –	17

Kürzungen: 22

Einheitswert (Ersatzwirtschaftswert) des am 1.1.2010 zum Betriebsvermögen gehörenden oder betrieblich genutzten und im Eigentum des Unternehmers stehenden Grundbesitzes, soweit dieser nicht von der Grundsteuer befreit ist (§ 9 Nr. 1 Satz 1 GewStG):

(DM-Beträge bitte mit amtlichem Kurs (1 € = 1,95583 DM) in Euro umrechnen) — EUR

55	anzusetzen mit ❿	X 100 %	X 140 %	X 250 %	X 400 %	X 600 %	51

2010GewSt1A702 2010GewSt1A702

4. Gewerbesteuerfestsetzung

Durch den Bescheid über die Festsetzung des einheitlichen Steuermessbetrags, den das zuständige Betriebsfinanzamt erlässt, erlangt die hebeberechtigte Gemeinde Kenntnis von der Bemessungsgrundlage für die Erhebung der Gewerbesteuer. Unterhält ein Gewerbebetrieb in mehreren Gemeinden Betriebsstätten, ist der einheitliche Gewerbesteuermessbetrag in die auf die einzelnen Gemeinden entfallenden Anteile zu zerlegen (§§ 28 ff. GewStG). In diesen Fällen erlässt das Betriebsfinanzamt einen Zerlegungsbescheid, in dem die entsprechenden Anteile am einheitlichen Steuermessbetrag festgesetzt werden.

Betriebsfinanzamt erlässt Bescheid über die Festsetzung des Steuermessbetrags.

Ähnlich der Grundsteuer ist die Gemeinde berechtigt, mittels Anwendung eines Hebesatzes auf den einheitlichen Gewerbesteuermessbetrag die Gewerbesteuer festzusetzen. Der Hebesatz ist ein Hundertsatz, dessen Höhe die hebeberechtigte Gemeinde jeweils für ein Kalenderjahr oder mehrere Kalenderjahre festsetzt. Der Hebesatz muss mindestens 200 % betragen (§ 16 Abs. 4 GewStG).

Ermittlung des Gewerbesteuer durch Anwendung eines Hebesatzes auf den Steuermessbetrag

Der auf diese Weise ermittelte Gewerbesteuerbetrag wird in einem Gewerbesteuerbescheid festgesetzt und dem betreffenden Unternehmer bekannt gegeben.

Hebeberechtigte Gemeinde setzt Gewerbesteuer im Gewerbesteuerbescheid fest.

Die Gewerbesteuer entsteht grundsätzlich mit Ablauf des Erhebungszeitraumes, für den die Festsetzung vorgenommen wird (§ 18 GewStG). Der Steuerschuldner hat am 15.02., 15.05., 15.08. und 15.11. Vorauszahlungen in Höhe jeweils 1/4 der Steuer, die sich bei der letzten Veranlagung ergeben hat, zu entrichten (§ 19 Abs. 1, 2 GewStG). Diese Vorauszahlungen, die auf die für den betreffenden Erhebungszeitraum entfallende Gewerbesteuer angerechnet werden, entstehen bereits mit Beginn des Kalendervierteljahres, in dem die Vorauszahlungen zu entrichten sind (§§ 20 Abs. 1, 21 GewStG).

Zusammenfassendes Beispiel zur Gewerbesteuer:

Der Einzelunternehmer A hat einen Gewerbebetrieb in Bielefeld, der folgende steuerliche Daten für 01 aufweist:

- *Gewinn aus Gewerbebetrieb*   *30.000,– €*
- *Entgelte für Schulden*   *130.000,– €*
- *Pachtzinsen für bewegliche Wirtschaftsgüter*   *50.000,– €*
- *Einheitswert des Betriebsgrundstückes*   *150.000,– €*

Gewerbesteuer 01?

Lösung:

1. Steuermessbetrag nach dem Gewerbeertrag

Gewinn aus Gewerbebetrieb (§ 7 GewStG)	*30.000,– €*
Hinzurechnungen:	*+10.000,– €*
§ 8 Nr. 1 Buchst. a GewStG: 130.000,- €	
§ 8 Nr. 1 Buchst. d GewStG: 10.000,- € (1/5 v. 50.000,– €)	
abzgl. Freibetrag: 100.000,- €	
verbleiben: 40.000,- €	
davon 25 %	
Kürzungen (§ 9 Nr. 1 GewStG) (140 % von 150.000,– € x 1,2 %)	*÷ 2.520,– €*
= Gewerbeertrag	*37.400,– €*
(abzurunden auf volle 100,– €)	
Freibetrag (§ 11 Abs. 1 GewStG)	*24.500,– €*
= verbleibender Gewerbeertrag	*12.900,– €*
• *Steuermesszahl (§ 11 Abs. 2 GewStG)*	*3,5 %*
• *Steuermessbetrag nach Gewerbeertrag*	*451,– €*

2. Ermittlung der Gewerbesteuer

451,– € x 435 % (Hebesatz für Bielefeld in 01)	*= 1.961,– €*

Literaturhinweis: Weitere Erläuterungen zur Gewerbesteuer finden Sie bei Tipke/Lang, Steuerrecht, § 12, Rz. 1 ff.; Birk, Steuerrecht, Rz. 1351 ff.

5. Wiederholungsfragen

1. Was ist Besteuerungsgegenstand bei der Gewerbesteuer? Lösung S. 211
2. Nennen Sie drei Arten von stehenden Gewerbebetrieben und erläutern Sie diese kurz! Lösung S. 212
3. Was ist die Bemessungsgrundlage für die Gewerbesteuer? Lösung S. 215
4. Wer setzt einen einheitlichen Steuermessbetrag und wer die Gewerbesteuer fest? Lösung S. 209
5. Wie wird die Gewerbesteuer ermittelt? Lösung S. 219
6. Wie hoch ist die Steuermesszahl? Lösung S. 217
7. Ab welcher Höhe des Gewerbesteuermessbetrags fällt Gewerbesteuer an? Lösung S. 217

Besonderes Steuerrecht: Umsatzsteuer

1.	Allgemeines und Überblick	224
2.	Der umsatzsteuerliche Unternehmer	230
3.	**Steuerbare Umsätze**	235
3.1.	Steuerbare entgeltliche Leistungen	236
3.2.	Steuerbare entgeltliche Leistungen kraft Gesetzes	243
3.3.	Einfuhr von Gegenständen aus dem Drittlandsgebiet	247
3.4.	Innergemeinschaftlicher Erwerb	248
4.	**Ort des Umsatzes**	249
4.1.	Ort der Lieferung	249
4.2.	Ort der sonstigen Leistung	251
4.3.	Ort des innergemeinschaftlichen Erwerbes	253
5.	**Steuerbefreiungen**	254
5.1.	Steuerbefreiungen mit Inlandsbezug	255
5.2.	Steuerbefreiungen mit Auslandsbezug	256
6.	**Ermittlung und Entstehung der Umsatzsteuer**	258
6.1.	Bemessungsgrundlage	258
6.2.	Steuersatz	265
6.3.	Entstehung der Umsatzsteuer	266
7.	**Vorsteuerabzug**	269
7.1.	Funktion des Vorsteuerabzugs	269
7.2.	Abzugsvoraussetzungen	271
7.3.	Ausschluss des Vorsteuerabzugs	274
7.4.	Berichtigung des Vorsteuerabzugs	277
8.	**Besteuerungsverfahren**	279
9.	**Wiederholungsfragen**	282

1. Allgemeines und Überblick

Zu den wichtigsten Steuerarten gehört auch die Umsatzsteuer. Neben der besonderen Relevanz für die Ausbildung (umsatzsteuerrechtliche Probleme sind häufig Gegenstand von steuerrechtlichen Klausuren und Hausarbeiten) besteht die besondere Bedeutung der Umsatzsteuer in der Funktion die mittlerweile größte Einnahmequelle des Staates. Mehr als ein Viertel des Gesamtsteueraufkommens entfällt auf die Umsatzsteuer. Dieses Umsatzsteueraufkommen steht Bund und Ländern gemeinsam zu (Art. 106 Abs. 3 GG). Deshalb ist die Umsatzsteuer eine »Gemeinschaftsteuer«. Über Art. 106 Abs. 5a GG erhalten die Gemeinden einen kleinen Anteil am Umsatzsteueraufkommen von »ihren« Ländern.

Gegenstand der Besteuerung sind Umsätze

Gegenstand der Besteuerung sind nicht Erträge (wie bei der Einkommensteuer / Körperschaftsteuer), sondern vielmehr Umsätze. Unter dem Begriff »Umsatz« kann man sich grob den Verkehr von Waren und sonstigen Leistungen vorstellen. Aufgrund dieses Anknüpfungspunktes wird die Umsatzsteuer teilweise als so genannte »Verkehrsteuer « (so der BFH) eingeordnet. Überwiegend wird jedoch die Umsatzsteuer als Verbrauchsteuer bezeichnet. Der Grund hierfür liegt in der Tatsache, dass rein technisch die Umsatzsteuer Unternehmer betrifft, die Lieferungen und sonstige Leistungen ausführen. Wirtschaftlich trägt sie jedoch die Privatperson beim Endverbrauch. Der Unternehmer soll in seiner Eigenschaft als Unternehmer nicht belastet werden. Genau genommen wird damit die Verwendung des Einkommens durch Verbrauch besteuert. Dies wurde erreicht durch Einführung der so genannten »Allphasen-Netto-Umsatzsteuer« mit Vorsteuerabzug. Die meisten dem Verbrauch oder Gebrauch dienenden Gegenstände durchlaufen eine Reihe von Phasen oder Stadien, wenn sie vom Hersteller bis zum Verbraucher gelangen. In jeder dieser Phasen fällt Umsatzsteuer an (»Allphasen«), belastet wird aber jeweils nur der Netto-Umsatz (»Mehrwert«). Bemessungsgrundlage für die Umsatzsteuer ist zwar jeweils immer das Gesamtentgelt (ohne Umsatzsteuer), das der Abnehmer aufwendet, jedoch darf der Unternehmer von der Umsatzsteuerschuld die in der Vorphase auf ihn abgewälzte Umsatzsteuer im Wege des so genannten »Vorsteuerabzugs« absetzen.

Umsatzsteuer ist eine Verbrauchsteuer.

Allphasen-Netto-Umsatzsteuer mit Vorsteuerabzug

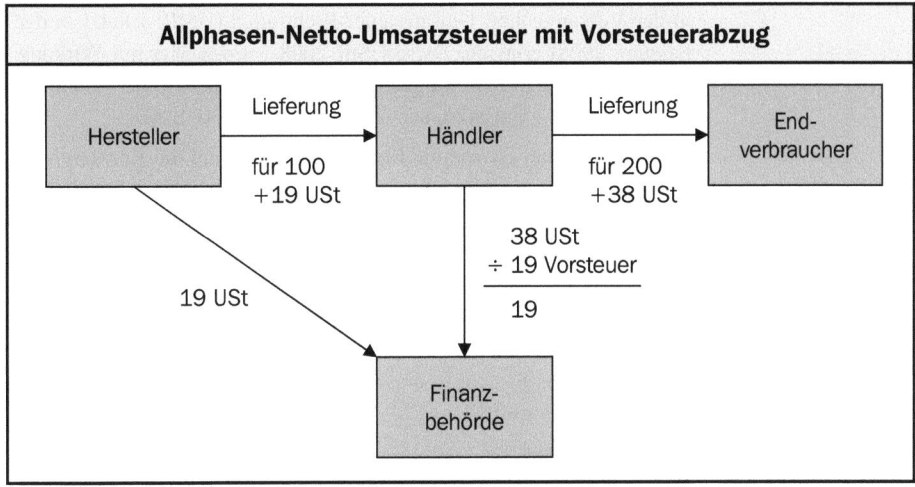

Liefert also – wie in der Abbildung dargestellt – der Hersteller an den Händler Waren im Werte von 100,– € zuzüglich 19 % Umsatzsteuer (= 19,– €), so bekommt er den Gesamtbetrag von 119,– € als Kaufpreis bezahlt. Den in der Rechnung ausgewiesenen Umsatzsteuerbetrag in Höhe von 19,– € hat er an das für ihn zuständige Finanzamt zu zahlen. Da diese Umsatzsteuer bereits durch die Kaufpreiszahlung abgedeckt war, belastet den Hersteller die Umsatzsteuer im Ergebnis nicht. Liefert der Händler die Ware dann für 200,– € zuzügl. 19 % Umsatzsteuer (= 38,– €) an den Endverbraucher, ergibt die umsatzsteuerliche Betrachtung aus seiner Sicht folgendes: Den dem Endverbraucher in Rechnung gestellten Umsatzsteuerbetrag in Höhe von 38,– € hat er an die zuständige Finanzbehörde abzuführen. Des Weiteren hat er bereits Umsatzsteuer in Höhe von 19,– € als Bestandteil des Kaufpreises an den Hersteller gezahlt. Diese Gesamtumsatzsteuerbelastung (57,– €) wird hier zum einen dadurch ausgeglichen, dass der Endverbraucher seinerseits 38,– € Umsatzsteuer als Bestandteil des Kaufpreises an den Händler zahlt, andererseits die in der Vorphase auf ihn abgewälzte Umsatzsteuer in Höhe von 19,– € als Vorsteuerabzug von der an das Finanzamt zu zahlenden Umsatzsteuer abgesetzt werden kann. Auch den Händler belastet damit insgesamt die Umsatzsteuer nicht. Allein der Endverbraucher hat die Umsatzsteuerlast (im Beispielsfall 38,– €) zu tragen. Wie die obige Abbildung und das Zahlenbeispiel zeigen, wird in jeder Phase jeweils nur der geschaffene Mehrwert (im Beispielsfall 100,– €) besteuert. Auf Grund dessen wird die Umsatzsteuer auch als Mehrwertsteuer bezeichnet.

Umsatzsteuer wird auch als Mehrwertsteuer bezeichnet

Rechtsgrundlagen der Umsatzsteuer sind das Umsatzsteuergesetz (UStG) und die Umsatzsteuer-Durchführungsverordnung (UStDV). Außerdem hatte die Bundesregierung mit Zustimmung des Bundesrates

Rechtsgrundlagen: UStG, UStDV

in der Vergangenheit Umsatzsteuer-Richtlinien (UStR; zuletzt in der Fassung 2008) erlassen. Diese UStR 2008 wurden aber mit Wirkung vom 1. November 2010 aufgehoben. An ihre Stelle tritt der – zeitlich nicht befristete – Umsatzsteuer-Anwendungserlass (UStAE).

Die Umsatzsteuer ist wie die Einkommensteuer und die Körperschaftsteuer eine so genannte »Veranlagungsteuer«. In einem förmlichen Verfahren werden also die Besteuerungsgrundlagen ermittelt und die zu zahlende Steuer festgesetzt. Einzelheiten zu den Besteuerungsverfahren bleiben aufgrund einiger Besonderheiten einem gesonderten Abschnitt vorbehalten. Die grobe Struktur des Umsatzsteuerrechts lässt Parallelen zum Einkommensteuer- bzw. Körperschaftsteuerrecht erkennen. Für das System in diesen beiden Rechtsgebieten ist ein Dreiklang kennzeichnend:

- Steuerpflicht
- Ermittlung der Bemessungsgrundlage
- Berechnung der zu zahlenden Steuer durch Anwendung eines Steuersatzes auf die Bemessungsgrundlage

In ähnlicher Form findet sich dieses System auch im Umsatzsteuerrecht wieder. Die Frage, ob ein Steuerpflichtiger unter das Umsatzsteuergesetz fällt, wird hier aber nicht mit einer unbeschränkten bzw. beschränkten Steuerpflicht bezeichnet, vielmehr kennt das Umsatzsteuerrecht den Begriff des »Unternehmers«. Nur wer Unternehmer i.S.d. § 2 UStG ist, unterfällt dem Umsatzsteuergesetz. Wie bei der unbeschränkten bzw. beschränkten Steuerpflicht im Einkommensteuer- bzw. Körperschaftsteuerrecht grenzt diese Vorschrift den Kreis der betroffenen Steuerpflichtigen ein.

Nur wer Unternehmer ist, unterfält dem UStG.

Auch im Umsatzsteuerrecht geht es maßgeblich um die Ermittlung der Bemessungsgrundlage. Dabei ist die Umsatzsteuer von der Summe der steuerpflichtigen Umsätze eines Besteuerungszeitraumes (= Kalenderjahr) zu berechnen (§ 16 Abs. 1 UStG). Im Rahmen der Jahressteuererklärung hat der Unternehmer folglich sämtliche in diesem Kalenderjahr getätigten Umsätze aufzuführen.

(Steuerbare) Umsätze i.S.d. § 1 Abs. 1 UStG

Steuerbare entgeltliche Leistungen	Den steuerbaren Leistungen gleichgestellte Vorgänge	Den entgeltlichen Leistungen gleichgestellte Vorgänge	Steuerbare Einfuhr	Steuerbarer innergemeinschaftlicher Erwerb
• Lieferungen • Sonstige Leistungen Beachte: Umsätze im Rahmen einer Geschäftsveräußerung nicht steuerbar	• Entnahme von Gegenständen • Unentgeltliche Zuwendungen von Gegenständen	• Verwendung von Gegenständen für unternehmensfremde Zwecke • unentgeltliche Erbringung von Leistungen für unternehmensfremde Zwecke	• von Gegenständen (betr. sog. Drittländer)	(betr. EU-Mitgliedstaaten)

Steuerfreie Umsätze
- Steuerbefreiung in § 4 UStG. Folge: Umsatz unterliegt nicht der USt
  Ausnahme: Optionsmöglichkeit gem. § 9 UStG (= Verzicht auf Steuerbefreiung)
- Bei Nichtvorliegen einer Steuerbefreiung: steuerpflichtiger Umsatz

Bemessungsgrundlage für die Umsatzsteuer

Entgeltliche Leistungen:	Den entgeltlichen Lieferungen gleichgestellte Vorgänge:	Den entgeltlichen Leistungen gleichgestellte Vorgänge:	Einfuhr:	Innergemeinschaftlicher Erwerb:
• Entgelt (ohne USt) • Besonderheiten bei Lieferungen und sonstigen Leistungen an Arbeitnehmer	• Nettoeinkaufspreis oder Selbstkosten	• Bei Ausführung der Umsätze entstandene Kosten	• Zoll (Wert) der eingeführten Gegenstände	• Entgelt zzgl. der vom Erwerber zu zahlenden Verbrauchsteuern

Steuersätze:
- allgemeiner Steuersatz (§ 12 Abs. 1 UStG): 19 %
- ermäßigter Steuersatz (§ 12 Abs. 2 UStG): 7 %

Beachte: Besonderheit bei Lieferungen von Speisen und Getränken zum Verzehr an Ort und Stelle

Ermittlung der Umsatzsteuerzahllast (u.U. Vorsteuerguthaben)
- Anrechnung bereits vorangemeldeter und gezahlter Umsatzsteuerbeträge

Ausgangspunkt für die Ermittlung der Bemessungsgrundlage ist im Umsatzsteuerrecht der sog. »steuerbare Umsatz«. In § 1 UStG ist abschließend aufgeführt, welche Vorgänge umsatzsteuerlich relevant sein sollen (= steuerbare Umsätze). Dann sind in einem weiteren Schritt die sog. »steuerfreien Umsätze« aus dieser Gruppe der grundsätzlich steuerbaren Umsätze herauszunehmen. Die Steuerbefreiungen ergeben sich abschließend aus den §§ 4-8 UStG. Greift keine Steuerbefreiung ein, spricht man von steuerpflichtigen Umsätzen. Die Summe der steuerpflichtigen Umsätze bildet die Berechnungsgrundlage für die Umsatzsteuer. Die §§ 10 und 11 UStG befassen sich dann mit der Ermittlung der Bemessungsgrundlage für die steuerpflichtigen Umsätze. Auf diese so ermittelte Bemessungsgrundlage wird dann der Steuersatz gem. § 12 UStG angewendet. Auf diese Weise errechnet der Unternehmer also selbst in seiner Jahressteuererklärung die Umsatzsteuer für das abgelaufene Kalenderjahr (Umsatzsteuer-Traglast). Von dieser so berechneten Steuer kann er die im gleichen Zeitraum angefallenen abziehbaren Vorsteuerbeträge i.S.d. § 15 UStG (dem jeweiligen Unternehmer in Rechnung gestellte Umsatzsteuerbeträge) abziehen. Auf diese Weise ergibt sich die sog. »Umsatzsteuer-Zahllast«. Übersteigt die abziehbare Vorsteuer die Umsatzsteuer, so ergibt sich für den Unternehmer ein Vorsteuerguthaben.

Umsatzsteuer-Traglast
÷ Vorsteuerbeträge
= Umsatzsteuer-Zahllast

Zur besseren Orientierung im UStG hier ein kurzer Überblick über den Aufbau des Gesetzes:

I. Steuergegenstand und Geltungsbereich (§§ 1 bis 3g)

Hier wird festgelegt, welche Umsätze steuerbar sind, d.h. dem Umsatzsteuergesetz unterfallen, wer umsatzsteuerlicher Unternehmer ist, was begrifflich unter Lieferungen und sonstigen Leistungen zu verstehen ist und wo der Ort dieser Leistungen ist.

II. Steuerbefreiungen und Steuervergütungen (§§ 4 bis 9)

Der Umfang der Steuerbefreiungen und die im Einzelfall möglichen Verzichte auf die Steuerbefreiung (Umsatzsteueroption) sind im zweiten Abschnitt geregelt.

III. Bemessungsgrundlagen (§§ 10, 11)

Für die verschiedenen steuerpflichtigen Vorgänge wird in diesem Teil die Höhe der Bemessungsgrundlage festgelegt.

IV. Steuer und Vorsteuer (§§ 12 bis 15a)

Hier finden sich Regelungen zur Höhe des Steuersatzes, der Entstehung der Steuer, der Steuerschuldnerschaft und zum Vorsteuerabzug. Eine Liste der Gegenstände, die dem ermäßigten Steuersatz von 7 v.H. unterliegen, ist als Anlage dem UStG beigefügt.

V. Besteuerung (§§ 16 bis 22e)

Die Vorschriften über die wichtigsten umsatzsteuerlichen Verfahrensfragen sind hier zusammengefasst.

VI. Sonderregelungen (§§ 23 bis 25d)

Dieser Abschnitt beinhaltet Pauschalierungsmöglichkeiten sowie Sonderregelungen für Land- und Forstwirte, Reiseleistungen, Umsätze von gebrauchten Gegenständen durch Wiederverkäufer (Differenzbesteuerung), innergemeinschaftliche Dreiecksgeschäfte, Umsätze mit Anlagegold und die Haftung für schuldhaft nicht abgeführte Steuer

VII. Durchführung, Bußgeld-, Straf-, Verfahrens-, Übergangs- und Schlussvorschriften

Hinweis: Keine Angst, wenn an dieser Stelle alles noch etwas undurchsichtig und unübersichtlich erscheint. Im Verlauf der weiteren Ausführungen wird Ihnen das System des Umsatzsteuerrechts klar werden. Insbesondere wird sich der Nebel um die für Sie teilweise auf den ersten Blick etwas verwirrenden Begriffe (»Umsatzsteuer«, »Mehrwertsteuer«, »Vorsteuer«) im Laufe der Bearbeitung lichten.

2. Der umsatzsteuerliche Unternehmer

Begriff des umsatzsteuerlichen Unternehmers

Unternehmer ist, wer eine gewerbliche oder berufliche Tätigkeit selbständig ausübt (§ 2 Abs. 1 Satz 1 UStG). Dabei weicht der Unternehmerbegriff des Umsatzsteuerrechts erheblich vom allgemeinen Sprachgebrauch ab. Während man normalerweise unter einem Unternehmer jemanden versteht, der sich unter Einsatz von Kapital und Arbeitskräften intensiv am Wirtschaftsleben beteiligt, geht der umsatzsteuerliche Begriff des Unternehmers viel weiter.

Umsatzsteuerlicher Unternehmer

Natürliche Person	Juristische Person	Personenvereinigung
Beispiele: Einzelunternehmer, Handwerker, Vermieter	Beispiele: AG, GmbH	Beispiele: GbR, oHG, KG

Gewerbliche oder berufliche Tätigkeit:
- nachhaltige Tätigkeit:
  - Tätigkeit mit Wiederholungsabsicht
  - auf Dauer angelegt
- zur Erzielung von Einnahmen:
  keine Gewinnerzielungsabsicht erforderlich
- Beginn der Unternehmereigenschaft:
  mit dem ersten nach außen erkennbaren, auf eine Unternehmertätigkeit gerichteten Tätigwerden (z.B. Wareneinkauf vor Betriebseröffnung)
- Ende der Unternehmereigenschaft:
  mit dem letzten Tätigwerden (Einstellung oder Abmeldung eines Gewerbebetriebes ist unerheblich)

Selbständigkeit
- Ausübung der Tätigkeit auf eigene Rechnung und auf eigene Verantwortung
- Unselbständigkeit bei:
  - Weisungsabhängigkeit (z.B. Arbeitnehmer)
  - Eingliederung juristischer Personen in das Unternehmen des Organträgers (Organschaft)
- Personengesellschaften des Handelsrechtes sind stets selbständig

Er stellt nicht auf ein äußeres Erscheinungsbild der Unternehmerperson, sondern rein formal auf eine unter bestimmten Umständen ausgeübte Tätigkeit ab. Unternehmer ist jeder, der eine gewerbliche oder berufliche Tätigkeit selbständig ausübt, wobei die Begriffsbestimmung der gewerblichen oder beruflichen Tätigkeit wiederum sehr weit gefasst ist. Nach § 2 Abs. 1 Satz 3 UStG ist darunter nämlich jede nachhaltige Tätigkeit zur Erzielung von Einnahmen zu verstehen, auch wenn die Absicht fehlt, Gewinn zu erzielen. Daher umschließt der Kreis der Unternehmer neben den Gewerbetreibenden nicht nur die Landwirte und die Angehörigen der Freiberufe (Ärzte, Steuerberater u.ä.), sondern auch die Privatleute, die aus der Nutzung ihres Vermögens (z.B. Grundbesitz) fortlaufend Einnahmen erzielen. Das Steuersubjekt »Unternehmer« kann in den verschiedensten Erscheinungsformen auftreten.

Unternehmer ist jeder, der eine gewerbliche oder berufliche Tätigkeit selbständig ausübt.

Auch Privatleute können Unternehmer sein.

Mit der Formulierung »Unternehmer ist, wer ... ausübt« legt sich der Gesetzgeber in § 2 Abs. 1 Satz 1 UStG bewusst nicht auf eine bestimmte Rechtspersönlichkeit fest. Die Vorschrift ermöglicht es vielmehr, ausgehend von der Feststellung einer gewerblichen oder beruflichen Tätigkeit auf deren Urheber als Unternehmer zurückzugreifen, ohne Rücksicht darauf, in welcher Rechtsform er tätig geworden ist. Es kommen also grundsätzlich sowohl natürliche Personen (z.B. Einzelunternehmer, Handwerker, Vermieter etc.), juristische Personen (z.B. AG, GmbH) als auch Personenvereinigungen (z.B. GbR, oHG, KG) als umsatzsteuerliche Unternehmer in Betracht. Diese Unternehmer unterliegen mit ihrer gesamten gewerblichen oder beruflichen Tätigkeit (umsatzsteuerliches Unternehmen) der Umsatzsteuer (§ 2 Abs. 1 Satz 2 UStG). Gewerblich oder beruflich ist dabei jede nachhaltige Tätigkeit zur Erzielung von Einnahmen (§ 2 Abs. 1 Satz 3 UStG).

Auf die gewählte Rechtsform kommt es an.

Das umsatzsteuerliche Unternehmen umfasst die gesamte gewerbliche oder berufliche Tätigkeit.

Für das Tatbestandsmerkmal der Nachhaltigkeit ist erforderlich, dass die Absicht der Wiederholung besteht. Bei einem einmaligen Umsatz genügt ein vorweg gefasster, auf Wiederholung gerichteter Willensentschluss dann zur Annahme der Nachhaltigkeit, wenn aus den Umständen und aus dem Willen des Liefernden oder Leistenden zu schließen ist, das Geschäft bei sich bietender Gelegenheit zu wiederholen. Dem Begriff der Nachhaltigkeit wohnt auch das zeitliche Moment inne; die Tätigkeit muss danach auf eine bestimmte Dauer angelegt sein.

Des Weiteren muss der Unternehmer zur Erzielung von Einnahmen tätig geworden sein. Einnahmen sind entsprechend der Begriffsbestimmung des Entgeltes i.S.d. § 10 Abs. 1 Satz 2 UStG alles, was der Empfänger aufwendet, um die Leistung zu erhalten. Es kann sich also neben Geld auch um Sachen (beim Tauschgeschäft) oder um sonstige Leistungen (freie Unterkunft und Verpflegung) handeln. Eine Gewin-

Erforderlich ist eine Tätigkeit zur Erzielung von Einnahmen.

	nerzielungsabsicht wie bei dem Begriff des Gewerbebetriebes i.S.d. § 15 Abs. 2 EStG ist nicht erforderlich.
Der Unternehmerbegriff setzt selbständige Tätigkeit voraus.	Der Unternehmerbegriff i.S.d. § 2 Abs. 1 UStG setzt voraus, dass die gewerbliche oder berufliche Tätigkeit auch selbständig ausgeübt wird. Eine selbständige Tätigkeit liegt vor, wenn sie auf eigene Rechnung und auf eigene Verantwortung ausgeübt wird. Das UStG definiert den Begriff der Selbständigkeit ansonsten nicht. In § 2 Abs. 2 UStG werden lediglich Fälle der Unselbständigkeit genannt. Danach sind natürliche Personen nicht selbständig, soweit sie einzeln oder zusammengeschlossen einem Unternehmen so eingegliedert sind, dass sie den Weisungen des Unternehmers zu folgen verpflichtet sind. Wegen der Vielfalt der rechtlichen und wirtschaftlichen Beziehungen zwischen natürlichen Personen und Unternehmern ist das Kriterium der Weisungsgebundenheit zu wenig aussagekräftig, um eine zuverlässige Abgrenzung zur Selbständigkeit zu ermöglichen. Deshalb ist nach der Rechtsprechung des BFH das Gesamtbild der Verhältnisse maßgebend dafür, ob eine Eingliederung oder Weisungsgebundenheit vorliegt. Dabei kann es sowohl auf die Art der vertraglichen Beziehungen als auch auf die tatsächliche Abwicklung ankommen. Bei typischen Arbeitnehmern ist jedenfalls infolge der Weisungsgebundenheit eine Selbständigkeit zu verneinen.
Unselbständigkeit natürlicher Personen bei Weisungsgebundenheit	
Unselbständigkeit juristischer Personen bei Vorliegen einer sog. »Organschaft« (=finanzielle, wirtschaftliche und organisatorische Eingliederung in ein anderes Unternehmen	Unselbständigkeit liegt bei juristischen Personen vor, wenn sie nach dem Gesamtbild der tatsächlichen Verhältnisse finanziell, wirtschaftlich und organisatorisch in das Unternehmen des Organträgers eingegliedert sind (Organschaft; vgl. hierzu Abschn. 2.8 UStAE). Juristische Personen sind danach unselbständig, wenn sie von einem anderen Unternehmen beherrscht werden. Die *finanzielle* Eingliederung setzt den Besitz der Anteilsmehrheit voraus, die nach dem Gesetz oder der Satzung erforderlich ist, um die wesentlichen Entscheidungen in der Gesellschaft durchzusetzen. *Wirtschaftliche* Eingliederung bedeutet, dass die Organgesellschaft gemäß dem Willen des Unternehmers im Rahmen des Gesamtunternehmens, und zwar in engem wirtschaftlichen Zusammenhang mit diesem, es fördernd und ergänzend, wirtschaftlich tätig ist. Ein typisches Beispiel ist der Vertrieb der Erzeugnisse des Organträgers (= beherrschenden Unternehmens) durch das Organ (= beherrschte juristische Person). Die organisatorische Eingliederung liegt vor, wenn der Organträger durch organisatorische Maßnahmen sicherstellt, dass in der Organgesellschaft sein Wille auch tatsächlich ausgeführt wird. Das ist z.B. durch Personalunion der Geschäftsführer in beiden Gesellschaften der Fall.
Personengesellschaften des Handelsrechts sind stets selbständig.	Bleibt festzustellen, dass Personengesellschaften des Handelsrechts stets selbständig i.S.d. § 2 Abs. 1 UStG sind (vgl. Abschn. 2.2 Abs. 5 UStAE).

Beginn und Ende der Unternehmereigenschaft bestimmen sich danach, wann die nachhaltige, auf Einnahmeerzielung gerichtete Tätigkeit aufgenommen bzw. eingestellt wird. Die Unternehmereigenschaft beginnt mit dem ersten nach außen erkennbaren, auf eine Unternehmertätigkeit gerichteten Tätigwerden. Hierzu gehören auch Vorbereitungshandlungen. Die Unternehmereigenschaft endet mit dem letzten Tätigwerden. Der Zeitpunkt der Einstellung oder Abmeldung eines Gewerbebetriebes ist unbeachtlich (vgl. zum Beginn und Ende der Unternehmereigenschaft: Abschn. 2.6 UStAE).

Beginn und Ende der Unternehmereigenschaft

Angaben zum umsatzsteuerlichen Unternehmen und der Dauer der Unternehmereigenschaft sind auf Seite 1 des Umsatzsteuererklärungsvordrucks zu machen.

```
- Bitte weiße Felder ausfüllen oder [X] ankreuzen, Anleitung beachten -                    2010
```

An das Finanzamt

Fallart	Steuernummer	Unter-fallart	Jahr	Vor-gang		Sach-bereich
11		50	10	1		99	11

Umsatzsteuererklärung | 121 | |

Berichtigte Steuererklärung (falls ja, bitte eine „1" eintragen) | 110 | |

A. Allgemeine Angaben

Name des Unternehmers | ggf. abweichender Firmenname

Art des Unternehmens

Straße, Haus-Nr.

PLZ, Ort

E-Mail-Adresse | Telefon

Dauer der Unternehmereigenschaft (nur ausfüllen, falls nicht vom 1. Januar bis zum 31. Dezember 2010) | vom Tag | Monat | bis zum Tag | Monat

1. Zeitraum

2. Zeitraum

Die Abschlusszahlung ist binnen einem Monat nach der Abgabe der Steuererklärung zu entrichten (§ 18 Abs. 4 UStG). Ein Erstattungsbetrag wird auf das dem Finanzamt benannte Konto überwiesen, soweit der Betrag nicht mit Steuerschulden verrechnet wird.

Verrechnung des Erstattungsbetrages erwünscht / Erstattungsbetrag ist abgetreten (falls ja, bitte eine „1" eintragen) | 129 |

Geben Sie bitte die Verrechnungswünsche auf einem besonderen Blatt an oder auf dem beim Finanzamt erhältlichen Vordruck „Verrechnungsantrag".

Ein Umsatzsteuerbescheid ergeht nur, wenn von Ihrer Berechnung der Umsatzsteuer abgewichen wird.

Hinweis nach den Vorschriften der Datenschutzgesetze: Die mit der Steuererklärung angeforderten Daten werden auf Grund der §§ 149 ff. der Abgabenordnung sowie der §§ 18, 18b des Umsatzsteuergesetzes erhoben. Die Angabe der Telefonnummer und der E-Mail-Adresse ist freiwillig.

B. Angaben zur Besteuerung der Kleinunternehmer (§ 19 Abs. 1 UStG)

Die Zeilen 24 und 25 sind nur auszufüllen, wenn der Umsatz 2009 (zuzüglich Steuer) nicht mehr als **17 500 €** betragen hat und auf die Anwendung des § 19 Abs. 1 UStG nicht verzichtet worden ist. | Betrag volle EUR

Umsatz im Kalenderjahr 2009 .... (Berechnung nach § 19 Abs. 1 und 3 UStG) | 238 |

Umsatz im Kalenderjahr 2010 .... | 239 |

Unterschrift

Ich habe dieser Steuererklärung die Anlage UR | Bei der Anfertigung dieser Steuererklärung einschließlich der Anlagen hat mitgewirkt:

☐ beigefügt.

☐ nicht beigefügt, weil ich darin keine Angaben zu machen hatte.

Datum, eigenhändige Unterschrift des Unternehmers

034050/10

2010USt2A501NET   2010USt2A501NET

3. Steuerbare Umsätze

Was Gegenstand der Umsatzsteuer ist, beschreibt das Gesetz abschließend in § 1 Abs. 1 UStG. Hier zählt das Gesetz diejenigen wirtschaftlichen Vorgänge auf, die grundsätzlich der Umsatzsteuer unterliegen sollen. Diese umsatzsteuerrelevanten Vorgänge bezeichnet man als »steuerbare Umsätze«.

»Steuerbare Umsätze« sind diejenigen wirtschaftlichen Vorgänge, die grundsätzlich der Umsatzsteuer unterliegen.

Steuerbare Umsätze

§ 1 Abs. 1 UStG

(1) Der Umsatzsteuer unterliegen die folgenden Umsätze:
1. die Lieferungen und sonstigen Leistungen, die ein Unternehmer im Inland gegen Entgelt im Rahmen seines Unternehmens ausführt. Die Steuerbarkeit entfällt nicht, wenn der Umsatz auf Grund gesetzlicher oder behördlicher Anordnung ausgeführt wird oder nach gesetzlicher Vorschrift als ausgeführt gilt; ...
4. die Einfuhr von Gegenständen im Inland oder in den österreichischen Gebieten Jungholz und Mittelberg (Einfuhrumsatzsteuer);
5. der innergemeinschaftliche Erwerb im Inland gegen Entgelt.

Aufgrund der Rechtsprechung des Europäischen Gerichtshofes und der Folgerechtsprechung durch den Bundesfinanzhof sah sich der deutsche Gesetzgeber gezwungen, auf die Eigenverbrauchstatbestände alter Prägung zu verzichten. Der Eigenverbrauch, die unentgeltlichen Sachzuwendungen und sonstigen Leistungen an Arbeitnehmer sowie die unentgeltlichen Leistungen von Vereinigungen an ihre Gesellschafter oder Mitglieder werden daher – entsprechend der 6. EG-Richtlinie (jetzt: Mehrwertsteuersystemrichtlinie – als Untertatbestände zu Lieferungen und sonstigen Leistungen behandelt.

Der Entnahmeeigenverbrauch und die unentgeltliche Abgabe von unternehmerischen Gegenständen gelten qua Gesetz als entgeltliche Lieferungen (§ 3 Abs. 1b UStG), während der Leistungseigenverbrauch und sonstige entgeltliche Dienstleistungen als entgeltliche sonstige Leistungen gelten (§ 3 Abs. 9a UStG). Der Aufwendungseigenverbrauch wurde durch entsprechende Vorsteuerausschlüsse ersetzt. Das UStG kennt danach nur noch drei Arten von steuerbaren Umsätzen:

Arten von steuerbaren Umsätzen

- entgeltliche Leistungen (§ 1 Abs. 1 Nr. 1 UStG)
- Einfuhr von Gegenständen aus Drittlandsgebieten (§ 1 Abs. 1 Nr. 4 UStG)
- innergemeinschaftlicher Erwerb (§ 1 Abs. 1 Nr. 5 UStG)

Aus dieser Gruppe wirtschaftlicher Vorgänge, die das UStG erfassen will, sind insbesondere die »entgeltlichen Leistungen« und der »Eigenverbrauch« von Bedeutung. Diese steuerbaren Umsätze werden im Folgenden ausführlicher behandelt. Die Ausführungen zu den übrigen steuerbaren Umsätzen beschränken sich dagegen auf das für das Verständnis Notwendige.

3.1. Steuerbare entgeltliche Leistungen

Im folgenden Abschnitt werden nun zunächst allein die eigentlichen steuerbaren entgeltlichen Leistungen behandelt. Der nachfolgende Abschnitt bleibt dann den qua Gesetz den entgeltlichen Leistungen gleichgestellten steuerbaren Leistungen vorbehalten.

»Leistung« ist jedes Tun, Dulden, Unterlassen das zum Gegenstand des Wirtschaftsverkehrs gemacht werden kann.

Der umsatzsteuerliche Leistungsbegriff ist im UStG nicht definiert. Unter »Leistung« kann man sich jedes vom Willen eines Rechtssubjektes beherrschte Verhalten (Tun, Dulden, Unterlassen) vorstellen, das zum Gegenstand des Wirtschaftsverkehrs gemacht werden, insbesondere Gegenstand eines Schuldverhältnisses sein kann. Aus dem Sprachgebrauch des Gesetzes ist erkennbar, dass »Leistung« Oberbegriff für Lieferungen und sonstige Leistungen ist (vgl. § 10 Abs. 1 Satz 2, 3 UStG). Die Unterscheidung zwischen Lieferungen und sonstigen Leistungen ist bedeutsam für die Bestimmung des Ortes, an dem die Leistung ausgeführt wird. Da das UStG an tatsächliche Leistungsbewegungen anknüpft, spielt die aus dem Zivilrecht geläufige Unterscheidung zwischen Verpflichtungs- und Erfüllungsgeschäft für den Leistungsaustausch als solchen keine Rolle. Maßgebend ist immer das Erfüllungsgeschäft.

Die Unterscheidung zwischen Lieferungen und sonstigen Leistungen ist bedeutsam für die Bestimmung des Leistungsorts.

Merke: Nicht der Vertragsschluss (Verpflichtungsgeschäft), sondern die Erfüllung des Vertrags (Erfüllungsgeschäft) löst Umsatzsteuer aus.

Steuerbare entgeltliche Leistungen

Lieferungen	Sonstige Leistungen
– Verschaffung der Verfügungsmacht über einen Gegenstand	– Leistungen, die keine Lieferungen sind (Tun, Dulden oder Unterlassen)
Besonderheit: Werklieferung ist einheitlich eine Lieferung	Besonderheit: Werkleistung ist einheitlich eine sonstige Leistung

Beachte:
- Grundsatz der Einheitlichkeit der Leistung
- Abgrenzung bedeutsam für die Bestimmung des Ortes der Leistung

---

Unternehmereigenschaft des Leistenden (s.o.)

Ausführung der Leistung im Inland
- grundsätzlich Gebiet der Bundesrepublik
- Unterteilung der ausländischen Staaten in solche des übrigen Gemeinschaftsgebietes (=ausländische EU-Staaten) und solche des Drittlandsgebietes
- Ort der Leistung bestimmt sich nach §§ 3a-g UStG

Leistungsaustausch (»gegen Entgelt«)
Voraussetzung:
- zwei verschiedene Personen
  - problematisch bei Innenumsätzen
- Leistung und Gegenleistung
  - Problem: Abgrenzung echter/unechter Schadenersatz
- wechselseitiger Zusammenhang zwischen Leistung und Gegenleistung

---

Rahmen des Unternehmens
- Grundgeschäfte
- Hilfsgeschäfte (jede Tätigkeit, die die Haupttätigkeit mit sich bringt)

Beachte: Geschäftsveräußerung nicht steuerbar

3.1.1. Begriff der Lieferung

Nach der Legaldefinition in § 3 Abs. 1 UStG sind Lieferungen eines Unternehmers solche Leistungen, durch die er einen Dritten befähigt, im eigenen Namen über einen Gegenstand zu verfügen (Verschaffung der Verfügungsmacht). Der Begriff der Lieferung wird also von zwei Komponenten geprägt, dem Liefergegenstand und der Verschaffung der Verfügungsmacht daran. Als Gegenstand der Lieferung kommen insbesondere körperliche Gegenstände (Sachen i.S.d. § 90 BGB) in Betracht, daneben aber auch Güter, die wie Waren gehandelt werden (z.B. Energie, Wärme). Unselbständige Nebenleistungen, d.h. Leistungen, die in engem Zusammenhang mit einer Hauptleistung stehen, im Verhältnis zu dieser nebensächlich sind und in deren Gefolge üblicherweise vorkommen, werden steuerlich wie die Hauptleistung behandelt (Grundsatz der Einheitlichkeit der Leistung). Ist also die Hauptleistung eine Lieferung, so ist es auch die Nebenleistung selbst dann, wenn sie für sich betrachtet eine sonstige Leistung darstellen würde.

Beispiel: Ein Unternehmer verkauft und übereignet einen Liefergegenstand an seinen Kunden (= Lieferung) und befördert gleichzeitig den Liefergegenstand an den Ort des Abnehmers (= sonstige Leistung). Die Beförderungsleistung ist hier unselbständiger Teil der Hauptleistung und wird wie diese behandelt. Eine Aufteilung dieses einheitlichen wirtschaftlichen Vorganges kommt umsatzsteuerlich nicht in Betracht (vgl. auch Abschn. 3.10 Abs. 3 UStAE). Davon abgesehen ist in der Regel aber jede Lieferung und jede sonstige Leistung als eigene selbständige Leistung zu betrachten.

Merke: Grundsatz der Einheitlichkeit der Leistung

Die Verschaffung der Verfügungsmacht an einem Liefergegenstand bedeutet einen Wechsel der tatsächlichen Sachherrschaft von einem Inhaber auf einen anderen. Der Abnehmer eines Gegenstandes wird also in die Lage versetzt, wie ein Eigentümer über diesen Gegenstand zu verfügen. Insbesondere zwei Sonderfälle sind in diesem Zusammenhang zu beachten:

- Die Übertragung von Sicherungseigentum stellt keine Lieferung dar. Nach dem Wesen dieses Sicherungsmittels verbleibt der Gegenstand weiterhin im Besitz des Sicherungsgebers. Der Sicherungseigentümer soll zurzeit gerade noch nicht über den Gegenstand verfügen können. *Beispiel: Ein Gastwirt überträgt das Eigentum an der Einrichtung der Gaststätte zur Absicherung eines Kredites an eine Bank. Eine Verwertung des Sicherungsgutes durch die Bank ist nur vorgesehen, wenn der Gastwirt mit den Ra-*

tenzahlungen in Verzug gerät. Der Gastwirt hat zwar das Eigentum an den Einrichtungsgegenständen verloren, betreibt aber weiterhin (wie ein Eigentümer) mit diesen Gegenständen seine Gastwirtschaft.

- Beim Eigentumsvorbehalt (§ 455 BGB) dagegen verschafft der Verkäufer dem Erwerber die Verfügungsmacht an dem gelieferten Gegenstand, behält sich nur als Sicherheit für den Kaufpreis das zivilrechtliche Eigentum an der Sache oder – beim verlängerten Eigentumsvorbehalt – den Anspruch auf die Kaufpreisforderung aus der Weiterveräußerung vor.

Sonderfall: Eigentumsvorbehalt

Besonderer Erwähnung bedarf die so genannte »Werklieferung« (§ 3 Abs. 4 UStG). Hat der Unternehmer die Bearbeitung oder Verarbeitung eines Gegenstandes übernommen und verwendet er hierbei Stoffe, die er selbst beschafft, so ist die Leistung als Lieferung anzusehen, wenn es sich bei den Stoffen nicht nur um Zutaten oder sonstige Nebensachen handelt. Verwendet der Unternehmer zur Herstellung eines Werkes also Hauptstoffe, die er selbst beschafft, so liegt eine Werklieferung vor. Was »Haupt-« und was »Nebenstoff« oder »Zutat« ist, bestimmt sich nach der Art des bearbeiteten Gegenstandes, nach der Vorstellung der Beteiligten und nach der Verkehrsanschauung, wobei den objektiven Gesichtspunkten das Hauptgewicht zukommt. Verbrauchsmaterial, Energie usw., deren Substanz im fertigen Werk nicht mehr enthalten ist, können keine Hauptstoffe sein.

Werklieferung liegt vor, wenn der Unternehmer zur Herstellung eines Werks selbstbeschaffte Hauptstoffe verwendet.

Beispiel für einen Hauptstoff: Stoff für ein beim Schneider bestelltes Kleid.

Die Unterscheidung zwischen Hauptstoff und bloßen Zutaten bei dem vom Unternehmer beschafften Stoffen ist das wichtigste Abgrenzungsmerkmal zwischen Werklieferung und Werkleistung.

3.1.2. Begriff der sonstigen Leistung

Unter den Begriff der sonstigen Leistung ist eine Leistung zu verstehen, die keine Lieferung ist (§ 3 Abs. 9 UStG). Diese sonstige Leistung kann in einem Tun, Dulden oder Unterlassen bestehen. Beispiele: Vermietung von Wohnungen, Beratungsleistung von Rechtsanwälten Verwendet der Unternehmer zur Herstellung eines Werkes keine Hauptstoffe, sondern nur Nebenstoffe, die er selbst beschafft, so liegt eine Werkleistung vor.

Werkleistung liegt vor, wenn der Unternehmer zur Herstellung eines Werks nur selbstbeschaffte Nebenstoffe verwendet. Der Hauptstoff wird vom Besteller geliefert.

Beispiel: Ein Schneider wird beauftragt, aus einem ihm vom Besteller zur Verfügung gestellten Stoff ein Kleid zu fertigen. Zutaten – wie Knöpfe u.ä. – besorgt der Schneider selbst. Hier erbringt der Schnei-

der eine Werkleistung, denn er verwendet zur Herstellung des Kleides keine selbst beschafften Hauptstoffe.

Im Unterschied zur Werklieferung, wo die Verschaffung der Verfügungsmacht an einem Gegenstand im Vordergrund steht, ist für die Werkleistung die Be- bzw. Verarbeitung leistungsbestimmend.

Bei Werkleistung ist die Be- bzw. Verarbeitung leistungsbestimmend.

3.1.3. Leistungsausführung im Inland

Die vorgenannten Lieferungen und sonstigen Leistungen sind nach § 1 Abs. 1 Nr. 1 UStG dann steuerbar, wenn sie von einem Unternehmer im Inland gegen Entgelt im Rahmen seines Unternehmens ausgeführt werden. Hinsichtlich der Voraussetzungen für die umsatzsteuerliche Unternehmereigenschaft kann auf die Ausführungen im vorhergehenden Abschnitt verwiesen werden.

Darüber hinaus muss die Leistung im Inland ausgeführt sein. Was im einzelnen unter dem Begriff des »Inlands« i.S.d. UStG zu verstehen ist, hat der Gesetzgeber in § 1 Abs. 2 UStG dezidiert ausgeführt. Inland ist im Grundsatz das Gebiet der Bundesrepublik Deutschland, mit Ausnahme bestimmter, im Einzelnen im Gesetz aufgeführter Zollausschlüsse und Zollfreigebiete. Ausland i.S.d. UStG ist dagegen das Gebiet, das nicht Inland ist (§ 1 Abs. 2 Satz 2 UStG).

Inland ist grundsätzlich das Gebiet der Bundesrepublik Deutschland. Ausland ist das Gebiet, das nicht Inland ist.

Im Hinblick auf die weiteren steuerbaren Umsätze gem. § 1 Abs. 1 Nr. 4 und 5 UStG muss seit dem 01.01.1993 der Begriff des Auslands differenziert betrachtet werden, weil neue Begriffe wie »Gemeinschaftsgebiet« und »Drittlandsgebiet« hinzugekommen sind. Unter Gemeinschaftsgebiet versteht das UStG die Gebiete der Mitgliedstaaten der Europäischen Union (EU). Drittlandsgebiet ist das Gebiet, das nicht Gemeinschaftsgebiet ist (vgl. hierzu § 1 Abs. 2a UStG). Abgesehen von der Bundesrepublik Deutschland gehören z.Zt. weitere 26 Staaten der EU an.

Gemeinschaftsgebiet ist das Gebiet der EU-Mitgliedstaaten.

Drittlandsgebiet ist das Gebiet, das nicht Gemeinschaftsgebiet ist.

Zum übrigen Gemeinschaftsgebiet gehören:

EU-Mitgliedstaaten

Belgien, Bulgarien, Dänemark, Deutschland, Estland, Finnland, Frankreich, Griechenland, Irland, Italien, Lettland, Litauen, Luxemburg, Malta, Niederlande, Österreich, Polen, Portugal, Rumänien, Schweden, Slowakei, Slowenien, Spanien, Tschechien, Ungarn, Vereinigtes Königreich und Republik Zypern.

3.1.4. Leistungsaustausch

Weiterhin setzt die Steuerbarkeit nach § 1 Abs. 1 Nr. 1 UStG als entscheidendes Kriterium voraus, dass die Leistung gegen Entgelt erbracht wird. Die Steuerbarkeit setzt also im Grundsatz einen so genannten »Leistungsaustausch« voraus. Ein solcher liegt vor, wenn zunächst ein Leistender und ein Leistungsempfänger vorhanden sind und der Leistung eine Gegenleistung (Entgelt) gegenübersteht. Für die Annahme eines Leistungsaustausches müssen zudem Leistung und Gegenleistung in einem wechselseitigen Zusammenhang stehen. Ein Leistungsaustausch kann nur zustande kommen, wenn sich die Leistung auf den Erhalt einer Gegenleistung richtet und damit die gewollte, erwartete oder erwartbare Gegenleistung auslöst, so dass schließlich die wechselseitig erbrachten Leistungen miteinander innerlich verbunden sind (innere Verknüpfung von Leistung und Gegenleistung; vgl. Abschn. 1.1 Abs. 1 UStAE).

Steuerbarkeit setzt einen sog. »Leistungsaustausch« voraus.

Kein Leistungsaustausch liegt vor, wenn Leistender und Leistungsempfänger identisch sind. Das ist z.B. bei sogenannten »Innenumsätzen« zwischen verschiedenen Betrieben eines Unternehmens der Fall. Diese Innenumsätze sind nicht steuerbar.

Kein Leistungsaustausch, wenn Leistender und Leistungsempfänger identisch sind (z.B. bei sog. »Innenumsätzen«

Merke: Innenumsätze sind nicht steuerbar.

Das Entgelt (= Gegenleistung) ist alles, was der Leistungsempfänger aufwendet, um die Leistung zu erhalten, jedoch abzüglich der Umsatzsteuer (§ 10 Abs. 1 Satz 2 UStG). Die Gegenleistung kann dabei bestehen in Geld, einer Lieferung oder einer sonstigen Leistung. Erbringt der Leistungsempfänger seinerseits als Gegenleistung für eine Lieferung eine eigene Lieferung, so liegt ein *Tausch* vor (§ 3 Abs. 12 UStG). Besteht das Entgelt für eine sonstige Leistung in einer Lieferung oder in einer sonstigen Leistung, so liegt ein *tauschähnlicher Umsatz* vor (§ 3 Abs. 12 Satz 2 UStG).

Begriff des Tausches und des tauschähnlichen Umsatzes

Beispiel: Der Unternehmer liefert dem Steuerberater eine Maschine im Wert von 2.000,– €. Der Steuerberater fertigt dafür eine Steuererklärung für den Unternehmer im gleichen Wert.

Der Annahme eines Leistungsaustausches steht nicht entgegen, dass sich die Entgeltserwartung nicht erfüllt, dass das Entgelt uneinbringlich wird oder dass es sich nachträglich mindert. Leistung und Gegenleistung brauchen sich auch nicht gleichwertig gegenüberzustehen (vgl. hierzu Abschn. 1.1 Abs. 1 Satz 6 UStAE).

Nichtsteuerbare Schenkung: Leistung ohne Gegenleistung

Wird für eine Leistung keine Gegenleistung erbracht, so liegt eine nichtsteuerbare Schenkung vor. Fehlt bei einer Gegenleistung die Leistung, so ist der Vorgang ebenfalls nicht steuerbar. In diesem Zusam-

Nichtsteuerbarer Schadenersatz: Gegenleistung ohne Leistung

menhang sind die Fälle des *»echten Schadenersatzes«* zu nennen (vgl. 1.1 Abs. 1 und 3 UStAE).

Beispiel: Dem Kfz-Händler wird nachts ein Kfz gestohlen. Die von dem Unternehmer abgeschlossene Versicherung ersetzt den entstandenen Schaden.

Der Versicherungsleistung steht keine Leistung gegenüber; sie ist nichtsteuerbarer echter Schadenersatz.

<small>Beim »unechten« Schadenersatz« ist Ersatzleistung eine Gegenleistung für eine Lieferung oder sonstige Leistung.</small>

Hiervon zu unterscheiden sind die Fälle der Entschädigungszahlungen mit Entgeltcharakter (*»unechter Schadenersatz«*). In diesen Fällen ist die Ersatzleistung tatsächlich eine Gegenleistung für eine Lieferung oder sonstige Leistung.

Beispiel: Entschädigung, die aufgrund einer schriftlichen Vereinbarung an den Mieter für die vorzeitige Räumung der Geschäftsräume und die Aufgabe des noch laufenden Mietvertrags zur Abgeltung aller mit der Freimachung der bisherigen Miträume zusammenhängenden Ansprüche gezahlt wird (Abschn. 1.3 Abs. 13 UStAE).

<small>Leistungsaustausch setzt innere Verknüpfung von Leistung und Gegenleistung voraus</small>

Wesentliches Kriterium für das Vorliegen eines Leistungsaustausches ist die innere Verknüpfung zwischen Leistung und Gegenleistung. Als typisches Beispiel kann hier der gegenseitige Vertrag angesehen werden. Kennzeichnend für die Gegenseitigkeit eines Vertrags ist, dass die Leistung um der Gegenleistung willen erbracht wird (lateinisch: do ut des). Die innere Verknüpfung im Umsatzsteuerrecht ist jedoch weiter. Es genügt für den Leistungsaustausch, dass die Gegenleistung in einem wirtschaftlichen Zusammenhang mit einer Leistung erbracht werden kann; sie braucht nicht vereinbart worden zu sein. Bei schwierigen Abgrenzungsfragen wird es letztlich darauf ankommen, ob jeder der Beteiligten seine Leistung auch ohne die Leistung des anderen erbracht hätte.

Andererseits reicht aber die innere Verknüpfung als reines – möglicherweise zufällig zustande gekommenes – Kausalverhältnis für das Vorliegen eines Leistungsaustausches nicht aus. Der BFH stellt vielmehr zu Recht einschränkend auf ein finales Moment beim Leistenden ab: Zur Annahme eines Leistungsaustausches ist auf der Seite des leistenden Unternehmers ein Verhalten erforderlich, das auf den Erhalt einer Gegenleistung abzielt oder geeignet ist, eine Vergütung für die erbrachte Leistung auszulösen.

<small>Finales Handeln des Leistenden ist erforderlich.</small>

Merke: Reines Kausalverhältnis reicht für Leistungsaustausch nicht aus. Finales Handeln des Leistenden ist erforderlich.

<small>In den Rahmen des Unternehmens fallen alle Grund- und Hilfsgeschäfte.</small>

Weitere Voraussetzung für die Steuerbarkeit i.S.d. § 1 Abs. 1 Nr. 1 UStG ist, dass die Leistungen im Rahmen des Unternehmens erbracht werden. Zum Unternehmen im umsatzsteuerlichen Sinn gehören sämtliche Betriebe und beruflichen Tätigkeiten desselben Unternehmers. In den Rahmen des Unternehmens fallen nicht nur die Grundgeschäfte, die den eigentlichen Gegenstand der geschäftlichen Betätigung bilden, sondern auch die Hilfsgeschäfte. Darunter sind diejenigen Tätigkeiten zu verstehen, die die Haupttätigkeiten üblicherweise mit sich bringen.

Beispiel: Der Verkauf von Maschinen durch einen Maschinenfabrikanten stellt dessen Grundgeschäft dar. Zu den Hilfsgeschäften gehört z.B. die Veräußerung eines Firmen-Pkw.

In diesem Zusammenhang ist darauf hinzuweisen, dass kraft ausdrücklicher Regelung in § 1 Abs. 1a UStG die Umsätze im Rahmen einer Geschäftsveräußerung an einen anderen Unternehmer für dessen Unternehmen nicht steuerbar sind. Eine Geschäftsveräußerung liegt vor, wenn ein Unternehmen oder ein in der Gliederung eines Unternehmens gesondert geführter Betrieb im Ganzen entgeltlich oder unentgeltlich übereignet oder in eine Gesellschaft eingebracht wird.

Geschäftsveräußerung ab dem 01.01.1994 nicht mehr steuerbar

3.2. Steuerbare entgeltliche Leistungen kraft Gesetzes

Der Gesetzgeber hat die einzelnen (alten) Eigenverbrauchstatbestände als Untertatbestände den entgeltlichen Lieferungen und entgeltlichen sonstigen Leistung gleichgestellt. Gesetzestechnisch wird diese Gleichstellung dadurch erreicht, dass den gesetzlichen Definitionen für die Begriffe Lieferungen (§ 3 Abs. 1 UStG) und sonstigen Leistungen (§ 3 Abs. 9 UStG) die gleichgestellten Leistungen zugeordnet wurden (§§ 3 Abs. 1b bzw. 3 Abs. 9a UStG).

»Alte« Eigenverbrauchstatbestände jetzt Untertatbestände der entgeltlichen Leistungen

Danach lassen sich zwei große Gruppen von steuerbaren Leistungen kraft Gesetzes trennen:
- steuerbare entgeltliche Lieferungen kraft Gesetzes,
- steuerbare entgeltliche Leistungen kraft Gesetzes.

3.2.1 Steuerbare entgeltliche Lieferungen kraft Gesetzes

Bereits im Jahressteuergesetz 1996 hatte der Gesetzgeber das Verbringen eines Gegenstandes aus dem Inland in das übrige Gemeinschaftsgebiet (s. dazu unter 3.3.) durch einen Unternehmer zu seiner Verfügung (ausgenommen: nur vorübergehende Verwendung, auch wenn der Unternehmer den Gegenstand in das Inland eingeführt hat) der entgeltlichen Lieferung gleichgestellt (so genannte Lieferfiktion des § 3 Abs. 1a UStG; Einzelheiten hierzu werden bewusst ausgespart). In § 3 Abs.

Neuer Tatbestand des § 3 Abs. 1b UStG

1b UStG werden drei weitere verschiedene Tatbestände zusammengefasst, die allesamt kraft gesetzlicher Bestimmung als Rechtsfolge die Gleichstellung der Sachverhalte mit den entgeltlichen Lieferungen vorsehen:

- § 3 Abs. 1b Nr. 1: Entnahme eines Gegenstandes für unternehmensfremde Zwecke
- § 3 Abs. 1b Nr. 2: unentgeltliche Zuwendungen eines Gegenstandes an Personal des Unternehmers für private Zwecke
- § 3 Abs. 1b Nr. 3: unentgeltliche Zuwendung eines Gegenstandes aus unternehmerischen Gründen

Steuerbare entgeltliche Leistungen kraft Gesetzes

Entgeltliche Leistungen kraft Gesetzes

Lieferungen gegen Entgelt kraft Gesetzes	Sonstige Leistungen kraft Gesetzes
– Entnahme von Gegenständen für unternehmensfremde Zwecke – Unentgeltliche Zuwendung eines Gegenstandes an Personen des Unternehmens für private Zwecke (Ausnahme: Aufmerksamkeiten) – Unentgeltliche Zuwendung eines Gegenstandes aus unternehmerischen Gründen Voraussetzung in allen Fällen: Anschaffung/Herstellung des Gegenstandes berechtigt zum vollen oder teilweisen Vorsteuerabzug	– Verwendung eines Gegenstandes für unternehmerische Zwecke Voraussetzung: Anschaffung/Herstellung des Gegenstandes berechtigt zum vollen oder teilweisen Vorsteuerabzug – Unentgeltliche Erbringung von anderen sonstigen Leistungen durch den Unternehmer für: - unternehmensfremde Zwecke - für den privaten Bedarf des Personals (Ausnahme: Aufmerksamkeiten)

Nach § 3 Abs. 1b Nr. 1 UStG gelten insbesondere Sachverhalte, die ehemals als Entnahmeeigenverbrauch behandelt worden sind, als Lieferungen gegen Entgelt. Voraussetzung ist, dass der Unternehmer einen Gegenstand aus seinem Unternehmen im Inland für Zwecke außerhalb seines Unternehmens entnimmt. Vor der Entnahmehandlung muss der Gegenstand zum Unternehmensvermögen gehört haben. Die Zuordnung eines Gegenstandes zum Unternehmen richtet sich nicht nach ertragsteuerlichen Merkmalen, also nicht nach der Einordnung als Betriebs- oder als Privatvermögen. Maßgebend ist, ob der Unternehmer den Gegenstand dem unternehmerischen oder dem nichtunternehmerischen Tätigkeitsbereich zugewiesen hat. Für unternehmensfremde Zwecke entnommen ist der Gegenstand, wenn der Unternehmer selbst ihn auf Dauer anders nutzt als zum Zweck der nachhaltigen Einnahmeerzielung. Dann liegen die Zwecke außerhalb des Unternehmens, sprich außerhalb der gewerblichen oder beruflichen Tätigkeit des Unternehmers. Dient die Gegenstandsentnahme sowohl betrieblichen als auch außerbetrieblichen Zwecken, ist nach dem Grundsatz der Einheitlichkeit der Leistung, der auch beim Eigenverbrauch gilt, der überwiegende Zweck maßgebend. Beispiele für die Gegenstandsentnahme:

- Entnahme von Nahrungsmitteln durch Einzelhändler
- Entnahme von Gebrauchsgütern durch Handwerker für den Bedarf der Familie
- betrieblicher Pkw wird nunmehr ausschließlich privat genutzt

Die vom Gesetz angeordnete Gleichstellung dieser Sachverhalte mit der entgeltlichen Lieferung greift aber nur dann Platz, wenn die Anschaffungs- oder Herstellungskosten des entnommenen Gegenstandes oder seine Bestandteile mit Umsatzsteuer belastet waren und der Unternehmer hinsichtlich dieser Steuer entweder zum vollen oder zum teilweisen Vorsteuerabzug berechtigt war. Sind diese Voraussetzungen nicht erfüllt, unterliegt die spätere Entnahme nicht der Umsatzsteuer.

Beispiel: Kauf eines Pkw von Privat, unternehmerische Nutzung und spätere Entnahme

Nach der Reglung des § 3 Abs. 1b Nr. 2 UStG gelten insbesondere Sachverhalte, die bislang als unentgeltliche Sachzuwendungen an Arbeitnehmer behandelt worden sind, als Lieferungen gegen Entgelt. Bloße Aufmerksamkeiten werden von der Besteuerung ausgenommen. Aufmerksamkeiten sind Zuwendungen des Unternehmers, die nach ihrer Art und nach ihrem Wert Geschenken entsprechen, die im gesellschaftlichen Verkehr üblicherweise ausgetauscht werden und zu keiner ins Gewicht fallenden Bereicherung des Personals führen.

Beispiele: Blumen, Bücher bis zum Wert von 40,– €.

Auch die unentgeltlichen Sachzuwendungen an das Personal für dessen private Zwecke werden nur dann besteuert, wenn die Anschaffungs- oder Herstellungskosten des zugewendeten Gegenstandes oder seine Bestandteile mit Umsatzsteuer belastet waren und der Unternehmer hinsichtlich dieser Steuer entweder zum vollen oder teilweisen Vorsteuerabzug berechtigt war.

Besteuerung der unentgeltlichen Zuwendungen von Gegenständen nach § 3b Abs. 1 Nr. 3 UStG

Nach § 3 Abs. 1b Nr. 3 UStG werden unentgeltliche Zuwendungen von Gegenständen besteuert, die aus unternehmerischen Gründen erbracht werden. Unternehmerische Gründe in diesem Zusammenhang sind z.B. Werbung, Verkaufsförderung und Imagepflege.

Beispiele: höherwertige Geschenke an Geschäftsfreunde; Sachspenden an Vereine; Warenabgaben anlässlich von Preisausschreiben, Verlosungen oder zu Werbezwecken

Ausgenommen von der Besteuerung werden lediglich Geschenke von geringem Wert oder die Abgabe von Warenmustern. Hinsichtlich der Voraussetzung der Umsatzsteuerbelastung der Anschaffungs- und Herstellungskosten der zugewendeten Gegenstände und der diesbezüglichen Vorsteuerabzugsberechtigung des Unternehmers gilt das oben Gesagte entsprechend.

3.2.2. Steuerbare entgeltliche sonstige Leistungen kraft Gesetzes

Besteuerung des bisherigen Eigenverbrauchs nach § 3 Abs. 9a Nr. 1 UStG

§ 3 Abs. 9a UStG kann in zwei Gruppen von zu erfassenden Sachverhalten unterteilt werden. § 3 Abs. 9a Nr. 1 UStG regelt einerseits die Besteuerung von Sachverhalten, die bislang als Leistungseigenverbrauch behandelt worden sind und andererseits die Besteuerung der unentgeltlichen sonstigen Leistungen an Arbeitnehmer (Ausnahme: Aufmerksamkeiten). Beide Fallgruppen werden den entgeltlichen sonstigen Leistungen gleichgestellt. Bei sonstigen Leistungen an Arbeitnehmer, für die der Arbeitnehmer kein besonders berechnetes Entgelt aufwendet (z.B. Firmenwagenüberlassung), muss jedoch zunächst geprüft werden, ob es sich nicht bereits nach § 3 Abs. 1 UStG um eine entgeltliche Leistung (tausch, -ähnlicher Umsatz nach § 3 Abs. 12 UStG) handelt. Auch bei dieser Fallgruppe wird lediglich die Verwendung solcher Gegenstände besteuert, deren Anschaffungs- und Herstellungskosten mit Umsatzsteuer belastet waren und bei denen der Unternehmer hinsichtlich dieser Steuer zum vollen oder teilweisen Vorsteuerabzug berechtigt war.

Unentgeltliche Dienstleistungen für nichtunternehmerische Zwecke oder für private Zwecke des Personals (Ausnahme: Aufmerksamkeiten) unterliegen gemäß § 3 Abs. 9a Nr. 2 EStG der Umsatzsteuer.

Beispiele: Einsatz betrieblicher Arbeitskräfte für den Haushalt des Unternehmers; Überlassung eines unternehmerischen Kfz nebst Fahrer an das Personal für dessen Privatfahrten

3.3. Einfuhr von Gegenständen aus dem Drittlandsgebiet

Neben diesen bereits dargestellten zwei Arten von wirtschaftlichen Vorgängen, die in erster Linie das Inland betreffen, sieht das UStG noch zwei weitere steuerbare Tatbestände vor, die jeweils einen spezifischen Auslandsbezug aufweisen:
- § 1 Abs. 1 Nr. 4 UStG (Einfuhr aus Drittlandsgebiet)
- § 1 Abs. 1 Nr. 5 UStG (Einfuhr aus Gemeinschaftsgebiet)

Gemäß § 1 Abs. 1 Nr. 4 UStG ist die Einfuhr von Gegenständen aus dem Drittlandsgebiet in das Inland umsatzsteuerbar. »Einfuhr« bedeutet in diesem Zusammenhang die Verbringung von Gegenständen aus dem Drittlandsgebiet in das Inland. Die auf diese Gegenstände entfallende Umsatzsteuer bezeichnet man als »Einfuhrumsatzsteuer«. Für den Unternehmer ist die entrichtete Einfuhrumsatzsteuer unter den Voraussetzungen des § 15 UStG als Vorsteuer abzugsfähig.

Einfuhr bedeutet die Verbringung von Gegenständen aus dem Drittlandsgebiet in das Inland.

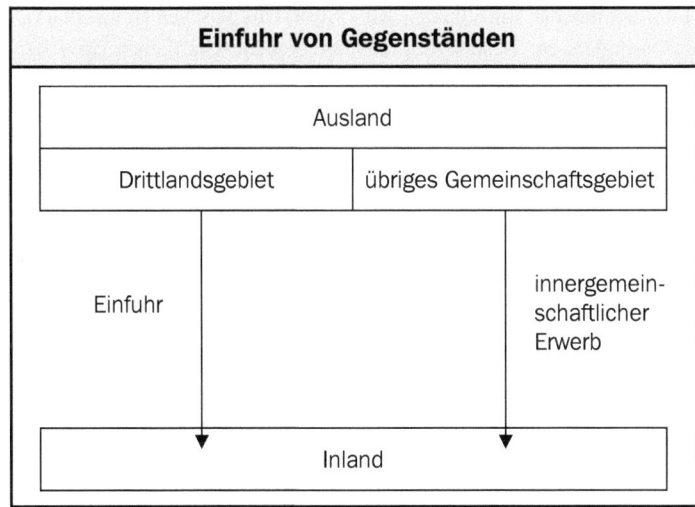

Wer Einfuhrumsatzsteuer schuldet, hängt von den Lieferkonditionen ab:
- »verzollt, versteuert«: Lieferer
- »unverzollt, unversteuert«: Empfänger

Wer Steuerschuldner der Einfuhrumsatzsteuer ist, hängt von den Lieferkonditionen ab. Wird der Gegenstand »verzollt, versteuert« eingeführt, schuldet der Lieferer Zoll und Einfuhrumsatzsteuer. Es liegt keine Einfuhr vor, sondern eine Lieferung nach § 1 Abs. 1 Nr. 1 UStG, die im Inland steuerbar ist.

Der Ort der Lieferung bestimmt sich hier nach § 3 Abs. 8 UStG mit dem Einfuhrland. Lautet die Lieferkondition »unverzollt, unversteuert«, schuldet der Leistungsempfänger Zoll und Einfuhrumsatzsteuer. Hier liegt eine steuerbare Einfuhr i.S.d. § 1 Abs. 1 Nr. 4 UStG vor. Zu beachten ist, dass für die Erfüllung des Tatbestandes des § 1 Abs. 1 Nr. 4 UStG ausnahmsweise nicht erforderlich ist, dass eine Unternehmereigenschaft i.S.d. § 2 UStG vorliegt. Es wird lediglich auf die Einfuhr von Gegenständen aus dem Drittlandsgebiet in das Inland abgestellt.

Hinweis: In steuerrechtlichen Klausuren, die diesen Problemkreis betreffen, sind die Lieferkonditionen vorgegeben.

3.4. Innergemeinschaftlicher Erwerb

Innergemeinschaftlicher Erwerb liegt bei »Einfuhr« aus dem Gemeinschaftsgebiet vor.

Wird nicht aus einem Drittlandsgebiet, sondern aus dem übrigen Gemeinschaftsgebiet »eingeführt«, so handelt es sich um einen innergemeinschaftlichen Erwerb, der gem. § 1 Abs. 1 Nr. 5 UStG umsatzsteuerbar ist (so genannte »Erwerbsteuer«). Steuerschuldner ist hier der Erwerber. Vorsteuerabzugsberechtigte Unternehmer können diese Erwerbsteuer unter den Voraussetzungen des § 15 Abs. 1 Nr. 3 UStG als Vorsteuer abziehen.

Literaturhinweis: Einzelheiten zur USt im europäischen Binnenmarkt, insbesondere zur Besteuerung des innergemeinschaftlichen Erwerbs, vgl. Tipke/Lang, § 14, Steuerrecht, Rz. 99 ff.; Birk, Steuerrecht, Rz. 1678 ff.

4. Ort des Umsatzes

Wie sich bereits aus den vorstehenden Ausführungen zur Steuerbarkeit (3.) ergibt, unterfallen nur solche Umsätze der deutschen Umsatzsteuer, die im Inland ausgeführt bzw. als ausgeführt behandelt werden. Insoweit ist also für die Steuerbarkeit entscheidend, wo der Ort des Umsatzes ist. Da das UStG in diesem Punkt sehr dezidierte Regelungen hinsichtlich der Bestimmung des Ortes des Umsatzes für die einzelnen steuerbaren Umsätze enthält, erscheint es angebracht, aus Gründen der Übersichtlichkeit diese einzelnen Regelungen gesondert darzustellen.

Der Ort des Umsatzes ist entscheidend für die Steuerbarkeit.

4.1. Ort der Lieferung

Bei normalen zweigliederigen Liefergeschäften, also außerhalb von so genannten Reihengeschäften (dazu siehe am Ende des Abschnitts), bestimmt sich der Ort der Lieferung wie folgt:

Ort der Lieferung
Bei Abhollieferung:
– dort, wo sich der Liefergegenstand zur Zeit der Verschaffung der Verfügungsmacht befindet
Bei Beförderungslieferung:
– dort, wo die Beförderung an den Abnehmer beginnt
Bei Versendungslieferung:
– dort, wo die Versendung an den Abnehmer beginnt

Grundsatz: Ort der Lieferung ist dort, wo sich der Gegenstand z.Zt. der Verschaffung der Verfügungsmacht befindet. »Abhollieferung«

Der Grundsatz für die Ortsbestimmung ist aus § 3 Abs. 7 Satz 1 UStG herzuleiten: Erfolgt die Verschaffung der Verfügungsmacht an den Abnehmer durch

- Eigentumsübertragung nach § 929 Satz 2 BGB (der neue Eigentümer ist bereits Besitzer der Sache),
- gemäß §§ 929, 930 BGB (der alte Eigentümer nutzt den Gegenstand im Rahmen eines Besitzmittlungsverhältnisses weiter),
- gemäß §§ 929, 931 BGB (Eigentum wird durch Einigung und Abtretung des Herausgabeanspruches übertragen) oder

- in den Fällen der Eigentumsübertragung an einem Grundstück gemäß §§ 873, 925 BGB,

so wird die Lieferung an dem Ort ausgeführt, an dem sich der Gegenstand im Zeitpunkt der Verschaffung der Verfügungsmacht befindet.

Wird der Gegenstand der Lieferung vom Leistenden oder vom Leistungsempfänger befördert oder versendet, so folgt aus der Regelung des § 3 Abs. 6 Satz 1 UStG, dass unabhängig von der Person des Beförderers oder Versenders die Lieferung dort als ausgeführt gilt, wo die Beförderung oder Versendung an den Abnehmer beginnt. Dies ist der Ort, von dem aus die gelieferte Ware bewegt wird.

Befördern ist dabei jede Fortbewegung des Gegenstandes. Versenden liegt dagegen vor, wenn jemand die Beförderung durch einen selbständigen Beauftragten ausführen oder besorgen lässt.

Gelangt der Liefergegenstand bei der Beförderung oder Versendung aus dem Drittlandsgebiet, d.h. Ausland ohne die übrigen Gemeinschaftsstaaten, in das Inland und ist der Lieferer Schuldner der bei der Einfuhr zu entrichtenden Umsatzsteuer (Einfuhrumsatzsteuer), so ist nach § 3 Abs. 8 UStG diese Lieferung als im Inland ausgeführt zu behandeln. Der Lieferer ist dabei immer dann Schuldner der Einfuhrumsatzsteuer, wenn die Lieferkondition (»verzollt, versteuert«) lautet, d.h., der liefernde Unternehmer lässt die Gegenstände zum freien Verkehr abfertigen und entrichtet die deutsche Einfuhrumsatzsteuer. Bei der Lieferkondition »unverzollt, unversteuert« ist der Abnehmer Schuldner der Einfuhrumsatzsteuer. Ein Fall des § 3 Abs. 8 UStG ist hier nicht gegeben. Die Steuerbarkeit dieses Umsatzes richtet sich dann nach § 1 Abs. 1 Nr. 4 UStG.

Besonderheiten gelten beim Reihengeschäft:

Ein Reihengeschäft liegt nach § 3 Abs. 6 Satz 5 UStG und Abschn. 3.14 Abs. 1 UStAE vor, wenn mehrere Unternehmer Umsatzgeschäfte über denselben Gegenstand abschließen, dieser Gegenstand befördert oder versendet wird und dabei unmittelbar vom ersten Unternehmer an den letzten Abnehmer gelangt.

Bei einem Reihengeschäft gelten die folgenden Rechtsfolgen:

1. mehrere Lieferungen nach § 3 Abs. 1 UStG
2. davon ist nur eine die bewegte Lieferung
3. Ort der bewegten Lieferung: § 3 Abs. 6 Satz 1 UStG
4. Ort der ruhenden Lieferung: § 3 Abs. 7 Satz 2 UStG
- der bewegten Lieferung vorausgehend: Abgangsort, § 3 Abs. 7 Nr. 1 UStG

- der bewegten Lieferung nachfolgend: Ankunftsort, § 3 Abs. 7 Nr. 2 UStG

Wichtig: Befördert oder versendet der ersten Unternehmer oder der letzte Abnehmer, ist (nur) die erste oder die letzte Lieferung die warenbewegte Lieferung.

Befördert oder versendet der »mittlere« Unternehmer, ist die Warenbewegung widerlegbar der Lieferung an diesen Unternehmer zuzuordnen (§ 3 Abs. 6 Satz 6 Halbsatz 1 UStG – nach Verantwortung für die Beförderung/Versendung); weist dieser Unternehmer nach, dass er den Gegenstand als Lieferer befördert oder versendet hat (z.B. durch Übernahme der Frachtkosten), ist seine Lieferung die warenbewegte (§ 3 Abs. 6 Satz 6 Halbsatz 2 UStG, Abschn. 3.14 Abs. 9 UStAE).

4.2. Ort der sonstigen Leistung

Der Ort der sonstigen Leistung ist in § 3a ff. UStG im Einzelnen geregelt. Zum 1.1.2010 war es erforderlich geworden, die §§ 3a, 3b, 3e und 3f UStG zur Anpassung an Vorgaben der europäischen Mehrwertsteuerrichtlinie (hier wurden die Regelungen zum Ort der Dienstleistung geändert) neu zu fassen. Zudem wurde § 1 UStDV aufgehoben.

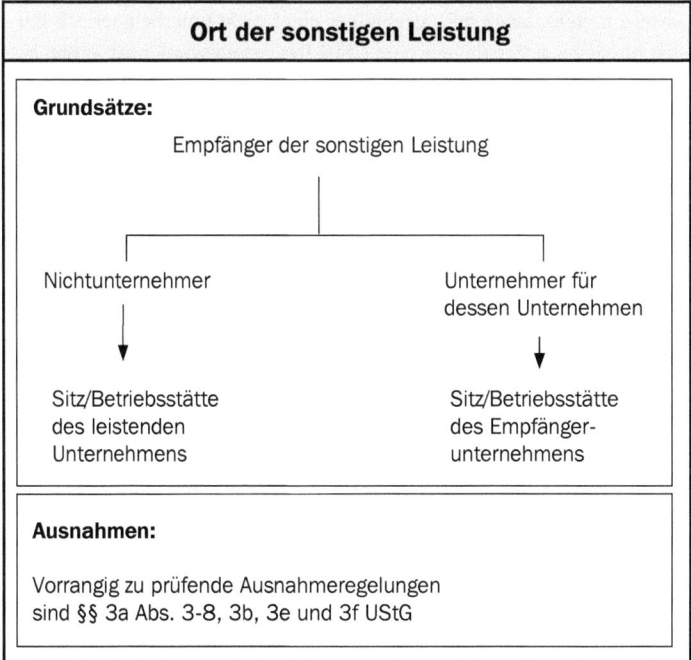

Im Einzelfall kann die Bestimmung des Ortes der sonstigen Leistung äußerst kompliziert sein. Für den Einsteiger lässt sich aber folgendes Grobkonzept von Grundsatz und Ausnahmen herausarbeiten:

Grundsätze: Das UStG unterscheidet der Richtlinie folgend zwischen Dienstleistungen, die an einen Unternehmer und solchen, die an einen Endverbraucher erbracht werden. Ist Empfänger der sonstigen Leistung ein *Nichtunternehmer*, gilt diese Leistung grundsätzlich dort als ausgeführt, wo der leistende Unternehmer seinen Sitz hat bzw. wo sich seine Betriebsstätte befindet (§ 3a Abs. 1 UStG). Als Nichtunternehmer gelten auch Unternehmer, wenn die Leistung nicht für ihr Unternehmen bezogen wird, oder nicht unternehmerisch tätige juristische Personen, denen keine USt-IdNr. erteilt worden ist. Ist dieser Ort bei natürlichen Personen nicht eindeutig bestimmbar, kommen als Leistungsort der Wohnsitz des Unternehmers (§ 8 AO) oder der Ort seines gewöhnlichen Aufenthalts (§ 9 AO) in Betracht. Bei Körperschaften, Personenvereinigungen oder Vermögensmassen ist der Ort der Geschäftsleitung (§ 10 AO) maßgeblich. Der Ort einer einheitlichen sonstigen Leistung liegt nach § 3a Abs. 1 UStG auch dann an dem Ort, von dem aus der Unternehmer sein Unternehmen betreibt, wenn einzelne Leistungsteile nicht von diesem Ort aus erbracht werden (siehe hierzu Abschn. 3a.1 UStAE).

Wird die sonstige Leistung *gegenüber einem anderen Unternehmer für dessen Unternehmen* oder gegenüber einer nicht unternehmerisch tätigen juristischen Person, der eine USt-IdNr. erteilt worden ist, erbracht, so ist für die Bestimmung des Ortes der sonstigen Leistung maßgebend, wo der Empfänger sein Unternehmen betreibt. Entscheidend für diese Beurteilung ist der Zeitpunkt, in dem die Leistung erbracht wird. Als Leistungsempfänger im umsatzsteuerrechtlichen Sinn ist grundsätzlich derjenige zu behandeln, in dessen Auftrag die Leistung ausgeführt wird (vgl. Abschn. 15.2 Abs. 16 UStAE). Aus Vereinfachungsgründen ist bei steuerpflichtigen Güterbeförderungen, steuerpflichtigen selbständigen Nebenleistungen hierzu und bei der steuerpflichtigen Vermittlung der vorgenannten Leistungen, bei denen sich der Leistungsort nach § 3a Abs. 2 UStG richtet, der Rechnungsempfänger auch als Leistungsempfänger anzusehen (vgl. Abschn. 3a.2 Abs. 1 bis 3 UStAE).

Wird die sonstige Leistung an die *Betriebsstätte* eines Unternehmens ausgeführt, ist stattdessen der Ort der Betriebsstätte entscheidend (§ 3a Abs. 2 UStG). Dies ist der Fall, wenn die Leistung ausschließlich oder überwiegend für die Betriebsstätte bestimmt ist, also dort verwendet werden soll. In diesem Fall ist es nicht erforderlich, dass der Auftrag von der Betriebsstätte aus an den leistenden Unternehmer erteilt wird, der die sonstige Leistung durchführt, z.B. Verleger, Werbeagentur,

Werbungsmittler; auch ist unerheblich, ob das Entgelt für die Leistung von der Betriebsstätte aus bezahlt wird (vgl. Abschn. 3a.2 Abs. 4 UStAE).

Verfügt eine natürliche Person weder über einen Unternehmenssitz noch über eine Betriebsstätte, kommen als Leistungsort der Wohnsitz des Leistungsempfängers oder der Ort seines gewöhnlichen Aufenthalts in Betracht.

Ausnahmen: Diese Grundsätze erfahren durch die §§ 3a Abs. 3 – 8, 3b, 3e und 3f UStG vielfältige Ausnahmeregelungen. Details hierzu werden bewusst ausgespart.

Merke: Systematisch ist zu beachten, dass zunächst die Ausnahmeregelungen im Einzelnen durchgeprüft werden müssen. Ist eine dieser Regelungen einschlägig, ergibt sich der Ort der sonstigen Leistung hieraus. Für die verbleibenden Fälle ist auf die vorgenannten Grundsätze in § 3a Abs. 1 und 2 UStG zurückzugreifen.

4.3. Ort des innergemeinschaftlichen Erwerbs

Auch der innergemeinschaftliche Erwerb i.S.d. § 1 Abs. 1 Nr. 5 UStG ist nur dann steuerbar, wenn er im Inland ausgeführt wird. Also auch hier kommt es auf die Bestimmung des Ortes des Umsatzes an. Der innergemeinschaftliche Erwerb wird in dem Gebiet des Staates bewirkt, in dem sich der Gegenstand am Ende der Beförderung oder Versendung befindet (»Bestimmungsmitgliedstaat«; § 3d Satz 1 UStG). Endet die Beförderung oder Versendung im Inland, ist der innergemeinschaftliche Erwerb gegen Entgelt in der Bundesrepublik Deutschland steuerbar. Endet dagegen die Beförderung oder Versendung – aus Sicht des deutschen Unternehmers – im übrigen Gemeinschaftsgebiet, so liegt eine innergemeinschaftliche Lieferung vor. Eine solche kann z.B. nach § 3 Abs. 6 UStG im Inland steuerbar sein, wenn z.B. die Ware vom deutschen Unternehmer an einen Frachtführer in Deutschland zur Versendung an einen ausländischen Abnehmer übergeben wird.

Ort des innergemeinschaftlichen Erwerbs ist dort, wo sich der Gegenstand am Ende der Beförderung oder Versendung befindet.

Steuerbarkeit einer innergemeinschaftlichen Lieferung

Hinweis: An dieser Stelle sei bereits erwähnt, dass dieser Umsatz jedoch nach § 4 Nr. 1b UStG steuerfrei bleibt.

5. Steuerbefreiungen

Steuerbefreiungen	
Steuerbefreiungen für steuerbare Umsätze	
Inlandbezug: (§ 4 Nrn. 8-28 UStG) insbesondere: Umsätze des Geld- und Kreditverkehrs (§ 4 Nr. 8 Buchst. a-i UStG) Grundstücksverkäufe (§ 4 Nr. 9 Buchst. a UStG) Vermietung und Verpachtung von Grundstücken (§ 4 Nr. 12 Buchst. a UStG) Beachte: Verzicht auf Steuerbefreiung (§ 9 UStG) bei bestimmten Umsätzen möglich	Auslandsbezug: (§ 4 Nrn. 1-7 UStG) insbesondere: Ausfuhrlieferungen (§ 4 Nr. 1 Buchst. a i.V.m. § 6 UStG) innergemeinschaftliche Lieferungen (§ 4 Nr. 1 Buchst. b i.V.m. § 6a UStG) innergemeinschaftlicher Erwerb (§ 4b UStG) Einfuhr (§ 5 UStG) Beachte: Erhalt des Vorsteuerabzuges (§ 15 Abs. 3 UStG)
Steuerpflicht des Umsatzes bei: • Fehlen einer Steuerbefreiung • Verzicht auf Steuerbefreiung (Option)	

Steuerbefreiungen sind abschließend in den §§ 4-8 UStG geregelt.

Dienten die vorstehenden Ausführungen dazu, festzustellen, ob ein wirtschaftlicher Vorgang unter das UStG fällt, d.h. ob der Vorgang steuerbar ist, geht es in dem nun Folgenden um die Frage, inwieweit für steuerbare Umsätze eine Steuerbefreiung in Betracht kommt. Aus den verschiedensten Gründen sollen nach dem Willen des Gesetzgebers einzelne Umsätze aus der Besteuerung herausgenommen werden. Die Steuerbefreiungen sind abschließend in den §§ 4-8 UStG geregelt. Dabei lässt sich die Fülle der einzelnen Befreiungstatbestände in zwei große Gruppen unterteilen, und zwar Steuerbefreiungen, die Inlandssachverhalte und solche, die Auslandssachverhalte betreffen.

5.1. Steuerbefreiungen mit Inlandsbezug

In § 4 Nr. 8-28 UStG sind die Sachverhalte unter dem Gesichtspunkt der Steuerbefreiung geregelt, die einen spezifischen Inlandsbezug aufweisen. Hier geht es darum, dass die inländischen Endverbraucher aus im Einzelnen unterschiedlichen Gründen nicht mit Umsatzsteuer belastet werden sollen. Aus der Vielzahl der einzelnen Regelungen sind insbesondere drei Vorschriften von besonderer Bedeutung:

Steuerbefreiungen zur Entlastung inländischer Endverbraucher

- Umsätze des Geld- und Kreditverkehrs (§ 4 Nr. 8 Buchst. a-i UStG)
- Grundstücksverkäufe (§ 4 Nr. 9a UStG)
- Vermietung und Verpachtung von Grundstücken (§ 4 Nr. 12 Buchst. a UStG).

Die Steuerbefreiungen für Umsätze des Geld- und Kreditverkehrs beruhen darauf, dass diese Leistungen typischerweise nicht zu einem privaten Verbrauch von Gütern und Dienstleistungen führen, sondern allenfalls einen solchen vorbereiten. Zu diesen steuerbefreiten Umsätzen gehören z.B.

Steuerbefreiungen für Umsätze des Geld- und Kreditverkehrs

- die Gewährung von Kredit – auch durch Lieferanten (§ 4 Nr. 8 Buchst. a UStG)
- Umsätze von Zahlungsmitteln (§ 4 Nr. 8 Buchst. b UStG)
- Umsätze im Geschäft mit Geldforderungen und Wertpapieren und die Vermittlung dieser Umsätze; nicht befreit ist die Einziehung von Forderungen und die Verwaltung, Verwahrung von Wertpapieren (§ 4 Nr. 8 Buchst. c, e UStG).

Auch die Umsätze, die unter das Grunderwerbsteuergesetz (GrEStG) fallen, sind gem. § 4 Nr. 9 Buchst. a UStG steuerbefreit. Hierunter fallen insbesondere die Verkäufe von Grundstücken.

Steuerbefreiungen für Umsätze, die unter das GrEStG fallen

Hinweis: Einzelheiten über die grunderwerbsteuerlichen Tatbestände finden Sie im Abschnitt über die Grunderwerbsteuer.

Zweck dieser Befreiungsvorschrift ist die Vermeidung der Doppelbelastung mit Umsatzsteuer und Grunderwerbsteuer. Neben diesen Grundstücksgeschäften ist auch die Vermietung und Verpachtung von Grundstücken steuerbefreit (§ 4 Nr. 12 Buchst. a UStG). Diese Vorschrift wollte ursprünglich nur die Verteuerung der Wohnungsmieten verhindern; sie ist – weit darüber hinausgreifend – aber schließlich damit gerechtfertigt worden, dass die Finanzverwaltung sich nicht in der Lage sehe, alle privaten Vermieter / Verpächter zu erfassen. Nicht befreit sind gem. § 4 Nr. 12 Satz 2 UStG:

Steuerbefreiungen bei Vermietung und Verpachtung von Grundstücken

- die Vermietung von Wohn- und Schlafräumen, die ein Unternehmer zur kurzfristigen Beherbergung von Fremden bereithält,

Ausschluss der Steuerbefreiungen für bestimmte Vermietungs-/Verpachtungsumsätze

- die Vermietung von Plätzen für das Abstellen von Fahrzeugen
- die kurzfristige Vermietung auf Campingplätzen und
- die Vermietung und Verpachtung von Maschinen und sonstigen Vorrichtungen aller Art, die zu einer Betriebsanlage gehören (Betriebsvorrichtungen), auch wenn sie wesentlicher Bestandteil eines Grundstückes sind.

Verzicht auf Steuerbefreiungen für bestimmte Umsätze ist möglich.

Im Zusammenhang mit diesen Steuerbefreiungen, die einen Inlandsbezug aufweisen, ist zudem immer die *Optionsmöglichkeit* des § 9 UStG zu beachten. Nach dieser Vorschrift kann der Unternehmer bestimmte Umsätze, die steuerfrei sind, als steuerpflichtig behandeln, wenn der Umsatz an einen anderen Unternehmer für dessen Unternehmen ausgeführt wird. Dieser Verzicht auf die Steuerbefreiung kommt bei folgenden Befreiungsvorschriften in Betracht: § 4 Nr. 8 Buchst. a-g, Nr. 9 Buchst. a, Nr. 12, Nr. 13, Nr. 19 UStG. § 9 Abs. 1 UStG überlässt es aufgrund der Wahlmöglichkeit also dem Unternehmer, ob der Verbraucher mit einer Steuer belastet wird oder nicht. § 9 Abs. 2 UStG macht hinsichtlich der Wahlmöglichkeit des Unternehmers eine Einschränkung. Danach ist bei allen Grundstücksüberlassungen ein Verzicht auf die Steuerbefreiung nach § 4 Nr. 12 UStG und § 4 Nr. 9 Buchst. a UStG auch bei Überlassung an einen anderen Unternehmer nicht möglich, wenn dieser das Grundstück seinerseits zu Umsätzen verwendet, die den Vorsteuerabzug ausschließen, insbesondere also bei steuerfreien Leistungen.

Einschränkung der Optionsmöglichkeit

5.2. Steuerbefreiungen mit Auslandsbezug

Verbrauch im Ausland soll nicht der deutschen Umsatzsteuer unterliegen

In § 4 Nr. 1-7 UStG sind die Sachverhalte geregelt, die durch einen spezifischen Auslandsbezug gekennzeichnet sind. Da die Besteuerungstatbestände i.S.d. § 1 UStG gerade im Hinblick auf die Regelungen bezüglich des Ortes des Umsatzes u.U. weit gefasst sind (Leistungen mit Auslandsbezug werden dadurch teilweise als im Inland ausgeführt angesehen), soll diese Gruppe der Befreiungsvorschriften gewährleisten, dass der Verbrauch im Ausland nicht der deutschen Umsatzsteuer unterliegt. In diesem Zusammenhang sind insbesondere die so genannten »Ausfuhrlieferung«, die »innergemeinschaftliche Lieferung« und der »innergemeinschaftliche Erwerb« zu nennen.

Steuerbefreiung für Ausfuhrlieferung bei Beförderung/Versendung des Liefergegenstandes in ein Drittlandsgebiet

Die Befreiung für die Ausfuhrlieferung ergibt sich aus § 4 Nr. 1 Buchst. a i.V.m. § 6 UStG. Diese Regelung erfasst nur die Ausfuhrumsätze im Verhältnis zu den »Drittlandsgebieten«. Insoweit liegt insbesondere eine Ausfuhrlieferung vor, wenn bei einer Lieferung der Unternehmer den Gegenstand der Lieferung in das Drittlandsgebiet befördert oder versendet hat (§ 6 Abs. 1 Nr. 1 UStG). Die weiteren Fälle der Ausfuhrlieferungen sind in § 6 Abs. 1 Nr. 2, 3 UStG genannt, der im einzelnen Abwandlungen der Ausfuhr des Gegenstandes der Lieferung vom Inland in das Drittlandsgebiet beinhaltet. Was die Ausfuhrlieferung im Verhältnis zu Drittlandsgebieten ist, ist die innergemeinschaftliche Lieferung für den innergemeinschaftlichen Handel. Insofern greift die Befreiungsvorschrift des § 4 Nr. 1b i.V.m. § 6a UStG. Was im Einzelnen unter dem Begriff der innergemeinschaftlichen Lieferung zu verstehen ist, ergibt sich aus § 6a UStG. Für den innergemeinschaftlichen Erwerb aus anderen Mitgliedstaaten der EU enthält § 4b UStG eine Steuerbefreiung für bestimmte Fälle (z.B. Einfuhr von Wertpapieren i.S.d. § 4 Nr. 8e UStG). Die korrespondierende Befreiung für Einfuhren von Gütern aus Drittlandsgebieten ergibt sich aus § 5 UStG. Bereits an dieser Stelle möchte ich auf die Besonderheiten im Zusammenhang mit dem Ausschluss des Vorsteuerabzugs hinweisen. Grundsätzlich kann der Unternehmer Vorsteuerbeträge, die im Zusammenhang mit steuerfreien Umsätzen stehen, nicht abziehen.

Steuerbefreiungen für die innergemeinschaftliche Lieferung

Beispiel: Ein Unternehmer kann die Umsatzsteuer aus einer Reparaturrechnung, die ein Wohnhaus betrifft, welches er zur steuerfreien Vermietung verwendet, nicht als Vorsteuerbeträge abziehen (§ 15 Abs. 2 Nr. 1 UStG).

Kennzeichnend für die hier dargestellte Gruppe der Steuerbefreiungen mit Auslandsbezug ist jedoch, dass dieser Ausschluss des Vorsteuerabzugs für diese Umsätze gerade nicht greift, mit anderen Worten, der Vorsteuerabzug erhalten bleibt (§ 15 Abs. 3 UStG). Diese Ausnahme wiederum vom Ausschluss des Vorsteuerabzugs bei steuerfreien Umsätzen ist unbedingt zu beachten.

Merke: Erhalt des Vorsteuerabzugs bei Steuerbefreiungen mit Auslandsbezug (§ 15 Abs. 3 UStG).

Greifen also die dargestellten Steuerbefreiungen mit Inlandsbezug bzw. Auslandsbezug ein, unterliegen die steuerbaren Umsätze letztlich nicht der Umsatzsteuer. Ist jedoch keine Steuerbefreiungsvorschrift einschlägig oder der Unternehmer verzichtet nach § 9 UStG auf eine Steuerbefreiung, so spricht man von einem »steuerpflichtigen Umsatz«. Diese steuerpflichtigen Umsätze bilden die Grundlage für die Bemessung der Umsatzsteuer.

6. Ermittlung und Entstehung der Umsatzsteuer

VERSTEUERUNG DES UMSATZES

6.1. Bemessungsgrundlage

Steht fest, dass ein bestimmter Umsatz umsatzsteuerpflichtig ist, stellt sich die weitere Frage, wie sich betragsmäßig die Umsatzsteuerschuld insoweit errechnet. Wie bei den bislang behandelten Steuerarten ergibt sich auch hier die geschuldete Umsatzsteuer durch Anwendung eines Steuersatzes auf die Bemessungsgrundlage. Was genau »Bemessungsgrundlage« für die Umsatzsteuer ist, ist nunmehr im Detail für die einzelnen steuerpflichtigen Umsatzarten zu ermitteln. Lässt man die Einfuhr von Gegenständen aus dem Drittlandsgebiet in das Inland (§ 1 Abs. 1 Nr. 4 UStG) zunächst außer Acht, so lässt sich hinsichtlich der Bestimmung der Bemessungsgrundlage grob eine Zweiteilung vornehmen:

- Bemessungsgrundlage bei Lieferungen und sonstigen Leistungen im Leistungsaustausch,
- Bemessungsgrundlage bei entgeltlichen Leistungen kraft Gesetzes.

Margin notes:
Anwendung eines Steuersatzes auf die Bemessungsgrundlage

Gesetzliche Grundlage für die Bestimmung der Bemessungsgrundlagen in diesen Fällen ist § 10 UStG.

6.1.1. Lieferungen und sonstige Leistungen (im Leistungsaustausch)

Bemessungsgrundlage		
Bemessungsgrundlage bei Lieferungen und sonstigen Leistungen im Leistungsaustausch		
Lieferungen / Sonstige Leistungen: Entgelt = alles, was Leistungsempfänger oder Dritter aufwendet, um Leistung zu erhalten Nicht zur Bemessungsgrundlage gehören: • Umsatzsteuer • »durchlaufende Posten« • Verzugszinsen, Mahngebühren	Tauschgeschäfte: Wert jedes Umsatzes gilt als Entgelt für den anderen Wert Wert = gemeiner Wert i.S.d. § 9 BewG = üblicher Verkaufspreis Umsatzsteuer gehört nicht zur Bemessungsgrundlage.	Innergemeinschaftlicher Erwerb: Entgelt = alles, was Erwerber oder Dritter aufwendet, um Leistungen zu erhalten, jedoch ohne Umsatzsteuer Einzubeziehen ist die vom Erwerber geschuldete und entrichtete Verbrauchsteuer

Bei Lieferungen und sonstigen Leistungen i.S.d. § 1 Abs. 1 Nr. 1 UStG wird der Umsatz nach dem Entgelt bemessen (§ 10 Abs. 1 Satz 1 UStG). Entgelt ist dabei alles, was der Leistungsempfänger aufwendet, um die Leistung zu erhalten, jedoch abzüglich der Umsatzsteuer. Zum Entgelt gehört auch, was ein anderer als der Leistungsempfänger dem Unternehmer für die Leistung gewährt (§ 10 Abs. 1 Satz 2, 3 UStG). Bei gegenseitigen Verträgen entspricht das Entgelt grundsätzlich der Gegenleistung, die der Unternehmer für die erbrachte Leistung tatsächlich erhält.

Bei Lieferungen und sonstigen Leistungen ist die Bemessungsgrundlage das Entgelt.

Umfang des Entgelts

Neben der Umsatzsteuer sind aus der Bemessungsgrundlage auch die so genannten »durchlaufenden Posten« auszunehmen. Dies sind Beträge, die der Unternehmer im Namen und für Rechnung eines anderen vereinnahmt und verausgabt (§ 10 Abs. 1 Satz 6 UStG). Dabei handelt es sich grundsätzlich um Kosten, die dem Unternehmer weder rechtlich noch wirtschaftlich zugerechnet werden können. Rechtsbeziehungen hinsichtlich dieser Beträge bestehen nur zwischen dem Zahlungsverpflichteten und dem Zahlungsberechtigten.

Umsatzsteuer und »durchlaufende Posten« gehören nicht zum Entgelt.

Beispiel: Der Rechtsanwalt stellt nach Beendigung des Prozesses seinem Auftraggeber die von ihm bereits verauslagten Gerichtskosten in Rechnung.

Diese Gerichtskosten stellen für den Rechtsanwalt einen »durchlaufenden Posten« dar. Rechtsbeziehungen bestehen insoweit lediglich zwischen dem Auftraggeber als Partei des Prozesses und dem Gericht.

Auch Verzugszinsen, Fälligkeitszinsen, Prozesszinsen und Nutzungszinsen sind nicht Teile des Entgeltes, sondern (nichtsteuerbarer) Schadenersatz.

> Beim Tausch und tauschähnlichen Umsatz gilt der Wert jedes Umsatzes als Entgelt für den anderen Umsatz.

Beim *Tausch* (§ 3 Abs. 12 Satz 1 UStG) und beim *tauschähnlichen Umsatz* (§ 3 Abs. 12 Satz 2 UStG) gilt der Wert jedes Umsatzes als Entgelt für den anderen Umsatz (§ 10 Abs. 2 Satz 2 UStG). Maßgeblich ist hier der gemeine Wert i.S.d. § 9 BewG; dabei handelt es sich im Regelfall um den üblichen Verkaufspreis. Gegenüber den sonstigen Fällen des Leistungsaustausches besteht der Unterschied hier lediglich darin, dass die Gegenleistung nicht in Geld besteht und daher bewertet werden muss. Auch hier gehört die Umsatzsteuer nicht zur Bemessungsgrundlage.

> Bei dem innergemeinschaftlichen Erwerb ist die Bemessungsgrundlage ebenfalls das Entgelt; vom Erwerber geschuldete Verbrauchsteuern gehören dazu.

Bei dem innergemeinschaftlichen Erwerb i.S.d. § 1 Abs. 1 Nr. 5 UStG ergeben sich hinsichtlich der Bemessungsgrundlage gegen- über den Lieferungen und sonstigen Leistungen grundsätzlich keine Unterschiede. Bei dem innergemeinschaftlichen Erwerb sind jedoch Verbrauchsteuern, die vom Erwerber geschuldet und entrichtet werden, in die Bemessungsgrundlage einzubeziehen (§ 10 Abs. 1 Satz 4 UStG). Zu den hier in Betracht kommenden Verbrauchsteuern gehören z.B. die Mineralölsteuer oder die Tabaksteuer. Diese Steuern gehören ebenfalls zum Entgelt, denn der Erwerber muss sie aufwenden, um die Lieferung zu erhalten.

6.1.2. Entgeltliche Leistungen kraft Gesetzes

Nach § 10 Abs. 4 Nr. 1 UStG richtet sich die Bemessungsgrundlage für die *entgeltlichen Lieferungen kraft Gesetzes* i.S.v. § 3 Abs. 1b UStG, also für die Entnahmen von Unternehmensgegenständen, die unentgeltlichen Sachzuwendungen an das Personal und die anderen unentgeltlichen Zuwendungen, nach dem Einkaufspreis zuzüglich der Nebenkosten für den Gegenstand oder einen gleichartigen Gegenstand. Wurden die betroffenen Gegenstände nicht eingekauft, sondern vielmehr im Unternehmen selbst produziert, werden wie bisher die Selbstkosten als Bemessungsgrundlage angesetzt. Maßgebend sind jeweils die Werte zum Zeitpunkt des Umsatzes, die bei angeschafften Gegenständen in der Regel den Wiederbeschaffungskosten entsprechen.

Einkaufspreis zzgl. Nebenkosten

Selbstkosten

Zur Bemessungsgrundlage für die *sonstigen Leistungen kraft Gesetzes* i.S.v. § 3 Abs. 9a Nr. 1 UStG (Verwendung eines Unternehmensgegenstandes für unternehmensfremde Zwecke; unentgeltliche Erbringung einer anderen sonstigen Leistung für unternehmensfremde Zwecke) gehören grundsätzlich die bei der Ausführung der Umsätze entstandenen Kosten. Dies gilt jedoch nur insoweit, als sie dem Unternehmer zum vollen oder zumindest teilweisen Vorsteuerabzug berechtigt haben (§ 10 Abs. 4 Nr. 2 UStG). Bei den anderen sonstigen Leistungen kraft Gesetzes (§ 3 Abs. 9a Nr. 2 UStG) gehören dagegen sämtliche bei der Ausführung des Umsatzes entstandenen Kosten zur Bemessungsgrundlage. Auf die Vorsteuerabzugsberechtigung hinsichtlich dieser Kosten kommt es hier nicht an (§ 10 Abs. 4 Nr. 3 UStG).

Bei Ausführung der Umsätze entstandene Kosten

Beispiel: Anteilige Personalkosten, die auf den Einsatz betrieblicher Arbeitskräfte im Haushalt des Unternehmers entfallen, gehören ohne Weiteres zur Bemessungsgrundlage. Der Umstand, dass der Unternehmer hinsichtlich dieser Kosten keinen Vorsteuerabzug in Anspruch nehmen konnte, ist unbeachtlich. Die Umsatzsteuer selbst gehört in keinem dieser Fälle zur Bemessungsgrundlage.

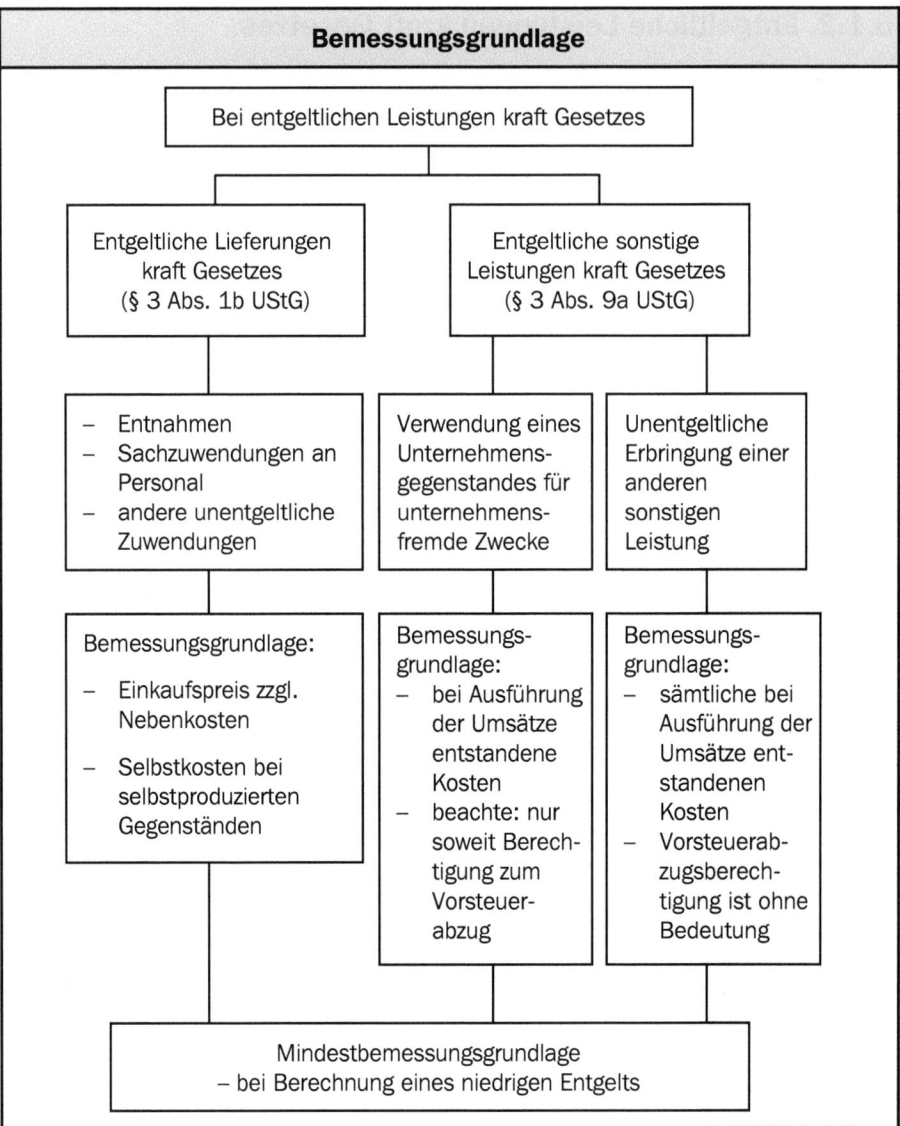

Praktischer Hinweis für die Ermittlung des Entgelts: Sind in einem Gesamtbetrag Entgelt und Umsatzsteuer nicht getrennt ausgewiesen, so lässt sich das Entgelt in der Weise berechnen, dass der Gesamtbetrag
- bei einem Steuersatz von 19% : 1,19
- bei einem ermäßigten Steuersatz von 7% : 1,07

dividiert wird.

Die Bemessungsgrundlage bei den entgeltlichen Leistungen kraft Gesetzes i.S.v. § 10 Abs. 4 UStG bildet gleichzeitig die so genannte »*Mindestbemessungsgrundlage*« (§ 10 Abs. 5 UStG). Diese Mindestbemessungsgrundlage kommt in Betracht

- bei Leistungen von Unternehmern an Personal oder an ihnen nahe stehende Personen oder
- bei Leistungen von Vereinigungen an Mitglieder oder diesen nahe stehenden Personen gegen »zu niedriges« Entgelt.

Ist also das im Rahmen des Leistungsaustausches gezahlte Entgelt niedriger als diese Mindestbemessungsgrundlage, so bildet diese die untere Grenze (vgl. § 10 Abs. 5 UStG). Der Vollständigkeit halber darf nicht unerwähnt bleiben, dass der Umsatz bei der Einfuhr (§ 1 Abs. 1 Nr. 4 UStG) nach dem Wert des eingeführten Gegenstandes, dieser nach den jeweiligen Vorschriften über den Zollwert bemessen wird (§ 11 UStG). Dieser Zollwert leitet sich aus dem Entgelt ab.

Bei Leistungen von Unternehmern an Arbeitnehmer bzw. von Vereinigungen an ihre Mitglieder gegen zu niedriges Entgelt ist immer die Mindestbemessungsgrundlage zu beachten.

Bei der Einfuhr ist die Bemessungsgrundlage der Wert der eingeführten Gegenstände (Zollwert).

6.1.3. Nachträgliche Änderung der Bemessungsgrundlage

Ändert sich die Bemessungsgrundlage nachträglich (so z.B. im Falle einer nachträglichen Gewährung von Preisnachlässen, Ausübung von Wandlungs-, Minderungs- oder Rücktrittsrechten), so hat der Unternehmer, der den Umsatz ausgeführt hat, den geschuldeten Steuerbetrag zu korrigieren oder der Unternehmer, an den dieser Umsatz ausgeführt worden ist, muss dann den in Anspruch genommenen Vorsteuerabzug richtig stellen. Fällt die Änderung der Bemessungsgrundlage in einen anderen Besteuerungszeitraum (z.B. in ein anderes Kalenderjahr), so ist keine Berichtigung ex tunc (also rückwirkend) vorzunehmen. Der Ausgleich wird vielmehr dadurch herbeigeführt, dass die Berichtigung in dem Zeitpunkt erfolgt, in dem die Änderung der Bemessungsgrundlage eingetreten ist (weitere Einzelheiten § 17 UStG). Diese nach den vorstehenden Ausführungen berechneten Bemessungsgrundlagen sind im Rahmen der Steuererklärung auf Seite 2 des amtlichen Umsatzsteuererklärungsvordruckes einzutragen.

Bei nachträglicher Änderung der Bemessungsgrundlage sind Umsatzsteuer und Vorsteuer zu korrigieren.

Zeile	C. Steuerpflichtige Lieferungen, sonstige Leistungen und unentgeltliche Wertabgaben		Bemessungsgrundlage ohne Umsatzsteuer volle EUR	Steuer EUR	Ct
31					
32	**Umsätze zum allgemeinen Steuersatz**				
33	Lieferungen und sonstige Leistungen......... zu 19 %	177			
	Unentgeltliche Wertabgaben				
34	a) Lieferungen nach § 3 Abs. 1b UStG......... zu 19 %	178			
35	b) Sonstige Leistungen nach § 3 Abs. 9a UStG.. zu 19 %	179			
	Umsätze zum ermäßigten Steuersatz				
36	Lieferungen und sonstige Leistungen......... zu 7 %	275			
	Unentgeltliche Wertabgaben				
37	a) Lieferungen nach § 3 Abs. 1b UStG......... zu 7 %	195			
38	b) Sonstige Leistungen nach § 3 Abs. 9a UStG... zu 7 %	196			
39					
40					
41					
42	Umsätze zu anderen Steuersätzen........	155		156	
43					
44					
45					
46	**Umsätze land- und forstwirtschaftlicher Betriebe nach § 24 UStG**				
47	a) Lieferungen in das übrige Gemeinschaftsgebiet an Abnehmer mit USt-IdNr.................	777			
48	b) Steuerpflichtige Lieferungen (einschließlich unentgeltlicher Wertabgaben) von Sägewerkserzeugnissen, die in der Anlage 2 zum UStG nicht aufgeführt sind....	255		256	
49-50	c) Steuerpflichtige Umsätze (einschließlich unentgeltlicher Wertabgaben) von Getränken, die in der Anlage 2 zum UStG nicht aufgeführt sind, sowie von alkoholischen Flüssigkeiten (z. B. Wein)................. zu 8,3%	344			
51	Umsätze zu anderen Steuersätzen................	257		258	
52	d) Übrige steuerpflichtige Umsätze land- und forstwirtschaftlicher Betriebe, für die keine Steuer zu entrichten ist ...	361			
53					
54					
55	**Steuer infolge Wechsels der Besteuerungsform:**				
56	Nachsteuer/Anrechnung der Steuer, die auf bereits versteuerte Anzahlungen entfällt (im Falle der Anrechnung bitte auch Zeile 57 ausfüllen).................			317	
57	Betrag der Anzahlungen, für die die anzurechnende Steuer in Zeile 56 angegeben worden ist.................	367			
58	Nachsteuer auf versteuerte Anzahlungen u. ä. wegen **Steuersatzänderung**.................			319	
59					
60	Summe..................... (zu übertragen in Zeile 92)				

2010USt2A502NET

2010USt2A502NET

6.2. Steuersatz

Steuersätze
Regelsteuersatz: Höhe: 19 % (seit dem 01.01.2007) auf alle Umsätze, die nicht dem ermäßigten Steuersatz unterliegen
Ermäßigter Steuersatz: Höhe: 7 % auf alle Umsätze i.S.d. § 12 Abs. 2 UStG insbesondere: • Lieferungen, Einfuhr und innergemeinschaftlicher Erwerb der in der Anlage zum UStG bezeichneten Gegenstände. Beachte: gilt nicht für Lieferungen von Speisen und Getränken zum Verzehr an Ort und Stelle • Vermietung der in der Anlage bezeichneten Gegenstände

Zur Ermittlung der geschuldeten Umsatzsteuer ist der Steuersatz auf die Bemessungsgrundlage anzuwenden. Dabei kommen nach § 12 UStG zwei Steuersätze in Betracht:

- der Regelsteuersatz in Höhe von 19 % (§ 12 Abs. 1 UStG)
- der ermäßigte Steuersatz in Höhe von 7 % (§ 12 Abs. 2 UStG).

Regelsteuersatz: 19%
Ermäßigter Steuersatz: 7%

Der allgemeine Steuersatz in Höhe von 19 % (seit dem 01.01.2007) ist auf alle steuerpflichtigen Umsätze anzuwenden, auf die der ermäßigte Steuersatz nicht anzuwenden ist. Diejenigen Umsätze, die dem ermäßigten Steuersatz unterliegen, sind in § 12 Abs. 2 UStG erschöpfend aufgezählt.

Nach § 12 Abs. 2 Nr. 1 UStG unterfallen Lieferungen, Einfuhr und innergemeinschaftlicher Erwerb der in der Anlage zum UStG bezeichneten Gegenstände dem ermäßigten Steuersatz. In der Anlage zum UStG sind eine Fülle von begünstigten Gegenständen im Einzelnen aufgelistet. Dazu gehören z.B.

- Lebensmittel und bestimmte Getränke
- Bücher, Zeitungen, Erzeugnisse des grafischen Gewerbes
- Kunstgegenstände

Dieser ermäßigte Steuersatz gilt jedoch nicht für Lieferungen von Speisen und Getränken zum Verzehr an Ort und Stelle. Die Abgabe

Ermäßigter Steuersatz gilt nicht für Lieferungen von Speisen und Getränken zum Verzehr an Ort und Stelle.

von Speisen und Getränken zum Verzehr an Ort und Stelle stellt gemäß § 3 Abs. 9 Satz 4 UStG eine sonstige Leistung dar, die dem allgemeinen Steuersatz unterliegt. Speisen und Getränke werden zum Verzehr an Ort und Stelle geliefert, wenn sie nach den Umständen der Lieferung dazu bestimmt sind, an einem Ort verzehrt zu werden, der mit dem Ort der Lieferung in einem räumlichen Zusammenhang steht und insbesondere Vorrichtungen für den Verzehr an Ort und Stelle bereitgehalten werden (§ 3 Abs. 9 Satz 5 UStG). Diese Regelung betrifft insbesondere Restaurants und Gaststätten. Bei Imbissbuden steht nach der Rechtsprechung des EuGH eine Lieferung im Vordergrund; die Dienstleistung „Zubereitung von Mahlzeiten" tritt gegenüber der Lieferung über die Imbissbudentheke in den Hintergrund.

Nach § 12 Abs. 2 Nr. 2 UStG gilt der ermäßigte Steuersatz auch für die Vermietung der in dieser Anlage bezeichneten Gegenstände. Hinsichtlich der weiteren begünstigten Umsätze wird auf § 12 Abs. 2 Nr. 3-10 UStG verwiesen.

6.3. Entstehung der Umsatzsteuer

Entstehungszeitpunkte der Umsatzsteuer

Lieferung und sonstige Leistungen
- bei Berechnung der Steuer nach »vereinbarten« Entgelten:
  mit Ablauf des Voranmeldungszeitraumes, in dem die Leistung ausgeführt wurde (Grundsatz)

gilt auch für Teilleistungen

- bei Berechnung der Steuer nach »vereinnahmten« Entgelten:
  mit Ablauf des Voranmeldungszeitraumes, in dem die Entgelte vereinnahmt worden sind (Ausnahme)

Entgeltliche Leistungen kraft Gesetzes

Entstehung mit Ablauf des Voranmeldungszeitraumes, in dem

- die Leistungen ausgeführt worden sind (§ 13 Abs. 1 Nr. 2 UStG)

Innergemeinschaftlicher Erwerb

- mit Ausstellung der Rechnung, spätestens jedoch mit Ablauf des dem Erwerb folgenden Kalendermonats

---

Entstehungszeitpunkte der Umsatzsteuer bei »Sollbesteuerung«

Die einzelnen Entstehungszeitpunkte der Umsatzsteuer sind getrennt nach Umsatzarten in § 13 UStG geregelt.

§ 13 Abs. 1 Nr. 1 UStG betrifft dabei die Entstehung der Umsatzsteuer für Lieferungen und sonstige Leistungen. Der gesetzliche Regelfall geht dabei von einer Berechnung der Steuer nach »vereinbarten« Entgelten aus (»Soll-Besteuerung«). Diese Soll-Besteuerung knüpft hinsichtlich der Entstehung der Steuer nur an die beendete Ausführung der Leistung an. Es kommt weder auf das schuldrechtliche Verpflichtungsgeschäft (z.B. Vertrag), dessen vollständige dingliche Erfüllung (z.B. Verschaffung des Eigentums, Zahlung des Kaufpreises, die Erteilung der Rechnung) oder gar die Festsetzung in einem Steuerbescheid an. Danach entsteht die Steuer mit Ablauf des Voranmeldungszeitraumes, in dem die Leistung ausgeführt wurde. Unter dem Begriff des Voranmeldungszeitraumes ist der Zeitraum zu verstehen, für den der Unternehmer die Umsätze und die Umsatzsteuer gegenüber dem zuständigen Finanzamt selbst erklären und berechnen muss. Das kann je nach Umsatzgröße des Unternehmens das Kalenderjahr, das Kalendervierteljahr oder der Kalendermonat sein. (Weitere Einzelheiten im Abschnitt: Besteuerungsverfahren).

Begriff des Voranmeldungszeitraums

Diese Regelung gilt auch für Teilleistungen. Teilleistungen sind gegeben, wenn für bestimmte Teile einer wirtschaftlich teilbaren Leistung das Entgelt gesondert vereinbart wird. Wird das Entgelt oder ein Teil des Entgeltes vereinnahmt, bevor die Leistung oder die Teilleistung ausgeführt worden ist, so entsteht insoweit die Steuer mit Ablauf des Voranmeldungszeitraumes, in dem das Entgelt oder das Teilentgelt vereinnahmt worden ist (§ 13 Abs. 1 Nr. 1a Satz 4 UStG); dies wird als so genannte »Mindest-Istbesteuerung« bezeichnet.

»Mindest-Istbesteuerung«

Ausnahmsweise entsteht die Steuer mit Ablauf des Voranmeldungszeitraumes, in dem die Entgelte vereinnahmt worden sind (§ 13 Abs. 1 Nr. 1b UStG). Diese so genannte »Istbesteuerung« setzt voraus, dass der Unternehmer die Steuer nach vereinnahmten Entgelten berechnen kann. Diese Berechnungsmethode kann nach § 20 UStG nur auf Antrag vom zuständigen Finanzamt gestattet werden, wenn bei einem Unternehmer

»Istbesteuerung«

- der Gesamtumsatz im vorangegangen Kalenderjahr nicht mehr als 250.000,- € betragen hat oder
- der Unternehmer von der Verpflichtung, Bücher zu führen oder aufgrund jährlicher Bestandsaufnahmen regelmäßige Abschlüsse zu machen, befreit ist oder
- soweit er Umsätze aus einer Tätigkeit als Angehöriger eines freien Berufes i.S.d. § 18 Abs. 1 Nr. 1 EStG ausführt.

Voraussetzungen für die »Istbesteuerung«

Die Umsatzsteuer entsteht für die den entgeltlichen Leistungen gleichgestellten Leistungen i.S.v. § 3 Abs. 1b UStG bzw. § 3 Abs. 9a UStG mit Ablauf des Voranmeldungszeitraumes, in dem diese Leistungen (z.B. die Entnahme eines Unternehmensgegenstandes) ausgeführt worden sind (§ 13 Abs. 1 Nr. 2 UStG).

Entstehung der Umsatzsteuer beim innergemeinschaftlichen Erwerb

Beim innergemeinschaftlichen Erwerb entsteht die Steuer mit Ausstellung der Rechnung, spätestens jedoch mit Ablauf des dem Erwerb folgenden Kalendermonates (§ 13 Abs. 1 Nr. 6 UStG).

7. Vorsteuerabzug

7.1. Funktion des Vorsteuerabzugs

Mit den nachstehenden Ausführungen zum Vorsteuerabzug schließt sich der Kreis, der zu Beginn des Abschnittes über die Umsatzsteuer mit der Skizzierung des Allphasen-Netto-Umsatzsteuer-Systems gezogen wurde. Das Herzstück dieses Umsatzsteuersystems bildet der Vorsteuerabzug, der sicherstellt, dass der unternehmerische Verbrauch von Gütern und Dienstleistungen nicht mit Umsatzsteuer belastet wird und damit letztlich wirtschaftlich der Nichtunternehmer die Umsatzsteuer trägt. Im Rahmen der Umsatzsteuererklärung kann der Unternehmer die auf das entsprechende Kalenderjahr (bzw. Voranmeldungszeitraum) entfallenden abzugsfähigen Vorsteuerbeträge den für den gleichen Zeitraum ermittelten (geschuldeten) Umsatzsteuerbeträgen gegenrechnen. Auf dem amtlichen Umsatzsteuererklärungsvordruck hat der Unternehmer die entsprechenden Eintragungen auf Seite 3 vorzunehmen.

Vorsteuerabzug stellt sicher, dass Nichtunternehmer Umsatzsteuer trägt.

- 3 -

Steuernummer:

Zeile		Steuer EUR	Ct
61	**D. Abziehbare Vorsteuerbeträge** (ohne die Berichtigung nach § 15a UStG)		
62	Vorsteuerbeträge aus Rechnungen von anderen Unternehmern (§ 15 Abs. 1 Satz 1 Nr. 1 UStG)	320	
63	Vorsteuerbeträge aus innergemeinschaftlichen Erwerben von Gegenständen (§ 15 Abs. 1 Satz 1 Nr. 3 UStG)	761	
64	Entrichtete Einfuhrumsatzsteuer (§ 15 Abs. 1 Satz 1 Nr. 2 UStG)	762	
65	Vorsteuerabzug für die Steuer, die der Abnehmer als Auslagerer nach § 13a Abs. 1 Nr. 6 UStG schuldet (§ 15 Abs. 1 Satz 1 Nr. 5 UStG)	466	
66	Vorsteuerbeträge aus Leistungen im Sinne des § 13b UStG (§ 15 Abs. 1 Satz 1 Nr. 4 UStG)	467	
67	Vorsteuerbeträge, die nach den allgemeinen Durchschnittssätzen berechnet sind (§ 23 UStG)	333	
68	Vorsteuerbeträge nach dem Durchschnittssatz für bestimmte Körperschaften, Personenvereinigungen und Vermögensmassen (§ 23a UStG)	334	
69	Vorsteuerabzug für innergemeinschaftliche Lieferungen **neuer Fahrzeuge** außerhalb eines Unternehmens (§ 2a UStG) sowie von Kleinunternehmern im Sinne des § 19 Abs. 1 UStG (§ 15 Abs. 4a UStG)	759	
70	Vorsteuerbeträge aus innergemeinschaftlichen Dreiecksgeschäften (§ 25b Abs. 5 UStG)	760	
71	Summe .... (zu übertragen in Zeile 99)		

	E. Berichtigung des Vorsteuerabzugs (§ 15a UStG)		
72	Sind im Kalenderjahr 2010 **Grundstücke, Grundstücksteile, Gebäude oder Gebäudeteile,** für die Vorsteuer abgezogen worden ist, erstmals tatsächlich verwendet worden?	370	
73	Falls ja, bitte eine „1" eintragen.		
74	(Geben Sie bitte auf besonderem Blatt für jedes Grundstück oder Gebäude gesondert an: Lage, Zeitpunkt der erstmaligen tatsächlichen Verwendung, Art und Umfang der Verwendung im Erstjahr, insgesamt angefallene Vorsteuer, in den Vorjahren - Investitionsphase - bereits abgezogene Vorsteuer)		
75	Haben sich im Jahr 2010 die für den ursprünglichen Vorsteuerabzug maßgebenden Verhältnisse geändert bei		
76	1. **Grundstücken, Grundstücksteilen, Gebäuden oder Gebäudeteilen,** die innerhalb der letzten 10 Jahre erstmals tatsächlich und **nicht nur einmalig** zur Ausführung von Umsätzen verwendet worden sind? Falls ja, bitte eine „1" eintragen.	371	
77	2. **anderen Wirtschaftsgütern und sonstigen Leistungen,** die innerhalb der letzten 5 Jahre erstmals tatsächlich und **nicht nur einmalig** zur Ausführung von Umsätzen verwendet worden sind? Falls ja, bitte eine „1" eintragen.	372	
78	3. **Wirtschaftsgütern und sonstigen Leistungen,** die nur einmalig zur Ausführung von Umsätzen verwendet worden sind? Falls ja, bitte eine „1" eintragen.	369	
79	Die Verhältnisse, die ursprünglich für die Beurteilung des Vorsteuerabzugs maßgebend waren, haben sich seitdem geändert durch		
80	☐ Veräußerung ☐ Lieferung i. S. des § 3 Abs. 1b UStG ☐ Wechsel der Besteuerungsform, § 15a Abs. 7 UStG		
81	☐ Nutzungsänderung, und zwar		
82	☐ Übergang von steuerpflichtiger zu steuerfreier Vermietung oder umgekehrt bzw. Änderung des Verwendungsschlüssels bei gemischt genutzten Grundstücken (insbesondere bei Mieterwechsel)		
83	☐ steuerfreie Vermietung bisher eigengewerblich genutzter Räume oder umgekehrt; Übergang von einer Vermietung für NATO- oder ähnliche Zwecke zu einer nach § 4 Nr. 12 UStG steuerfreien Vermietung		
84	☐		

Zeile	Vorsteuerberichtigungsbeträge	nachträglich abziehbar EUR	Ct	zurückzuzahlen EUR	Ct
85					
86	zu 1. (Grundstücke usw., § 15a Abs. 1 Satz 2 UStG) ..				
87	zu 2. (andere Wirtschaftsgüter usw., § 15a Abs. 1 Satz 1 UStG)				
88	zu 3. (Wirtschaftsgüter usw., § 15a Abs. 2 UStG)				
89	Summe	357		359	
90		zu übertragen in Zeile 100		zu übertragen in Zeile 97	

2010USt2A503NET   2010USt2A503NET

7.2. Abzugsvoraussetzungen

	Voraussetzungen des Vorsteuerabzugs
1.	– Empfang einer Lieferung / sonstigen Leistung oder – Einfuhr eines Gegenstandes oder – innergemeinschaftlicher Erwerb
2.	Der Leistende muss Unternehmer sein. Ausnahme: Einfuhr
3.	Die Leistung/Einfuhr muss für das Unternehmen des Leistungsempfängers ausgeführt werden.
4.	– Vorliegen einer Rechnung über die Leistung mit offenem Ausweis der Umsatzsteuer oder – Nachweis der Entrichtung der Einfuhrumsatzsteuer Ausnahmen: – Es bedarf keiner Rechnung für den Abzug der Erwerbsteuer bei innergemeinschaftlichem Erwerb – Bei Kleinbeträgen und Fahrausweisen ist ein gesonderter Ausweis der Umsatzsteuer nicht erforderlich
5.	Nicht abzugsfähig ist die Steuer: – für Umsätze, die zu nichtabzugsfähigen Betriebsausgaben bzw. gemischten Aufwendungen führen (§ 4 Abs. 5 Satz 1 Nrn. 1-4, 7 EStG bzw. § 12 Nr. 1 Satz 2 EStG), voller Vorsteuerabzug bei Bewirtungskosten

Die Voraussetzungen für den Abzug von Vorsteuerbeträgen ergeben sich aus § 15 Abs. 1 UStG. Danach ist zunächst der Empfang einer Lieferung/sonstigen Leistung oder bei den sonstigen Umsatztatbeständen die Einfuhr eines Gegenstandes bzw. ein innergemeinschaftlicher Erwerb erforderlich. Des Weiteren muss der Leistende grundsätzlich ein Unternehmer i.S.d. § 2 UStG sein. Bei der Einfuhr von Gegenständen aus dem Drittlandsgebiet in das Inland i.S.d. § 1 Abs. 1 Nr. 4 UStG entfällt ausnahmsweise dieses Erfordernis. Die Leistung bzw. Einfuhr

Voraussetzungen für den Abzug von Vorsteuerbeträgen:
- Empfang einer Lieferung / sonstigen Leistung
- Grundsätzlich Unternehmereigenschaft des Leistenden
- Leistung / Einfuhr für das Unternehmen des Empfängers

muss für das Unternehmen des Leistungsempfängers ausgeführt werden. Leistungen, die für den Unternehmer in seiner Eigenschaft als Privatperson bestimmt sind, berechtigen nicht zum Vorsteuerabzug.

Beispiel: Ein Unternehmer erwirbt für seine Frau einen Pkw, der ausschließlich von ihr zu privaten Zwecken genutzt wird. Für diese Lieferung erhält er eine Rechnung mit offenem Umsatzsteuerausweis.

Den Vorsteuerbetrag aus dieser Rechnung kann der Unternehmer nicht in Abzug bringen, denn die von dem Kfz-Händler erbrachte Leistung ist nicht für sein Unternehmen, sondern für ihn in der Eigenschaft als Privatperson ausgeführt worden.

Auch die Einfuhrumsatzsteuer kann nur von einem Unternehmer abgezogen werden, und zwar nur für Gegenstände, die für das Unternehmen eingeführt worden sind (§ 15 Abs. 1 Nr. 2 UStG). Darüber hinaus muss die Einfuhrumsatzsteuer entrichtet worden sein, nicht notwendig jedoch vom abzugsberechtigten Unternehmer.

Ausstellung einer Rechnung (i.S.d. § 14 UStG) mit gesondertem Umsatzsteuerausweis

Vorsteuerbeträge dürfen darüber hinaus nur abgezogen werden, wenn über die für das Unternehmen erbrachten Leistungen eine Rechnung i.S.d. §§ 14, 14a UStG ausgestellt und die Umsatzsteuer in dieser Rechnung offen ausgewiesen wird. Dass der leistende Unternehmer eine Steuer schuldet und die geschuldete Umsatzsteuer errechenbar ist, genügt danach nicht. Daher kann jeder Unternehmer von dem Vorunternehmer eine Rechnung verlangen, in der die Steuer auf den steuerpflichtigen Umsatz gesondert ausgewiesen ist (zur Verpflichtung zum Ausstellen von Rechnungen und zur Aufbewahrung siehe §§ 14a, 14b UStG).

Erforderliche Angaben in der Rechnung

Die erforderlichen Angaben, die in einer ordnungsgemäßen Rechnung enthalten sein müssen, ergeben sich im Einzelnen aus § 14 Abs. 4 UStG. Danach müssen die Rechnungen folgende Angaben enthalten (vgl. hierzu auch Abschn. 14.5 UStAE):

- den Namen und die Anschrift des leistenden Unternehmers
- den Namen und die Anschrift des Leistungsempfängers
- die dem leistenden Unternehmer vom Finanzamt erteilte Steuernummer oder vom Bundesamt für Finanzen erteilte Umsatzsteuer-Identifikationsnummer
- das Ausstellungsdatum
- die Rechnungsnummer
- die Menge und die handelsübliche Bezeichnung des Gegenstandes der Lieferung oder die Art und den Umfang der sonstigen Leistung
- den Zeitpunkt der Lieferung oder der sonstigen Leistung
- das nach Steuersätzen und einzelnen Steuerbefreiungen aufgeschlüsselte Entgelt für die Lieferung oder sonstige Leistung

- den anzuwendenden Steuersatz sowie den auf das Entgelt entfallenden Steuerbetrag, der gesondert auszuweisen ist, oder im Fall der Steuerbefreiung einen Hinweis darauf, dass für die Lieferung oder sonstige Leistung eine Steuerbefreiung gilt.

Merke: Die Berechtigung bzw. Verpflichtung zum gesonderten Steuerausweis gilt auch für Anzahlungsrechnungen (§ 14 Abs. 5 UStG).

Als Rechnung gilt auch eine Gutschrift, mit der ein Unternehmer über eine steuerpflichtige Leistung abrechnet, die an ihn ausgeführt wird (§ 14 Abs. 2 Satz 2 UStG). Eine Gutschrift ist anzuerkennen, wenn folgende Voraussetzungen vorliegen:

Als Rechnung gilt auch eine Gutschrift.

- Der leistende Empfänger der Gutschrift muss zum gesonderten Ausweis der Steuer in einer Rechnung berechtigt sein
- zwischen dem Aussteller und dem Empfänger der Gutschrift muss ein Einverständnis darüber bestehen, dass mit einer Gutschrift über die Lieferung oder sonstige Leistung abgerechnet wird
- die Gutschrift muss die für eine Rechnung vorgeschriebenen Angaben enthalten
- die Gutschrift muss dem leistenden Unternehmer zugeleitet werden.

In einer Rechnung über Lieferungen oder sonstige Leistungen, die verschiedenen Steuersätzen unterliegen, sind die Entgelte und die Steuerbeträge nach Steuersätzen zu trennen.

Trennung der Entgelte nach Steuersätzen

Weist jemand in der Rechnung den Steuerbetrag gesondert aus, obwohl er nicht dazu berechtigt ist (unberechtigter Steuerausweis) oder weist er einen höheren Steuerbetrag aus (unrichtiger Steuerausweis), schuldet er selbst diesen ausgewiesenen Steuerbetrag (§ 14c UStG). Obwohl die Voraussetzungen für den Vorsteuerabzug in einem solchen Fall nicht vorliegen (Leistender ist z.B. kein Unternehmer), besteht die große Gefahr, dass der Empfänger der Rechnung die unrichtigen Steuern tatsächlich durch Vorlage der Rechnung von der zuständigen Finanzbehörde erstattet bekommt. § 14c UStG soll als »Strafvorschrift« diesem Missstand vorbeugen bzw. einen evtl. Ausfall des Steueraufkommens ausgleichen.

Bei unberechtigtem Steuerausweis schuldet der Aussteller die Umsatzsteuer.

Von dem Grundsatz des offenen Umsatzsteuerausweises in der Rechnung kennt das Umsatzsteuerrecht verschiedene Ausnahmen:

Ausnahmen vom Erfordernis des offenen Steuerausweises:

Bei so genannten »Kleinbeträgen« (Entgelt + Umsatzsteuer übersteigen nicht 150,– €) genügen in den Rechnungen folgende Angaben:

- Kleinbeträge unter 150,– Euro

- der Name und die Anschrift des leistenden Unternehmers
- Ausstellungsdatum

- die Menge und die handelsübliche Bezeichnung des Gegenstandes der Lieferung oder die Art und der Umfang der sonstigen Leistung
- das Entgelt und der Steuerbetrag für die Lieferung oder sonstige Leistung in einer Summe
- der Steuersatz
- im Fall einer Steuerbefreiung ein Hinweis darauf, dass für die Lieferung oder sonstige Leistung eine Steuerbefreiung gilt.

Der Leistungsempfänger darf in diesen Fällen die Umsatzsteuer (= Vorsteuer) aus den Kleinbetragsrechnungen selbst herausrechnen (vgl. Abschn. 14.6 UStAE).

- Fahrausweise

Auch bei Fahrausweisen sieht Abschn. 14.7 UStAE im Vergleich zum offenen Ausweis in einer Rechnung i.S.d. § 14 UStG Erleichterungen vor.

- Innergemeinschaftlicher Erwerb und Einfuhr

Bei dem Umsatzsteuertatbestand des innergemeinschaftlichen Erwerbs i.S.d. § 1 Abs. 1 Nr. 5 UStG bedarf es keiner Rechnung für den Abzug der Erwerbsteuer. Bei der Einfuhr reicht der Nachweis der Entrichtung der Einfuhrumsatzsteuer.

Durch § 15 Abs. 1a Satz 1 UStG wird die Umsatzsteuer auf bestimmte, nicht streng geschäftliche, der Repräsentation dienende oder die private Lebensführung berührende Aufwendungen vom Vorsteuerabzug ausgeschlossen. Im Einzelnen nicht zum Abzug zugelassen sind die Vorsteuern auf bestimmte, ertragsteuerlich nicht abzugsfähige Betriebsausgaben i.S.v. § 4 Abs. 5 Satz 1 Nr. 1 bis 4, 7 EStG (z.B. Aufwendungen für Segelyachten) bzw. nichtabzugsfähige Aufwendungen i.S.v. § 12 Nr. 1 EStG. Der Vorsteuerausschluss gilt nicht für Bewirtungskosten, soweit § 4 Abs. 5 Nr. 2 EStG einen Abzug angemessener und nachgewiesener Aufwendungen ertragsteuerlich ausschließt.

Der Vorsteuerabzug aus dem Erwerb von Geschenken, die für Geschäftsfreunde vorgesehen sind, ist zulässig. Die unentgeltliche Zuwendung wird auf der anderen Seite nach der Vorschrift des § 3 Abs. 1b Nr. 3 UStG besteuert.

7.3. Ausschluss des Vorsteuerabzugs

Ausschluss des Vorsteuerabzugs bei Verwendung des »Eingangsumsatzes« zur Ausführung steuerfreier »Ausgangsumsätze«

Nach § 15 Abs. 2 Nr. 1 UStG ist die Steuer für Lieferungen, die Einfuhr und den innergemeinschaftlichen Erwerb von Gegenständen sowie für die sonstigen Leistungen, die der Unternehmer zur Ausführung steuerfreier Umsätze verwendet, vom Vorsteuerabzug ausgeschlossen.

Ausschluss des Vorsteuerabzugs

Wenn »Eingangsumsatz« verwendet wird für die Ausführung

- steuerfreier Umsätze (§ 15 Abs. 2 Nr. 1 UStG)
  Beachte: nicht bei Option i.S.d. § 9 UStG.
- nichtsteuerbarer Umsätze im Ausland, die steuerfrei wären, wenn sie im Inland ausgeführt würden (§ 15 Abs. 2 Nr. 2 UStG)

Beachte: Bei sog. »Mischumsätzen« erfolgt wirtschaftliche Zuordnung bzw. sachgerechte Schätzung (§ 15 Abs. 4 UStG)

Ausschluss vom Vorsteuerabzug tritt ausnahmsweise bei bestimmten, in § 15 Abs. 3 UStG aufgeführten, steuerfreien Umsätzen nicht ein, insbesondere bei:

- Ausfuhrumsätzen
- innergemeinschaftlichen Lieferungen

Berichtigung des Vorsteuerabzuges (§ 15a UStG)

- bei Wirtschaftsgütern mit mehrjähriger Nutzungsdauer
- Änderungen der Verhältnisse gegenüber dem Kalenderjahr der erstmaligen Verwendung
- Korrektur nur innerhalb des Berichtigungszeitraums
  - bei Grundstücken: zehn Jahre
  - bei sonstigen Wirtschaftsgütern: fünf Jahre
- Für jedes »Änderungsjahr« wird ein entsprechender zusätzlicher Vorsteueranspruch gewährt oder eine Kürzung des Vorsteuerbetrags vorgenommen
- § 15a UStG gilt auch bei Veräußerung oder Entnahme

Einfacher ausgedrückt: Die Umsatzsteuer (= Vorsteuer) aus dem »Eingangsumsatz« ist ausgeschlossen, wenn der Unternehmer den erhaltenen Umsatz für die Ausführung steuerfreier »Ausgangsumsätze« verwendet.

Beispiel: Der Malermeister M stellt dem Unternehmer für den Außenanstrich an seinem zur Vermietung an Dritte verwendeten Wohnhaus eine Rechnung mit offenem Umsatzsteuerausweis aus. Von der Optionsmöglichkeit des § 9 UStG hat der Unternehmer keinen Gebrauch gemacht.

Ein Vorsteuerabzug kommt hier nicht in Betracht, da die erhaltene Leistung (Außenanstrich) zur Ausführung steuerfreier Mietumsätze (§ 4 Nr. 12 a UStG) verwendet wird.

Merke: Kein Ausschluss vom Vorsteuerabzug bei Option gem. § 9 UStG.

Nach der Wertung des Gesetzes stehen den steuerfreien Umsätzen gleich die nichtsteuerbaren Umsätze im Ausland, die steuerfrei wären, wenn sie im Inland ausgeführt würden (§ 15 Abs. 2 Nr. 2 UStG)

Verwendet der Unternehmer einen für sein Unternehmen gelieferten, eingeführten oder innergemeinschaftlich erworbenen Gegenstand oder eine von ihm in Anspruch genommene Leistung nur zum Teil zur Ausführung von Umsätzen, die den Vorsteuerabzug ausschließen, so ist der Teil der jeweiligen Vorsteuerbeträge nicht abziehbar, der den zum Ausschluss vom Vorsteuerabzug führenden Umsätzen wirtschaftlich zuzurechnen ist (»Mischfälle«). Der Unternehmer kann die nichtabziehbaren Teilbeträge im Wege einer sachgerechten Schätzung ermitteln (§ 15 Abs. 4 Satz 2 UStG). Eine Ermittlung des nichtabziehbaren Teils der Vorsteuerbeträge nach dem Verhältnis der Umsätze, die den Vorsteuerabzug ausschließen, zu den Umsätzen, die zum Vorsteuerabzug berechtigen, ist nur zulässig, wenn keine andere wirtschaftliche Zurechnung möglich ist (§ 15 Abs. 4 Satz 3 UStG)

Beispiel: In dem o.g. Beispielsfall handelt es sich nun um ein Geschäftsgrundstück mit einer Gesamtfläche von 1000 qm.

500 qm (= 50 v.H.) werden als Geschäftsräume an andere Unternehmer und die weiteren 500 qm (= 50 v.H.) an Nichtunternehmer zu Wohnzwecken vermietet. Der Unternehmer hat soweit möglich von der Optionsmöglichkeit des § 9 UStG Gebrauch gemacht.

Vorliegend handelt es sich um einen so genannten »Mischfall«. Das Geschäftsgrundstück, an dem die Malerarbeiten durchgeführt wurden, wird zu 50 v.H. für die Ausführung von steuerpflichtigen Umsätzen verwendet. Die Optionsmöglichkeit nach § 9 UStG erfasst nur die an andere Unternehmer vermieteten Geschäftsräume (vgl. § 9 Abs. 1 UStG).

Gemäß § 15 Abs. 4 UStG sind die auf das gesamte Geschäftsgebäude entfallenden Vorsteuerbeträge aus der Malerrechnung entsprechend der wirtschaftlichen Zuordnung aufzuteilen. Hiernach können 50 v.H. den steuerpflichtigen und die weiteren 50 v.H. den den Vorsteuerabzug ausschließenden steuerfreien Vermietungsumsätzen zugeordnet werden.

Ergebnis: Der Vorsteuerabzug ist in Höhe von 50 v.H. des ausgewiesenen Steuerbetrags ausgeschlossen.

Ausnahmsweise tritt der Ausschluss vom Vorsteuerabzug bei steuerfreien bzw. diesen gleichgestellten Umsätzen nicht ein, soweit es sich um bestimmte, in § 15 Abs. 3 UStG aufgeführte steuerfreie Umsätze handelt. In diesem Zusammenhang sind insbesondere die Ausfuhrumsätze und die innergemeinschaftliche Lieferung von Bedeutung. Bei Ausführung dieser Umsätze greift der Ausschlusstatbestand des § 15 Abs. 2 UStG nicht ein.

Erhalt des Vorsteuerabzugs bei steuerlichen Ausfuhrumsätzen und Innergemeinschaftlichen Lieferungen

7.4. Berichtigung des Vorsteuerabzugs

Eine Berichtigung des Vorsteuerabzugs kommt in Betracht, wenn sich die Verhältnisse, die für den Vorsteuerabzug maßgebend waren, im Laufe der Jahre ändern (§ 15a UStG). Diese Regelung erfasst insbesondere Wirtschaftsgüter, deren Nutzungsdauer mehrere Jahre beträgt. Wird ein Wirtschaftsgut mit mehrjähriger Nutzungsdauer angeschafft, so sind für den Vorsteuerabzug zunächst die Verhältnisse im Zeitpunkt der erstmaligen Verwendung maßgebend, d.h. der Vorsteuerabzug ist entweder

Berichtigung des Vorsteuerabzugs bei Änderung der Verhältnisse

Verhältnisse der erstmaligen Verwendung sind maßgebend

- vollständig gegeben (Verwendung für steuerpflichtige Umsätze)
- gar nicht gegeben (Ausschluss vom Vorsteuerabzug) oder
- teilweise gegeben (bei Mischumsätzen).

Tritt im Anschluss an diesen Zeitpunkt der erstmaligen Verwendung eine Änderung der für den Vorsteuerabzug maßgebenden Verhältnisse ein, so erfolgt eine entsprechende Berichtigung der Vorsteuer. Derartige Berichtigungen kommen allerdings nur dann in Betracht, wenn sie innerhalb des so genannten »Berichtigungszeitraumes« eintreten; dieser beträgt

- für Grundstücke: zehn Jahre
- für alle übrigen Wirtschaftsgüter: fünf Jahre

soweit nicht die Verwendungsdauer ohnehin kürzer ist. Bei der Berichtigung ist für jedes Kalenderjahr der Änderung von 1/5 bzw. 1/10 der

Der »Berichtigungszeitraum« beträgt für Grundstücke 10 Jahre, für alle übrigen Wirtschaftsgüter 5 Jahre.

auf das Wirtschaftsgut entfallenden Vorsteuerbeträge auszugehen. Entsprechend dem durch Vergleich mit dem Erstjahr zu ermittelnden Umfang der Änderung wird für Änderungsjahre ein zusätzlicher Vorsteueranspruch gewährt oder umgekehrt eine Kürzung des Vorsteuerabzuges durchgeführt. Diese Korrektur erfolgt jeweils im Rahmen der Umsatzsteuer-Jahresveranlagung.

Beispiel: Ein Geschäftsgrundstück wird zu 50 v.H. für steuerfreie, zu weiteren 50 v.H. für steuerpflichtige Umsätze genutzt. Die mit dem Bau des Geschäftsgrundstückes in Zusammenhang stehenden Vorsteuerbeträge in Höhe von 100.000,- € sind im Jahr der Fertigstellung (01) zu 50 v.H. abgezogen worden. Wird das Grundstück ab 06 zu 100 v.H. für steuerpflichtige Umsätze genutzt, so hat nach § 15a UStG eine Berichtigung des Vorsteuerabzuges für den Rest des Berichtigungszeitraumes von insgesamt 10 Jahren zu erfolgen. Auf jedes einzelne Kalenderjahr des Berichtigungszeitraumes entfallen von dem nichtabzugsfähigen Vorsteueranteil 5.000,- €. In dem Zeitraum von 05-10 ergibt sich also ein zusätzlicher Vorsteuerabzug von jährlich 5.000,- €. Änderungen ab dem Jahr 10 bleiben unberücksichtigt, da der Berichtigungszeitraum abgelaufen ist.

Eine Änderung der Verhältnisse liegt auch vor, wenn das noch verwendungsfähige Wirtschaftsgut vor Ablauf des maßgeblichen Berichtigungszeitraumes veräußert oder i.S.v. § 3 Abs. 1b UStG geliefert wird und dieser Umsatz für den Vorsteuerabzug anders zu beurteilen ist als die für den Vorsteuerabzug maßgebliche Verwendung (§ 15a Abs. 8 UStG).

8. Besteuerungsverfahren

Besteuerungsverfahren	
Umsatzsteuer-Voranmeldung:	**Umsatzsteuer-Jahreserklärung:**
Für einen Voranmeldungszeitraum zu fertigende »kleine« Steuererklärung Voranmeldungszeitraum ist: • grundsätzlich der Kalendermonat • bei Steuerschuld unter 7.500,- € für das vorangegangene Kalenderjahr: das Kalendervierteljahr • bei Steuerschuld unter 1.000,- € für das vorangegangene Kalenderjahr: auf Antrag kann Befreiung erfolgen • bei Aufnahme der Tätigkeit: im laufenden und im folgenden Kalenderjahr der Kalendermonat Vorauszahlungen aufgrund der Voranmeldungen sind am 10. Tag nach Ablauf des Voranmeldungszeitraumes fällig.	Steuererklärung, in der der Unternehmer Jahresumsatzsteuer und Jahresvorsteuerbeträge selbst ermittelt Steueranmeldung i.S.d. § 167 AO (= Steuerfestsetzung unter Vorbehalt der Nachprüfung) Nur bei fehlender Übereinstimmung der Jahressteuerschuld (=Umsatzsteuerzahllast) mit den vorangemeldeten Steuerbeträgen bedarf es einer besonderen Steuerfestsetzung durch die Finanzbehörde. Unterschiedsbetrag zwischen vorangemeldeter Umsatzsteuer und in der Jahreserklärung errechneter Steuer: • z.G. des Finanzamts einen Monat nach Eingang der Jahreserklärung fällig • z.G. des Unternehmers ergibt einen Erstattungsanspruch

Auch wenn die Umsatzsteuer an die in § 1 UStG aufgeführten Umsatzarten, und zwar im Grunde an jeden einzelnen Umsatz, anknüpft, handelt es sich um eine periodische Jahressteuer. Besteuerungszeitraum ist gem. § 16 Abs. 1 Satz 2 UStG das Kalenderjahr.

Besteuerungszeitraum ist das Kalenderjahr.

Die Umsatzsteuer ist ebenfalls eine Veranlagungssteuer, d.h., die Besteuerungsgrundlagen und die Festsetzung der zu zahlenden Steuer erfolgt in einem förmlichen Verfahren. Im Unterschied zu den Steuer-

Unternehmer berechnet die Steuer selbst.

arten, die wir bislang kennen gelernt haben, muss der steuerpflichtige Unternehmer bei der Umsatzsteuer die Steuer jedoch selbst berechnen.

Dabei hat er im Rahmen der jährlich beim zuständigen Finanzamt abzugebenden Umsatzsteuererklärung sämtliche Umsätze aufzuführen, soweit für sie die Steuer in dem Besteuerungszeitraum entstanden ist. In diesem Zusammenhang sind die bereits erläuterten Entstehungszeitpunkte von Bedeutung. Die Umsatzsteuererklärung hat der Unternehmer bis zum 31.05. des folgenden Kalenderjahres auf dem amtlich vorgeschriebenen Vordruck beim Finanzamt einzureichen.

Grundsätze des Besteuerungsverfahrens

Von den aufgrund dieser Umsätze berechneten Steuern sind die in den gleichen Besteuerungszeitraum fallenden, nach § 15 UStG abziehbaren Vorsteuerbeträge abzusetzen. Dabei ist die Korrekturvorschrift des § 15a UStG zu berücksichtigen. Auch die Einfuhrumsatzsteuer ist für den Besteuerungszeitraum abzusetzen, in dem sie entrichtet worden ist (vgl. hierzu § 16 Abs. 1, 2 UStG). Hat der Unternehmer seine gewerbliche oder berufliche Tätigkeit nur in einem Teil des Kalenderjahres ausgeübt, so tritt dieser Teil an die Stelle des Kalenderjahres (§ 16 Abs. 3 UStG). Da der Unternehmer die Steuer im Rahmen der Umsatzsteuer-Jahreserklärung selbst zu berechnen hat, handelt es sich um eine

Umsatzsteuererklärung ist eine Steueranmeldung

so genannte »Steueranmeldung« (§ 18 Abs. 3 UStG). Diese Steueranmeldung steht kraft ausdrücklicher Regelung in § 168 AO einer Steuerfestsetzung unter Vorbehalt der Nachprüfung durch das Finanzamt gleich. Einer besonderen Steuerfestsetzung durch das Finanzamt im Wege des Steuerbescheides bedarf es nur, wenn das Finanzamt die Steuer abweichend von dieser Anmeldung festsetzt (§ 18 Abs. 3 UStG i.V.m. §§ 150 Abs. 1 Satz 2, 167 AO). Bereits vor Ablauf des Kalenderjahres hat der Unternehmer monatliche Voranmeldungen abzugeben und dementsprechende Vorauszahlungen zu leisten. Diese Vorauszahlungen werden am 10. Tag nach Ablauf des Voranmeldungszeitraumes

Unter Umständen sind Voranmeldungen abzugeben und dementsprechende Vorauszahlungen zu entrichten.

fällig (§ 18 Abs. 1 UStG). Beträgt die Steuer für das vorangegangene Kalenderjahr nicht mehr als 7.500,– €, so ist das Kalendervierteljahr Voranmeldungszeitraum. Beträgt die Steuer für das vorangegangene Kalenderjahr nicht mehr als 1.000,– €, so kann das Finanzamt den Unternehmer von der Verpflichtung zur Abgabe der Voranmeldung und Entrichtung der Vorauszahlungen befreien (§ 18 Abs. 2 UStG).

Nimmt der Unternehmer seine berufliche oder gesetzliche Tätigkeit auf, ist im laufenden und folgenden Kalenderjahr Voranmeldungszeitraum der Kalendermonat (§ 18 Abs. 2 Satz 4 UStG). Gibt der Unternehmer die Voranmeldung nicht ab oder hat er die Vorauszahlungen nicht richtig berechnet, so kann das Finanzamt die Vorauszahlungen festsetzen. Stimmt die in den Voranmeldungen angemeldete Steuerschuld mit der Steuerschuld in der Jahressteuererklärung nicht überein, so ist der Unterschiedsbetrag zugunsten des Finanzamtes ein Monat nach Eingang der Steuererklärung fällig (§ 18 Abs. 4 UStG). Ergibt sich ein Unterschiedsbetrag zugunsten des Unternehmers, so hat dieser einen Erstattungsanspruch (§§ 37, 220 AO).

In diesem Zusammenhang ist noch auf die Sondervorschrift des § 19 UStG hinzuweisen, die die Besteuerung der so genannten »Kleinunternehmer« betrifft. Kleinunternehmer sind solche Unternehmer, deren Brutto-Umsatz im vorangegangenen Kalenderjahr 17.500,- € nicht überstiegen hat und im laufenden Kalenderjahr voraussichtlich 50.000,- € nicht übersteigen wird. Liegen diese in § 19 Abs. 1 Satz 1 UStG festgeschriebenen Voraussetzungen vor, so wird von Unternehmern, die im Inland ansässig sind, die Umsatzsteuer für Umsätze i.S.d. § 1 Abs. 1 Nr. 1 UStG nicht erhoben. Der Kleinunternehmer kann jedoch gegenüber dem zuständigen Finanzamt erklären, dass er auf die Anwendung dieser Vorschrift verzichtet und wie jeder andere Unternehmer besteuert werden will.

Sonderregelungen für Kleinunternehmer

Literaturhinweis: Vgl. zum Umsatzsteuerrecht Tipke/Lang, Steuerrecht, § 14, Rz. 1 ff.; Birk, Steuerrecht, Rz. 1670 ff.

9. Wiederholungsfragen

1. Erläutern Sie den Begriff »Allphasen-Netto-Umsatzsteuer mit Vorsteuerabzug«! Lösung S. 224 f.
2. Wer ist umsatzsteuerlicher Unternehmer? Lösung S. 230 f.
3. Nennen Sie die drei Arten von steuerbaren Umsätzen, die das UStG kennt! Lösung S. 235
4. Erläutern Sie die Begriffe: Lieferung und sonstige Leistung! Lösung S. 236 f.
5. Was verstehen Sie unter den Begriffen: Inland, Ausland, Gemeinschaftsgebiet, Drittlandsgebiet? Lösung S. 240
6. Was ist kennzeichnend für den Leistungsaustausch? Lösung S. 241
7. Was sind entgeltliche Leistungen kraft Gesetzes? Lösung S. 243
8. Bestimmen Sie den Ort der Leistung bei a) Abhollieferung, b) Beförderungen, c) Versendungen! Lösung S. 249
9. Wo ist im Grundsatz der Ort der sonstigen Leistung? Lösung S. 251 f.
10. Nennen Sie drei Steuerbefreiungen! Lösung S. 254
11. Wonach bemisst sich die Bemessungsgrundlage bei Lieferungen und sonstigen Leistungen? Lösung S. 259
12. Nennen Sie den Regelsteuersatz und ermäßigten Steuersatz im Umsatzsteuerrecht! Lösung S. 265
13. Wann entsteht die Umsatzsteuer bei »Soll- und Istbesteuerung«? Lösung S. 266 f.
14. Wie lauten die Voraussetzungen für den Vorsteuerabzug und wann ist er ausgeschlossen? Lösung S. 271
15. Wodurch unterscheidet sich das Besteuerungsverfahren bei der Umsatzsteuer von der Einkommensteuer? Lösung S. 279

Besonderes Steuerrecht: Bewertungsgesetzabhängige Steuerarten

1.	Vorbemerkungen	284
2.	Wertermittlung nach dem Bewertungsgesetz	285
2.1.	Einheitsbewertung für die Grundsteuer	285
2.2.	Bewertung von Grundstücken	286
2.3.	Bewertung des gewerblichen Betriebes	287
2.4.	Bewertung von Anteilen an Kapitalgesellschaften und des übrigen Vermögens	287
3.	Vermögensteuer	289
4.	Erbschaft- und Schenkungsteuer	290
4.1.	Vorbemerkungen	290
4.2.	Allgemeines und Überblick	290
4.3.	Persönliche Steuerpflicht	291
4.4.	Bemessungsgrundlage	293
4.5.	Ermittlung der Erbschaft- und Schenkungsteuer	297
5.	Grundsteuer	298
6.	Wiederholungsfragen	301

1. Vorbemerkungen

Idee des Bewertungsgesetzes (BewG) war es, steuerübergreifend für alle an Vermögenswerte anknüpfende Steuern einheitliche Wertmaßstäbe festzulegen. Insoweit war das BewG maßgebend für die Wertermittlung bei der Vermögensteuer (ab 01.01.1997 außer Vollzug), der Gewerbekapitalsteuer (aufgehoben mit Wirkung vom Erhebungszeitraum 1998), der Grundsteuer, der Grunderwerbsteuer und der Erbschaft- und Schenkungsteuer.

In der Vergangenheit enthielt das Bewertungsgesetz insbesondere Vorschriften über die so genannte Einheitsbewertung bebauter Grundstücke für Zwecke der Vermögensteuer und Erbschaft- und Schenkungsteuer. Nachdem das Bundesverfassungsgericht die Realitätsferne der Einheitswerte – zugrunde gelegt haben Wertverhältnisse auf den 01.01.1964! – im Verhältnis zu den anderen Vermögensgegenständen gerügt hatte, hat der Gesetzgeber die Wertermittlung zumindest im Bereich der Erbschaft- und Schenkungsteuer auf eine Bedarfsbewertung umgestellt. Eine Bewertung des Grundvermögens, eines gewerblichen Betriebes und des sonstigen Vermögens findet seither nur noch im Rahmen der Erbschaft- und Schenkungsteuerfestsetzung statt. Dabei hatte der Gesetzgeber darauf geachtet, möglichst auf die tatsächlichen Verhältnisse im Besteuerungszeitpunkt abzustellen und die Wertverhältnisse bei Grundstücken zum 01.01.1996 zugrunde zu legen. Nur für die Grundsteuer und teilweise für die Grunderwerbsteuer werden bis heute die realitätsfernen Einheitswerte für Grundstücke angesetzt.

Im Ergebnis hat aber auch diese Neuordnung der Bewertungsregeln einer Überprüfung durch das Bundesverfassungsgericht nicht standgehalten. Im Beschluss vom 07.11.2006 (DStR 2007, 235) hat das Bundesverfassungsgericht erneut die ungleiche Bewertung der verschiedenen Vermögensarten mit der Begünstigung des Betriebsvermögens und des Grundvermögens gegenüber dem sonstigen Vermögen (z.B. Aktien) gerügt und damit für eine Reform der Erbschaftsteuer und des Bewertungsgesetzes zum 01.01.2009 gesorgt. Ziel der Reform ist eine Änderung der Bewertungsvorschriften mit einer vom Bundesverfassungsgericht angeordneten Bewertung aller Vermögensgegenstände mit dem gemeinen Wert (siehe hierzu insbesondere 2.2 – 2.4).

2. Wertermittlung nach dem Bewertungsgesetz

Die Vorschriften des besonderen Teils des Bewertungsgesetzes (§§ 17 ff.), die sich im Wesentlichen mit der Wertermittlung befassen, sind nach Maßgabe der Einzelsteuergesetze anzuwenden (§ 17 Abs. 1 BewG). Das heißt, die betreffenden Vorschriften sind nur dann anwendbar, wenn ein entsprechender Verweis im jeweiligen Steuergesetz es erlaubt. Derartige Verweise finden sich im Wesentlichen im Grundsteuer- (§ 13 Abs. 1 GrStG) und im Erbschaft- und Schenkungsteuerrecht (§ 12 ErbStG).

Der allgemeine Teil des BewG (§§ 1-16) hat zum einen Bedeutung für alle öffentlich-rechtlichen Abgaben, die durch Bundesgesetz geregelt und durch Bundes – oder Landesfinanzbehörden verwaltet werden, zum anderen enthalten die einzelnen Vorschriften dieses Teils wie bisher Bewertungsmaßstäbe für die Ermittlung des sonstigen Vermögens.

2.1. Einheitsbewertung für die Grundsteuer

Der nach dem BewG zu ermittelnde Einheitswert bildet – wie bereits in den Vorbemerkungen angesprochen – weiterhin die Bemessungsgrundlage für die Ermittlung der Grundsteuer A (Betriebe der Land- und Forstwirtschaft) und Grundsteuer B (übrige Privat- und Betriebsgrundstücke).

Einheitswert ist Bemessungsgrundlage für die Grundsteuer

Das land- und forstwirtschaftliche Vermögen wird dabei mit einen Ertragswert (das 18fache des durchschnittlichen, nachhaltig erzielbaren Reinertrags des Betriebs, § 36 BewG) bewertet. Weitere Einzelheiten hierzu ergeben sich aus §§ 33-67 BewG.

Für die Ermittlung des Einheitswertes unbebauter Grundstücke existieren im BewG keine besonderen Vorschriften. Sie sind daher mit dem gemeinen Wert (§ 9 BewG; in etwa der Verkehrswert) anzusetzen. Bebaute Grundstücke sind entweder nach dem Ertragswert- (Jahresrohmiete x Vervielfältiger) oder dem Sachwertverfahren (Bodenwert zzgl. Gebäudewert zzgl. Wert der Außenanlagen, §§ 83-89 BewG) zu bewerten. Das Ertragswertverfahren ist dabei in der Regel anzuwenden. Das Sachwertverfahren findet ausnahmsweise Anwendung, wenn es sich um besondere Großobjekte handelt, Ein- oder Zweifamilienhäuser über eine außergewöhnliche Ausstattung oder Gestaltung verfügen oder eine Jahresrohmiete im Einzelfall nicht ermittelt werden kann (§ 76 BewG). Aufgrund der bereits erhobenen rechtlichen Einwände

Ermittlung der Einheitswerte für bebaute und unbebaute Grundstücke

gegen die Fortführung der Einheitsbewertung in diesen Fällen und der geringen Bedeutung der Grundsteuer ist die Kenntnis darüber hinausgehender Einzelheiten über die Einheitswertermittlung entbehrlich.

2.2. Bewertung von Grundstücken

Die Bewertung von Grundstücken richtet sich gemäß den §§ 19 Abs. 1, 151 Abs. 1 Satz 1 Nr. 1, 157 Abs. 1, 3 BewG nach den tatsächlichen Verhältnissen und den Wertverhältnissen zum Bewertungsstichtag nach §§ 176 bis 198 BewG in Abhängigkeit von der Art der Immobilie.

Grundsätzlich ist der *gemeine Wert* (§ 9 BewG) zugrunde zu legen (§ 177 Abs. 1 BewG).

Der gemeine Wert **unbebauter Grundstücke** orientiert sich typisierend an der Fläche und den jährlich festzustellenen Bodenrichtwerten (§ 179 Satz 1 BewG).

Die Bewertung **bebauter Grundstücke** hängt nach § 182 BewG von der Art der Bebauung und der wirtschaftlichen Nutzung ab.

Zur Ermittlung eines Verkehrswertes sind hier drei Verfahren vorgesehen:

Vergleichswertverfahren
- *Vergleichswertverfahren* (für Wohnungseigentum, Teileigentum und Ein- und Zweifamilienhäuser): Der Wert wird aus tatsächlich realisierten Kaufpreisen von anderen Grundstücken abgeleitet (§ 182 Abs. 2 BewG)

Ertragswertverfahren
- *Ertragswertverfahren* (für Mietwohngrundstücke, Geschäftsgrundstücke und gemischt genutzte Grundstücke): Wert wird gebildet aus dem Gebäudeertrag (Jahresrohmiete abzgl. Bewirtschaftungskosten), der entsprechend der Restnutzungsdauer des Gebäudes zu vervielfältigen ist (nach Anlage 21 zum BewG) und dem Bodenrichtwert für das unbebaute Grundstück (§ 182 Abs. 3 BewG)

Sachwertverfahren
- *Sachwertverfahren* (anwendbar, soweit keine Vergleichswerte vorliegen und eine übliche Miete nicht zu ermitteln ist): Wertermittlung auf Grundlage des Bodenrichtwertes und der Summe der Herstellungskosten (§ 182 Abs. 4 Nr. 2, 3 BewG)

Weist der Steuerpflichtige schließlich aber nach, dass der gemeine Wert im Besteuerungszeitpunkt (nach den Vorschriften der Wertermittlungsverordnung, vgl. § 198 Satz 2 i.V.m. § 199 BauGB) niedriger ist als der nach den Bewertungsverfahren ermittelte, so soll dieser Wert angesetzt werden (Escape-Klausel, § 198 BewG).

2.3. Bewertung des gewerblichen Betriebes

Die Regelungen über die Bewertung des Betriebsvermögens finden sich in den § 11 Abs. 2, § 95, und § 109 BewG. Erbschaftsteuerlich wird das Betriebsvermögen rechtsformneutral bewertet, d.h. unabhängig davon, ob es sich um betrieblich genutztes Vermögen eines Einzelunternehmens, einer Personengesellschaft, einer Kapitalgesellschaft oder eines Freiberuflers handelt.

Die Bewertung des **Betriebsvermögens** erfolgt wie das Grundvermögen mit dem *gemeinen Wert*. Für dessen Ermittlung gilt § 11 Abs. 2 BewG entsprechend. Der gemeine Wert wird dabei in erster Linie aus den Verkäufen unter fremden Dritten abzuleiten, die weniger als ein Jahr zurückliegen. Gibt es keine zeitnahen Verkäufe, ist ersatzweise eine andere nichtsteuerliche Methode zur Ertragswertbewertung anzuwenden (§ 11 Abs. 2 Satz 2 BewG). § 11 Abs. 2 Satz 4 BewG verweist insoweit auf das neue sog. *vereinfachte Ertragswertverfahren* (§§ 199 – 203 BewG).

Der Vollständigkeit halber soll nicht unerwähnt bleiben, dass die Neuregelungen für die Bewertung des **land- und forstwirtschaftlichen Vermögens** in den §§ 158 – 175 BewG zu finden sind. Auf Einzelheiten wird an dieser Stelle verzichtet.

2.4. Bewertung von Anteilen an Kapitalgesellschaften und des übrigen Vermögens

Auch Anteile an Kapitalgesellschaften und das sonstige private Vermögen (z.B. Geldforderungen, Schmuckgegenstände, Renten) werden im Bedarfsfall bei der Erbschaft- und Schenkungsteuerfestsetzung einer Wertermittlung unterzogen. Im Zeitpunkt des Todes des Erblassers bzw. bei Ausführung der Schenkung muss nun also den einzelnen Vermögenswerten unter Berücksichtigung der allgemeinen Bewertungsvorschriften (§§ 1-16 BewG) ein Wert beigemessen werden.

Anteile an Kapitalgesellschaften werden mit dem gemeinen Wert (= grds. der niedrigste am Bewertungsstichtag notierte Börsenkurs) angesetzt (§11 Abs. 1 Satz 1 BewG). Bei nicht notierten Anteilen ist der Wert wie beim Betriebsvermögen zu ermitteln (§ 11 Abs. 2 Satz 2 BewG).

Für die Bewertung des **übrigen Vermögens** gilt Folgendes:

- Geldvermögen, Forderungen und Schulden: Ansatz grds. mit dem Nennwert, sofern nicht besondere Umstände einen höheren oder niedrigeren Wert begründen (§ 12 Abs. 1 – 3 BewG).
- Ansprüche aus Lebens-, Kapital- oder Rentenversicherung: Ansatz mit dem Rückkaufswert
- Wiederkehrende bzw. lebenslängliche Nutzungen und Leistungen (z.B. Renten-, Wohn oder Nießbrauchsrechte): Ansatz eines Kapitalwertes gemäß §§ 13 ff. BewG

3. Vermögensteuer

Wie bereits in den Vorbemerkungen (s.o. unter 1.) ausgeführt, kann die Vermögensteuer in der bestehenden Form wegen der verfassungswidrigen Ungleichbewertung der verschiedenen Vermögensarten derzeit nicht erhoben werden. Die Erfahrungen der zurückliegenden Jahre hatten gezeigt, dass insbesondere das Grund- und Betriebsvermögen – im Gegensatz zum sonstigen Vermögen (z.B. Bewertung von Geldbeständen und Wertpapieren) – nicht ständig durch die Finanzbehörden realitätsnah bewertet werden konnte. Die Grundstückswerte basierten jedenfalls bis Ende 1996 im Wesentlichen z.B. auf den Wertverhältnissen zum 01.01.1964. Da der Gesetzgeber den Vorgaben des Bundesverfassungsgerichtes einerseits nicht bis zum festgesetzten Zeitpunkt 31.12.1996 nachkommen konnte, andererseits die geplante ersatzlose Aufhebung des VStG politisch nicht durchsetzbar war, ist die Vermögensteuer zum 01.01.1997 schlicht außer Kraft getreten. Obwohl immer wieder auch die Wiedereinführung der (zumindest privaten) Vermögensteuer diskutiert worden wird, erscheint ein derartiges Vorhaben eher unwahrscheinlich. Zum einen würde die (private) Vermögensteuer gemessen an dem relativ hohen Verwaltungsaufwand, den die Steuererhebung verursacht, nur einen unbedeutenden Teil an dem Gesamtsteueraufkommen ausmachen, zum anderen werden in der steuerrechtlichen Literatur zunehmend Bedenken gegen die grundsätzliche Rechtfertigung der Vermögensteuer vorgebracht. Aus diesem Grund wird auf weitere Details zu der bisherigen und möglichen zukünftigen Ausgestaltung der Vermögensteuer verzichtet.

Vermögensteuer zum 01.01.1997 außer Kraft getreten

4. Erbschaft- und Schenkungsteuer

4.1. Vorbemerkungen

Die Reform des Erbschafts- und Bewertungsgesetzes erfasst – wie der Name schon vermuten lässt – nicht nur eine Neuordnung der Bewertungsregeln für die einzelnen Vermögensarten (dazu unter 1. und 2.2. bis 2.4.). Mit der nach dem Beschluss des Bundesverfassungsgericht vom 07.11.2006 (DStR 2007, 235) notwendig gewordenen Neubewertung nach Verkehrswerten gehen einher Änderungen des Erbschaft- und Schenkungsteuerrechts, insbesondere des Steuertarifs und der Freibeträge. Auch die erbschafts- und schenkungsteuerlichen Vergünstigungen für den Ansatz von Grundvermögen und Betriebsvermögen sind verändert worden (Einführung von Verschonungsabschlägen).

4.2. Allgemeines und Überblick

Zunehmende Bedeutung der Erbschaft- und Schenkungsteuer

Zu den eher kleineren Einnahmequellen des Staates gehört die Erbschaft- und Schenkungsteuer. Sie erlangt jedoch zusehends an Bedeutung, da insbesondere die nach dem 2. Weltkrieg geschaffenen Vermögenswerte gerade in der Zukunft im Wege des Erbganges in die nächste Generation übergehen werden und insoweit der Erbschaftsteuer unterfallen.

Die Vorschriften im ErbStG zur Erbschaftsteuer gelten für die Schenkungsteuer entsprechend.

Die Erbschaft- und Schenkungsteuer steht allein den Ländern zu (Art. 106 Abs. 2 GG). Rechtsgrundlage für die Erhebung der Erbschaft- und Schenkungsteuer ist das Erbschaft- und Schenkungsteuergesetz (ErbStG). Im Erbschaftsteuergesetz gelten die Vorschriften über die Erbschaft grundsätzlich auch für Schenkungen (§ 1 Abs. 2 ErbStG). Jeder der Erbschaftsteuer unterliegende Erwerb ist vom Erwerber binnen einer Frist von drei Monaten nach erlangter Kenntnis von dem Anfall dem für die Verwaltung der Erbschaftsteuer zuständigen Finanzamt anzuzeigen (§ 30 Abs. 1 ErbStG). Abgesehen davon hat der Gesetzgeber Anzeigepflichten für Vermögensverwahrer (insbesondere Kreditinstitute), Vermögensverwalter, Versicherungsunternehmen, Gerichte, Behörden, Beamte und Notare im Gesetz festgeschrieben, um die erbschaftsteuerlich relevanten Vorgänge vollständig zu erfassen (§§ 33, 34 ErbStG). Darüber hinaus kann das Finanzamt von jedem an einem Erbfall oder an einer Schenkung Beteiligten, ohne Rücksicht darauf, ob er selbst steuerpflichtig ist, die Abgabe einer Steuererklärung innerhalb einer vom Finanzamt zu bestimmenden Frist verlangen. Die Frist muss mindestens einen Monat betragen (§ 31 Abs. 1 ErbStG). Diese Erklärungen zur Erbschaftsteuer und Schenkungsteuer sind auf amtlich vorgeschriebenen Vordrucken abzugeben. Aufgrund dieser Steuererklärungen ergehen die Erbschaft- bzw. Schenkungsteuerbescheide, in denen die zu zahlenden Steuerbeträge festgesetzt und den steuerpflichtigen Personen bekannt gegeben werden. Bei der Erbschaft- und Schenkungsteuer werden – wie bei der Umsatzsteuer – bestimmte ausgewählte »Erwerbstatbestände« (z.B. Erwerb von Todes wegen, schenkweiser Erwerb) besteuert. Im Unterschied zur Umsatzsteuer erfolgt die Versteuerung aber nicht bezogen auf den Zeitraum (Kalenderjahr), sondern auf den Zeitpunkt des einzelnen Erwerbs. Die Steuer entsteht bei Erwerben von Todes wegen (Erbfall) in der Regel mit dem Tode des Erblassers (§ 9 Abs. 1 Nr. 1 ErbStG), im Falle der Schenkung unter Lebenden mit dem Zeitpunkt der Ausführung der Zuwendung (§ 9 Abs. 1 Nr. 2 ErbStG). Dabei wird jeweils die Bereicherung beim einzelnen Erben bzw. Beschenkten besteuert. Wie bei den anderen bisher behandelten Steuerarten wird auch bei der Erbschaft- und Schenkungsteuer die Steuerlast nach Feststellung der unbeschränkten bzw. beschränkten Steuerpflicht durch Anwendung eines Steuersatzes auf die maßgebende Bemessungsgrundlage ermittelt. Zur Ermittlung der Bemessungsgrundlage spielen im Erbschaft- und Schenkungsteuerrecht Steuerbefreiungen eine erhebliche Rolle.

Bestimmte Erwerbstatbestände werden besteuert (z.B. Erwerb von Todes wegen, Schenkung unter Lebenden)

Erfasst wird die Bereicherung beim Erben bzw. Beschenkten

4.3. Persönliche Steuerpflicht

Da die Erbschaft- und Schenkungsteuer bestimmte steuerpflichtige Vorgänge zeitpunktbezogen besteuert, kommt es auch hinsichtlich der persönlichen Steuerpflicht allein auf den Zeitpunkt des jeweiligen Erwerbs an.

Für die persönliche Steuerpflicht kommt es auf den Zeitpunkt des Erwerbs an.

Überblick über das Erbschaft- und Schenkungsteuerrecht

Persönliche Steuerpflicht

Steuerpflicht tritt ein, wenn:

- bei einem Erwerb von Todes wegen (= Erbfall):
  der Erblasser zur Zeit seines Todes...
- bei einer Schenkung unter Lebenden:
  der Schenker zur Zeit der Ausführung der Schenkung oder der Erwerber zur Zeit der Entstehung der Steuer...
  ... ein Inländer ist (grundsätzlich alle natürlichen Personen mit Wohnsitz oder gewöhnlichem Aufenthalt im Inland bzw. Körperschaften, Personenvereinigungen und Vermögensmassen mit Geschäftsleitung oder Sitz im Inland = unbeschränkte Steuerpflicht)

Rechtsfolge: Die Steuerpflicht erstreckt sich auf den gesamten Vermögensanfall (in- u. ausländisches Vermögen)

Beachte: Wenn keiner der Beteiligten Inländer und soweit Inlandsvermögen betroffen ist, greift die beschränkte Steuerpflicht für das Inlandsvermögen

Bemessungsgrundlage

Wert der Bereicherung beim Erbe oder Beschenkten

- Erbe kann noch Nachlassverbindlichkeiten abziehen
- Wert der Bereicherung ist grundsätzlich nach den Vorschriften des Bewertungsgesetzes zu ermitteln

Steuervergünstigungen

- Sachliche Begünstigungen bzw. -befreiungen (z.B. für Unternehmensvermögen, Immobilien, Hausrat)
- Persönliche Freibeträge (z.B. für Ehegatten und für Kinder)

Beachte: Ehegattenfreibeträge gelten nicht für nichteheliche Lebensgemeinschaften (Besonderheiten gelten für eingetragene Lebenspartnerschaften)

Ermittlung der Erbschaft- und Schenkungsteuer

Höhe der Steuerbelastungen ist abhängig von:

- Verwandtschaftsgrad oder Heirat (Einteilung in Steuerklassen)
- Umfang des Erwerbs

Steuersatz ergibt sich aus Tabelle zu § 19 Abs. 1 ErbStG

Für die beiden wesentlichen steuerpflichtigen Vorgänge
- Erwerb von Todes wegen
- Schenkung unter Lebenden

stellt sich die persönliche Steuerpflicht danach wie folgt dar: Die Steuerpflicht tritt ein, wenn bei einem Erwerb von Todes wegen (Erbfall) der Erblasser zur Zeit seines Todes, im Fall der Schenkung unter Lebenden der Schenker zur Zeit der Ausführung der Schenkung oder der Erwerber zur Zeit der Entstehung der Steuer ein Inländer ist (§ 2 Abs. 1 Nr. 1 Satz 1 ErbStG). Als Inländer i.S.d. Vorschrift gelten natürliche Personen, die ihren Wohnsitz oder gewöhnlichen Aufenthalt im Inland haben oder auch Körperschaften, Personenvereinigungen und Vermögensmassen, die ihre Geschäftsleitung oder ihren Sitz im Inland haben (§ 2 Abs. 1 Nr. 1 Satz 2 a bzw. d ErbStG). Diese Art der persönlichen Steuerpflicht ist vergleichbar mit der unbeschränkten Steuerpflicht im Einkommen- bzw. Körperschaftsteuerrecht. Die unbeschränkte Steuerpflicht erstreckt sich auf den gesamten Vermögensanfall, gleich ob es sich um inländisches oder ausländisches Vermögen handelt. Es gilt – ähnlich der Einkommensteuer mit dem Welteinkommensprinzip – das Weltvermögensprinzip.

Steuerpflicht tritt ein, wenn beim Erwerb von Todes wegen:
- *Erblasser, Schenker / Erwerber Inländer ist*
oder
- *Inlandsvermögen betroffen ist.*

Wenn keiner an den steuerpflichtigen Vorgängen Beteiligter Inländer ist, greift – soweit Inlandsvermögen betroffen ist – die persönliche Steuerpflicht nach § 2 Abs. 1 Nr. 3 ErbStG. Diese Art der persönlichen Steuerpflicht kann man als »beschränkte Steuerpflicht« bezeichnen.

4.4. Bemessungsgrundlage

Als steuerpflichtiger Erwerb, der die Bemessungsgrundlage darstellt, gilt die Bereicherung des Erwerbers, soweit sie nicht steuerfrei ist (§ 10 Abs. 1 Satz 1 ErbStG).

Bemessungsgrundlage beim Erwerb von Todes wegen

Im Überblick lässt sich die Ermittlung der Bemessungsgrundlage wie folgt darstellen:

Wert des Vermögensanfalls (§ 10 Abs. 1 i.V.m § 12 ErbStG i.V.m. den Bewertungsregelung des BewG)

./. Nachlassverbindlichkeiten

= Bereicherung des Erwerbers (Erbe oder Beschenkter)

./. sachliche Steuervergünstigungen (§§ 5, 13, 13a, 13c, 18 ErbStG)

./. persönliche Steuerbefreiungen (§§ 16, 17 ErbStG)

= Steuerpflichtiger Erwerb (= Bemessungsgrundlage)

Beim Erwerb von Todes wegen i.S.d. §§ 1 Abs. 1 Nr. 1, 3 ErbStG kommt es also auf den Wert des Vermögensanfalles beim Erben an. Da zum Nachlass nicht nur werthaltige Vermögensgegenstände, sondern auch Nachlassverbindlichkeiten gehören können, sind zur Ermittlung der objektiven Bereicherung die Nachlassverbindlichkeiten – insbesondere Schulden des Erblassers, Verbindlichkeiten, die sich aus der letztwilligen Verfügung des Erblassers ergeben (z.B. Belastung mit einem Vermächtnis oder einer Auflage zugunsten Dritter) – abzuziehen.

Begriff der »freigebigen« Zuwendung

Schenkungen unter Lebenden sind nicht nur Schenkungen in bürgerlich-rechtlichem Sinne, sondern überhaupt freigebige Zuwendungen, die den Bedachten bereichern (§§ 1 Abs. 1 Nr. 2, 7 ErbStG). Der Begriff der »freigebigen« Zuwendung i.S.d. § 7 Abs. 1 Nr. 1 ErbStG ist dabei weiter als der der bürgerlich-rechtlichen Schenkung, die ein beiderseitiges Einverständnis über die Unentgeltlichkeit voraussetzt. Bei der freigebigen Zuwendung reicht der Wille zur Unentgeltlichkeit auf Seiten des Zuwendenden. Auch bei diesem Erwerbstatbestand ist Bemessungsgrundlage die Bereicherung auf Seiten des Erwerbers (Beschenkten).

Berechnung des Wertes der Bereicherung nach den Vorschriften des Bewertungsgesetzes

Der Wert der Bereicherung ist dabei grundsätzlich nach den Vorschriften des ersten Teiles des Bewertungsgesetzes zu ermitteln (§ 12 Abs. 1 ErbStG i.V.m. § 9 BewG = Verkehrswert), und zwar grundsätzlich auf den Stichtag der Entstehung der Steuer. Zur Bewertung der einzelnen Vermögensarten siehe oben unter 2.2. bis 2.4.

Da die im bisherigen Erbschaftsteuerrecht enthaltenen Vergünstigungen, insbesondere für das Betriebsvermögen, einer verfassungsrechtlichen Überprüfung nicht standgehalten haben, war der Gesetzgeber zum Handeln gezwungen.

Das neue Erbschaftsteuerrecht sieht nun **besondere sachliche Vergünstigungen** in den §§ 13 bis 13c ErbStG, insbesondere für Hausrat, das sog. Familienheim, begünstigtes Unternehmensvermögen und die Übertragung bestimmter Immobilien vor.

Zu den sachlichen Vergünstigungen zählt die Steuerbefreiung gemäß § 13 Abs. 1 Nr. 1 ErbStG für Personen der Steuerklasse I (dazu siehe unten) beim Erwerb von **Hausrat** (bis 41.000,– € steuerfrei) und anderer beweglicher körperlicher Gegenstände (bis 12.000,– € steuerfrei).

Die Freistellung des Erwerbs des sog. **Familienheims** gilt nicht nur bei Schenkungen unter Lebenden an Ehegatten oder (eingetragene) Lebenspartner (§ 13 Abs. 4a ErbStG), sondern nach der Erbschaftsteuerreform nun auch in den Fällen des Erwerbs von Todes wegen durch den Ehegatten oder Lebenspartner (§ 13 Abs. 1 Nr. 4b ErbStG) oder die Kinder (§ 13 Abs. 1 Nr. 4c ErbStG). Als Familienheim in diesem

Sinne gilt jede zu eigenen Wohnzwecken genutzte Wohnung, die den Mittelpunkt des familiären Lebens darstellt (§ 13 Abs. 1 Nr. 4a ErbStG).

Nach dem neuen Begünstigungskonzept (§§ 13a, 13b ErbStG) soll die Übertragung von **begünstigtem Betriebsvermögen** im Sinne des § 13b ErbStG (insbesondere inländisches Betriebsvermögen, mehr als 25%ige Beteiligungen an Kapitalgesellschaften) durch Gewährung eines an bestimmte Behaltensvoraussetzungen (im Einzelnen: § 13a Abs. 3 – 5 ErbStG) geknüpften *Verschonungsabschlags* in Höhe von 85 % (sog. Regelverschonung) und eines *Abzugsbetrags* in Höhe von 150.000 € auf den nicht verschonten Teil begünstigt werden. Mit der Regelverschonung wird typisierend unterstellt, dass 15 % des Betriebsvermögens auf nicht begünstigtes Verwaltungsvermögen entfällt (§ 13b Abs. 4 ErbStG). Der Anteil des begünstigten Vermögens (85 %) bleibt insgesamt außer Ansatz (§ 13a Abs. 1 Satz 1 ErbStG). Im Ergebnis bleiben damit 85 % des Betriebsvermögens von der Erbschaft- und Schenkungsteuer freigestellt.

Beachten Sie: Steigt der Anteil des Verwaltungsvermögens am gesamten Betriebsvermögen auf über 50 %, führt dies zum kompletten Wegfall der Vergünstigung (sog. »Alles-oder-nichts-Prinzip«).

Für die verbleibenden 15 % des Betriebsvermögens sieht § 13a Abs. 2 ErbStG einen Abzugsbetrag vor, der als gleitende Freigrenze ausgestaltet ist. Bis zu einem Wert von 150.000 € wird der Abzugsbetrag i.H.v. 150.000 € ungeschmälert berücksichtigt (§ 13a Abs. 2 Satz 1 ErbStG); für darüber hinaus gehendes, nicht begünstigtes Betriebsvermögen (=Verwaltungsvermögen) verringert sich der Abzugsbetrag um 50 % des die Wertgrenze übersteigenden Betrags (§ 13a Abs. 2 Satz 2 ErbStG). Der Abzugsbetrag kann innerhalb von 10 Jahren für von derselben Person anfallende Erwerbe nur einmal berücksichtigt werden.

Zudem bleibt der bereits bestehende Entlastungsbetrag für Steuerpflichtige der Steuerklassen II und III (§ 19a ErbStG, Anwendung der günstigeren Steuerklasse I) erhalten.

Bei der Übertragung von **bestimmten Immobilienvermögen** (zu Wohnzwecken vermietet, im Inland belegen, kein begünstigtes Betriebsvermögen) ist ein Abschlag von 10 % der erbschaftsteuerlichen Bemessungsgrundlage vorgesehen. Der Abschlag entfällt rückwirkend, wenn das Grundstück innerhalb von 15 Jahren nach Erwerb veräußert wird (§ 13c ErbStG).

Schließlich wird auch § 5 ErbStG, der für Ehegatten im Güterstand der Zugewinngemeinschaft und eingetragene Lebenspartnerschaften gilt, als sachliche Steuerbefreiungsvorschrift aufgefasst. Danach gilt bei

Tod eines Ehegatten oder Lebenspartners der (fiktive) Zugewinnausgleich bzw. die (fiktive) Ausgleichsforderung nicht als Erwerb.

Steuerbefreiungen

Im Erbschaft- und Schenkungsteuerrecht sind bei der Ermittlung der Bemessungsgrundlage neben den vorgenannten sachlichen Vergünstigungen und zahlreichen sonstigen, im Erbschaftsteuergesetz geregelten Steuerbefreiungen insbesondere die **persönlichen Freibeträge** von Bedeutung. Hinsichtlich der persönlichen Freibeträge (und dies gilt auch für die spätere Ermittlung des maßgebenden Steuersatzes) hat der Gesetzgeber eine Einteilung in drei Steuerklassen vorgenommen (§ 15 ErbStG). In diese einzelnen Klassen fallen insbesondere:

- Steuerklasse I: Ehegatte, Kinder und Stiefkinder sowie deren Abkömmlinge sowie Eltern und Großeltern (bei Erbfall)
- Steuerklasse II: Eltern und Voreltern (bei Schenkung), Geschwister, Nichten und Neffen, Stiefeltern, Schwiegerkinder, Schwiegereltern, geschiedene Ehegatten
- Steuerklasse III: alle übrigen Erwerber und eingetragene Lebenspartner

Höhe der Freibeträge

Unter Zugrundelegung dieser Einteilung betragen die Freibeträge (§ 16 ErbStG):

- für den Ehegatten: 500.000,– €
- für Kinder und Stiefkinder: 400.000,– €
- für Enkel, Urenkel: 200.000,– €
- Eltern und Großeltern (im Erbfall) 100.000,– €
- für Personen der Steuerklasse II: 20.000,– €
- für Personen der Steuerklasse III: 20.000,– €
- Eingetragene Lebenspartner 500.000,– €

Zusammenrechnung aller Erwerbe innerhalb eines 10-Jahreszeitraums

Die Freibeträge beziehen sich auf einen Erwerb von einem bestimmten Erblasser oder Schenker. Danach kann jedem Kind z.B. ein Vermögen mit einem Steuerwert von 400.000,– € steuerfrei zugewendet werden. Da zeitlich aufeinander folgende Erwerbe, die innerhalb von zehn Jahren anfallen und von derselben Person stammen, gem. § 14 ErbStG zusammengerechnet werden müssen, gelten die Freibeträge jeweils für diesen Zeitraum. Die Freibeträge können demnach alle zehn Jahre neu ausgeschöpft werden.

Bei Erwerb von Todes wegen wird für bestimmte Personen neben dem persönlichen Freibetrag nach § 16 ErbStG noch ein **Versorgungsfreibetrag** gewährt. So steht dem überlebenden Ehegatten ein besonderer Versorgungsfreibetrag im Höhe von 256.000,– € zu (§ 17 Abs. 1 Satz 1 ErbStG). Kinder unter 27 Jahre erhalten einen nach Altersstufen gestaffelten Freibetrag, und zwar für jeden Elternteil (§ 17 Abs. 2 ErbStG).

Beachte: Die Ehegattenfreibeträge gelten nach der Rechtsprechung des Bundesverfassungsgerichtes nicht für den überlebenden Partner einer nichtehelichen Lebensgemeinschaft.

4.5. Ermittlung der Erbschaft- und Schenkungsteuer

Die Höhe der Erbschaft- bzw. Schenkungsteuerbelastung ist abhängig vom Verwandtschaftsgrad oder einer Heirat sowie vom Umfang des Erwerbs. Die einzelnen Steuersätze, die nach der Erbschaftsteuerreform in den Steuerklassen II und III angehoben wurden, ergeben sich aus der zu § 19 Abs. 1 ErbStG abgedruckten Tabelle.

Steuersätze § 19 ErbStG

(1) Die Erbschaftsteuer wird nach folgenden Vomhundertsätzen erhoben:

Wert des steuerpflichtigen Erwerbs (§ 10) bis einschließlich ... Euro	Vomhundertsatz in der Steuerklasse		
	I	II	III
75.000	7	15	30
300.000	11	20	30
600.000	15	25	30
6.000.000	19	30	30
13.000.000	23	35	50
26.000.000	27	40	50
Darüber	30	43	50

Die Höhe der Steuersätze ist abhängig von Verwandtschaftsgrad oder Heirat sowie vom Umfang des Erwerbes.

Kennt man den Wert des steuerpflichtigen Erwerbs (= Bemessungsgrundlage), so kann man unter Berücksichtigung der entsprechenden Steuerklasse, in die der Erwerber fällt, den maßgebenden Steuersatz direkt aus dieser Tabelle ablesen. Nach Anwendung dieses Steuersatzes auf die ermittelte Bemessungsgrundlage ergibt sich die geschuldete Erbschaft- bzw. Schenkungsteuer.

Zur Steuerermittlung ist der maßgebende Steuersatz auf die Bemessung anzuwenden.

Beispiel: Bei einem Wert des steuerpflichtigen Vermögens in Höhe von 1 Mio. Euro beträgt der Steuersatz für eine Schenkung an den Ehegatten (= Steuerklasse I) 19 %. Die zu zahlende Erbschaftsteuer ist mit 190.000,- € zu bemessen.

Literaturhinweis: Weitere Einzelheiten finden Sie bei Tipke/Lang, Steuerrecht, § 13 Rz. 100 ff.; Birk, Steuerrecht, Rz. 1550 ff.

5. Grundsteuer

Überblick über die Grundsteuer

Besteuerungsgegenstand

Grundbesitz i.S.d. Bewertungsgesetzes, d.h.
- Betriebe der Land- und Forstwirtschaft
- Betriebsgrundstücke
- Privatgrundstücke

Beachte: Jeder land- und forstwirtschaftliche Betrieb und jedes Grundstück wird einzeln besteuert.

Bemessungsgrundlage

- Steuermessbetrag
- Ermittlung durch Anwendung einer Steuermesszahl auf den für das Steuerobjekt ermittelten Einheitswert
- Steuermesszahlen liegen zwischen 2,6 und 6 v.T.
- Finanzbehörden ermitteln Steuermessbetrag und erlassen einen Grundsteuermessbescheid (Grundlagenbescheid).

Grundsteuerfestsetzung

Gemeinden setzen Grundsteuer gegenüber den Steuerpflichtigen, denen der Grundbesitz zugerechnet wird, im Grundsteuerbescheid fest (Folgebescheid).
Ermittlung der Grundsteuer durch Anwendung eines Hebesatzes auf den Steuermessbetrag
Höhe des Hebesatzes wird von der jeweiligen Gemeinde bestimmt.

Grundsteuer besteuert nicht Erträge (aus dem Grundstück) sondern die Substanz.

Bei der Grundsteuer werden nicht Erträgnisse (aus dem Grundstück) besteuert, sondern die Substanz selbst. Die Erhebung der Grundsteuer gegenüber allen Steuerpflichtigen, denen Grundbesitz zugerechnet wird, wird dadurch gerechtfertigt, dass Grundbesitz besondere Lasten, insbesondere für die Gemeinden, verursacht. Zum Ausgleich dafür – insbesondere zur Durchführung der nötigen Infrastrukturmaßnahmen – steht den Gemeinden allein das Grundsteueraufkommen zu (Art. 106 Abs. 6 GG). Rechtsgrundlage für die Erhebung der Grundsteuer ist das Grundsteuergesetz.

Besteuert wird der Grundbesitz i.S.d. Bewertungsgesetzes

Besteuert werden gem. § 2 GrStG der Grundbesitz i.S.d. Bewertungsgesetzes:

- Betriebe der Land- und Forstwirtschaft
- Betriebsgrundstücke
- Privatgrundstücke

Zu den Grundstücken gehören neben dem Grund und Boden auch die evtl. aufstehenden Gebäude. Der Grundbesitz eines Steuerpflichtigen unterliegt jedoch nicht in seiner Gesamtheit der Grundsteuer, sondern es wird jeder land- und forstwirtschaftliche Betrieb und jedes Grundstück einzeln besteuert.

Das Grundsteuergesetz sieht für bestimmte Rechtsträger (z.B. öffentliche Hand) bzw. bestimmten Zwecken dienenden Grundbesitz (z.B. Bestattungsplätze) Steuerbefreiungen vor (§§ 3, 4 GrStG).

Den Ausgangspunkt für die Berechnung der Grundsteuer stellt der »Steuermessbetrag« dar. Dieser Betrag ist die Bemessungsgrundlage für die Grundsteuer. Der Grundsteuermessbetrag wird ermittelt durch Anwendung einer »Steuermesszahl« auf den für den betreffenden Grundbesitz ermittelten Einheitswert. Diese Einheitswerte werden – wie wir ja bereits wissen – nach den Vorschriften des Bewertungsgesetzes ermittelt. Zu beachten ist, dass bei der Grundsteuer eine Erhöhung der Einheitswerte um 40 % (§ 121a BewG) nicht in Betracht kommt. Die anzuwendenden Steuermesszahlen ergeben sich aus den §§ 14 und 15 GrStG.

Bemessungsgrundlage ist der Steuermessbetrag, der sicht nach Anwendung einer Steuermesszahl auf den Einheitswert ergibt.

Danach beträgt die Steuermesszahl für:

- Betriebe der Land- und Forstwirtschaft: 6,0 Promille
- bebaute Grundstücke allgemein: 3,5 Promille
- Einfamilienhäuser
  a) für die ersten 38.346,89 Euro des Einheitswertes: 2,6 Promille
  b) für den Rest des Einheitswertes: 3,5 Promille
- für Zweifamilienhäuser: 3,1 Promille
- für unbebaute Grundstücke: 3,5 Promille

Erstreckt sich der Grundbesitz über mehrere Gemeinden, so ist der Steuermessbetrag zu zerlegen und auf die beteiligten Gemeinden zu verteilen (§§ 22-24 GrStG).

Dieses gerade beschriebene Verfahren zur Ermittlung der Bemessungsgrundlage führt die zuständige Finanzbehörde durch und erlässt insoweit gegenüber dem Steuerpflichtigen und den Gemeinden einen sog. »Grundsteuermessbescheid«. Dieser Bescheid ist Grundlagenbescheid für den von der Gemeinde zu erlassenden Grundsteuerbescheid. Einwendungen, die die Ermittlung des maßgebenden Steuermessbetrages betreffen, können nur in einem Rechtsbehelfsverfahren gegen diesen Grundsteuermessbescheid erhoben werden (§ 351 Abs. 2 AO). Ansonsten entfaltet der Grundlagenbescheid volle Bindungswirkung für den nachfolgenden Grundsteuerbescheid. Die Festsetzung der von

Finanzamt erlässt sog. Grundsteuermessbescheid

Auf Grundlage des Grundsteuermessbescheides setzen Gemeinde die Grundsteuer in Grundsteuerbescheiden fest.

dem Steuerpflichtigen zu zahlenden Grundsteuer erfolgt von den Gemeinden; diese setzen die Grundsteuer im Grundsteuerbescheid fest, und zwar durch Anwendung eines sog. »Hebesatzes« auf den Steuermessbetrag. Dabei bestimmt die Gemeinde, mit welchem Hundertsatz des Steuermessbetrages (oder des Zerlegungsanteiles) die Grundsteuer zu erheben ist (§ 25 Abs. 1 GrStG). Dabei muss der Hebesatz jedoch einheitlich sein, und zwar für die in einer Gemeinde liegenden Grundstücke der Land- und Forstwirtschaft (Grundsteuer A) bzw. für die in einer Gemeinde liegenden sonstigen Grundstücke (Grundsteuer B). Meistens sind die Hebesätze für den land- und forstwirtschaftlichen Grundbesitz niedriger. Die Durchschnittswerte liegen bei der Grundsteuer A bei ca. 229 %, wohingegen der v.H.-Satz bei der Grundsteuer B im Bundesdurchschnitt bei ca. 350 % liegt.

Grundsteuer wird ermittelt durch Anwendung eines Hebesatzes auf den Steuermessbetrag

Grundsätzlich wird die Grundsteuer jährlich erhoben (§ 27 Abs. 1 GrStG). Steuerschuldner ist derjenige, dem der Grundbesitz bei der Feststellung des Einheitswertes zugerechnet wird (§ 10 Abs. 1 GrStG). Persönliche Freibeträge sind im Grundsteuergesetz nicht vorgesehen.

Beispiel: Der Einheitswert für ein Privatgrundstück liegt bei 25.000,– €. Die Steuermesszahl beträgt 3,5 v.T. Bei Anwendung der Steuermesszahl auf den Einheitswert ergibt sich ein Steuermessbetrag in Höhe von 87,50 €. Bei einem Hebesatz von 380 % beträgt die Grundsteuer jährlich 332,50 €.

Literaturhinweis: Weitere Einzelheiten zur Grundsteuer finden Sie bei Tipke/Lang, Steuerrecht, § 13 Rz. 201 ff.

6. Wiederholungsfragen

1. Für welche Steuerarten ist das Bewertungsgesetz heute noch von Bedeutung? Lösung S. 284
2. Was ist das Ziel der Neuordnung der Bewertungsregelungen für die verschiedenen Vermögensarten? Lösung S. 284
3. Wonach richtet sich Wertermittlung von unbebauten Grundstücken? Lösung S. 285
4. Welche Verfahren sieht das neue Bewertungsrecht für die Wertermittlung von bebauten Grundstücken vor? Lösung S. 286
5. Wie wird der Wert des Betriebsvermögens ermittelt? Lösung S. 287 f.
6. Welche Erwerbsvorgänge erfasst die Erbschaft- und Schenkungsteuer? Lösung S. 290 f.
7. Wovon hängt die Höhe der Steuerbefreiungen und Steuersätze bei der Erbschaft- und Schenkungsteuer ab? Lösung S. 296 ff.
8. Was ist Besteuerungsgegenstand bei der Grundsteuer? Lösung S. 298
9. Was ist Bemessungsgrundlage bei der Grundsteuer und wie wird sie ermittelt? Lösung S. 299 f.
10. Wer erlässt den Grundsteuerbescheid? Auf welcher Grundlage basiert er und wie wird die Grundsteuerschuld ermittelt? Lösung S. 299

Besonderes Steuerrecht: Spezielle Verkehrsteuern

1. Grunderwerbsteuer 304
2. Kraftfahrzeugsteuer 307
3. Versicherungsteuer 309

1. Grunderwerbsteuer

Die Grunderwerbsteuer knüpft an den Rechtsverkehr von Grundstücken an und wird aufgrund dessen als Verkehrsteuer eingeordnet. Da bei der Grunderwerbsteuer also Grundstücksumsätze besteuert werden, könnte man sagen, dass es sich um eine spezielle Ausprägung der Umsatzsteuer handelt. Werden bei der Umsatzsteuer insbesondere Lieferungen und sonstige Leistungen der Besteuerung unterworfen, so werden bei der Grunderwerbsteuer speziell Grundstückserwerbe im wietesten Sinne steuerlich erfasst. Im Unterschied zur Umsatzsteuer ist bei der Grunderwerbsteuer eine Unternehmereigenschaft jedoch nicht erforderlich. Das Grunderwerbsteueraufkommen steht allein den Ländern zu (Art. 106 Abs. 2 Nr. 4 GG). Rechtsgrundlage für die Erhebung der Grunderwerbsteuer ist das Grunderwerbsteuergesetz (GrEStG).

Der Aufbau des Grunderwerbsteuergesetzes ähnelt in wesentlichen Punkten dem des Umsatzsteuergesetzes. Auch das Grunderwerbsteuergesetz zählt zunächst in § 1 diejenigen (steuerbaren) Erwerbsvorgänge auf, die grunderwerbsteuerlich relevant sein sollen. Danach unterliegen im Einzelnen näher bestimmte Rechtsvorgänge der Grunderwerbsteuer, soweit sie sich auf ein inländisches Grundstück beziehen. Dafür ist nach § 2 Abs. 1 GrEStG der Grundstücksbegriff des bürgerlichen Rechts maßgebend. Grundstücke sind danach der Grund und Boden einschließlich der Bestandteile (z.B. Gebäude). Abweichend vom Zivilrecht gehören nach § 2 Abs. 1 Nr. 1 GrEStG Betriebsvorrichtungen (z.B. Maschinen) nicht zum Grundstück. Gem. § 1 Abs. 1 Nr. 1 GrEStG unterliegen in erster Linie Kaufverträge über inländische Grundstücke oder andere Rechtsgeschäfte, die den Anspruch auf Grundstücksübereignung begründen, der Grunderwerbsteuer. Dieser Regelung unterfallen insbesondere Kaufverträge über unbebaute und bebaute inländische Grundstücke. Aus dem Wortlaut des § 1 Abs. 1 Nr. 1 GrEStG (»Kaufvertrag«) ist ersichtlich, dass die Grunderwerbsteuer nicht erst an den Eigentumsübergang anknüpft, sondern bereits an den Abschluss des schuldrechtlichen Vertrags, d.h. des Grundstückskaufvertrags, der den Anspruch auf Eigentumserwerb begründet. Auf diese Weise soll eine möglichst frühzeitige Erhebung der Grunderwerbsteuer gewährleistet werden. Davon abgesehen wird eine effektive Erhebung der Steuer dadurch gesichert, dass die Eintragung eines Eigentumüberganges an einem inländischen Grundstück im Grundbuch einer so genannten »Unbedenklichkeitsbescheinigung« des Finanzamtes bedarf. In dieser Unbedenklichkeitsbescheinigung wird dem Erwerber bescheinigt, dass der Grundbucheintragung steuerliche Bedenken nicht entgegenstehen (§ 22 Abs. 1 GrEStG). Das Finanzamt hat die Bescheinigung zu erteilen, wenn die Grunderwerbsteuer entrichtet, sichergestellt oder gestundet worden oder wenn Steuerfreiheit gegeben ist (§ 22 Abs. 2 Satz 1 GrEStG).

Das nach § 17 Abs. 1 GrEStG grundsätzlich zuständige »Belegenheitsfinanzamt« (= Finanzamt, in dessen Bezirk das Grundstück oder der wertvollste Teil des Grundstückes liegt) erlangt Kenntnis von dem Erwerbsvorgang durch Anzeige. Zu diesem Zweck hat das Grunderwerbsteuergesetz Anzeigepflichten für Gerichte, Behörden und Notare auf der einen Seite und für die an dem Erwerbsvorgang beteiligten Personen auf der anderen Seite im Gesetz festgeschrieben (§§ 18, 19 GrEStG).

»Belegenheitsfinanzamt« erlangt Kenntnis von dem Erwerbsvorgang durch Anzeige

Neben der Besteuerung der Grundstückskaufverträge hat der Gesetzgeber in § 1 Abs. 1 Nr. 2-7 GrEStG eine Vielzahl von weiteren Grundstückserwerben aufgezählt, denen kein schuldrechtlicher Grundstückskaufvertrag vorausgegangen ist. Einzelheiten zu diesen Erwerbstatbeständen werden aus Vereinfachungsgründen hier ausgespart.

Die §§ 3-7 GrEStG beinhalten – wie die §§ 4-8 UStG – Steuervergünstigungen bzw. Steuerbefreiungen. Danach sind von der Besteuerung insbesondere ausgenommen:

Steuervergünstigungen

- Grundstückserwerbe, wenn der für die Berechnung der Steuer maßgebende Wert 2.500,– € nicht übersteigt (§ 3 Nr. 1 GrEStG)
- Grundstückserwerbe durch Erbfolge oder Schenkung (§ 3 Nr. 2 GrEStG)
- Grundstückserwerbe durch Ehegatten, frühere Ehegatten im Rahmen der Vermögensauseinandersetzung nach der Scheidung sowie durch in gerader Linie Verwandte oder deren Ehegatten (§ 3 Nr. 4-6 GrEStG). Ab 2011 werden auch eingetragene Lebenspartner in die Steuerbefreiung einbezogen.
- Bei Grundstücksübertragungen auf eine Gesamthand bzw. von einer Gesamthand greifen die §§ 5, 6 GrEStG (unter den Begriff der »Gesamthand« fallen insbesondere: oHG, KG, GbR, Erbengemeinschaften, nicht jedoch Kapitalgesellschaften, wie AG und GmbH).

Bemessungsgrundlage für die Grunderwerbsteuer ist im Grundsatz der Wert der Gegenleistung (§ 8 Abs. 1 GrEStG). Als »Gegenleistung« gilt bei dem hier behandelten Grundstückskauf gem. § 9 Abs. 1 Nr. 1 GrEStG der Kaufpreis einschließlich der vom Käufer übernommenen sonstigen Leistungen (z.B. Übernahme von Hypothekenschulden) und der vom Verkäufer vorbehaltenen Nutzungen (z.B. Wohnrecht). Die Steuer wird insbesondere dann (ausnahmsweise) mit dem Wert des Grundstückes bemessen, wenn eine Gegenleistung nicht vorhanden oder nicht zu ermitteln ist (§ 8 Abs. 2 Nr. 1 GrEStG). Der Wert des Grundstückes ist richtet sich nunmehr nach den Bewertungsregeln des

Bemessungsgrundlage ist der Wert der Gegenleistung.

Wenn keine Gegenleistung vorhanden ist, gilt der Wert des Grundstücks (§ 138 BewG) als Bemessungsgrundlage.

BewG (§ 138 Abs. 2 bis 4). Damit ergeben sich auch bei der Bestimmung der Bemessungsgrundlage Parallelen zum Umsatzsteuergesetz, wo das Entgelt maßgebend ist.

Ermittlung der Grunderwerbsteuer erfolgt durch Anwendung des Steuersatzes i.H.v. 3,5 % auf die Bemessungsgrundlage

Die Ermittlung der Grunderwerbsteuer erfolgt durch Anwendung eines Steuersatzes in Höhe von 3,5 % auf die Bemessungsgrundlage (§ 11 GrEStG).

Die vom zuständigen Finanzamt ermittelte Grunderwerbsteuer wird in einem Grunderwerbsteuerbescheid festgesetzt und gegenüber den Steuerschuldnern bekannt gegeben. Steuerschuldner sind regelmäßig die an einem Erwerbsvorgang als Vertragsteile beteiligten Personen (§ 13 Nr. 1 GrEStG). Dies können – im Unterschied zur Umsatzsteuer – auch Nichtunternehmer sein. Neben natürlichen und juristischen Personen kommen – wie im Umsatzsteuerrecht – auch nichtrechtsfähige Personengesellschaften (z.B. oHG, KG) in Betracht. Die Steuer wird einen Monat nach Bekanntgabe des Steuerbescheides fällig (§ 15 Satz 1 GrEStG).

2. Kraftfahrzeugsteuer

In die Gruppe der speziellen Verkehrsteuern fällt auch die Kfz- Steuer. Sie dient als Ausgleich für die Beanspruchung öffentlicher Straßen und steht – wie die Grunderwerbsteuer – den Ländern zu (Art. 106 Abs. 2 Nr. 3 GG). Rechtsgrundlage für die Erhebung der Kfz-Steuer ist das Kfz-Steuergesetz (KraftStG).

Kfz-Steuer ist Ausgleich für die Beanspruchung öffentliche Straßen

Der Steuergegenstand ist in § 1 KraftStG geregelt. Danach unterliegt insbesondere das Halten von inländischen Fahrzeugen zum Verkehr auf öffentlichen Straßen der Kfz-Steuer. Das Halten des Kfz knüpft an das verkehrsrechtliche Recht auf Benutzung öffentlicher Straßen an, bei zulassungspflichtigen Fahrzeugen an die Zulassung.

Besteuert wird das Halten von inländischen Fahrzeugen zum Verkehr auf öffentlichen Straßen.

Beachte: Eigentum und Besitz eines Fahrzeuges begründen nicht die Steuerbarkeit.

Außerdem sind Steuerbefreiungen zugunsten bestimmter Gruppen von Fahrzeugen, wie z.B. Dienstfahrzeuge der Polizei, der Bundeswehr oder der Krankenbeförderung vorgesehen. In den §§ 3 ff. KraftStG hat der Gesetzgeber weitere Steuerbefreiungen aufgenommen.

Steuerbefreiungen

Mit Hubkolbenmotor angetriebene Pkw und Krafträder werden nach dem Hubraum besteuert, Pkw zusätzlich noch nach Schadstoff- und Kohlendioxidemissionen (§ 8 KraftStG).

Bemessungsgrundlage und Steuersatz

Die auf die vorstehende Bemessungsgrundlage anzuwendenden Steuersätze ergeben sich aus §§ 9, 9a KraftStG.

Die Steuerpflicht erstreckt sich bei einem inländischen Fahrzeug regelmäßig auf den Zeitraum, in dem es zum Verkehr auf öffentlichen Straßen zugelassen ist (Zulassungszeitraum; § 5 KraftStG). Ist dieser Zulassungszeitraum eines Fahrzeuges kürzer als ein Monat, so dauert die Steuerpflicht einen Monat (Mindestmonatsfrist).

Die Steuer (Zahlungsschuld) entsteht am Tag der Zulassung, unabhängig davon, ob die tatsächliche Benutzung erst zu einem späteren Zeitpunkt beginnt (§ 6 KraftStG). Bei fortlaufenden Entrichtungszeiträumen entsteht die Kraftfahrzeugsteuer jeweils zu Beginn des einzelnen Entrichtungszeitraums. Diese Zahlungsschuld ist jedoch abzugrenzen von der Entstehung von Ansprüchen aus dem Steuerschuldverhältnis nach § 38 AO. Bei der Kraftfahrzeugsteuer ist dies regelmäßig ein Zeitraum, der mit der verkehrsrechtlichen Zulassung des Fahrzeugs beginnt und grundsätzlich bis zur Abmeldung des Fahrzeugs andauert (vgl. § 5 Abs. 1 Nr. 1 KraftStG).

Steuerschuldner bei einem inländischen Fahrzeug ist die Person, für die das Fahrzeug zum Verkehr zugelassen ist, damit regelmäßig der Fahrzeughalter (§ 7 KraftStG).

3. Versicherungsteuer

Auch die Versicherungsteuer wird als spezielle Verkehrsteuer eingeordnet; sie besteuert den Versicherungsaufwand. Das Versicherungsteueraufkommen steht allein dem Bund zu (Art. 106 Abs. 1 Nr. 4 GG).

Versicherungsaufwand wird besteuert.

Rechtsgrundlage für die Erhebung der Versicherungsteuer ist das Versicherungsteuergesetz (VersStG). Der Versicherungsteuer unterliegt die Zahlung des Versicherungsentgeltes aufgrund eines Versicherungsverhältnisses (§ 1 VersStG). Zu diesen Entgelten gehören insbesondere Prämien und Beiträge. In § 4 VersStG sind die Ausnahmen von der Besteuerung aufgeführt. Danach ist insbesondere die Zahlung des Versicherungsentgeltes für Lebensversicherungen, Krankenversicherungen und Sozialversicherungen steuerfrei.

Der Steuersatz auf die Bemessungsgrundlage (=Versicherungsentgelt) beträgt i.d.R. 19 % (§ 6 Abs. 1 VersStG). Steuerschuldner ist der Versicherungsnehmer, und zwar unabhängig davon, ob es ein Unternehmer oder ein Nichtunternehmer ist. Zu entrichten hat die Steuer aber für Rechnung des Versicherungsnehmers der Versicherer; dieser legt dann die Steuer in der Prämienrechnung offen auf den Versicherungsnehmer um. Neben der Grunderwerbsteuer, Kfz- und Versicherungsteuer zählen auch die Feuerschutz- sowie die Rennwett- und Lotteriesteuer zu den speziellen Verkehrsteuern.

Steuersatz beträgt 19 %

Steuerschuldner ist der Versicherungsnehmer.

Literaturhinweis: Weitere Erläuterungen zu den speziellen Verkehrsteuern finden Sie bei Tipke/Lang, Steuerrecht, § 15 Rz. 1 ff.

Besonderes Steuerrecht: Spezielle Verbrauch- und Aufwandsteuern

Zur Vervollständigung der verschiedenen Steuerarten des besonderen Steuerrechts sei an dieser Stelle noch kurz auf die speziellen Verbrauch- und Aufwandsteuern hingewiesen. Zu den wichtigsten Steuerarten dieser Gruppe zählen insbesondere:

Die wichtigsten Verbrauch- und Aufwandsteuern

- Branntweinsteuer
- Kaffeesteuer
- Energiesteuer
- Stromsteuer
- Tabaksteuer
- Biersteuer
- Schaumweinsteuer
- Hundesteuer

Das Steueraufkommen der Verbrauch- und Aufwandsteuern steht entsprechend den grundgesetzlichen Regelungen den Gemeinden, den Ländern oder dem Bund zu (Art. 105 Abs. 2a, Art. 106 Abs. 1 Nr. 2, Art. 106 Abs. 2 Nr. 5 GG).

Verbrauchsteuern (z.B. Tabaksteuer, Stromsteuer, Energiesteuer) belasten den Verbrauch oder Verzehr von verbrauchsfähigen Wirtschaftsgütern, verlagern aber den Zeitpunkt der Versteuerung vor auf die den Verbrauch ermöglichenden Verkehrsakte. Verbrauchsteuern werden in der Regel beim Hersteller, ausnahmsweise beim Händler, aber grundsätzlich nicht beim Endverbraucher erhoben. Der Endverbraucher wird aber über die Einkommensverwendung beim Kauf belastet.

Zu den wichtigsten Verbrauchsteuern zählen die Energie- und Stromsteuer, die unter dem Einfluss der EU stehen. Durch eine sog. Energiesteuerrichtlinie wurde die gemeinschaftsrechtliche Rahmengesetzgebung auf die Besteuerung von Strom und eine Vielzahl von Heiz- und Kraftstoffen erstreckt. In Umsetzung dieser Richtlinie hat der deutsche Gesetzgeber mit Wirkung zum 1.8.2006 durch das Energiesteuergesetz das Mineralölsteuergesetz abgelöst und das Stromsteuergesetz an die EU-Vorgaben angepasst.

Die Aufwandsteuern (z.B. Hundesteuer, Zweitwohnungsteuer) dagegen zielen darauf ab, den Einsatz finanzieller Mittel für die Aufrechterhaltung eines tatsächlichen oder rechtlichen Zustandes zu belasten.

Literaturhinweis: Weitere Erläuterungen finden Sie bei Tipke/Lang, Steuerrecht, § 16 Rz. 1 ff.; Birk, Steuerrecht, Rz. 84 ff..

Grundzüge des internationalen Steuerrechts

1.	Allgemeines und Überblick	314
2.	Das Problem der Doppelbesteuerung	317
2.1.	Nationale Maßnahmen zur Vermeidung der Doppelbesteuerung	317
2.2.	Doppelbesteuerungsabkommen	318
3.	Außensteuergesetz	320
4.	Wiederholungsfragen	321

1. Allgemeines und Überblick

Definition des Begriffs »Internationales Steuerrecht«

Bevor man sich dieser schwierigen Materie vorsichtig zu nähern versucht, ist es zunächst erforderlich, den Begriff »Internationales Steuerrecht« zu erklären. Eine kurze Definition könnte lauten: »Internationales Steuerrecht ist das nationale Steuerrecht, das sich mit der Besteuerung grenzüberschreitender Sachverhalte befasst.« Das internationale Steuerrecht ist nicht in einem einzigen Gesetz zusammengefasst, sondern besteht aus einer fast unüberschaubaren Menge von Einzelbestimmungen, die sich in den gängigen Einzelsteuergesetzen wieder finden (z.B. §§ 2a, 32b, 34c, 34d, EStG, § 26 KStG), einzelnen Gesetzen (z.B. Außensteuergesetz), Verwaltungsvereinbarungen, Erlassen und nicht zuletzt den völkerrechtlichen Verträgen (z.B. Doppelbesteuerungsabkommen). Von wenigen Ausnahmen abgesehen (z.B. Regelungen zur Steuerharmonisierung innerhalb der EU) fehlen international geltende Gesetze, die sich mit grenzüberschreitenden Steuerfragen befassen. Die Schwerpunkte des internationalen Steuerrechts liegen im Recht der direkten Steuern auf das Einkommen und Vermögen (ESt, KSt, GewSt, ErbSt).

Um die nachfolgenden Erläuterungen besser einordnen und verstehen zu können, muss aber noch eine weitere Frage gestellt und beantwortet werden: Woher nimmt eigentlich der deutsche Staat das Recht, Sachverhalte seinem nationalen Steuerrecht zu unterwerfen, obwohl sie jenseits der Grenzen verwirklicht werden? Die Beantwortung dieser Frage führt uns in die völkerrechtlichen Grundlagen der Steuererhebung.

Völkerrechtliche Grundlagen der Steuererhebung

Grundsätzlich leitet sich das Recht eines Staates, Steuern zu erheben, aus seiner Souveränität, also seiner Unabhängigkeit und seiner Staatsgewalt, die er auf dem Staatsgebiet ausüben kann, ab. Ausfluss dieser staatlichen Souveränität ist das Gebot der Achtung der Gebietshoheit und die Personalhoheit. Aus der Gebietshoheit folgt für die Steuererhebung, dass jeder Staat weitestgehend sein nationales Steuerrecht so gestalten kann, wie es ihm beliebt. Kein Staat kann auf einem anderen Staatsgebiet Hoheitsakte zur Steuererhebung setzen. Dieser Gebietshoheit unterliegen unabhängig von der Staatsangehörigkeit alle Personen, die sich innerhalb der Staatsgrenzen aufhalten. Außerhalb der eigenen Grenzen hat der Staat die Gebietshoheit des anderen Staates zu achten.

Grundzüge des internationalen Steuerrechts 315

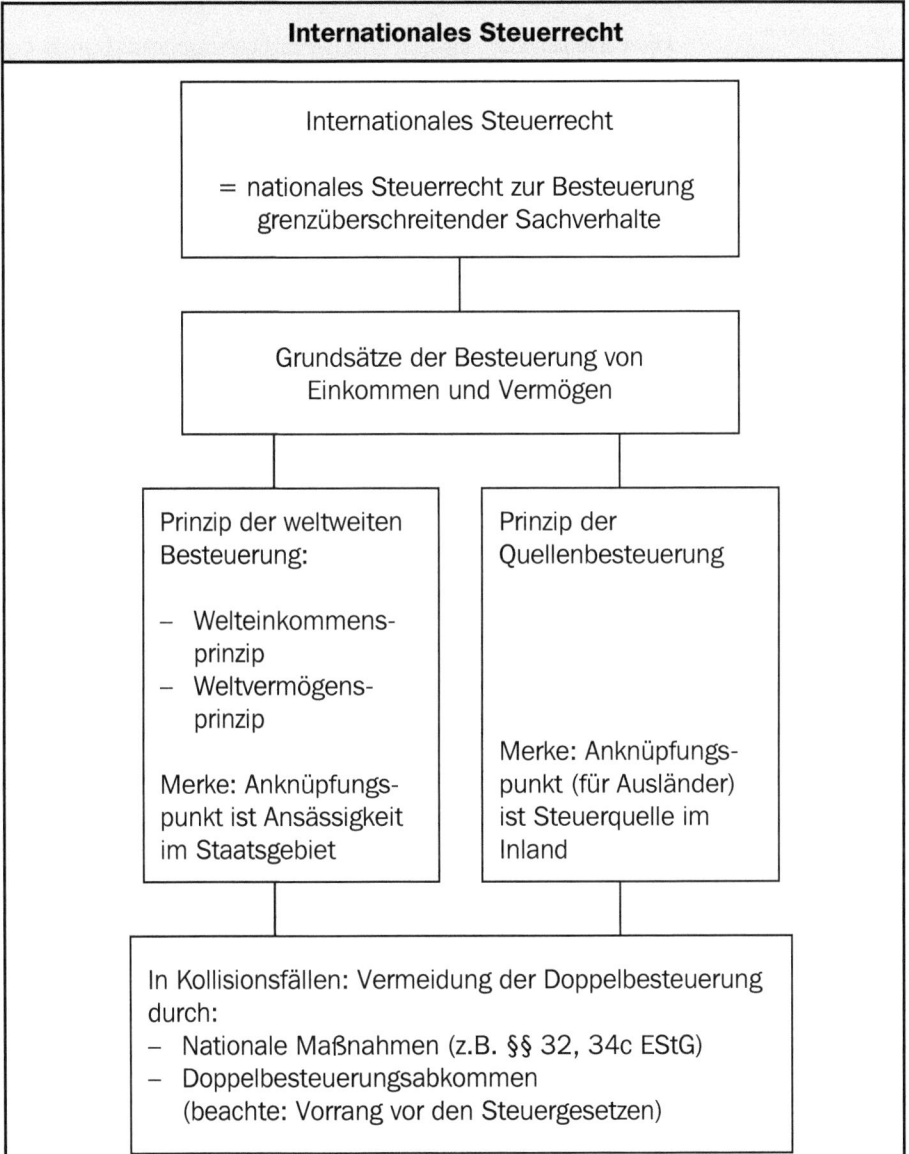

In Konfliktsituationen: Gebietshoheit vor Personalhoheit

Die Personalhoheit dagegen wirkt grenzüberschreitend: Mittels der Staatsangehörigkeit übt der Staat seine Personalhoheit über seine Staatsangehörigen aus, gleich, ob sie sich im Inland oder im Ausland befinden. Kraft der Personalhoheit können also Regelungen gegenüber Staatsangehörigen auch im Ausland getroffen werden. Sie können jedoch nicht auch dort durchgesetzt werden. Eine Vollstreckung wegen fälliger Steuerschulden im Ausland ist also nicht möglich. Diese Personalhoheit ist vom jeweils anderen Staat zu achten. In Konfliktsituationen zwischen Gebiets- und Personalhoheit erfolgt häufig eine Lösung zugunsten der Gebietshoheit. Aus diesen völkerrechtlichen Grundlagen der Steuererhebung haben sich zwei Grundsätze herausgebildet, die die Besteuerung des Einkommens und Vermögens beherrschen:

- das Prinzip der weltweiten Besteuerung und
- das Prinzip der Quellenbesteuerung

Tragende Grundsätze: Welteinkommensprinzip, Weltvermögensprinzip

Das Prinzip der weltweiten Besteuerung des Einkommens (Welteinkommensprinzip) und des Vermögens (Weltvermögensprinzip) basiert auf dem Umstand, dass der Steuerpflichtige im Staatsgebiet residiert, das heißt dort seinen Wohnsitz, gewöhnlichen Aufenthalt, Geschäftsleitung oder Sitz hat. Die Definition dieser Begriffe ergibt sich aus der Abgabenordnung, §§ 7-11. Dem Staat ist es demnach möglich, einem im Inland ansässigen Steuerpflichtigen entsprechend der unbeschränkten Einkommensteuer- und Körperschaftsteuerpflicht umfassend zu besteuern. Residiert der Steuerpflichtige jedoch im Ausland, soll der Staat nur auf die inländischen Steuerquellen zugreifen können (Quellenprinzip). Inländische Steuerquellen sind:

Bei Wohnsitz im Ausland nur Zugriff auf inländische Steuerquellen

- inländische Einkünfte i.S.d. beschränkten Einkommensteuerpflicht (§ 49 EStG)
- Inlandsvermögen bei der Erbschaftsteuer (§ 2 Abs. 1 Nr. 3 ErbstG)
- inländische Gewerbebetriebe bei der Gewerbesteuer (§ 2 Abs. 1 Nr. 1 GewStG).

2. Das Problem der Doppelbesteuerung

Beansprucht der Wohnsitzstaat das Prinzip der weltweiten Besteuerung und der Quellenstaat das Quellenprinzip, ergibt sich zwangsläufig eine Konkurrenz von Steueransprüchen zweier Staaten.

Beispiel: A mit Wohnsitz in Köln betreibt in Wuppertal eine Maschinenfabrik. Daneben besitzt er an der französischen Atlantikküste ein Einfamilienhaus, das er an Feriengäste vermietet. Die Bundesrepublik will entsprechend der unbeschränkten Einkommensteuerpflicht auch die (französischen) Vermietungseinkünfte besteuern. Frankreich als Quellenstaat möchte dagegen ebenfalls Einkünfte bezüglich des vermieteten Grundstücks der Besteuerung unterwerfen. Bestehen beide Staaten auf ihrem Besteuerungsrecht, kommt es zu einer Doppelbesteuerung (Lösung s.u.).

2.1. Nationale Maßnahmen zur Vermeidung der Doppelbesteuerung

Um eine etwaig eintretende Doppelbesteuerung in Kollisionsfällen zu vermeiden, hat der deutsche Gesetzgeber einseitig Maßnahmen zur Vermeidung bzw. Abmilderung einer Doppelbesteuerung getroffen. Die wichtigsten nationalen Maßnahmen sind:

Nationale Maßnahmen zur Vermeidung bzw. Abmilderung der Doppelbesteuerung

- Freistellung mit Progressionsvorbehalt (§ 32b Abs. 1 Nr. 2 EStG): Die ausländischen Einkünfte werden von der deutschen Besteuerung befreit. Lediglich zur Ermittlung des Steuersatzes, der auf das zu versteuernde Einkommen angewendet wird, werden die ausländischen Einkünfte mitgerechnet.
- Anrechnung der ausländischen Steuer (§ 34c Abs. 1 EStG): Es werden sämtliche inländischen und ausländischen Einkünfte besteuert. Die im Ausland entrichtete Steuer wird aber auf die deutsche Einkommensteuer angerechnet.
- Abzug bei der Ermittlung der Summe der Einkünfte (§ 34c Abs. 2, 3 EStG): Die im Ausland erhobene Steuer wird bei der Ermittlung der Summe der Einkünfte abgezogen und mindert so das zu versteuernde Einkommen.

2.2. Doppelbesteuerungsabkommen

DBA sind völkerrechtliche Verträge, die zu innerstaatlichem Recht geworden sind.

Weitaus bedeutender als die einseitigen Maßnahmen des deutschen Gesetzgebers zur Vermeidung der Doppelbesteuerung sind die sogenannten Doppelbesteuerungsabkommen (DBA). Dabei handelt es sich um völkerrechtliche Verträge, die mit Abschluss eines Ratifizierungsgesetzes zu innerstaatlichem Recht geworden sind. Die einzelnen Normen der DBA gehen den Steuergesetzen vor (§ 2 AO). Da die Bundesrepublik Deutschland zur Zeit mit über 100 Staaten DBA abgeschlossen hat, werden die nationalen Maßnahmen zur Vermeidung der Doppelbesteuerung in den meisten Fällen verdrängt (lex specialis!).

DBA entsprechen i.d.R. dem OECD-Musterabkommen.

Die DBA werden nicht mit jedem ausländischen Staat frei verhandelt, sondern entsprechen abgesehen von wenigen Ausnahmen vom Inhalt her einem Musterabkommen zur Vermeidung der Doppelbesteuerung, das die OECD (Organization for Economic Cooperation and Development) erarbeitet hat und ihren Mitgliedern zum Abschluss empfiehlt. Es existiert zum einen das OECD-Musterabkommen – OECD-MA – 1963 (jüngste überarbeitete Fassung vom Juli 2010), das der Vermeidung der Doppelbesteuerung bei den Steuern von Einkommen und Vermögen dient, zum anderen das OECD-Musterabkommen zur Vermeidung der Doppelbesteuerung der Nachlässe und Erbschaften von 1966. Das OECD-MA behandelt dabei in erster Linie die Verhandlungssituation zwischen Industrienationen. Für Verhandlungen zwischen Industrie- und Entwicklungsländern gibt es daher das von den Vereinten Nationen entwickelte Musterabkommen. Die Vereinigten Staaten von Amerika unterhalten zudem ein eigenes Musterabkommen.

> Hinweis: Die einzelnen DBA und die dazu gehörenden Erläuterungen finden Sie bei Korn, Debatin, Doppelbesteuerung (Kommentar), Verlag C.H. Beck, München.

Das OECD-MA betreffend Einkommen- und Vermögensteuer, auf das hier allein näher eingegangen werden soll, kennt zwei Möglichkeiten der Verhinderung oder Milderung der Doppelbesteuerung:

- die Freistellungsmethode mit Progressionsvorbehalt (s.o.; Art. 23 A OECD-MA) und
- die Anrechnungsmethode (s.o.; Art. 23 B OECD-MA)

Freistellungsmethode

Die Freistellung von der inländischen Besteuerung kommt letztlich einer Anerkennung des vorrangigen Besteuerungsrechts des ausländischen Staates gleich. Diese Methode kommt immer dann zum Tragen, wenn die fraglichen Einkünfte in besonders starkem Maße mit dem ausländischen Quellenstaat verbunden sind.

Beispiele:
- *Einkünfte aus ausländischem Gewerbebetrieb (Art. 7-9 OECD-MA)*
- *Einkünfte aus einer im Ausland belegenen Betriebsstätte i.S.d. § 12 AO (z.B. Zweigniederlassung eines deutschen Unternehmens im Ausland)*
- *Einkünfte aus Arbeitnehmertätigkeit im Ausland (Ausnahme: Aufenthalt nicht mehr als 183 Tage im Steuerjahr und Vergütung wird von deutschem Arbeitgeber bezahlt, vergl. Art. 15 Abs. 2 OECD-MA)*
- *Einkünfte aus der Vermietung ausländischen Grundvermögens (Art. 6 OECD-MA)*

Bei der Anrechnungsmethode wird dagegen von einem vorrangigen Besteuerungsrecht des Wohnsitzstaates ausgegangen. Ohne auf die Berechnungsmodalitäten im Einzelnen einzugehen, lässt sich grob sagen, dass durch die Anwendung dieser Methode die Steuerbelastung der ausländischen Einkünfte mindestens auf das inländische Besteuerungsniveau hochgeschleust wird.

Anrechnungsmethode

Beispiel: Zinseinkünfte von ausländischen Schuldnern (Art. 11 OECD-MA)

Abschließend möchte ich noch einmal auf das eingangs angeführte Beispiel zurückkommen. Unter Berücksichtigung der vorstehenden Ausführungen ist das Problem der Doppelbesteuerung wie folgt zu lösen:

Lösung des Ausgangsbeispiels:
Gemäß Art. 6 OECD-MA wird zur Vermeidung der Doppelbesteuerung dem Staat, in dem das unbewegliche Vermögen belegen ist, das vorrangige Besteuerungsrecht eingeräumt. Die in Frankreich erzielten Vermietungseinkünfte sind demnach in der Bundesrepublik Deutschland unter Beachtung des Progressionsvorbehalts von der Einkommensteuer befreit. Das Quellenprinzip setzt sich im Ergebnis bei den Einkünften aus unbeweglichem Vermögen durch.

3. Außensteuergesetz

Zur Komplettierung der Ausführungen zum internationalen Steuerrecht möchte ich noch kurz ein in der Praxis wichtiges Sondergesetz eingehen, das Außensteuergesetz.

Dem Gesetz über die Besteuerung von Auslandsbeziehung (Außensteuergesetz = AStG) kommt in der Praxis insbesondere im Hinblick auf die Wahrung der Steuergerechtigkeit große Bedeutung zu. Gesetzgeberisches Ziel des AStG ist die Korrektur unberechtigter Einkommens- und Gewinnverlagerungen ins Ausland und der damit verbundenen Ausnutzung des Steuergefälles. Das Gesetz will also der Steuerflucht in Niedrigsteuerländer durch Wohnsitzwechsel (§§ 2-6 AStG) und durch Einkünfteverlagerungen (§§ 1, 7 ff. AStG) entgegenwirken. Ein berühmtes Niedrigsteuerland ist z.B. Monaco, das keine Einkommensteuer erhebt und daher ein beliebtes Domizil für viele gutverdienende Sportler ist. Im Ergebnis soll durch das AStG also das in der Bundesrepublik Deutschland erwirtschaftete Einkommen und Vermögen der deutschen Besteuerung erhalten bleiben. Von einem Eingehen auf einzelne Vorschriften des AStG wird an dieser Stelle abgesehen, da das Gesetz im Detail äußerst kompliziert ist und einen »Einsteiger« überfordern würde.

Marginalie: AStG will unberechtigte Einkommens- und Gewinnverlagerungen ins Ausland verhindern

> Literaturhinweis: Weitere Erläuterungen zum internationalen Steuerrecht finden Sie bei Tipke/Lang, Steuerrecht, § 2 Rz. 31 ff.; Birk, Steuerrecht, Rz. 1450 ff.

4. Wiederholungsfragen

1. Definieren Sie den Begriff »Internationales Steuerrecht«! Lösung S. 314
2. Woher leitet jeder Staat sein Recht auf Steuererhebung ab? Lösung S. 314
3. Welche beiden Prinzipien beherrschen die Besteuerung des Einkommens und Vermögens im internationalen Steuerrecht? Lösung S. 315
4. Erklären Sie den Begriff »Welteinkommensprinzip«! Lösung S. 316
5. Welche nationalen Maßnahmen zur Vermeidung der Doppelbesteuerung gibt es? Lösung S. 317
6. Warum kommt den einseitigen Maßnahmen zur Vermeidung der Doppelbesteuerung nur wenig Bedeutung zu? Lösung S. 317
7. Was verstehen Sie unter dem Begriff »Doppelbesteuerungsabkommen«? Lösung S. 318
8. Wie wird ein Doppelbesteuerungsabkommen zu innerstaatlichem Recht? Lösung S. 318
9. Warum werden Doppelbesteuerungsabkommen nicht frei ausgehandelt? Lösung S. 318
10. Was ist das OECD-Musterabkommen? Lösung S. 318
11. Welche zwei Möglichkeiten zur Vermeidung der Doppelbesteuerung kennt das OECD-Musterabkommen? Lösung S. 318
12. Muss ein deutscher Steuerpflichtiger für sein in Frankreich belegenes Mietshaus deutsche Einkommensteuer zahlen? Lösung S. 319
13. Welches gesetzgeberische Ziel verfolgt das Außensteuergesetz? Lösung S. 320

Klausurfälle

1.	Tipps für Klausuren und Hausarbeiten	324
1.1.	Die Bearbeitung einer steuerrechtlichen Klausur	324
1.2.	Die Bearbeitung einer steuerrechtlichen Hausarbeit	325
2.	»Steuerfall A. Ammer«	328
3.	»Der späte Einspruch«	337
4.	»Störung des Steuerrechtsfriedens«	340
5.	»Steuerfall B. Baumann«	343
6.	»Steuerbescheid im Postschließfach«	347
7.	»Umsatzsteuerliche Lieferungen«	348
8.	Schlusswort	350

1. Tipps für Klausuren und Hausarbeiten

Bereits in der Einführung in das Steuerrecht (Ziff. 3.3.) wurden wichtige Hinweise für die Lösung von steuerrechtlichen Fällen gegeben. Es wird angeraten, sich diese Ausführungen insbesondere unter dem Blickwinkel der typischen Fallkonstellationen zunächst noch einmal zu vergegenwärtigen. Grundsätzlich ist es sehr schwer, allgemeingültige Tipps für die Bewältigung der Klausur- und Hausarbeitssituation zu geben. Jeder Bearbeiter hat seine eigene Arbeitsweise, wird unterschiedlich gut mit dem Zeitdruck, der nicht nur in der Klausur besteht, fertig, und auch das Formulieren der eigenen Gedanken fällt nicht immer gleich leicht. Gleichwohl meine ich an dieser Stelle einige aus meiner Erfahrung beachtenswerte Hinweise geben zu können, die zumindest für die überwiegende Zahl der Klausur- und Hausarbeitsbearbeiter hilfreich sein werden.

1.1. Die Bearbeitung einer steuerrechtlichen Klausur

Eine gute Lösung eines Falles baut zunächst darauf auf, dass der Sachverhalt in allen Einzelheiten erfasst wird. Erfahrungsgemäß ist jedes noch so kleine Sachverhaltssegment von Bedeutung, denn der Sachverhalt ist vom Klausurensteller »konstruiert« worden im Hinblick auf eine ganz bestimmte Lösung. Nach dem ersten Durchgang sollte man einen etwaigen Bearbeitervermerk und die konkrete Fragestellung lesen. Es wird dringend empfohlen, im Anschluss daran den Aufgabentext nochmals konzentriert zu lesen und dabei Gedanken, die einem spontan einfallen, auf einem Stichwortzettel aufschreiben. Nun sollte man mit der Fertigung einer Lösungsskizze beginnen. Die Gliederung richtet sich nach der Fallfrage. In den meisten Fällen ist vor den materiell-rechtlichen Fragen erst die Zulässigkeit eines Einspruchs oder einer Klage zu prüfen. Hier ist der Aufbau durch die an entsprechender Stelle dieses Buches entwickelten Schemata vorgegeben. Lesen Sie sich bitte diese Schemata mit den dazugehörenden Hinweisen nochmals durch. Sie sollten vor einer Klausur beherrscht werden. Die Untergliederung der Lösung folgt in juristischen Arbeiten üblicherweise folgendem Muster: 1. Teil; A.; I.; 1.; a.; aa.; (1); (a); (aa); usw. Die Lösungsskizze sollte nur Stichworte enthalten, niemals ganze Sätze. Sie sollte zwar den Lösungsweg des ganzen Falles erfassen, jedoch nicht zu detailliert sein. Für diesen Teil der Klausurbearbeitung sollten

Sie nicht mehr als ca. 1/3 der Bearbeitungszeit verwenden (Die beste Lösungsskizze hilft Ihnen nichts, wenn die Gedanken nicht ordentlich ausformuliert sind!). Bei der Ausformulierung ist folgendes zu beachten: Zeigen Sie dem Korrektor durch den jeweiligen Umfang der Bearbeitung, dass Sie die Probleme des Falles erkannt haben (hier werden die Punkte verteilt!). Die wichtigen und problematischen Teile sind in jedem Fall im Gutachtenstil, d.h. Obersatz, Definition, Subsumtion und Ergebnis, zu lösen. Auf die Subsumtion ist dabei besonderes Augenmerk zu richten, denn hier zeigt sich, wer den ganzen Sachverhalt ausschöpfen und gut argumentieren kann. Dieser Fallbezug ist ganz besonders wichtig (Merke: Keine abstrakten Erläuterungen und bloße Wiedergabe erlernten Wissens; immer hart am Fall!). Schwächere Kandidaten sind darüber hinaus oft nicht in der Lage, genügend klar zwischen rechtstheoretischen Überlegungen und dem konkreten Sachverhalt zu trennen. Deshalb sollte man für den Korrektor deutlich sichtbar jede Subsumtion in einer neuen Zeile beginnen und entsprechend einleiten (z.B.: Vorliegend ...; Hier...; A hat ...). Im Übrigen sollten neue Gedanken immer mit einem neuen Absatz beginnen (Übersichtlichkeit erleichtert das Lesen und die Korrektur!). Unproblematische Prüfungspunkte sollten dagegen im Entscheidungsstil abgehandelt werden. Hier kann man viel Zeit sparen, die man erfahrungsgemäß für die wirklichen Probleme auch dringend braucht. Abschließend noch ein kleiner Tipp: Klausurenschreiben kann man durch häufiges Fertigen von Übungsklausuren erlernen. Insbesondere kann man im Hinblick auf Technik, Formulierungen, Problembewusstsein und Zeiteinteilung ein hohes Maß an Routine entwickeln. Davon abgesehen sollten Sie die Übungsklausuren ohne unerlaubte Hilfsmittel und das Wissen des Nachbarn lösen. Das vermittelt Ihnen einen guten Eindruck von Ihrem wirklichen Leistungsvermögen und nimmt Ihnen im »Ernstfall« die Klausurangst. Ehrlichkeit gegenüber sich selbst zahlt sich hier sicher aus.

1.2. Die Bearbeitung einer steuerrechtlichen Hausarbeit

Im Grundsatz gelten bei der Fertigung einer Hausarbeit die oben genannten Klausurtipps entsprechend. Aufgrund der längeren Bearbeitungszeit (i.d.R. drei bis sechs Wochen) entfällt jedoch der klausurtypische erhöhte Zeitdruck. Auf der anderen Seite wird vom Korrektor umso mehr darauf geachtet, ob die Arbeit auch sprachlich und formal (z.B. in Bezug auf die Beachtung der im Bearbeitungsvermerk vorgegebenen Formalien wie Zeilenabstand, Zitierweise, Höchstseitenzahl usw.) den Anforderungen entspricht. Hinsichtlich der Literaturangaben wird empfohlen, zumindest bei Kommentaren die jeweils dort vorgeschlagene Zitierweise zu übernehmen.

Beispiel: Schmidt/Drenseck EStG § 9 Rz 1 (Vorschlag des EStG-Kommentars von Ludwig Schmidt)

Auf die Zitierweise ist bereits im Literaturverzeichnis hinzuweisen.

Beispiel: Schmidt, Ludwig Kommentar zum EStG, 30.. Auflage, München 2011; zit.: Schmidt/Autor EStG

Urteile der Finanzgerichte und des Bundesfinanzhofes sind mit Datum und Aktenzeichen zu zitieren, wobei sich empfiehlt, BFH-Urteile durchgängig aus den Bundessteuerblättern zu entnehmen.

Beispiel: BFH-Urteil v. 2.6.1996 – VI R 183/94, BStBl. II 1996, 1287; Finanzgericht Münster, Urteil v. 3.7.1995 – 7 K 124/92, EFG 1996, 45

In diesem Zusammenhang sollten Sie noch eines beherzigen: Ein noch so zutreffendes Literaturzitat kann niemals ein gutes Argument und eine Begründung ersetzen. Die Lösungsskizze der Hausarbeit sollte wie in anderen Rechtsgebieten auch zunächst nur mit einem Standardkommentar (z.B. EStG: Schmidt; UStG: Bunjes/Geist; GewSt: Glanegger/Güroff) erstellt werden. Ansonsten besteht die Gefahr, dass man sich bereits im Anfangsstadium der Arbeit in Detailproblemen verstrickt.

In Hausarbeiten kommt der Darstellung von umstrittenen Problemen besondere Bedeutung zu. Hier empfiehlt sich i.d.R. ein Aufbau, den ich anhand eines Beispiels vorstellen möchte.

Beispiel: Umstritten ist, ob A das auf der Dienstreise gestohlene Geld als Werbungskosten ansetzen kann.

1. Rechtsprechung des BFH

Nach Ansicht des BFH (Fußnote) kommt ein Abzug nicht in Betracht, da es an der beruflichen Veranlassung fehlt. Die berufliche Veranlassung der Dienstreise werde überlagert von ... (Am Ende der Darstellung: Formulierung des Ergebnisses.)

2. Rechtsprechung des Finanzgerichtes Kassel (nur, soweit andere Ansicht vertreten wird).

Das Finanzgericht Kassel (Fußnote) teilt im Grundsatz die Auffassung des BFH, schränkt jedoch insoweit das generelle Abzugsverbot ein, als... (Am Ende der Darstellung: Formulierung des Ergebnisses.)

3. Ansicht in der steuerrechtlichen Literatur

Schmidt (Fußnote) vertritt dagegen die Auffassung, dass ... Dem folgend meint Tipke (Fußnote)... (Am Ende der Darstellung: Formulierung des Ergebnisses.)

4. Stellungnahme

(An dieser Stelle hat eine Auseinandersetzung mit den vorgenannten Argumenten zu erfolgen.)

Da die dargestellten Ansichten für den vorliegenden Fall zu einem unterschiedlichen Ergebnis führen, ist eine Streitentscheidung erforderlich. Für die Ansicht des BFH spricht zunächst, dass ... Dagegen kommt das Finanzgericht Kassel im vorliegenden Fall zu einen Ergebnis, das eher dem Leistungsfähigkeitsprinzip entspricht. Nach diesem Prinzip... Darüber hinaus ist zu berücksichtigen, dass... (eigene Argumente machen hier die Qualität der Arbeit aus.)

5. Ergebnis

Nach alledem ist die Ansicht des Finanzgerichtes Kassel vorzugswürdig. Die Voraussetzungen für den beantragten Werbungskostenabzug sind vorliegend also gegeben.

Planen Sie die zur Verfügung stehende Zeit so, dass am Ende noch mindestens zwei bis drei Tage für Abschlussarbeiten (z.B. Endkorrekturlesen; Formatieren; Endausdruck; Binden der Arbeit) verbleiben. Eine mit vielen Rechtschreibfehlern gespickte Arbeit macht keinen guten Eindruck. Dem fertigen Lösungstext sind Deckblatt, Gliederung und das Literaturverzeichnis voranzustellen. Zumindest bei Examensarbeiten sollte die Hausarbeit gebunden abgegeben werden.

Viel Erfolg beim Fertigen von Klausuren und Hausarbeiten!

2. »Steuerfall A. Ammer«

Sachverhalt

Alfred Ammer (A) ist wohnhaft in Bielefeld. Er ist 48 Jahre alt und seit drei Jahren verwitwet. In seinem Haushalt lebt die 20jährige Tochter, die seit einem Jahr eine Lehre als Bankkauffrau absolviert (Bruttoarbeitslohn 01: 4.000,- €).

Bis zum 31.03.01 betrieb A in Bielefeld ein Einzelunternehmen. Der laufende Gewinn des abweichenden Wirtschaftsjahres 00/01, das am 31.3.01 endete, betrug 60.000,- € (Anteil 01: 15.000,- €). In den geltend gemachten Betriebsausgaben sind sämtliche Kfz- Kosten i.H.v. 5.000,- € enthalten, die auf einen zu 80 % betrieblich und zu 20 % privat genutzten Pkw entfallen. Die Privatnutzung ist durch das Fahrtenbuch belegt.

Am 01.04.01 veräußerte A sein Einzelunternehmen (Wert des Betriebsvermögens 220.000,- €) für 300.000,- €. Die Veräußerungskosten betrugen 15.000,- €. Anfang Mai 01 begann A eine Tätigkeit als selbständiger EDV-Berater, der Computer-Anwendungsprogramme entwickelte. Die dafür erforderlichen Kenntnisse, die aber nicht das Niveau der Fachkenntnisse eines Hochschulabsolventen erreichen, hatte er sich über Jahre in seiner Freizeit angeeignet. Auf Grund der hohen Anfangsinvestitionen ergab sich bis Ende 01 ein Verlust aus dieser Tätigkeit i.H.v. 30.000,- €. Ein Teil der in diesem Zusammenhang entstandenen Kosten i.H.v. 5.000,- € (Finanzierungskosten, Mietkosten) fiel dabei bereits vor Beginn der eigentlichen Beratungstätigkeit an.

A ist zudem zu 50 % an der A & B-oHG mit Sitz in Köln beteiligt. Sein oHG-Gewinnanteil für 01 belief sich auf 25.000,- €.

Darüber hinaus besaß A ein fremdvermietetes Zweifamilienhaus, das er am 01.01.00 als Kapitalanlage erworben hatte (Anschaffungskosten: 300.000,- €). Da er für die Aufnahme seiner Tätigkeit als EDV-Berater jedoch kurzfristig Kapital benötigte, veräußerte er das Objekt am 01.05.01 unter Preis für 250.000,- €. Die Mieteinnahmen im Zeitraum vom 01.01.-30.04.01 beliefen sich auf 4.000,- €, die im Zusammenhang mit dem Zweifamilienhaus und dessen Vermietung stehenden Kosten beliefen sich auf 3.000,- €. In diesem Betrag sind die Absetzungen für Abnutzung in Höhe von 2.000,- € enthalten (AfA 00: 6.000,- €).

Ende 01 hatte A noch etwas Glück, denn er erhielt einen Lotteriegewinn i.H.v. 25.000,- € zugesprochen.

Die abzugsfähigen Sonderausgaben und außergewöhnlichen Belastungen betragen in 01: 8.000,- €.

Diese Angaben machte A in seiner Einkommensteuererklärung 01 und reichte sie am 30.05.02 beim zuständigen Finanzamt Bielefeld- Innenstadt ein.

Frage: Ermitteln Sie das zu versteuernde Einkommen des A im Veranlagungszeitraum 01? (Rechtslage 2011)

Vorüberlegung

Da A 01 in Bielefeld wohnhaft ist, ist er unbeschränkt einkommensteuerpflichtig i.S.d. § 1 Abs. 1 Satz 1 EStG. Das bedeutet, dass bei der Ermittlung des zu versteuernden Einkommens sein gesamtes (Welt-)Einkommen berücksichtigt werden muss. Für A hat eine Einzelveranlagung stattzufinden, d.h., in einem förmlichen Verfahren sind die Besteuerungsgrundlagen nur für A festzustellen. Die Einkünfte des Kindes sind dabei ohne Bedeutung. Auf Grund der Fragestellung ist die Prüfungsreihenfolge vorgegeben. Sie ergibt sich aus § 2 Absätze 1-5 EStG, der den Weg der Ermittlung des zu versteuernden Einkommens aufzeigt.

Lösungsvorschlag

I. Ermittlung der Summe der Einkünfte

Ausgangspunkt für die Berechnung des zu versteuernden Einkommens ist die Summe der Einkünfte. In diesem Zusammenhang sind zunächst die Einkünfte der sieben Einkunftsarten festzustellen.

1. Einkünfte aus Gewerbebetrieb (§ 15 EStG)

a) Einkünfte aus dem Einzelunternehmen

Zu den Einkünften aus Gewerbebetrieb gehören gem. § 15 Abs. 1 Nr. 1 EStG auch die Einkünfte aus den gewerblichen Unternehmen. Das Einzelunternehmen des A ist ohne Weiteres in diese Gruppe der gewerblichen Unternehmen einzuordnen, ohne dass es einer Überprüfung der an einen Gewerbebetrieb geknüpften Voraussetzungen (§ 15 Abs. 2 EStG) bedarf. Einkünfte sind bei Gewerbebetrieb der Gewinn (§ 2 Abs. 2 Nr. 1 EStG). Fraglich ist in diesem Zusammenhang, ob vorliegend der Gewinn i.H.v. 60.000,- € des abgelaufenen Wirtschaftsjahres 00/01 anzusetzen ist, oder lediglich der auf das Kalenderjahr 01 entfallende Anteil i.H.v. 15.000,- €. In diesem Zusammenhang ist die Frage nach dem Gewinnermittlungszeitraum von Bedeutung. Bei Gewerbetreibenden ist der Gewinn nach dem Wirtschaftsjahr zu ermitteln (§ 4a Abs. 1 Satz 1 EStG). Wirtschaftsjahr ist bei Gewerbetreibenden, deren Firma im Handelsregister eingetragen ist, der Zeitraum, für den sie regelmäßig Abschlüsse machen. Die Umstellung des Wirtschafts-

jahres auf einen vom Kalenderjahr abweichenden Zeitraum ist steuerlich nur wirksam, wenn sie im Einvernehmen mit dem Finanzamt vorgenommen wird (§ 4a Abs. 1 Nr. 2 EStG). Mangels gegenteiliger Anhaltspunkte im Sachverhalt ist davon auszugehen, dass A dieser Gruppe von Gewerbetreibenden unterfällt und demzufolge für ihn das abweichende Wirtschaftsjahr steuerlich wirksam ist. Dies hat zur Folge, dass der Gewinn des Wirtschaftsjahres als in dem Kalenderjahr bezogen gilt, in dem das Wirtschaftsjahr endet (§ 2 a Abs. 2 Nr. 2 EStG). Vorliegend endet das Wirtschaftsjahr 00/01 am 31.03.01. Der Gewinn dieses abweichenden Wirtschaftsjahres (60.000,– €) gilt also als in diesem Jahr bezogen.

Damit ist ein Gewinn aus dem Einzelunternehmen i.H.v. 60.000,– € in 01 anzusetzen.

Fraglich ist, ob dieser Gewinn noch korrigiert werden muss. In diesem Zusammenhang ist zweifelhaft, ob die Kfz-Kosten i.H.v. 5.000,– € in voller Höhe als Betriebsausgaben abzugsfähig sind. Betriebsausgaben sind Aufwendungen, die durch den Betrieb veranlasst sind (§ 4 Abs. 4 EStG). Vorliegend wurde der Pkw des A jedoch nur zu 80 % betrieblich genutzt. Eine erforderliche Veranlassung der Aufwendungen durch den Betrieb ist demnach nur teilweise gegeben. Mithin können nur 4.000,– € als Betriebsausgaben anerkannt werden. Der nichtabzugsfähige Privatanteil ist nicht gemäß § 6 Abs. 1 Nr. 4 Satz 2 EStG nach der 1%-Regelung zu ermitteln, da A den Privatanteil mittels eines ordnungsgemäßen Fahrtenbuches nachgewiesen hat.

Dieser Aufteilung der Aufwendungen in einen betrieblichen und einen privaten Anteil steht auch die Abzugsbeschränkung des § 12 EStG nicht entgegen. Nach der Rechtsprechung des Großen Senats des Bundesfinanzhofes lässt gibt sich aus § 12 Nr. 1 Satz 2 EStG kein grundsätzliches Aufteilungs- und Abzugsverbot für gemischte Aufwendungen, d.h. Aufwendungen, die sowohl betrieblich als auch privat veranlasst sind, ableiten. Danach sind gemischte Aufwendungen wenn möglich in einen abzugsfähigen betrieblichen und einen nichtabzugsfähigen privaten Anteil aufzuteilen. Im Übrigen lässt § 6 Abs. 1 Nr. 4 Satz 3 EStG die Aufteilung mittels Fahrtenbuch ausdrücklich zu.

Demnach ist der Gewinn aus dem Einzelunternehmen insoweit um den Teil der nichtabzugsfähigen Betriebsausgaben i.H.v. 1.000,– € zu erhöhen.

b) Beteiligung an der A & B-oHG

Der Gewinnanteil des A i.H.v. 25.000,- € für 01 gehört ebenfalls zu den Einkünften aus Gewerbebetrieb, denn es handelt sich um einen Gewinnanteil eines Gesellschafters einer offenen Handelsgesellschaft i.S.d. § 15 Abs. 1 Nr. 2 EStG.

c) Veräußerung des Einzelunternehmens

Zu den Einkünften aus Gewerbebetrieb gehören auch Gewinne, die bei der Veräußerung eines (ganzen) Gewerbebetriebes erzielt werden (§ 16 Abs. 1 Nr. 1 EStG). Veräußerungsgewinn in diesem Sinne ist der Betrag, um den der Veräußerungspreis nach Abzug der Veräußerungskosten den Wert des Betriebsvermögens übersteigt (§ 16 Abs. 2 Satz 1 EStG). Vorliegend berechnet sich der Veräußerungsgewinn wie folgt:

Veräußerungspreis 300.000,- €

Veräußerungskosten ÷ 15.000,- €

Wert d. Betriebsvermögens ÷ 220.000,- €

Veräußerungsgewinn 65.000,- €

Mithin sind weitere 65.000,- € als Einkünfte aus Gewerbebetrieb anzusetzen.

Ein Freibetrag nach § 16 Abs. 4 EStG kommt nicht in Betracht, da A die Altersvoraussetzungen nicht erfüllt.

d) Tätigkeit als EDV-Berater

Die Tätigkeit als EDV-Berater könnte ebenfalls zu der Einkunftsart Gewerbebetrieb gehören. Dann müssten jedoch die Voraussetzungen des § 15 Abs. 2 EStG erfüllt sein. Danach liegt nur dann ein Gewerbebetrieb vor, wenn es sich um eine selbständige nachhaltige Betätigung handelt, die mit der Absicht, Gewinn zu erzielen, unternommen wird und sich als Beteiligung am allgemeinen wirtschaftlichen Verkehr darstellt. Darüber hinaus darf es sich bei der Betätigung weder um die Ausübung von Land- und Forstwirtschaft noch um die Ausübung eines freien Berufes noch um eine andere selbständige Arbeit handeln. Die Tätigkeit als EDV-Berater übt A selbständig und nachhaltig aus und beteiligt sich auch am allgemeinen wirtschaftlichen Verkehr. Fraglich ist jedoch zunächst, ob A die Tätigkeit auch mit Gewinnerzielungsabsicht betreibt. Dagegen könnte vorliegend sprechen, dass A einen Verlust für 01 i.H.v. 30.000,- € erwirtschaftet hat. Gewinnerzielungsabsicht ist gegeben, wenn das Streben des Steuerpflichtigen darauf gerichtet ist, durch die Betätigung einen Totalgewinn in der sog. »Totalperiode« zu erzielen, d.h. ein positives Gesamtergebnis des Betriebes in der Zeit der Gründung bis zur Veräußerung oder Aufgabe. Eine Verlustphase der betrieblichen Tätigkeit in der Anfangszeit, auch wenn sie über mehrere Jahre andauert, ist damit lediglich ein Indiz für das

Fehlen der Gewinnerzielungsabsicht, führt jedoch nicht notwendigerweise zu dessen Versagung. Insbesondere kurzfristige Anlaufverluste sind steuerlich anzuerkennen, wenn zu erwarten ist, dass der Betrieb in absehbarer Zeit in die »Gewinnzone« gelangt. Vorliegend hat A zwar hohe Verluste in der Gründungsphase seines Betriebes erzielt, diese sind jedoch auf die hohen Anfangsinvestitionen zurückzuführen, die sich erst im Laufe der Zeit amortisieren. Anhaltspunkte dafür, dass der Betrieb aufgrund seiner Struktur auf Dauer nicht in die Gewinnzone gelangen kann, sind nicht gegeben. Damit ist der Verlust des Jahres 01 als Anlaufverlust steuerlich anzuerkennen. Anmerkung: Sollte der Sachbearbeiter in diesem Punkte Zweifel haben, besteht für ihn die Möglichkeit, den Einkommensteuerbescheid insoweit nach § 165 AO vorläufig zu erlassen.

Die Tätigkeit könnte sich jedoch als selbständige Tätigkeit i.S.d. § 18 EStG darstellen. In Betracht kommt vorliegend eine freiberufliche Tätigkeit i.S.d. § 18 Abs. 1 Nr. 1 EStG. Der Beruf des EDV-Beraters ist kein Katalogberuf i.S.d. § 18 Abs. 1 Nr. 1 Satz 2 EStG. Es könnte sich jedoch um einen diesen Katalogberufen ähnlichen Beruf handeln. Eine ähnliche Berufstätigkeit liegt vor, wenn sie in ihren wesentlichen Punkten mit einem in dieser Vorschrift genannten Katalogberuf verglichen werden kann. Dazu ist zum einen erforderlich, dass die Tätigkeit des Steuerpflichtigen in einem für den Katalogberuf typischen Bereich gelegen ist. Zum anderen muss er über eine Ausbildung verfügen, die der für den Katalogberuf erforderlichen vergleichbar ist. Als Vergleichskatalogberuf kommt vorliegend der Ingenieur bzw. der beratende Volks- bzw. Betriebswirt in Betracht. Ob die Tätigkeit des A als EDV-Berater in einem für diese Katalogberufe typischen Bereich gelegen ist, kann vorliegend dahinstehen. In jedem Fall verfügt A nicht über eine für diese Katalogberufe erforderliche fachliche Ausbildung. Er hat sich vielmehr die notwendigen Kenntnisse in seiner Freizeit selbst angeeignet. Zwar ist ein Hochschulstudium nicht unbedingt Voraussetzung für die Ähnlichkeit mit dem Vergleichsberuf. Aber die wissenschaftlichen Kenntnisse müssen auf dem Fachgebiet auch bei Selbststudium dem Niveau eines Hochschulabsolventen des Vergleichsberufs entsprechen. Dies ist nach dem Sachverhalt zu verneinen. Die Tätigkeit des A als EDV-Berater ist also kein den Katalogberufen ähnlicher Beruf i.S.d. § 18 Abs. 1 Nr. 1 EStG. Eine Einordnung als freiberufliche Tätigkeit scheidet damit aus (vgl. zur Problematik der »ähnlichen Berufe«: Schmidt/Wacker, EStG, § 18 Rz. 125).

Dem Grunde nach ist folglich der Verlust i.H.v. 30.000,– € als Einkünfte aus Gewerbebetrieb anzusetzen.

Der Höhe nach könnten sich jedoch Zweifel daraus ergeben, dass ein Kostenanteil i.H.v. 5.000,– € bereits vor Beginn der eigentlichen Beratungstätigkeit angefallen ist. Nach § 4 Abs. 4 EStG ist Voraussetzung für die Anerkennung von Betriebsausgaben jedoch lediglich, dass die Aufwendungen durch den Betrieb veranlasst sind. Ob der Steuerpflichtige mit der betreffenden Tätigkeit bereits angefangen hat, ist daher nicht entscheidend. Maßgeblich ist alleine die Veranlassung der Kosten durch die beabsichtigte Tätigkeit (vorab veranlasste Betriebsausgaben). Diese Voraussetzung ist vorliegend ohne Weiteres gegeben, denn die Finanzierungs- und Mietkosten stehen in einem unmittelbaren Zusammenhang mit der nachfolgend begonnenen Tätigkeit als EDV-Berater. Eine Korrektur des Verlustes ist insoweit folglich nicht erforderlich.

Zwischenergebnis: Die Einkünfte aus Gewerbebetrieb betragen mithin: 121.000,- €.

2. Vermietung des Zweifamilienhauses

Die Einkünfte aus der Vermietung des Zweifamilienhauses sind der Einkunftsart »Vermietung und Verpachtung« zuzuordnen (§ 21 Abs. 1 Nr. 1 EStG). Die Einkünfte sind hier gem. § 2 Abs. 2 Nr. 2 EStG der Überschuss der Einnahmen über die Werbungskosten. Die Einkünfte berechnen sich danach wie folgt:

Mieteinnahmen (01.01.-30.04.01): 4.000,- €

Werbungskosten ÷ 3.000,- €

Einkünfte aus Vermietung und Verpachtung 1.000,- €

Da die Einkunftsart »Vermietung und Verpachtung« einen Veräußerungstatbestand nicht kennt, ist die Veräußerung des Zweifamilienhauses insoweit irrelevant.

3. Verlust aus der Veräußerung des Zweifamilienhauses

Bei dem Verlust aus der Veräußerung des Zweifamilienhauses könnte es sich um (negative) Einkünfte aus privaten Veräußerungsgeschäften i.S.d. § 22 Nr. 2 i.V.m. § 23 EStG handeln.

Private Veräußerungsgeschäfte sind solche, bei denen der Zeitraum zwischen Anschaffung und Veräußerung von Grundstücken nicht mehr als zehn Jahre beträgt. Diese Voraussetzung ist vorliegend erfüllt, denn A hat das Grundstück am 01.01.00 angeschafft und bereits am 01.05.01 wieder veräußert.

Gewinn oder Verlust aus privaten Veräußerungsgeschäften ist der Unterschied zwischen dem Veräußerungspreis einerseits und den Anschaffungs- oder Herstellungskosten (vermindert um die Absetzung für Abnutzung) und den Werbungskosten andererseits (§ 23 Abs. 3 Satz 1 und 4 EStG). Vorliegend ergibt sich unter Berücksichtigung der um die AfA in Höhe von insgesamt 8.000,- € geminderten Anschaffungskosten *i.H.v. 292.000,– € und dem Veräußerungspreis von 250.000,– € ein Verlust i.H.v. 42.000,– €. Fraglich ist jedoch, ob dieser Spekulationsverlust mit den anderen positiven Einkünften verrechnet werden kann. Nach § 23 Abs. 3 Satz 7 EStG dürfen Verluste aus Spekulationsgeschäften nur bis zur Höhe des Spekulationsgewinnes, den der Steuerpflichtige im gleichen Kalenderjahr erzielt hat, ausgeglichen werden.*

Da A keine verrechenbaren, weiteren positiven privaten Veräußerungsgewinne in 01 erzielt hat, muss der Verlust i.H.v. 42.000,– € vorliegend außer Betracht bleiben. Dieser Verlust kann nur im Vorjahr oder in den Folgejahren mit Spekulationsgewinnen verrechnet werden (§ 23 Abs. 3 Satz 8 EStG).

4. Lotteriegewinn

Bei den Einnahmen aus dem Lotteriegewinn i.H.v. 25.000,– € kommt eine steuerliche Erfassung als »sonstige Einkünfte« i.S.d. § 22 Nr. 3 EStG in Betracht. Danach sind Einkünfte aus Leistungen, soweit sie weder zu anderen Einkunftsarten noch zu den übrigen »sonstigen Einkünften« gehören, dieser Einkunftsart zuzurechnen. Kennzeichnend für die Einkünfte aus Leistungen ist jedoch, dass jeweils ein Verhältnis von Leistung und Gegenleistung besteht. Bei einem Lotteriegewinn fehlt typischerweise diese Voraussetzung. Die Gewinnausschüttung erfolgt, ohne dass zuvor eine annähernd gleichwertige Gegenleistung des Steuerpflichtigen erbracht wird. Eine Einordnung als »sonstige Einkünfte« scheidet damit aus.

Da der Lotteriegewinn keiner der sieben Einkunftsarten zuzuordnen ist, ist er folglich nicht steuerbar.

Die Summe der Einkünfte ermittelt sich nach Durchführung des vertikalen und horizontalen Verlustausgleiches innerhalb der sieben Einkunftsarten wie folgt:

Einkünfte aus Gewerbebetrieb: 121.000,– €

Einkünfte aus Vermietung und Verpachtung: 1.000,– €

Summe der Einkünfte: 122.000,– €

II. Ermittlung des Gesamtbetrag der Einkünfte

Zur Ermittlung des Gesamtbetrags der Einkünfte könnte für A der Altersentlastungsbetrag gemäß § 24a EStG und der Entlastungsbetrag für Alleinerziehende gemäß § 24b EStG zu gewähren sein (§ 2 Abs. 3 EStG).

Da A die Altersvoraussetzungen (Vollendung des 64. Lebensjahres) nicht erfüllt, hat A keinen Anspruch auf den Altersentlastungsbetrag (§ 24a Satz 3 EStG).

A ist alleinstehend im Sinne des § 24b Abs. 2 EStG. Zu seinem Haushalt gehört auch ein Kind, für das er die Kinderfreibeträge nach § 32 Abs. 6 EStG bzw. Kindergeld (dazu siehe unten) erhält (vgl. § 24b Abs. 1 EStG).

Damit hat A Anspruch auf den Entlastungsbetrag für Alleinerziehende gemäß § 24b EStG i.H.v. 1.308,– €.

Der Gesamtbetrag der Einkünfte beträgt somit 120.692,– €.

III. Ermittlung des Einkommens

Einkommen ist der Gesamtbetrag der Einkünfte, vermindert um die Sonderausgaben und die außergewöhnlichen Belastungen (§ 2 Abs. 4 EStG). Demzufolge sind an dieser Stelle die abzugsfähigen

Sonderausgaben und außergewöhnlichen Belastungen gemäß §§ 10 ff. , 33 ff. EStG in Höhe von insgesamt 8.000,– € als Abzugsposten zu berücksichtigen.

Einkommen: 112.692,– €.

IV. Ermittlung des zu versteuernden Einkommens

Das zu versteuernde Einkommen ist das Einkommen, vermindert um die Freibeträge für Kinder nach § 32 Abs. 6 EStG und um die sonstigen vom Einkommen abziehbaren Beträge (§ 2 Abs. 5 EStG). Vorliegend kommt die Berücksichtigung eines Kinderfreibetrages und eines Freibetrages für Betreuungs- und Erziehungs- und Ausbildungsbedarf in Betracht. Dies setzt zunächst voraus, dass die Tochter ein zu berücksichtigendes Kind im Sinne von § 32 Abs. 1 EStG ist. Das Kind des A ist ein leibliches Kind und mithin im ersten Grad mit dem Steuerpflichtigen verwandt. Es handelt sich danach um ein Kind i.S.d. § 32 Abs. 1 Nr. 1 EStG. Es kann jedoch, da es älter als 18 Jahre ist, nur dann berücksichtigt werden, wenn die besonderen Voraussetzungen des § 32 Abs. 4 Nr. 1-3 EStG erfüllt sind. Danach kommt eine Berücksichtigung u.a. in Betracht, wenn das Kind für einen Beruf ausgebildet wird (§ 32 Abs. 4 Nr. 2 Buchst. a EStG). Vorliegend absolviert das Kind des A eine Berufsausbildung als Bankkauffrau und erfüllt mithin diese Voraussetzung. Die eigenen Einkünfte des Kindes liegen unter der schädlichen Grenze des § 32 Abs. 4 Satz 2 EStG. Es wird demnach als Kind bei der Veranlagung des A berücksichtigt. Auf Grund dessen wird bei der Ermittlung des zu versteuernden Einkommens des A ein Kinderfreibetrag i.H.v. 2.184,- Euro und ein Freibetrag für Betreuungs- und Erziehungs- und Ausbildungsbedarf i.H.v. 1.320,- € abgezogen.

Ergebnis: Mithin ergibt sich für 01 ein zu versteuerndes Einkommen i.H.v. 117.188,- €

3. »Der späte Einspruch«

Sachverhalt

A wird endgültig zur Einkommensteuer veranlagt. Der zuständige Sachbearbeiter des Finanzamtes Bielefeld-Innenstadt gibt den Einkommensteuerbescheid 01 (mit ordnungsgemäßer Rechtsbehelfsbelehrung) für A am Mittwoch, dem 01.10.02, zur Post auf. Der Bescheid geht dem A am 02.10.02 zu. Nach Rückkehr aus einem Kurzurlaub sieht sich A den Einkommensteuerbescheid genau an und stellt fest, dass der Gewinnanteil aus der A & B-oHG falsch berechnet worden ist. Nach Abzug von Sonderbetriebsausgaben hätte sein Gewinnanteil richtigerweise 45.000,- € anstatt 50.000,- € betragen. Zudem fällt ihm auf, dass er irrtümlich vergessen hat, eine Rechnung über Malerarbeiten an dem Zweifamilienhaus (Datum 14.02.01; Zahlung 17.05.01) in Höhe von 3500,- € bei den Einkünften aus Vermietung und Verpachtung anzugeben. Er möchte insoweit eine Berichtigung des Einkommensteuerbescheides erreichen und gibt am Freitag, dem 31.10.02 ein entsprechendes Einspruchsschreiben an das Finanzamt Bielefeld-Innenstadt zur Post auf. Das Schreiben geht am 04.11.02 beim Finanzamt ein.
Beurteilen Sie die Erfolgsaussichten dieses Einspruchs!

Vorüberlegung

Ist nach den Erfolgsaussichten eines Rechtsmittels gefragt, ist in der überwiegenden Zahl der Klausur- und Hausarbeitsfälle immer die Zulässigkeit und Begründetheit des eingelegten Rechtsmittels zu überprüfen. Der Aufbau ist damit vorgegeben. Zweckmäßigerweise überprüft man zumindest in Gedanken zunächst alle Prüfungspunkte der Zulässigkeit. Für die Klausurbearbeitung, die erfahrungsgemäß immer unter Zeitdruck erfolgt, ist jedoch insbesondere anzuraten, nur die wirklich problematischen Punkte schriftlich abzuhandeln. Der Umfang der Ausführungen ist immer ein Anhaltspunkt dafür, ob dem Bearbeiter eine richtige Gewichtung der Probleme gelungen ist.

Lösungsvorschlag

Der Einspruch hat Aussicht auf Erfolg, wenn er zulässig und begründet ist.

Zulässigkeit

Da es sich um eine Streitigkeit in Abgabenangelegenheiten handelt, ist der Finanzrechtsweg eröffnet (§ 347 AO). Der Einspruch ist auch das statthafte Rechtsmittel (§§ 347, 348 AO). A rügt eine zu hohe Steuerlast und ist damit ohne Weiteres einspruchsbefugt i.S.v. § 350 AO. Fraglich ist aber, ob die Einspruchsfrist gewahrt ist. Ein Einspruch ist grundsätzlich innerhalb eines Monats nach Bekanntgabe des angefochtenen Steuerbescheides einzulegen (§ 355 Abs. 1 AO). Ein schriftlicher Verwaltungsakt, der durch die Post übermittelt wird, gilt am dritten Tage nach der Aufgabe als bekannt gegeben (§ 122 Abs. 2 Nr. 1 AO). Der Einkommensteuerbescheid 01 für A ist am 01.10.02 zur Post aufgegeben worden. Er gilt mithin ungeachtet des tatsächlich früheren Zugangs am 04.10.02 als bekannt gegeben. Die Einspruchsfrist endet folglich am 04.11.02 mit der Folge, dass der an diesem Tag beim zuständigen Finanzamt eingegangene Einspruch noch rechtzeitig ist. Da alle übrigen Zulässigkeitsvoraussetzungen erfüllt sind, ist der Einspruch insgesamt zulässig.

Begründetheit

Der Einspruch ist begründet, wenn der angefochtene Einkommensteuerbescheid rechtsfehlerhaft ist.

1. Irrtümlich vergessene Malerkosten

Die Kosten für die Durchführung von Malerarbeiten an einem fremdvermieteten Zweifamilienhaus gehören typischerweise zu den Erhaltungsaufwendungen, die im Rahmen der Ermittlung der Einkünfte aus Vermietung und Verpachtung als Werbungskosten i.S.v. § 9 EStG zu berücksichtigen sind. Der Umstand, das die Zahlung erst zu einem Zeitpunkt erfolgte, als das ZFH nicht mehr im Eigentum des A stand, ist unmaßgeblich. Der erforderliche Veranlassungszusammenhang mit der Vermietungstätigkeit wird dadurch nicht gelöst.

2. Höhe des Gewinnanteils an der A & B-oHG

Der Ansatz des Gewinnanteils in Höhe von 50.000,– € an der A & B-oHG erfolgte auf Grundlage des Feststellungsbescheides. Gemäß § 351 Abs. 2 AO können Entscheidungen in einem Grundlagenbescheid nur durch Anfechtung dieses Bescheides, nicht auch durch Anfechtung des Folgebescheides, angegriffen werden. Der vorliegende Einkommensteuerbescheid ist im Verhältnis zum Feststellungsbescheid der Folgebescheid. Die Einwendungen des A hinsichtlich der Höhe des Gewinnanteils können also nicht im Wege des Einspruchs gegen den Einkommensteuerbescheid geltend gemacht werden. (Anmerkung zum Prüfungsstandort: Es wäre auch vertretbar gewesen, wenn diese Problematik im Rahmen der Zulässigkeit des Einspruchs geprüft worden wäre. Überwiegend wird das Problem jedoch in der Begründetheit abgehandelt.)

Ergebnis

Der Einspruch ist zulässig und hinsichtlich der bisher nicht berücksichtigten Werbungskosten auch begründet. Ansonsten ist er unbegründet.

4. »Störung des Steuerrechtsfriedens«

Sachverhalt

Der oben erwähnte Einspruch des A wird am 03.03.03 entsprechend dem Lösungsvorschlag im Wege einer Einspruchsentscheidung beschieden. Ende Dezember 06 erlangt der zuständige Sachbearbeiter beim Finanzamt Bielefeld-Innenstadt Kenntnis von folgendem Sachverhalt: A hat sich nachträglich Anfang 03 mit dem Erwerber seines Einzelunternehmens auf eine Kaufpreiserhöhung geeinigt. Diese Erhöhung basierte auf einer Vertragsklausel, die für den Fall einer bestimmten Umsatzentwicklung eine Korrektur des Kaufpreises vorsah (Steuerliche Auswirkung: + 30.000,– €). Der erzielte Kaufpreis für das ZFH hat entgegen den Angaben des A in der Steuererklärung 700.000,– € betragen. Dies führt zum Ansatz eines Spekulationsgewinns. (steuerliche Auswirkung: + 52.000,– €). Zudem ist dem Sachbearbeiter aufgefallen, dass ihm bei Abfassung des Steuerbescheides 01 ein Zahlendreher mit einer Steuerauswirkung zugunsten des A in Höhe von 5.000,– € unterlaufen ist. Darüber hinaus hat der Sachbearbeiter bei der nochmaligen Überprüfung des Steuerbescheides festgestellt, dass Aufwendungen für das Einzelunternehmen, die auf 01 entfielen, rechtsfehlerhaft nicht als Betriebsausgaben anerkannt worden waren (steuerliche Auswirkung: ./. 12.000,– €).

Kann der Einkommensteuerbescheid 01 vom 01.10.02 im Dezember 06 noch korrigiert werden? Wenn ja, in welchem Umfang?

Lösungsvorschlag

Eine Änderung von Steuerbescheiden kommt nach Ablauf der Einspruchsfrist nur noch in Betracht, wenn die Festsetzungsverjährungsfrist noch nicht abgelaufen ist. Die Festsetzungsfrist beträgt bei der Einkommensteuer 4 Jahre (§ 169 Abs. 2 Nr. 2 AO). Sie beginnt grundsätzlich mit Ablauf des Kalenderjahres, in dem die Steuererklärung abgegeben wird (§ 170 Abs. 2 Nr. 1 AO). Vorliegend beginnt also die Frist mit Ablauf des 31.12.02. Das regelmäßige Festsetzungsverjährungsende bestimmt sich somit mit dem 31.12.06. Da Ansatzpunkte für eine Ablaufhemmung im Sinne von § 171 AO nicht vorliegen, kann eine Berichtigung des Einkommensteuerbescheides noch bis Ende Dezember 06 erfolgen. Eine Änderung nach Ablauf der Einspruchsfrist setzt weiterhin voraus, dass die Tatbestandsvoraussetzungen einer speziellen Berichtigungsvorschrift der AO gegeben sind. Eine Korrektur nach §§ 164 Abs. 2, 165 Abs. 2 AO scheidet von vornherein aus, da es sich um eine endgültige Veranlagung handelte. Gemäß § 129 AO kann die Finanzbehörde Schreib-, Rechen- oder ähnliche offenbare Unrichtig-

keiten jederzeit berichtigen. Dabei muss es sich um unabsichtliche, versehentliche, unbewusste, mechanische Fehler handeln, nicht dagegen um Fehler in der Rechtsanwendung. Diese Voraussetzungen sind vorliegend bei dem Zahlendreher ohne weiteres gegeben. Darüber hinaus ist eine Berichtigung nach dieser Vorschrift jedoch nicht möglich. Hinsichtlich des höheren Kaufpreises für das ZFH kommt eine Berichtigung nach § 173 Abs. 1 Nr. 1 AO in Betracht. Dies setzt voraus, dass der tatsächlich höhere Kaufpreis eine neue Tatsache ist, die zu einer höheren Steuer führt. Tatsachen sind Lebenssachverhalte mit steuerlicher Relevanz. Tatsachen sind neu, wenn sie zwar existieren, der Behörde aber erst bekannt werden, nachdem die Willensbildung über die Steuerfestsetzung in der Finanzbehörde bereits abgeschlossen ist. Hier war der höhere Kaufpreis für das ZFH als Tatsache für die Finanzbehörde neu, denn er wurde erst bekannt, nachdem die Steuer bereits auf Grundlage des angegebenen (niedrigeren) Kaufpreises festgesetzt worden war. Der Einkommensteuerbescheid kann also insoweit nach § 173 Abs. 1 Nr. 1 AO geändert werden. Fraglich ist, ob über § 173 AO auch eine Berichtigung hinsichtlich der nachträglichen Erhöhung des Kaufpreises für das Einzelunternehmen erfolgen kann. In diesem Fall ist aber die fragliche Tatsache gerade nicht neu im Sinne von § 173 AO. Die Vereinbarung über die Erhöhung des Kaufpreises ist nicht bei der Steuerfestsetzung existent gewesen, sondern erst später eingetreten. Es handelt sich vielmehr um ein nachträgliches rückwirkendes Ereignis im Sinne von § 175 Abs. 1 Nr. 2 AO (Rechtsprechung des BFH). Die Kaufpreiserhöhung ist nachträglich eingetreten und hat steuerliche Auswirkungen auf die Ermittlung der Einkünfte aus Gewerbebetrieb für 01. Die Voraussetzungen für eine entsprechende Änderung liegen mithin vor. Bei den zu Unrecht nicht anerkannten Betriebsausgaben handelt es sich um einen Fehler in der Rechtsanwendung, der weder nach § 129 AO (kein mechanisches Versehen) noch nach § 173 AO (keine Tatsache, sondern Rechtsfehler) korrigiert werden kann. Es kommt aber eine Gegenberichtigung nach § 177 AO in Betracht. Danach können materielle Fehler zugunsten des Steuerpflichtigen berichtigt werden, wenn und soweit nach einer Änderungsvorschrift der AO eine Korrektur zuungunsten des Steuerpflichtigen vorliegt. Die falsche Rechtsanwendung ist ein typischer materieller Fehler im Sinne von § 177 AO.

Die Gegenberichtigung kann also erfolgen, soweit die Änderung (zuungunsten) reicht.

Auswirkungen:

  + 30.000,- € (§ 175 Abs. 1 Nr. 2 AO)

  + 52.000,- € (§ 173 Abs. 1 Nr. 1 AO)

  - 5.000,- € (§ 129 AO)

- 12.000,– € (§ 177 AO)

+ 65.000,– €

Ergebnis: Bis zum 31.12.06 kann dem A ein Berichtigungsbescheid zugestellt werden. Die Steuerauswirkungen betragen insgesamt 65.000,– €.

5. »Steuerfall B. Baumann«

Sachverhalt

Bernd Baumann (B), ledig und wohnhaft in Bielefeld, ist bis zum 30.6.01 als Arbeitnehmer in einem Gebäudereinigungsunternehmen tätig. Ab dem 1.7.01 macht er sich in seinem bisherigen Fachbereich selbständig. Da er sich in rechtlichen Dingen unsicher ist, fragt er seinen Steuerberater um Rat, wie die folgenden Sachverhalte steuerlich in der Einkommensteuererklärung zu behandeln sind:

1. B hat anlässlich seines 40. Geburtstags am 14.3.01 von seinem Arbeitgeber A eine Kiste erlesener Weine im Wert von 100,– € geschenkt bekommen, weil A schon seit langem mit B privat befreundet ist.

2. B hat auf einer Dienstfahrt, die im Auftrag des Arbeitgebers A durchzuführen war, einen Unfall verursacht, bei dem sein eigener Pkw einen Totalschaden (15.000,– €) erlitten hat. An der Unfallstelle stellte die Polizei fest, dass B sich alkoholbedingt in einem Zustand absoluter Fahruntüchtigkeit befunden hat.

3. Bereits seit März 01 kümmert sich B um die Anmietung eines Büroraumes für seine beabsichtigte gewerbliche Tätigkeit. Schon am 15.4.01 kommt es zum Abschluss eines Mietvertrags (Beginn: 1.7.01; monatliche Miete: 1.000,– €, fällig jeweils zum Monatsende). Eine Abstandszahlung für vorhandenes Inventar in Höhe von 3.000,– € ist bei Vertragsschluss fällig. B, der zulässigerweise seinen Gewinn nach § 4 Abs. 3 EStG ermittelt, hat weder die vor Beginn der Tätigkeit geleistete Abstandszahlung noch die Dezembermiete (wegen Zahlung am 7.1.01) erfasst.

4. Mit Beginn seiner gewerblichen Tätigkeit ist B in den Bielefelder Golfclub eingetreten, da er sich – neben dem Freizeitspaß – eine Verbesserung seiner geschäftlichen Kontakte und neue Aufträge verspricht. Den Beitrag und die Aufnahmegebühr (insgesamt 3.000,– €) hat er daher als Betriebsausgabe erfasst.

5. B hat seinem Freund, einem Versicherungsmakler, einen Neukunden vermittelt und für den Abschluss aus Dezember 00 im Januar 01 eine einmalige Provision in Höhe von 300,– € erhalten. 6. B hat von seiner verstorbenen Tante T ein (unbebautes) Baugrundstück geerbt. T hatte das Grundstück kurz vor ihrem Tod am 1.10.1997 für 100.000,– € erworben. Als A im Juni 01 ein verlockendes Angebot für das Grundstück erhält und er Geld für die Eröffnung seines Betriebs braucht, greift er zu und veräußert es Ende Juni für 150.000,– €. (Anmerkung: Etwaige Nebenkosten sind außer Betracht zu lassen).

Nehmen Sie zur steuerlichen Beurteilung der einzelnen Vorgänge Stellung! (Rechtslage 2011)

Vorüberlegung

In diesem Fall ist nach der Fallfrage präzise nach der steuerlichen Behandlung einzelner kleiner Sachverhalte gefragt. Überlegungen oder gar Ausführungen in der Lösung zur Steuerpflicht, Veranlagungsart, zur Ermittlung des zu versteuernden Einkommens erübrigen sich daher.

Lösungsvorschlag

Steuerliche Behandlung der einzelnen Sachverhalte:

1. Geschenk

Das Geschenk könnte bei B als Einnahme bei den Einkünften aus Nichtselbständiger Arbeit (§ 19 Abs. 1 Nr. 1 EStG) zu erfassen sein.

Das ist der Fall, wenn es sich um ein geldwertes Gut handelt, das dem A im Rahmen der Einkünfte aus § 19 EStG zugeflossen ist (§ 8 Abs. 1 und 2 EStG). Der Wein ist ein geldwertes Gut. Dieses ist Im Rahmen des § 19 EStG zugeflossen, wenn es zu den in § 19 Abs. 1 EStG aufgezählten Einnahmen zählt und eine Veranlassung durch das Arbeitsverhältnis gegeben ist. Kiste Wein ist geldwerter Vorteil i.S.v. § 19 Abs. 1 Nr. 1 EStG. Die Freiwilligkeit der Hingabe ist unerheblich, § 19 Abs. 1 Satz 2 EStG. Fraglich ist aber die erforderliche berufliche Veranlassung. Grund für die Schenkung war aber nicht das Arbeitsverhältnis, sondern die langjährige Freundschaft. Damit stand eindeutig die private Veranlassung im Vordergrund.

Ergebnis: Die Kiste Wein braucht A nicht als Einnahme aus § 19 EStG zu versteuern.

2. Unfall

Die Unfallkosten könnten Werbungskosten i.S.v. § 9 Abs. 1 Satz 1 EStG sein.

Dann müssten die Kosten zur Erwerbung, Sicherung und Erhaltung der Einnahmen aufgewendet worden sein (BFH: beruflich veranlasst sein). Unfallkosten auf einer Dienstfahrt sind grundsätzlich Werbungskosten i.S.v. § 9 Abs. 1 Satz 1 EStG, da zweifelsfrei eine berufliche Veranlassung der Fahrt gegeben ist. Ist dagegen der Unfall durch Alkohol bedingte absolute Fahruntüchtigkeit verursacht worden, wird die beruflichen Veranlassung durch den Bereich der privaten Lebensführung (§ 12 Nr. 1 Satz 1 EStG) überlagert. Dies führt im Ergebnis zur Nichtabziehbarkeit der Unfallkosten (BFH- Urteil vom 24.05.2007 - VI R 73/05, BStBl. II 2007, 766).

3. Abstandszahlung/Dezembermiete

Bei der Abstandszahlung könnte es sich um eine Betriebsausgabe nach § 4 Abs. 4 EStG handeln. Betriebsausgaben sind Aufwendungen, die durch den Betrieb veranlasst sind. Auch Aufwendungen vor Betriebseröffnung können Betriebsausgaben sein, wenn sie betrieblich veranlasst sind, d.h. wenn ein subjektiver und objektiver Zusammenhang mit der späteren betrieblichen Tätigkeit besteht (sog. vorab veranlasste Erwerbsaufwendungen; früher vorweggenommene oder vorab veranlasste Aufwendungen). Diese Voraussetzungen sind vorliegend gegeben, denn B tätigt die Ausgabe im Hinblick auf die beabsichtigte Eröffnung seines Gebäudereinigungsbetriebs. Damit ist die Abstandszahlung zusätzlich als Betriebsausgabe zu erfassen. Die Dezembermiete stellt zweifellos eine Betriebsausgabe dar, denn die Aufwendung ist durch den Betrieb veranlasst. Problematisch ist, ob sie in 01 erfasst werden kann. Das ist dann der Fall, wenn die Miete in 01 abgeflossen ist. Nach § 11 Abs. 2 Satz 1 EStG sind Ausgaben in dem Kalenderjahr abzusetzen, in dem sie geleistet worden sind. Eine Ausnahme gilt für regelmäßig wiederkehrende Ausgaben: Abflussfiktion (§ 11 Abs. 2 Satz 2 i.V.m. Abs. 1 Satz 2 EStG). Regelmäßig wiederkehrende Ausgaben, die der Steuerpflichtige kurze Zeit vor Beginn und kurze Zeit nach Beendigung des Kalenderjahres, zu dem sie wirtschaftlich gehören, geleistet hat, gelten (=gesetzliche Fiktion) als in diesem Kalenderjahr verausgabt. Die Miete ist eine typische regelmäßig wiederkehrende Ausgabe, denn sie beruht auf einem Rechtsverhältnis (Mietvertrag), das eine wiederkehrende monatliche Zahlung vorsieht. Die Dezembermiete ist auch innerhalb der kurzen Zeitspanne (nach BFH – Urteil vom 10.12.1985 - VIII R 15/83, BStBl. II 1986, 342: 10 Tage) nach Beendigung des Jahres 01, zu dem die Miete wirtschaftlich gehört, geleistet worden. Die Dezembermiete gilt danach als in 01 abgeflossen und kann ebenfalls noch als Betriebsausgabe geltend gemacht werden.

4. Golfclubbeitrag

Die Golfclubzahlungen könnten Betriebsausgabe sein (§ 4 Abs. 4 EStG). Betriebsausgaben sind Aufwendungen, die durch den Betrieb veranlasst sind. Problematisch ist, dass neben den betrieblichen Gründen für die Ausgabe (geschäftliche Kontakte, Aufträge) auch private Motive (Freizeitspaß) für die Ausgabe bestimmend sind. Nach geänderter Rechtsprechung des Großen Senats des BFH (Beschluss vom 21.09.2009 - GrS 1/06, BStBl. II 2010, 672) ergibt sich aus § 12 Nr. 1 Satz 2 EStG nur dann noch ein Aufteilungs- und Abzugsverbot für gemischte Aufwendungen, wenn die Aufwendungen untrennbar gemischt veranlasst sind. Für eine Aufteilung in einen betrieblichen und einen privaten Anteil gibt der Sachverhalt keine Anhaltspunkte. Eine

Aufteilung ist auch im Schätzwege nicht möglich und wäre willkürlich. Daher scheidet ein Abzug als Betriebsausgabe aus.

5. Provision

Die Provision könnte mangels Zusammenhang mit anderen Einkunftsarten allein bei § 22 Nr. 3 EStG als Einnahme aus Leistungen zu erfassen sein. Die Vorschrift sieht vor, dass die Einkünfte aus gelegentlichen Vermittlungen zu erfassen sind, wenn die Einnahmen die Freigrenze von 256,– € übersteigen. Dann ist der gesamte Betrag steuerpflichtig. Diese Voraussetzungen sind vorliegend erfüllt. B hat in 01 300,– € für eine gelegentliche Vermittlung einer Versicherung erhalten. Da im Rahmen der Überschusseinkunftsarten das Zuflussprinzip des § 11 Abs. 1 EStG gilt, kommt es nicht darauf an, wann der Provisionsanspruch entstanden ist. Die Provision ist also in voller Höhe in 01 zu erfassen.

6. Grundstücksverkauf

Hinsichtlich des Gewinns aus dem Grundstücksverkauf kommt nur die Erfassung im Rahmen den § 23 EStG in Betracht. Nach § 23 Abs. 1 Nr. 1 EStG ist ein Grundstücksveräußerungsgeschäft steuerpflichtig, wenn der Zeitraum zwischen Anschaffung und Veräußerung weniger als 10 Jahre beträgt. Problematisch ist in diesem Zusammenhang, dass B das Grundstück geerbt hat. In diesen Fällen greift § 23 Abs. 1 Satz 3 EStG mit der Folge, dass die Anschaffung des Rechtsvorgängers dem B zugerechnet wird. Die Veräußerung hat also hier innerhalb der Veräußerungsfrist stattgefunden. Im Ergebnis muss B den Gewinn von 50.000,– € (150.000,– € ./. 100.000,– €; § 23 Abs. 3 Satz 1 EStG) in 01 versteuern.

6. »Steuerbescheid im Postschließfach«

Sachverhalt

Der Einkommensteuerbescheid des A wird am Donnerstag, dem 4.4., zur Post gegeben und am 6.4. in das Postschließfach des A gelegt. A leert das Schließfach erst am 9.4. und nimmt den Einkommensteuerbescheid zur Kenntnis. Da er mit dem Inhalt des Steuerbescheides nicht einverstanden ist, will er Einspruch einlegen. Das Einspruchsschreiben geht am 10.5. beim Finanzamt ein (Donnerstag, 9.5., ist ein gesetzlicher Feiertag). Ist der Einspruch noch rechtzeitig? (Anmerkung: Es ist davon auszugehen, dass die Jahreszahl für die Falllösung keine Bedeutung hat).

Lösungsvorschlag

Der Einspruch ist noch rechtzeitig, wenn am 10.5. die Einspruchsfrist noch nicht abgelaufen ist.

Die Einspruchsfrist beträgt einen Monat und beginnt mit der Bekanntgabe des Verwaltungsaktes, hier des Steuerbescheids (§ 355 Abs. 1 Satz 1 AO). Die Bekanntgabe des Steuerbescheids des A gilt mit dem dritten Tag nach Aufgabe zur Post (»Drei-Tages-Fiktion«) als bewirkt (§ 122 Abs. 2 Nr. 1 AO). Der Umstand, dass der 7.4. ein Sonntag ist, führt dazu, dass sich die Dreitagesfrist gemäß § 108 Abs. 3 AO verlängert bis zum nächstfolgenden Werktag: Montag, 8.4. (Änderung der BFH-Rechtsprechung: siehe Urteil vom 14.10.2003 - IX R 68/98, BStBl. II 2003, 898).

Fraglich ist, ob die Tatsache, dass A erst am 9.4. Kenntnis nimmt, am regelmäßigen Fristbeginn etwas ändert. Ein späterer Beginn der Frist kommt nur bei einem Zugang des Steuerbescheids nach Ablauf der »Drei-Tages-Frist« in Betracht (§ 122 Abs. 2 AO). Für den Zugang ist aber nur erforderlich, dass der Steuerbescheid derart in den Machbereich gelangt, dass unter normalen Umständen eine Kenntnisnahme möglich ist. Auf die tatsächliche Kenntnisnahme kommt es für den Zugang nicht an. Zugegangen ist der Steuerbescheid daher mit dem Verbringen in das Postschließfach (6.4.). Die Kenntnisnahme war ab diesem Zeitpunkt ohne Weiteres möglich. Der Fristbeginn bestimmt sich nach alledem gemäß § 108 Abs. 1 AO i.V.m. § 187 Abs. 1 BGB mit dem 9.4. (0.00 Uhr) und dementsprechend das Fristende mit dem 9.5. (24.00 Uhr).

Ergebnis: Der Einspruch ist am 10.5. verspätet.

7. » Umsatzsteuerliche Lieferungen «

Sachverhalt

Der Autohändler X aus Bielefeld tätigt in 2011 folgende Geschäfte:

a. Am 10.01.2011 kauft der Kunde K im Geschäft des X einen Pkw für 25.000,- € und nimmt ihn sofort mit.

b. Am 18.03.2011 übergibt X einen Pkw der Bundesbahn am Bielefelder Bahnhof. Die Bahn transportiert den Pkw im Auftrag des Kunden Y nach Zürich (Schweiz). Am 25.03.2011 holt der Kunde den Pkw in Zürich bei der Bahn ab.

c. Der Kunde W erwirbt am 04.04.2011 beim Kfz-Händler X einen gebrauchten Pkw. An diesem Tag einigen sich X und der Kunde W, dass das Eigentum an dem Pkw übergehen, der Pkw jedoch noch bis zum 30.04.2011 bei X verbleiben soll.

d. Der Kunde Z aus Dortmund erwirbt am 17.07.2011 beim Kfz-Händler X einen gebrauchten Pkw. Am 24.07.2011 beauftragt Z ein Abschleppunternehmen aus Essen, den Pkw in Bielefeld abzuholen, um diesen nach Dortmund zu transportieren. Auf der Rückfahrt von Bielefeld nach Dortmund hatte der angestellte Fahrer auf eisglatter Straße einen Unfall. Dabei erlitt der Pkw einen Totalschaden.

Nehmen Sie zu den im vorstehend ausgeführten Sachverhalts nach den Vorschriften des UStG Stellung zum Ort, dem Zeitpunkt und der Steuerbarkeit der Lieferung.

Lösungsvorschlag

Zu a)

Die Lieferung an den Kunden K ist eine Abhollieferung. Nach § 3 Abs. 6 Sätze 1 und 2 UStG wird der Gegenstand der Lieferung durch den Abnehmer befördert. Die Lieferung gilt dort als ausgeführt, wo die Beförderung beginnt, somit in Bielefeld. Die Lieferung ist damit im Inland steuerbar. Die Vorschrift des § 3 Abs. 6 UStG trifft keine Aussage über den Zeitpunkt der Lieferung. Der Lieferzeitpunkt bestimmt sich für jede Lieferung nach dem Zivilrecht. Zeitpunkt der Lieferung ist daher nach § 929 Satz 1 BGB mit Übergabe des Pkw am 10.01.2011.

Zu b)

Bei der Lieferung an den Kunden Y handelt es sich um ein Versenden nach § 3 Abs. 6 Satz 3 UStG. Ein Versenden liegt immer dann vor, *wenn jemand die Beförderung durch einen selbständigen Beauftragten ausführen oder besorgen lässt. Die Lieferung gilt dabei dort als ausgeführt, wo die Versendung an den Abnehmer beginnt.*

Die Versendung beginnt mit der Übergabe des Gegenstandes an den Beauftragten (§ 3 Abs. 6 Satz 4 UStG). Der Ort der Lieferung befindet sich demnach am Bahnhof Bielefeld.

Nach § 447 BGB liegt ein Versendungskauf vor, da die Bundesbahn durch den Lieferer X auf Verlangen des Käufers Y beauftragt wird. Mit der Übergabe des verkauften Pkw an die Bahn geht die Gefahr auf den Käufer über. Nach § 929 Satz 1 i.V.m. § 447 I BGB wird die Lieferung am 18.03.2011 ausgeführt.

Zu c)

Der Zeitpunkt der Lieferung bestimmt sich nach § 930 BGB. Die Übergabe des Pkw wird am 04.04.2011 durch die Vereinbarung eines zivilrechtlichen Besitzkonstituts ersetzt. Da eine »bewegungslose Lieferung« vorliegt, bestimmt sich der Ort der Lieferung nach § 3 Abs. 7 Satz 1 UStG. Der Ort der Lieferung befindet sich in Bielefeld, da sich dort der Pkw zum Zeitpunkt der Verschaffung der Verfügungsmacht befindet.

Zu d)

Nach dem vorliegenden Sachverhalt wurde die Lieferung nach § 929 Satz 1 i. V. m. § 446 BGB am 24.07.2008 ausgeführt. Das Abschleppunternehmen ist nach den Vereinbarungen offensichtlich Erfüllungsgehilfe des Kunden Z. Der Transport wird daher Z zugerechnet. Mit der Übergabe des Pkws an das Abschleppunternehmen bzw. seinem Vertreter oder Beauftragten seiner Firma geht die Gefahr des zufälligen Untergangs auf den Kunden Z über. Der Ort der Lieferung befindet sich nach § 3 Abs. 6 Satz 1 UStG in Bielefeld.

8. Schlusswort

Herzlichen Glückwunsch!

Sie haben nun den »Steuer-Dschungel« das erste Mal auf den großen, festen Pfaden sicher durchquert. Ich hoffe, die Berührungsängste sind abgebaut und Sie haben einen guten Überblick über die Grundlagen und das System des gesamten Steuerrechts gewonnen.

»Die ersten Pfade durch den Steuer-Dschungel«

Sicherlich kennen Sie jetzt noch nicht jede der vielen kleinen Abzweigungen. Gleichwohl werden Sie bei jedem erneuten Durcharbeiten dieses Buches erkennen, dass Ihr Orientierungsvermögen im Steuerrecht wächst und sich der Nebel um die unbekannte Materie mehr und mehr lichtet.

Damit das Erlernte aber nicht gleich wieder verloren geht, rate ich Ihnen, den Stoff zumindest in bestimmten Zeitabständen anhand der als Zusammenfassung dienenden Übersichten und mit Hilfe der Wiederholungsfragen aufzufrischen.

Weiterhin viel Spaß und Erfolg beim Erforschen des »Steuer-Dschungels«.

Register

A

Abflussprinzip
regelt die zeitliche Zuordnung von Ausgaben (§ 11 Abs. 2 EStG) ⇨ 110

Abgeltungsteuer
ist ein Verfahren zur Durchführung der Besteuerung von bestimmten Kapitalerträgen ⇨ 140

Abhilfebescheid
ist ein Steuerbescheid, in dem ein eingelegter Einspruch positiv beschieden wird ⇨ 59

Abhollieferungen
Gegenstand der Lieferung wird vom Abnehmer beim Unternehmer abgeholt ⇨ 249

Ablaufhemmung
bewirkt das Hinausschieben des regelmäßigen Fristendes ⇨ 49 f., 55

Ablaufhemmung (der Zahlungsverjährung)
besteht im Gegensatz zur Festsetzungsverjährung nur bei höherer Gewalt (§ 230 AO) ⇨ 48 ff., 77

Abnutzbares Anlagevermögen
erfasst alle Wirtschaftsgüter, die der Abnutzung unterliegen (§ 6 Abs. 1 Nr. 1 EStG) ⇨ 105

Absetzung für Abnutzung (AfA)
dokumentiert die Wertminderung von Wirtschaftsgütern, z.B. infolge Alters ⇨ 105

Abzugsfähigkeit (von Aufwendungen)
bedeutet, dass die entstandenen Kosten steuermindernd berücksichtigt werden können ⇨ 161 ff.

Akzessorietät
Abhängigkeitsverhältnis ⇨ 69

Allgemeines Steuerrecht
umfasst im Wesentlichen das Verfahrensrecht ⇨ 6

Allphasen-Netto-Umsatzsteuer mit Vorsteuerabzug
beschreibt das Umsatzsteuersystem ⇨ 224 f.

Altersentlastungsbetrag
ist eine Steuerentlastung für Steuerpflichtige, die vor Beginn des Veranlagungszeitraumes das 64. Lebensjahr vollendet haben ⇨ 95 f., 160

Änderungssperre
Einschränkung der Korrekturmöglichkeit, (§ 173 Abs. 2 AO) ⇨ 69

Anfechtbarkeit
bedeutet, dass ein (Steuer-)Bescheid mit einem Rechtsbehelf zur Feststellung der Rechtswidrigkeit angegriffen werden kann ⇨ 48 ff.

Anlagevermögen
umfasst alle Wirtschaftsgüter, die am Bilanzstichtag dazu bestimmt sind, dem Betrieb dauernd zu dienen ⇨ 103 ff.

Anlaufhemmung
ist das Hinausschieben des Fristbeginnes ⇨ 48 f.

Anrechnungsmethode (ausländischer Steuern)
bedeutet, dass die im Ausland entrichtete Steuer auf die deutsche Steuer angerechnet bzw. verrechnet wird ⇨ 88, 178, 318

Anrechnungsverfahren
ermöglicht die Anrechnung der bei Ausschüttung einbehaltenen Körperschaftsteuer auf die Einkommensteuer des Anteilseigners und beseitigte insoweit eine Doppelbesteuerung auf ausgeschüttete Gewinne (bis 31.12.2000) ⇨ 201

Anschaffungskosten
sind alle Aufwendungen, die geleistet werden, um einen Vermögensgegenstand zu erwerben und ihn in einen betriebsbereiten Zustand zu versetzen, soweit sie dem Vermögensgegenstand einzeln zugeordnet werden können (§ 255 Abs. 1 HGB) ⇨ 103 ff.

Antragsveranlagung
ist eine beantragte Einkommensteuerveranlagung eines Arbeitnehmers ⇨ 134, 175

Arbeitnehmer
sind Personen, die in öffentlichem oder privatem Dienst angestellt oder beschäftigt sind oder waren und die aus diesem Dienstverhältnis oder einem früheren Dienstverhältnis Arbeitslohn beziehen ⇨ 131

Arbeitslohn
sind alle Einnahmen, die dem Arbeitnehmer aus dem Dienstverhältnis zufließen ⇨ 131

Aufrechnung
ist die wechselseitige Tilgung zweier sich gegenüberstehender Forderungen durch Verrechnung (§ 226 AO) ⇨ 74

Aufteilungs- und Abzugsverbot
gilt für gemischte Aufwendungen ⇨ 117, 131

Aufzeichnungspflicht
ist die Pflicht zur schriftlichen Fixierung bestimmter steuerlicher Sachverhalte ⇨ 39 ff.

Ausfuhrlieferung
ist die Beförderung/Versendung des Liefergegenstandes in ein Drittlandsgebiet (§ 6 Abs. 1 Nr. 1 UStG) ⇨ 256

Ausführungspflicht
Pflicht des Staates, die im Gesetz vorgesehene Besteuerung zu vollziehen ⇨ 9

Ausland
ist das Gebiet, das nicht Inland ist (§ 1 Abs. 2 Satz 2 UStG) ⇨ 240

Ausschluss des Vorsteuerabzuges

wenn der Unternehmer den erhaltenen Umsatz für die Ausführung steuerfreier Umsätze verwendet (§ 15 Abs. 2 UStG) ⇨ 257, 274 f.

Außenprüfung
ist eine umfassende und besonders intensive Sachaufklärungsmaßnahme ⇨ 43

Außensteuergesetz
dient der Korrektur unberechtigter Gewinn- und Vermögensverlagerungen ins Ausland ⇨ 320

Außergewöhnliche Belastungen
sind bestimmte ausdrücklich zum Abzug zugelassene Privatausgaben (§ 33 EStG) ⇨ 170 f.

Ausschüttung
ist der ausgeschüttete Gewinn einer Körperschaft abzüglich der darauf entfallenden Körperschaftsteuer ⇨ 201

Aussetzung der Vollziehung
Verpflichtung zur sofortigen Steuerzahlung wird ausgesetzt, wenn ernstliche Zweifel an der Rechtmäßigkeit des angefochtenen Steuerbescheides bestehen oder wenn die Vollziehung für den Betroffenen eine unbillige, nicht durch überwiegend öffentliche Interessen gebotene Härte zur Folge hat (§ 361 AO) ⇨ 61, 76

Auswahlermessen
Verwaltung hat Entscheidungsspielraum, welche von mehreren gesetzlich vorgesehenen Möglichkeiten sie wählt ⇨ 15

Autonome Satzungen
sind ebenfalls Rechtsnormen, die von einer dem Staat eingeordneten juristischen Person des öffentlichen Rechts im Rahmen der ihr gesetzlich verliehenen Autonomie mit Wirksamkeit für die ihr angehörigen und unterworfenen Personen erlassen werden ⇨ 30

Beförderung (i.S.d. UStG)
ist jede Fortbewegung eines Gegenstandes (§ 3 Abs. 6 Satz 2 UStG) ⇨ 249

Beiträge
Entgelte für angebotene öffentliche Leistungen ⇨ 9, 25 f., 165, 309

Bekanntgabe (eines Steuerbescheides)
bedeutet, dem Beteiligten, für den der Steuerbescheid bestimmt oder der von ihm betroffen ist, die Möglichkeit zu verschaffen, von dem Inhalt des Steuerbescheides Kenntnis zu nehmen ⇨ 51

Bekanntgabefiktion
bedeutet, dass Steuerbescheide bei Übermittlung durch die Post am dritten Tage nach Aufgabe zur Post als bekannt gegeben gelten (§ 122 Abs. 2 Nr. 1 AO) ⇨ 51

Belegenheitsfinanzamt (Grunderwerbsteuer)
ist das Finanzamt, in dessen Bezirk das Grundstück oder der wertvollste Teil des Grundstückes liegt (§ 17 Abs. 1 GrEStG) ⇨ 305

Benutzungsgebühren
Entgelte für die Inanspruchnahme einer Verwaltungseinrichtung ⇨ 25 f.

Berichtigung des Vorsteuerabzuges
kommt in Betracht, wenn sich die Verhältnisse, die für den Vorsteuerabzug maßgebend waren, im Laufe der Jahre ändern (§ 15a UStG) ⇨ 277 f.

Berichtigungszeitraum
ist der Zeitraum, in dem eine Berichtigung des Vorsteuerabzuges möglich ist ⇨ 277

Berufsausbildungskosten
sind spezielle außergewöhnliche Belastungen ⇨ 164

Beschränkt abzugsfähige Sonderausgaben
steuermindernde Berücksichtigung der Sonderausgaben ist der Höhe nach beschränkt ⇨ 163 f.

Beschränkte Einkommensteuerpflicht
erfasst alle Personen, die im Inland weder einen Wohnsitz noch ihren gewöhnlichen Aufenthalt haben, jedoch inländische Einkünfte i.S.d. § 49 EStG erzielen (§ 1 Abs. 4 EStG) ⇨ 91

Beschwerde
ist ein außergerichtlicher Rechtsbehelf gegen andere als die in § 348 AO aufgeführten Verwaltungsakte (§ 349 Abs. 1 AO) ⇨ 57, 59

Besonderes Steuerrecht
umfasst die Einzelsteuergesetze ⇨ 6, 81 ff.

Besteuerungsgrundlagen
sind quantifizierte Berechnungsgrundlagen von Teilen des Steuerobjektes ⇨ 39, 54 f.

Betriebsausgaben
sind Aufwendungen, die durch den Betrieb veranlasst sind (§ 4 Abs. 4 EStG) ⇨ 14, 110

Betriebseinnahmen
sind alle Güter, die in Geld oder Geldeswert bestehen und dem Steuerpflichtigen im Rahmen der Gewinneinkunftsarten zufließen ⇨ 110 f.

Betriebsfinanzamt
ist das Finanzamt, von dessen Bezirk aus der Unternehmer sein Unternehmen betreibt (§ 22 Abs. 1 AO) ⇨ 46 f., 209

Betriebsgewöhnliche Nutzungsdauer
ist der Zeitraum, in dem sich ein Wirtschaftsgut im Betrieb wirtschaftlich verbraucht ⇨ 105

Betriebsstätte
ist jede feste Geschäftseinrichtung oder Anlage, die der Tätigkeit eines Unternehmens dient (§ 12 AO) ⇨ 211

Betriebsvermögen
ist der Unterschiedsbetrag zwischen dem Vermögen und den Schulden eines Betriebes ⇨ 100

Beweismittel
dient der Ermittlung des steuerrelevanten Sachverhaltes (§ 92 AO) ⇨ 42 f., 67

Bewertungsgesetz
enthält Bewertungsregeln, die gleichermaßen für Gewerbesteuer, Vermögensteuer, Erbschaft-, Schenkungsteuer und Grundsteuer gelten ⇨ 284 ff.

Bilanz
Aufstellung aller Vermögens- und Schuldposten ⇨ 109

Buchführung
erfasst alle Geschäftsvorfälle nach einem bestimmten Buchführungssystem ⇨ 40

Bundesfinanzhof (BFH)
ist das höchste Gericht in Steuersachen ⇨ 33, 64

Dauerschulden (Gewerbesteuer)
sind diejenigen Schulden, die der nicht nur vorübergehenden Verstärkung des Betriebskapitals dienen ⇨ 216

Dauerschuldzinsen (Gewerbesteuer)
sind Entgelte, die im Zusammenhang mit Dauerschulden anfallen ⇨ 216

Degressive Absetzung für Abnutzung
ist gekennzeichnet durch fallende Abschreibungssätze ⇨ 105

Dienstverhältnis
liegt vor, wenn der Angestellte (Beschäftigte) dem Arbeitgeber seine Arbeitskraft schuldet ⇨ 131 f.

Dividende
der von einer Aktiengesellschaft an seinen Anteilseigner ausgeschüttete Betrag ⇨ 140 f., 201

Doppelbesteuerungsabkommen
ist eine völkerrechtliche Vereinbarung zweier Staaten, in der geregelt ist, welcher Staat bei grenzüberschreitenden Sachverhalten das Besteuerungsrecht hat bzw. auf welche Weise Nachteile, die einem Steuerpflichtigen durch die Besteuerung in mehreren Staaten entstehen, abgemildert oder vermieden werden ⇨ 31, 91, 318

Drittlandsgebiet
ist das Gebiet, das nicht Gemeinschaftsgebiet ist ⇨ 240

Durchlaufende Posten
sind Geldbeträge, die lediglich im Rahmen und für Rechnung eines anderen vereinnahmt werden ⇨ 110

Durchlaufender Posten (i.S.d. UStG)
ist ein Betrag, den der Unternehmer im Namen und für Rechnung eines anderen vereinnahmt und verausgabt (§ 10 Abs. 1, letzter Satz, UStG) ⇨ 259

Durchschnittssätze
ist eine Gewinnermittlungsmethode, die nur Land und Forstwirte betrifft, die nicht zur Buchführung gesetzlich verpflichtet sind und deren Betrieb eine bestimmte Größe nicht überschreitet (§ 13a EStG) ⇨ 110, 178

Echter Schadenersatz
ist eine Gegenleistung ohne Leistung ⇨ 241

Eigentumsvorbehalt
ist eine Erwerbsform, bei der der Verkäufer dem Erwerber die Verfügungsmacht an dem gelieferten Gegenstand verschafft, sich aber als Sicherheit für den Kaufpreis das zivilrechtliche Eigentum an der Sache vorbehält (§ 455 BGB) ⇨ 239

Einfache Gesetze
sind förmliche Gesetze und stehen im Rang unter den Verfassungsgesetzen ⇨ 28 f.

Einfuhr
bedeutet die Verbringung von Gegenständen aus dem Drittlandsgebiet in das Inland ⇨ 247

Einfuhrumsatzsteuer
ist die bei der Einfuhr erhobene Umsatzsteuer ⇨ 247

Eingriffsverwaltung
Tätigwerden des Staates im Rahmen des Über-/ Unterordnungsverhältnisses ⇨ 8 f.

Einheitlicher Steuermessbetrag (Gewerbesteuer)
setzt sich zusammen aus dem Steuermessbetrag nach dem Gewerbeertrag und dem Steuermessbetrag nach dem Gewerbekapital ⇨ 219

Einheitswert
ist ein Wertbegriff aus dem Bewertungsgesetz, der für land- und forstwirtschaftliches Vermögen, Grundvermögen und Betriebsvermögen ermittelt wird ⇨ 284 f.

Einkommen
ist der Gesamtbetrag der Einkünfte, vermindert um die Sonderausgaben, die außergewöhnlichen Belastungen, die Steuervergünstigung der zu Wohnzwecken genutzten Wohnung und Gebäude sowie den Verlustabzug ⇨ 87, 161

Einkünfte
der Reinertrag aus allen wirtschaftlichen Betätigungen, die zu derselben Einkunftsart gehören ⇨ 95

Einkünfteerzielungsabsicht
ist die Absicht, durch die Erwerbstätigkeit einen Überschuss der Bezüge über die Aufwendungen zu erzielen ⇨ 119

Einkunftsart
ist ein Teilbereich derjenigen wirtschaftlichen Betätigungen, die der Einkommensteuer unterliegen ⇨ 95 f.

Einlagen
sind alle Wirtschaftsgüter, die der Steuerpflichtige dem Betrieb im Laufe des Wirtschaftsjahres aus seinem Privatvermögen zugeführt hat (§ 4 Abs. 1 Satz 5 EStG) ⇨ 100

Einnahmen
sind alle Güter, die in Geld oder Geldeswert bestehen und dem Steuerpflichtigen im Rahmen einer der Überschusseinkunftsarten zufließen (§ 8 Abs. 1 EStG) ⇨ 108, 115 f.

Einspruch
ist der außergerichtliche Rechtsbehelf, der insbesondere gegen alle Steuerbescheide und Feststellungsbescheide eingelegt werden kann (§ 348 AO) ⇨ 56

Einspruchsentscheidung
ist ein Steuerbescheid, in dem schriftlich und mit Begründung über den eingelegten Einspruch entschieden wird ⇨ 59 f.

Einspruchsfrist
betrifft die Frist, innerhalb derer der Rechtsbehelf gegen den Verwaltungsakt einzulegen ist (§ 355 Abs. 1 AO) ⇨ 49, 52, 59

Einzelveranlagung
Feststellung der Besteuerungsgrundlagen für eine Person (§ 25 EStG) ⇨ 84, 177

Endgültige Steuerfestsetzung
ist gegeben, wenn die Festsetzung der Steuern weder unter Vorbehalt der Nachprüfung noch vorläufig erfolgt ⇨ 54 f.

Entgelt
ist alles, was der Leistungsempfänger aufwendet, um die Leistung zu erhalten, jedoch abzüglich der Umsatzsteuer (§ 10 Abs. 1 Satz 1 UStG) ⇨ 259

Entnahmen
sind alle Wirtschaftsgüter, die der Steuerpflichtige dem Betrieb für sich, für seinen Haushalt oder für andere betriebsfremde Zwecke im Laufe des Wirtschaftsjahres entnommen hat (§ 4 Abs. 1 Satz 2 EStG) ⇨ 100

Entschließungsermessen
Verwaltung hat Entscheidungsspielraum, ob sie tätig werden will ⇨ 15

Entstehung (des Steueranspruchs)
sobald der Tatbestand verwirklicht ist, an den das Gesetz die Leistungspflicht knüpft (§ 38 AO) ⇨ 72

Ergänzungsnormen
enthalten Definitionen für einzelne Tatbestandsmerkmale anderer Rechtsnormen ⇨ 18

Erhaltungsaufwendungen
sind Aufwendungen für die laufende Instandhaltung und Instandsetzung eines Gebäudes ⇨ 146

Erhebungsverfahren
beinhaltet die Verwirklichung, die Fälligkeit und das Erlöschen von Ansprüchen aus dem Steuerverhältnis ⇨ 71 f.

Erhebungszeitraum (Gewerbesteuer)
ist der Zeitraum (Kalenderjahr), für den die Gewerbesteuer erhoben wird ⇨ 215

Erlass
ist eine Verwaltungsvorschrift im Steuerrecht, die entweder Gesetzesanwendungsfragen von allgemeiner Bedeutung oder für einen speziellen Einzelfall betrifft ⇨ 33

Erlass (von Steueransprüchen)
ist ein endgültiger Verzicht der Finanzbehörde auf die entstandene Steuer (§ 227 AO) ⇨ 75

Erlassbedürftigkeit
ist in der Regel bei sog. Gefährdungen des notwendigen Lebensunterhaltes des Steuerpflichtigen gegeben ⇨ 75

Erlasswürdigkeit
setzt voraus, dass der Schuldner durch sein Verhalten nicht gegen die Interessen der Allgemeinheit verstoßen und die mangelnde Leistungsfähigkeit nicht selbst herbeigeführt hat ⇨ 75

Erlöschen (von Steueransprüchen)
insbesondere durch Zahlung, Aufrechnung, Erlass und Eintritt der Zahlungsverjährung (§ 47 AO) ⇨ 74 ff.

Ermächtigungsgrundlage
Rechtsnorm, aufgrund derer der Staat handeln darf ⇨ 7

Ermessensspielraum
Entscheidungsspielraum ⇨ 15

Ermittlungsverfahren
dient der Ermittlung des steuerrelevanten Sachverhalts ⇨ 39

Ertragsanteil
ist der Zinsanteil aus dem Rentenrecht, der der Einkommensteuer unterliegt ⇨ 150

Erwerbsaufwendungen
ist der Oberbegriff für Werbungskosten und Betriebsausgaben ⇨ 161

Fälligkeit (von Steueransprüchen)
betrifft den Zeitpunkt, von dem ab die Finanzbehörde als Gläubiger des Steueranspruchs von dem Steuerpflichtigen die Zahlung der festgesetzten Steuern verlangen kann ⇨ 72 f.

Familienleistungsausgleich
⇨ 172 f.

Festsetzungsfrist
ist die Frist, innerhalb derer die Finanzbehörden Steueransprüche festsetzen können ⇨ 49

Festsetzungsverfahren
dient der Festsetzung der Steuer nach Maßgabe der Gesetze ⇨ 37, 44

Festsetzungsverjährung
setzt den Finanzbehörden eine Grenze, innerhalb derer Steueransprüche überhaupt mittels Steuerbescheid festgesetzt werden können (§ 169 AO) ⇨ 47 f.

Feststellungsverfahren
ist ein Verfahren, bei dem die Besteuerungsgrundlagen gesondert ermittelt und festgestellt werden ⇨ 54 f.

Finanzbehörde
Finanzamt ⇨ 11

Finanzgericht (FG)
ist die erste gerichtliche Instanz in Steuersachen ⇨ 33, 64

Folgebescheid
ist der aufgrund des Grundlagenbescheides ergehende Steuerbescheid ⇨ 55, 69

Formelle Bestandskraft
bedeutet die Unanfechtbarkeit (eines Steuerbescheides) ⇨ 65

Förmliche Gesetze
sind Rechtsnormen, die in einem förmlichen Gesetzgebungsverfahren zustande kommen, ordnungsgemäß ausgefertigt und in den dafür vorgeschriebenen amtlichen Blättern verkündet werden ⇨ 28 f.

Freigebige Zuwendung
setzt voraus, dass der Wille zur Unentgeltlichkeit der Zuwendung zumindest auf Seiten des Zuwendenden vorhanden ist (§ 7 Abs. 1 Nr. 1 ErbStG) ⇨ 294

Freistellungsmethode (ausländische Einkünfte)
bedeutet, dass ausländische Einkünfte von der deutschen Besteuerung befreit sind ⇨ 318

Gebietshoheit
⇨ 314 ff.

Gebietskörperschaften
Bund, Länder, Gemeinden, Gemeindeverbände ⇨ 26, 84, 190

Gebühren
Entgelte für bestimmte öffentliche Leistungen ⇨ 25 f.

Gebundene Entscheidung
bei Erfüllung der gesetzlichen Voraussetzungen besteht eine Verpflichtung der Verwaltung bzw. des Bürgers, im Sinne der Rechtsfolge tätig zu werden ⇨ 15

Gemeinschaftsgebiet
ist das Gebiet der EU-Mitgliedstaaten ⇨ 237, 240

Gemeinschaftsteuer
Steueraufkommen einer Steuerart steht Bund und Ländern (evtl. auch Gemeinden) gemeinschaftlich zu (Art. 106, 107 GG). ⇨ 11, 84, 184, 224

Gemischte Aufwendungen
sind Aufwendungen, die sowohl betrieblich als auch durch die private Lebensführung veranlasst sind ⇨ 112, 117

Gesamtbetrag der Einkünfte
ist die Summe der Einkünfte abzüglich Altersentlastungsbetrag, abzüglich des Freibetrages für Land- und Forstwirte ⇨ 96, 160

Gesamthandsgesellschaft
ist eine Personenvereinigung, bei der der Gesellschafter nicht über seinen Anteil am Gesellschaftsvermögen oder an den einzelnen dazu gehörenden Gegenständen verfügen kann (§ 719 BGB) ⇨ 305

Geschäftsleitung
ist der Mittelpunkt der geschäftlichen Oberleitung (§ 10 AO) ⇨ 47, 189

Geschäftsleitungsfinanzamt
ist örtlich zuständig für die Besteuerung juristischer Personen nach dem Einkommen und dem Vermögen (§ 20 AO) ⇨ 47

Gesetz
ist jede Rechtsnorm (§ 4 AO) ⇨ 28

Gesetzmäßigkeit der Besteuerung
Auferlegung von Steuerlasten ist nur zulässig, sofern und soweit sie durch Gesetz angeordnet ist ⇨ 7 f., 27

Gewerbebetrieb
ist eine selbständige nachhaltige Betätigung, die mit der Absicht, Gewinn zu erzielen, unternommen wird und sich als Beteiligung am allgemeinen wirtschaftlichen Verkehr darstellt, wenn die Betätigung weder als Ausübung von Land- und Forstwirtschaft noch als Ausübung eines freien Berufes noch als eine andere selbständige Arbeit anzusehen ist ⇨ 120 f.

Gewerbebetrieb (Gewerbesteuer)
ist ein gewerbliches Unternehmen i.S.d. EStG ⇨ 211

Gewerbebetriebe kraft gewerblicher Betätigung (Gewerbesteuer)
sind Einzelgewerbetreibende und Personengesellschaften, die die Voraussetzungen des § 15 Abs. 2 EStG erfüllen ⇨ 213

Gewerbebetriebe kraft Rechtsform (Gewerbesteuer)
sind die Kapitalgesellschaften (z.B. AG, GmbH) ⇨ 214

Gewerbesteuer
besteuert die Vermögenssubstanz in Form des Gewerbebetriebs ⇨ 206 ff.

Gewerbeverlustvortrag
sind Verluste, die sich bei der Ermittlung des Gewerbeertrags für die vorangegangenen Erhebungszeiträume ergeben haben (§ 10a GewStG) ⇨ 217

Gewerblicher Grundstückshandel
kommt in Betracht, wenn innerhalb eines Zeitraumes von fünf Jahren mehr als drei Objekte angeschafft und wieder veräußert werden ⇨ 122

Gewillkürtes Betriebsvermögen
erfasst alle Wirtschaftsgüter, deren betriebliche Nutzung mindestens 10 und höchstens 50 % beträgt ⇨ 104

Gewinn
ist der Unterschiedsbetrag zwischen dem Betriebsvermögen am Schluss des Wirtschaftsjahres und dem Betriebsvermögen am Schluss des vorangegangenen Wirtschaftsjahres, vermehrt um den Wert der Entnahmen und vermindert um den Wert der Einlagen (§ 4 Abs. 1 Satz 1 EStG) ⇨ 100

Gewinneinkunftsarten (= Gewinneinkünfte)
sind die Einkunftsarten, bei denen die Einkünfte der Gewinn sind (§ 2 Abs. 2 Nr. 1 EStG) ⇨ 99 f.

Gewinnermittlung
erfolgt durch Betriebsvermögensvergleich oder auch ohne Betriebsvermögensvergleich (nach Durchschnittssätzen oder durch Gegenüberstellung von Betriebseinnahmen und -ausgaben) ⇨ 99 ff.

Gewinnermittlungszeitraum
ist der Zeitraum, für den der Steuerpflichtige seinen Gewinn ermitteln soll (§ 4a EStG) ⇨ 113 f.

Gewinnerzielungsabsicht
ist die Einkünfteerzielungsabsicht für den Bereich der Gewinneinkunftsarten ⇨ 17, 121, 214

Gewöhnlicher Aufenthalt
hat jemand dort, wo er sich unter Umständen aufhält, die erkennen lassen, dass er an diesem Ort oder in diesem Gebiet nicht nur vorübergehend verweilt (§ 9 AO) ⇨ 18, 46, 90

Gleichordnungsverhältnis
ist kennzeichnend für das Zivilrecht ⇨ 6

Grenzsteuersatz
ist der Prozentsatz, mit dem Einkommenszuwächse bzw. -verringerungen belastet bzw. entlastet werden ⇨ 177

Grob fahrlässig
handelt vor allem, wer die Sorgfalt, zu der er nach seinen persönlichen Kenntnissen und Fähigkeiten verpflichtet und imstande ist, in besonders schwerem Maße und nicht entschuldbarer Weise verletzt oder wer schon die einfachsten, ganz naheliegenden Überlegungen nicht anstellt ⇨ 68

Grobes Verschulden
umfasst Vorsatz und grobe Fahrlässigkeit ⇨ 68

Grunderwerbsteuer
besteuert Grundstücksumsätze ⇨ 304 ff.

Grundlagenbescheid
ist ein Feststellungsbescheid, in dem die Besteuerungsgrundlagen für die Steuerfestsetzung im Einzelnen bindend festgestellt werden ⇨ 50, 55, 209, 299

Grundsteuer
ist eine Steuerart, die die Grundstückssubstanz besteuert ⇨ 298 ff.

Grundsteuermessbescheid
ist ein von der zuständigen Finanzbehörde erlassener Grundlagenbescheid, in dem der Grundsteuermessbetrag festgesetzt wird ⇨ 299 f.

Grundstück (Grunderwerbsteuer)
ist Grund und Boden, jedoch ohne Betriebsvorrichtungen (§ 2 Abs. 1 Nr. 1 GrEStG) ⇨ 304

Grundtarif (Grundtabelle)
ist der Einkommensteuertarif, insbesondere bei Ledigen, Geschiedenen oder bei getrennt veranlagten Steuerpflichtigen ⇨ 178

Gutschrift
ist die Abrechnung eines Unternehmers über eine steuerpflichtige Leistung (§ 14 Abs. 5 UStG) ⇨ 273

Hebeberechtigte Gemeinde
ist die Gemeinde, die für einen bestimmten Steuerpflichtigen die Gewerbesteuer festsetzen kann ⇨ 209 f., 219

Hebesatz (Gewerbesteuer)
ist ein Vomhundertsatz, den die hebeberechtigte Gemeinde zur Ermittlung der Gewerbesteuer auf den einheitlichen Gewerbesteuermessbetrag anwendet ⇨ 219

Hebesatz (Grundsteuer)
ist ein Vomhundertsatz, den die Gemeinde zur Ermittlung der Grundsteuer auf den Steuermessbetrag anwendet ⇨ 298, 300

Herstellungsaufwand
ist gegeben, wenn durch eine Baumaßnahme das Gebäude in seiner Substanz vermehrt, in seinem Wesen erheblich verändert oder über seinen bisherigen Zustand hinaus deutlich verbessert wird ⇨ 146 f.

Herstellungskosten
sind die Aufwendungen, die durch den Verbrauch von Gütern und die Inanspruchnahme von Diensten für die Herstellung eines Vermögensgegenstandes, seine Erweiterung oder für eine über seinen ursprünglichen Zustand hinausgehende wirtschaftliche Verbesserung entstehen (§ 255 Abs. 2 HGB) ⇨ 104

Hinzurechnungen (Gewerbesteuer)
sind Korrekturposten zur Ermittlung des Gewerbeertrages ⇨ 216

Hoheitsgewalt
Staatsgewalt ⇨ 6

Hoheitsrechte
Rechte, die allein dem Staat zustehen ⇨ 6

Horizontaler Verlustausgleich
Verrechnung positiver und negativer Ergebnisse innerhalb einer Einkunftsart ⇨ 157

Inland
Gebiet der Bundesrepublik Deutschland ⇨ 18, 90

Innenumsätze
sind nichtsteuerbare Umsätze zwischen verschiedenen Betrieben eines Unternehmens ⇨ 241

Innergemeinschaftliche Lieferung
liegt vor, wenn die Beförderung oder Versendung eines Liefergegenstandes aus Sicht des deutschen Unternehmers im übrigen Gemeinschaftsgebiet endet ⇨ 253

Innergemeinschaftlicher Erwerb
liegt vor, wenn ein Gegenstand nicht aus einem Drittlandsgebiet, sondern aus dem übrigen Gemeinschaftsgebiet eingeführt wird (§ 1 Abs. 1 Nr. 5 UStG) ⇨ 248

Internationales Steuerrecht
ist nationales Steuerrecht, das sich mit der Besteuerung grenzüberschreitender Sachverhalte befasst ⇨ 91, 314

Istbesteuerung
Umsatzsteuer entsteht ausnahmsweise mit Ablauf des Voranmeldungszeitraumes, in dem die Entgelte vereinnahmt worden sind (§ 13 Abs. 1 Nr. 1 b UStG) ⇨ 267

K

Kapitalertragsteuer
ist keine eigene Steuerart, sondern lediglich eine besondere Erhebungsform der Einkommensteuer bei bestimmten Kapitalerträgen ⇨ 140, 201 ff.

Kapitalgesellschaften
sind juristische Personen, die mit eigener Rechtsfähigkeit ausgestattet sind ⇨ 90, 188, 192, 214, 287

Kapitalvermögen
ist die Einkunftsart, bei der im Grundsatz die Fruchtziehung aus einer Kapitalanlage besteuert wird ⇨ 117, 140 ff., 201 f.

Karenzzeit
ist ein Zeitraum von 15 Monaten, in dem keine Vollverzinsung stattfindet ⇨ 77 f.

Katalogberufe
sind bestimmte, im Gesetz aufgezählte Berufe, die als freiberufliche Tätigkeiten eingeordnet werden (§ 18 Abs. 1 Nr. 1 EStG) ⇨ 128

Kinderbetreuungskosten
sind spezielle außergewöhnliche Belastungen (§ 33c EStG) ⇨ 164

Kinderfreibetrag
Steuervergünstigung für berücksichtigungsfähige Kinder (§ 32 EStG) ⇨ 160, 172 ff.

Klage
ist das zulässige Rechtsmittel gegen Einspruchsentscheidungen der Finanzbehörde (§§ 63 ff. FGO) ⇨ 64

Kleinbeträge
Entgelt und Umsatzsteuer übersteigen nicht 150,- Euro ⇨ 274

Kleinunternehmer
sind solche Unternehmer, deren Bruttoumsatz im vorangegangenen Kalenderjahr 17.500,- Euro nicht überstiegen hat und im laufenden Jahr voraussichtlich 50.000,- Euro nicht übersteigen wird (§ 19 UStG) ⇨ 281

Korrektur (von Steuerbescheiden)
dient der Berichtigung von bestimmten Fehlern nach Unanfechtbarkeit ⇨ 64 f.

Kraftfahrzeugsteuer
besteuert das Halten von inländischen Fahrzeugen zum Verkehr auf öffentlichen Straßen ⇨ 307 f.

Kürzungen (Gewerbesteuer)
sind Korrekturposten zur Ermittlung des Gewerbeertrags ⇨ 216 f.

Land- und Forstwirtschaft
ist die planmäßige Nutzung der natürlichen Kräfte des Bodens und die Verwertung der dadurch gewonnenen Erzeugnisse ⇨ 120, 160, 299

Legaldefinition
ist eine vom Gesetz selbst gegebene Begriffsbestimmung ⇨ 25

Legalitätsprinzip
(bezogen auf das Steuerrecht) Auferlegung von Steuerlasten ist allein dem Gesetz vorbehalten ⇨ 8 f.

Leibrenten
sind wiederkehrende Bezüge, deren Dauer nur von der Lebenszeit einer Person abhängt ⇨ 150, 160

Leistung
ist jedes Tun, Unterlassen und Dulden, das Gegenstand eines entgeltlichen Vertrags sein kann und um des Entgeltes willen erbracht wird ⇨ 154

Leistungsaustausch
setzt einen wechselseitigen Zusammenhang zwischen Leistung und Gegenleistung voraus ⇨ 241 f.

Leistungsbegriff (im Umsatzsteuerrecht)
ist jedes vom Willen eines Rechtssubjektes beherrschtes Verhalten, das zum Gegenstand des Wirtschaftsverkehrs gemacht wird, insbesondere Gegenstand eines Schuldverhältnisses sein kann; Oberbegriff für Lieferungen und sonstige Leistungen ⇨ 236

Leistungsfähigkeitsprinzip
Besteuerung nach der persönlichen Leistungsfähigkeit ⇨ 9, 84

Liebhaberei
bezeichnet eine Tätigkeit, die ohne Einkünfteerzielungsabsicht betrieben wird ⇨ 119

Lieferungen
sind solche Leistungen, durch die der Unternehmer einen Dritten befähigt, im eigenen Namen über einen Gegenstand zu verfügen (§ 3 Abs. 1 UStG) ⇨ 238 f.

Lineare Absetzung für Abnutzung
ist gekennzeichnet durch gleich bleibende Abschreibungssätze ⇨ 147

Liquidation
Verwertung der bilanzierungs- und bewertungsfähigen Vermögensgegenstände einer Körperschaft ⇨ 189

Lohnsteuer
ist keine besondere Steuerart; sie stellt lediglich eine besondere Erhebungsform der Einkommensteuer dar ⇨ 84

Lohnsteuerjahresausgleich
ist seit 1991 abgeschafft und durch ⇨ Antragsveranlagung ersetzt worden

Lohnsteuerkarte
dient dem Nachweis der vom Arbeitgeber abgeführten Lohnsteuerbeträge ⇨ 134

M

Materielle Bestandskraft
⇨ 65

Materielle Fehler
sind alle Fehler einschl. offenbarer Unrichtigkeiten, die zur Festsetzung einer Steuer führen, die von der kraft Gesetzes entstandenen Steuer abweicht ⇨ 70

Mehrwertsteuer (= Umsatzsteuer)
bei Umsätzen, die mehrere Phasen durchlaufen (Hersteller / Großhändler / Händler / Endverbraucher) erfasst die Umsatzsteuer jeweils nur den (neu) geschaffenen Mehrwert in jeder Phase ⇨ 225

Messbetrag nach dem Gewerbeertrag
ist eine Komponente des einheitlichen Gewerbesteuermessbetrags, die wertmäßig auf dem Gewinn aus Gewerbebetrieb beruht ⇨ 215, 217, 220

Methodenlehre
ist das fundamentale Wissen, das die Basis für das Verständnis von Gesetzen, für das Wissen um ihren Aufbau und ihre Anwendung darstellt ⇨ 14 f., 19

Mindest-Istbesteuerung
betrifft Fälle, in denen das Entgelt oder ein Teil des Entgeltes vor Leistungsausführung vereinnahmt worden ist; Umsatzsteuer entsteht hier bereits mit Ablauf des Voranmeldungszeitraumes, in dem das Entgelt oder das Teilentgelt vereinnahmt worden ist (§ 13 Abs. 1 a, Satz 4 UStG) ⇨ 267

Mindestbemessungsgrundlage
kommt in Betracht bei Leistungen von Unternehmern an Arbeitnehmer oder an ihnen nahestehenden Personen oder bei Leistungen von Personenvereinigungen an Mitglieder oder diesen nahestehenden Personen gegen zu niedriges Entgelt (§ 10 Abs. 5 UStG) ⇨ 263

Mischumsätze
Unternehmer verwendet einen für sein Unternehmen gelieferten Gegenstand oder eine von ihm in Anspruch genommene Leistung nur zum Teil zur Ausführung von Umsätzen, die den Vorsteuerabzug ausschließen ⇨ 275, 277

Mitunternehmer
ist nur, wer aufgrund eines zivilrechtlichen Gesellschaftsverhältnisses oder wirtschaftlich damit vergleichbaren Gemeinschaftsverhältnisses zusammen mit anderen Personen eine Unternehmerinitiative entfalten kann und ein Unternehmerrisiko trägt ⇨ 123 f., 188 f.

Mitwirkungspflichten
sind Pflichten des Steuerpflichtigen, bei der Ermittlung des steuerrelevanten Sachverhalts mitzuwirken ⇨ 5, 39 ff.

N

Natürliche Personen
sind alle lebenden Menschen ⇨ 18, 89

Nennwert
Rückzahlungsbetrag ⇨ 106

Nettodividende
ist der dem Anteilseigner gutgeschriebene Betrag bei Ausschüttung der Aktiengesellschaft ⇨ 201

Neue Tatsache
liegt vor, wenn die Tatsache der Behörde erst bekannt wird, nachdem die Willensbildung über die Steuerfestsetzung in der Finanzbehörde bereits abgeschlossen ist ⇨ 68

Nichtabnutzbares Anlagevermögen
erfasst alle Wirtschaftsgüter, die nicht der Abnutzung unterliegen ⇨ 106

Nichtigkeit
ist die für und gegen alle wirkende völlige Unwirksamkeit ⇨ 46

Nichtselbständige Arbeit
ist die Einkunftsart für die Einkünfte der Arbeitnehmer ⇨ 131 ff.

Niederstwertprinzip
bedeutet, dass bei Bewertungswahlrechten im Steuerrecht für buchführende Gewerbetreibende die handelsrechtlichen Bewertungsgrundsätze (Ansatz des niedrigeren Wertes) bindend sind ⇨ 106

Niedrigsteuerland
Steuerbelastung beträgt in diesem Land weniger als 30 % ⇨ 320

Norm
gleichbedeutend mit Rechtsnorm ⇨ 14

Normenhierarchie
Rangverhältnisse der Gesetze ⇨ 28 f.

Materielle Fehler
sind alle Fehler einschließlich offenbarer Unrichtigkeiten, die zur Festsetzung einer Steuer führen, die von der kraft Gesetzes entstandenen Steuer abweicht ⇨ 70

Notwendiges Betriebsvermögen
erfasst alle Wirtschaftsgüter, deren betriebliche Nutzung mehr als 50 % beträgt ⇨ 103 f.

Notwendiges Privatvermögen
erfasst alle Wirtschaftsgüter, deren betriebliche Nutzung unter 10 % beträgt ⇨ 104

Oberfinanzdirektion (OFD)
Leitung der Finanzverwaltung des Bundes und der Länder in ihrem Bezirk ⇨ 33

OECD-Musterabkommen
dient als Grundlage für die meisten Doppelbesteuerungsabkommen ⇨ 318

Offenbare Unrichtigkeit
Fehler i.S.d. § 129 AO (wie Schreibfehler, Rechenfehler) ⇨ 66

Öffentlich-rechtliches Gemeinwesen
Oberbegriff für die Gebietskörperschaften (Bund, Länder, Gemeinden) und die Religionsgemeinschaften, die vom Staat als öffentlich-rechtliche Körperschaft anerkannt sind ⇨ 25 f.

Öffentliches Recht
regelt Rechtsbeziehungen zwischen Staat und Bürger bzw. zwischen einzelnen Staatsorganen ⇨ 7

Option, optieren
ist der Verzicht auf eine Steuerbefreiung (§ 9 UStG) ⇨ 254, 256, 276

Organ (i.S.d. UStG)
ist die beherrschte juristische Person, bei Vorliegen einer Organschaft (§ 2 Abs. 2 Nr. 2 UStG) ⇨ 232

Organschaft
ist die finanzielle, wirtschaftliche und organisatorische Eingliederung in ein anderes Unternehmen ⇨ 232

Ort der sonstigen Leistung
⇨ 251 f.

Ort des innergemeinschaftlichen Erwerbs
ist dort, wo sich der Gegenstand am Ende der Beförderung oder Versendung befindet (Bestimmungsmitgliedstaat) ⇨ 253

Personalhoheit
Ausfluss der staatlichen Souveränität ⇨ 314, 316

Personengesellschaften
sind Personenvereinigungen, die grundsätzlich keine eigene Rechtsfähigkeit haben ⇨ 90, 184, 213 f., 233

Personensteuer
ist eine Steuer, bei der Gegenstand der Besteuerung das Einkommen einer natürlichen Person ist ⇨ 84, 197

Persönliche Steuerpflicht (Erbschaft- und Schenkungsteuer)
tritt ein, wenn bei einem Erwerb von Todes wegen (Erbfall) der Erblasser zur Zeit seines Todes, im Fall der Schenkung unter Lebenden der Schenker zur Zeit der Ausführung der Schenkung oder der Erwerber zur Zeit der Entstehung der Steuer, ein Inländer ist (§ 2 Abs. 1 Nr. 1 Satz 1 ErbStG) ⇨ 275

Persönliche Unbilligkeit
liegt vor, wenn die Steuererhebung die wirtschaftliche und persönliche Existenz des Steuerpflichtigen vernichten oder ernsthaft gefährden würde ⇨ 75

Pflegekinder
sind Personen, mit denen der Steuerpflichtige durch ein familienähnliches, auf längere Dauer berechnetes Band verbunden ist und die er in seinen Haushalt aufnimmt ⇨ 174

Private Veräußerungsgeschäfte
sind Veräußerungsgeschäfte, bei denen Anschaffung und Veräußerung von Wirtschaftsgütern sich innerhalb bestimmter Fristen vollziehen (früher: Spekulationsgeschäfte) ⇨ 149 f.

Rechtsbehelf
Oberbegriff für gerichtliche Rechtsbehelfe (Klagen und Rechtsmittel) und außergerichtliche Rechtsbehelfe (Einspruch/Beschwerde) ⇨ 20, 49 f., 56, 69

Rechtsbehelfsbelehrung
ist die mit einer (teilweise) ablehnenden Einspruchsentscheidung verbundene Erläuterung darüber, welche weiteren Rechtsbehelfe gegen die Entscheidung zulässig sind ⇨ 58 ff.

Rechtsbehelfsstelle
ist die für die Entscheidung über den eingelegten Einspruch zuständige Stelle beim Finanzamt ⇨ 59 f.

Rechtsbehelfsverfahren
ist das nach Einlegung der betreffenden Rechtsbehelfe in Gang gesetzte Verfahren bis hin zur Entscheidung über den Streitfall ⇨ 56 ff., 60, 299

Rechtsfolge
ist die gesetzlich vorgesehene Konsequenz, wenn die vorausgesetzten Tatbestandsmerkmale erfüllt sind ⇨ 14 f.

Rechtsnorm
Gesetz ⇨ 28

Rechtsordnung
Oberbegriff für alle Rechtsgebiete ⇨ 6, 29

Rechtsverordnungen
sind Rechtsnormen, die nicht in einem förmlichen Gesetzgebungsverfahren zustande kommen, sondern die von der Bundesregierung, einem Bundesminister oder einer Landesregierung aufgrund Art. 80 GG erlassen werden, wenn diese in einem Gesetz ausdrücklich dazu ermächtigt worden sind ⇨ 30

Rechtsweg
betrifft die Anrufung des zuständigen Gerichtes ⇨ 7

Rechtswidrigkeit
Handlungen, die der Rechtsordnung widersprechen ⇨ 47

Regelsteuersatz (i.S.d. UStG)
ist der Steuersatz, der grundsätzlich anzuwenden ist, wenn nicht ausnahmsweise die Anwendung des ermäßigten Steuersatzes vorgeschrieben ist (§ 12 Abs. 1, 2 UStG) ⇨ 265

Revision
ist das zulässige Rechtsmittel gegen Urteile der Finanzgerichte (§§ 115 ff. FGO) ⇨ 64

Richtlinie
ist eine Verwaltungsvorschrift, die die Rechtsauffassung der Verwaltung zur Gesetzesanwendung wiedergibt ⇨ 32, 86, 186, 206, 226

Rückwirkendes Ereignis
ist ein Ereignis, das nach Erlass des Steuerbescheides eintritt und ihn nachträglich rechtswidrig macht ⇨ 69 f.

Sachbezüge
sind Bezüge, die nicht in Geld bestehen ⇨ 116

Sachliche Unbilligkeit
liegt vor, wenn die Besteuerung als solche, unabhängig von den persönlichen Verhältnissen des Steuerpflichtigen, unbillig wäre ⇨ 75

Sachwertverfahren
dient der Einheitswertfeststellung für bebaute Grundstücke ⇨ 285 f.

Säumniszuschlag
ist ein Geldbetrag in Höhe von 1 % des rückständigen Steuerbetrages, der als Druckmittel zu entrichten ist, wenn eine festgesetzte Steuer nicht bis zum Ablauf des Fälligkeitstages vom Steuerpflichtigen entrichtet wird (§ 240 AO) ⇨ 73, 75

Schuldzinsen
sind die bei Aufnahme eines Darlehens anfallenden Zinsen, Finanzierungsnebenkosten und Geldbeschaffungskosten zu verstehen (§ 9 Abs. 1 Nr. 1 EStG) ⇨ 144 f.

Selbständige Arbeit
kennzeichnet persönliche, qualifizierte Arbeitsleistung, leitende und eigenverantwortliche Tätigkeit (§ 18 EStG) ⇨ 99, 120, 127 ff.

Selbstbindungswirkung (für die erlassende Behörde)
bedeutet, dass diese den Steuerbescheid nur noch dann ändern kann, wenn dies die besonderen, in der AO geregelten, Korrekturvorschriften zulassen ⇨ 65

Sicherungseigentum
ist eine Sachsicherung in Form der treuhänderischen Übertragung des Vollrechts ⇨ 238

Sitz (einer Körperschaft)
ist der Ort, der durch Gesetz, Gesellschaftsvertrag, Satzung u.ä. bestimmt ist (§ 11 AO) ⇨ 189

Sofortige Vollziehung
bedeutet, dass ein gegen einen Steuerbescheid eingelegter Rechtsbehelf den Anspruch auf Zahlung der Steuerschuld nicht hemmt (§ 361 AO) ⇨ 60

Sollbesteuerung
ist die Berechnung der Steuer nach vereinbarten Entgelten; Versteuerungszeitpunkt richtet sich nach der Leistungsausführung ⇨ 267

Sonderausgaben
sind ausdrücklich zum Abzug zugelassene Privatausgaben ⇨ 163 f.

Sonderausgaben-Pauschbetrag
wird als Pauschale für bestimmte Sonderausgaben angesetzt, wenn der Steuerpflichtige nicht höhere Aufwendungen nachweist ⇨ 164

Sonstige Leistungen
sind Leistungen, die keine Lieferungen sind (§ 3 Abs. 9 UStG) ⇨ 239

Splittingtarif
ist der Einkommensteuertarif für zusammenveranlagte Ehegatten ⇨ 177 f.

Stehender Gewerbebetrieb (Gewerbesteuer)
ist jeder Gewerbebetrieb, der kein Reisegewerbebetrieb ist ⇨ 211

Steueranspruch
Forderung des Staates gegenüber dem Bürger auf Zahlung von Steuern ⇨ 5

Steueraufkommen
gesamte Steuereinnahmen des Staates (innerhalb eines Jahres) ⇨ 10

Steuerbare Umsätze
sind diejenigen wirtschaftlichen Vorgänge, die grundsätzlich der Umsatzsteuer unterliegen (§ 1 Abs. 1 UStG) ⇨ 228, 235 ff.

Steuerbarkeit
ein Sachverhalt (z.B. Umsatz) erfüllt grundsätzlich den Tatbestand eines Steuergesetzes und führt, sofern keine Steuerfreiheit gegeben ist, grundsätzlich auch zur Steuerpflicht ⇨ 154, 241, 253

Steuerbehörde
Finanzamt ⇨ 11

Steuerbescheid
ist ein schriftlicher Verwaltungsakt, mittels dessen die Steuer gegenüber dem bzw. den betroffenen Steuerpflichtigen festgesetzt wird (§ 155 AO) ⇨ 13, 45

Steuererklärungspflicht
ist die wichtigste spezielle Mitwirkungspflicht, die die Abgabe der Steuererklärung beinhaltet ⇨ 40 f., 206

Steuererklärungsvordruck
ist der amtlich vorgeschriebene Vordruck, auf dem der Steuerpflichtige die steuerrelevanten Angaben eintragen muss ⇨ 41

Steuerfahndung
dient der Erforschung von Steuerstraftaten und Steuerordnungswidrigkeiten, der Ermittlung der Besteuerungsgrundlagen und der Aufdeckung und Ermittlung unbekannter Steuerfälle (§§ 208 ff. AO) ⇨ 43

Steuerfestsetzung unter Vorbehalt
gibt dem Finanzamt die Möglichkeit, das Steuerfestsetzungsverfahren insgesamt zu beschleunigen und sich eine abschließende Prüfung vorzubehalten (§ 164 Abs. 1 AO) ⇨ 52 f., 280

Steuerfreiheit
ein steuerbarer Vorgang soll nach einer ausdrücklichen Regelung nicht mit Steuern belastet werden ⇨ 228, 305

Steuerklasse (Erbschaft-, Schenkungsteuer)
ist eine Einteilung, die vom Verwandtschaftsgrad und einer Heirat abhängig und für die Gewährung persönlicher Freibeträge und die Höhe des Steuersatzes maßgebend ist ⇨ 296

Steuerliche Nebenleistungen
sind keine Steuern, können aber im Zusammenhang mit der Besteuerung und der Steuererhebung auftreten ⇨ 27

Steuermessbetrag (Grundsteuer)
ist die Bemessungsgrundlage für die Grundsteuer ⇨ 299

Steuermesszahl (Gewerbeertrag)
ist ein Vomhundertsatz, der zur Ermittlung des Steuermessbetrags nach dem Gewerbeertrag auf den Gewerbeertrag angewendet wird ⇨ 217

Steuermesszahl (Grundsteuer)
ist ein Vomtausendsatz, der zur Ermittlung des Grundsteuermessbetrags auf den Einheitswert anzuwenden ist ⇨ 299

Steuern
sind Geldleistungen, die nicht eine Gegenleistung für eine besondere Leistung darstellen und von einem öffentlich-rechtlichen Gemeinwesen zur Erzielung von Einnahmen allen auferlegt werden, bei denen der Tatbestand zutrifft, an den das Gesetz die Leistungspflicht knüpft; die Erzielung von Einnahmen kann Nebenzweck sein (§ 3 Abs. 1 AO) ⇨ 25 f.

Steuerpflicht
ist gegeben, wenn ein steuerbarer Vorgang nicht steuerbefreit ist ⇨ 255

Steuerpflichtiger
ist der von einer Steuerart betroffene Bürger ⇨ 13

Steuerrecht
Zusammenfassung aller Vorschriften, die regeln, ob zwischen Staat und Bürger Ansprüche auf die Zahlung von Steuern bestehen und wie diese Ansprüche geltend gemacht und durchgesetzt werden ⇨ 5 f.

Steuerrechtsverhältnis
Oberbegriff für Verfahrenspflichtverhältnis und Steuerschuldverhältnis ⇨ 5

Steuerschuldverhältnis
Zusammenfassung aller Geldleistungsansprüche, die bei Geltendmachung des Steueranspruchs in Betracht kommen ⇨ 5

Stundung
kann auf Antrag gewährt werden und schiebt Fälligkeitstermin der Steuer hinaus (§ 222 AO) ⇨ 73 f.

Stundungszinsen
sind die für die Dauer einer gewährten Stundung erhobenen Zinsen (1/2 % für jeden vollen Monat auf den auf 50,- Euro abgerundeten Steuerbetrag) ⇨ 72, 76

Subsidiaritätsklausel
Einkünfte sind danach nur dann einer bestimmten Einkunftsart zuzuordnen, wenn sie nicht zu einer anderen Einkunftsart gehören ⇨ 140, 144

Subsumtion
Feststellung, ob der Lebenssachverhalt die definierten Tatbestandsmerkmale erfüllt ⇨ 16 f., 70

Summe der Einkünfte
ergibt sich nach Zusammenrechnung der Einkünfte aus den 7 Einkunftsarten ⇨ 96 ff.

Tatbestand
im Gesetz genannte Voraussetzungen ⇨ 8

Tatsache
ist alles, was Merkmal oder Teilstück eines gesetzlichen Tatbestandes sein kann, also tatsächliche Zustände, Vorgänge, Beziehungen, Eigenschaften materieller und immaterieller Art ⇨ 68

Tausch
Leistungsempfänger erbringt als Gegenleistung für eine Lieferung eine eigene Lieferung (§ 3 Abs. 12 UStG) ⇨ 241, 260

Tauschähnlicher Umsatz
ist ein Umsatz, bei dem das Entgelt für eine sonstige Leistung in einer Lieferung oder in einer sonstigen Leistung besteht (§ 3 Abs. 12 Satz 2 UStG) ⇨ 241, 260

Teilleistungen
sind gegeben, wenn für bestimmte Teile einer wirtschaftlich teilbaren Leistung das Entgelt gesondert vereinbart wird ⇨ 267

Teilwert
ist der Betrag, den ein Erwerber des ganzen Betriebes im Rahmen des Gesamtkaufpreises für das einzelne Wirtschaftsgut ansetzen würde; dabei ist davon auszugehen, dass der Erwerber den Betrieb fortführt (§ 6 Abs. 1 Nr. 1 Satz 3 EStG) ⇨ 104

Thesaurierte Gewinne
nicht ausgeschüttete, sondern einbehaltene Gewinne ⇨ 186, 201, 203

Titelfunktion (eines Steuerbescheides)
Steuerbescheid selbst ist Grundlage für die Erhebung und Vollstreckung des Steueranspruches ⇨ 71, 77

Über- und Unterordnung
kennzeichnend für das öffentliche Recht ⇨ 7 f.

Überschusseinkunftsarten (= Überschusseinkünfte)
sind diejenigen Einkunftsarten, bei denen die Einkünfte der Überschuss der Einnahmen über die Werbungskosten sind (§ 2 Abs. 2 Nr. 2 EStG) ⇨ 98, 115 ff.

Überschussrechnung
ist eine Gewinnermittlungsart, bei der der Gewinn durch Gegenüberstellung von Betriebseinnahmen und Betriebsausgaben errechnet wird (§ 4 Abs. 3 EStG) ⇨ 110

Umsatz
ist der Verkehr von Waren und sonstigen Leistungen ⇨ 224

Umsatzsteuererklärung
ist eine Jahreserklärung, in der der Unternehmer die Steuer selbst berechnet (sog. Steueranmeldung) ⇨ 233, 269, 280

Umsatzsteuerlicher Unternehmer
ist, wer eine gewerbliche oder berufliche Tätigkeit selbständig ausübt (§ 2 Abs. 1 Satz 1 UStG) ⇨ 230 f.

Umsatzsteuer-Traglast
bezeichnet die in der Jahreserklärung vom Unternehmer selbst errechnete Umsatzsteuer ⇨ 228

Umsatzsteuerzahllast
ist die Umsatzsteuertraglast abzügl. der Vorsteuerbeträge für das abgelaufene Kalenderjahr ⇨ 279

Unbedenklichkeitsbescheinigung
ist vom zuständigen Finanzamt auszustellen und bescheinigt dem Grundstückserwerber, dass der Grundbucheintragung steuerliche Bedenken nicht entgegenstehen (§ 22 Abs. 1 GrEStG) ⇨ 304

Unbeschränkte Einkommensteuerpflicht
erfasst alle natürlichen Personen, die im Inland einen Wohnsitz oder ihren gewöhnlichen Aufenthalt haben (§ 1 Abs. 1 Satz 1 EStG) ⇨ 90 f.

Unbeschränkt abzugsfähige Sonderausgaben
⇨ 163

Unechter Schadenersatz
Ersatzleistung ist Gegenleistung für eine Lieferung oder sonstige Leistung ⇨ 242

Unterbrechung (der Verjährungsfrist)
bewirkt, dass die Verjährungsfrist mit Ablauf des Kalenderjahres, in dem die Unterbrechung geendet hat, neu zu laufen beginnt (§ 231 AO) ⇨ 76

Unterhaltsaufwendungen
sind spezielle außergewöhnliche Belastungen (§ 33a Abs. 1 EStG) ⇨ 167

Unternehmensteuerreform
⇨ 140, 187, 216

Untersuchungsgrundsatz
Finanzbehörde hat den Sachverhalt von Amts wegen zu ermitteln (§ 88 Abs. 1 Satz 1 AO) ⇨ 39

Veranlagungsteuer
ist eine Steuer, die nach Ablauf eines bestimmten Zeitraumes in einem förmlichen Verfahren (Veranlagungsverfahren), in dem die Besteuerungsgrundlagen festgestellt werden, festgesetzt wird ⇨ 84, 226

Veranlagungsverfahren
ist ein förmliches Verfahren, in dem die Besteuerungsgrundlagen festgestellt werden ⇨ 84, 184

Veranlagungszeitraum
ist der Zeitraum, für den die Besteuerungsgrundlagen in einem förmlichen Verfahren festgestellt werden ⇨ 86

Veräußerungsgewinn
ist der Betrag, um den der Veräußerungspreis nach Abzug der Veräußerungskosten die Anschaffungskosten übersteigt (§§ 16, 17) ⇨ 124 f.

Verböserung
ist eine gegenüber dem vorherigen Zustand zum Nachteil des Steuerpflichtigen ergehende Entscheidung über den eingelegten Rechtsbehelf ⇨ 60

Verbrauch- und Aufwandsteuer
besteuert im Wesentlichen den tatsächlichen Übergang der entsprechenden Waren aus dem Herstellerbetrieb in den freien Verkehr ⇨ 8, 312

Verbrauchsteuer
Steuer, die wirtschaftlich von der Privatperson beim Endverbrauch getragen wird ⇨ 48, 224, 259 f., 312

Verdeckte Gewinnausschüttung
liegt vor, wenn Handlungen (oder Unterlassungen), die den Jahresüberschuss der Körperschaft mindern, dazu bestimmt sind, dem Anteilseigner einen wirtschaftlichen Vorteil zu verschaffen, ohne dass diese Zuwendung betrieblich motiviert ist (§ 8 Abs. 3 Satz 2 KStG) ⇨ 193, 197

Verfahrenspflichtverhältnis
Pflichten (aber auch Rechte), die der Durchsetzung von Ansprüchen aus dem Steuerschuldverhältnis dienen ⇨ 5

Verfassungsgesetz
Grundgesetz vom 23.05.1949 ⇨ 28 f.

Verfügungen der Oberfinanzdirektionen
sind Verwaltungsvorschriften, die spezielle oder allgemeine Gesetzesanwendungsfragen beinhalten ⇨ 33

Verfügungsmacht
ist die tatsächliche Sachherrschaft ⇨ 238

Verlustabzug
ist Oberbegriff für Verlustrücktrag und Verlustvortrag ⇨ 170, 200

Verlustrücktrag
Verlagerung von nicht ausgeglichenen Verlusten in vorangegangene Veranlagungszeiträume ⇨ 96, 170

Verlustvortrag
Verlagerung nicht ausgeglichener Verluste in nachfolgende Veranlagungszeiträume ⇨ 96, 170

Vermietung und Verpachtung
ist die Einkunftsart, bei der im Grundsatz die Entgelte für die Nutzungsüberlassung von privaten Grundstücken besteuert werden (§ 21 Abs. 1 Nr. 1 EStG) ⇨ 144 ff.

Vermögensverwaltung
ist die Verwaltung von Kapitalvermögen, Vermietung/Verpachtung (§ 14 S. 3 AO) ⇨ 121 f., 144, 214

Verrechenbare Verluste
sind nicht ausgleichs- und abzugsfähige Verluste, die Gewinne eines Kommanditisten aus der Beteiligung an einer Kommanditgesellschaft in späteren Wirtschaftsjahren mindern (§ 15a Abs. 2 EStG) ⇨ 159

Versendung (i.S.d. UStG)
Unternehmer lässt die Beförderung des Liefergegenstands durch einen selbständigen Beauftragten ausführen oder besorgen ⇨ 249, 253

Versicherungsentgelte
bilden die Bemessungsgrundlage für die Versicherungsteuer ⇨ 309

Versicherungsteuer
besteuert den Versicherungsaufwand ⇨ 309

Versorgungsfreibetrag
ist ein Freibetrag für bestimmte Versorgungsbezüge (§ 19 Abs. 2 EStG) ⇨ 135

Verspätungszuschlag
ist die Festsetzung eines Geldbetrags gegenüber denjenigen Steuerpflichtigen, die entgegen ihrer Verpflichtung eine Steuererklärung nicht oder nicht fristgerecht abgeben (§ 152 AO) ⇨ 41

Vertikaler Verlustausgleich
Verrechnung positiver und negativer Einkünfte ⇨ 157 f.

Vertretungszwang
ist die gesetzliche Verpflichtung, sich in gerichtlichen Verfahren von einem Rechtsanwalt, Steuerberater oder Wirtschaftsprüfer vertreten zu lassen ⇨ 64

Verwaltungsakt
ist eine bestimmte Maßnahme einer Behörde auf dem Gebiet des öffentlichen Rechts ⇨ 56

Verwaltungsgebühren
Entgelte für die Vornahme einer Amtshandlung ⇨ 25 f.

Verwaltungsvorschriften
sind keine Rechtsnormen, sondern Weisungen vorgesetzter Verwaltungsbehörden an ihnen nachgeordnete Behörden ⇨ 32 f.

Verzehr an Ort und Stelle
Speisen und Getränke werden zum Verzehr an Ort und Stelle geliefert, wenn sie nach den Umständen der Lieferung dazu bestimmt sind, an einem Ort verzehrt zu werden, der mit dem Ort der Lieferung in einem räumlichen Zusammenhang steht und insbesondere Vorrichtungen für den Verzehr an Ort und Stelle bereitgehalten werden (§ 12 Abs. 2 Nr. 1 Satz 2 UStG) ⇨ 266

Völkerrecht
regelt Rechtsbeziehungen im zwischenstaatlichen Bereich ⇨ 6

Vollanrechnung
s. Anrechnungsverfahren Vollstreckungsverfahren dient der Beitreibung außenstehender Steuerforderungen (§§ 249 ff. AO) ⇨ 201

Vollverzinsung
ist die Verzinsung eines festgesetzten Steuer- bzw. Steuererstattungsbetrags und soll gewisse Zinsvorteile bzw. Zinsnachteile beim jeweiligen Steuergläubiger bzw. Steuerschuldner ausgleichen (§ 233a AO) ⇨ 76 f.

Vorab veranlasste Betriebsausgaben
sind Aufwendungen, die vor Beginn der tatsächlichen Betriebstätigkeit angefallen, jedoch durch den Gewerbebetrieb veranlasst sind ⇨ 111

Vorab veranlasste Werbungskosten
sind Aufwendungen, die vor Beginn der tatsächlichen Erwerbstätigkeit angefallen, jedoch bereits durch diese veranlasst worden sind ⇨ 116

Voranmeldungen
sind Umsatzsteuererklärungen, in denen der Unternehmer die Umsatzsteuer für einen Kalendermonat oder ein Kalendervierteljahr selbst berechnet ⇨ 279 f.

Voranmeldungszeitraum
ist der Zeitraum, für den der Unternehmer die Umsätze und die Umsatzsteuer gegenüber dem zuständigen Finanzamt selbst erklären und berechnen muss ⇨ 266 f., 279 f.

Vorauszahlungen
sind Steuerzahlungen, die ein Steuerpflichtiger im Hinblick auf die zu erwartende Steuerschuld entrichtet ⇨ 280

Vorgesellschaft
entsteht mit dem Vertragsschluss hinsichtlich der Begründung einer Körperschaft ⇨ 188 f.

Vorgründungsgesellschaft
entsteht bereits mit der Vereinbarung, eine Körperschaft zu errichten oder zu gründen ⇨ 188 f.

Vorläufige Steuerfestsetzung
ist möglich, soweit ungewiss ist, ob die Voraussetzungen für die Entstehung einer Steuer eingetreten sind (§ 165 Abs. 1 AO) ⇨ 46, 48

Vorläufigkeitsvermerk
dient der Kenntlichmachung, aus welchem Grund ein Steuerbescheid vorläufig ist ⇨ 53

Vorsorgeaufwendungen
sind bestimmte Versicherungsbeiträge und Bausparbeiträge (§ 10 Abs. 1 Nr. 2,3 EStG) ⇨ 162 ff.

Vorsorgepauschale
kommt bei Steuerpflichtigen in Betracht, die Arbeitslohn beziehen und keine höheren tatsächlichen Vorsorgeaufwendungen nachweisen (§ 10c Abs. 2EStG) ⇨ 165

Vorsteuerabzug
ist die Anrechnung abziehbarer Vorsteuerbeträge auf die geschuldete Umsatzsteuer (§ 15 Abs. 1 UStG) ⇨ 269

Vorsteuern
sind die von anderen Unternehmern in einer Rechnung offen ausgewiesenen Umsatzsteuerbeträge ⇨ 269

Weltvermögensprinzip
basiert auf dem Umstand, dass der Steuerpflichtige im Staatsgebiet residiert ⇨ 316

Welteinkommensprinzip
bedeutet, dass ein Steuerpflichtiger mit allen inländischen und ausländischen Einkünften der deutschen Einkommensbesteuerung unterliegt ⇨ 91, 189, 316

Weltvermögen
umfasst das inländische und das ausländische Vermögen ⇨ 315

Werbungskosten
sind alle Aufwendungen zur Erwerbung, Sicherung und Erhaltung der Einnahmen (§ 9 Abs. 1 Satz 1 EStG) ⇨ 116

Werbungskosten-Pauschbeträge
sind Pauschalen, die zum Ansatz kommen, wenn keine höheren tatsächlichen Aufwendungen nachgewiesen werden (§ 9a EStG) ⇨ 116 f., 141

Werkleistung
liegt vor, wenn der Unternehmer zur Herstellung eines Werkes nur selbst beschaffte Nebenstoffe verwendet und die Hauptstoffe vom Besteller gestellt werden ⇨ 239

Werklieferung
Unternehmer verwendet zur Herstellung eines Werkes nur Hauptstoffe, die er selbst beschafft (§ 3 Abs. 4 UStG) ⇨ 239

Wesentliche Beteiligung
ist gegeben, wenn eine unmittelbare oder mittelbare Beteiligung an einer Kapitalgesellschaft von mehr als 25 % besteht ⇨ 125

Widerstreitende Steuerfestsetzung
liegt vor, wenn aus einem Sachverhalt für mehrere Bescheide unterschiedliche Schlussfolgerungen gezogen werden, die sich nach der gesetzlichen Wertung gegenseitig ausschließen ⇨ 69

Wiedereinsetzung (in den vorigen Stand)
kann auf Antrag bei unverschuldeter Versäumung einer gesetzlichen Frist gewährt werden (§ 110 AO) ⇨ 58 f.

Wiederkehrende Bezüge
setzen voraus, dass sie auf einem einheitlichen Entschluss oder einem einheitlichen Rechtsgrund beruhen und mit einer gewissen Regelmäßigkeit wiederkehren ⇨ 149 f.

Wirtschaftlicher Geschäftsbetrieb
ist eine selbständige, nachhaltige Tätigkeit, durch die Einnahmen und andere wirtschaftliche Vorteile erzielt werden und die über den Rahmen einer Vermögensverwaltung hinausgeht (§ 14 AO) ⇨ 214

Wirtschaftsgüter
sind Sachen und Rechte im bürgerlich-rechtlichen Sinn sowie sonstige wirtschaftliche Vorteile (für den Betrieb), die durch Aufwendungen erlangt sind, nach der Verkehrsauffassung selbständig bewertbar sind und den Betrieb einen über das Ende des Wirtschaftsjahres hinausgehenden Nutzen zu bringen versprechen ⇨ 100

Wirtschaftsjahr
ist der Zeitraum, für den der Steuerpflichtige seinen Gewinn ermittelt (i.d.R. Kalenderjahr) ⇨ 110 ff.

Wohnsitz
hat jemand dort, wo er eine Wohnung innehat, unter Umständen, die darauf schließen lassen, dass er die Wohnung beibehalten und benutzen wird (§ 8 AO) ⇨ 18, 46, 90

Wohnsitzfinanzamt
ist örtlich zuständig für die Besteuerung natürlicher Personen nach dem Einkommen und Vermögen (§ 19 AO) ⇨ 46

Z

Zahlungsverjährung
betrifft bereits fällige Steueransprüche und setzt insoweit eine Grenze, innerhalb derer diese Steueransprüche noch geltend gemacht werden können (§ 228 AO) ⇨ 48, 74 ff.

Zivilprozessordnung (ZPO)
beinhaltet das zivilrechtliche Verfahrensrecht ⇨ 77

Zivilrecht
regelt Rechtsbeziehungen von Bürgern untereinander ⇨ 6 f., 189

Zuflussprinzip
stellt hinsichtlich der zeitlichen Zuordnung von Einnahmen auf den Zeitpunkt des Bezuges (=Zufluss) ab (§ 11 Abs. 1 EStG) ⇨ 110

Zulässigkeitsvoraussetzungen (Einspruch)
müssen vorliegen, damit sich die zuständige Finanzbehörde mit der Sache selbst befassen kann (= Sachentscheidungsvoraussetzungen) ⇨ 64

Zumutbare Eigenbelastung
ist der nichtabzugsfähige Teil der außergewöhnlichen Belastungen ⇨ 166 f.

Zusammenveranlagung
Feststellung der Besteuerungsgrundlagen von Ehegatten durch Zusammenrechnung der erzielten Einkünfte (§§ 26, 26b EStG) ⇨ 84, 141, 165, 178

Zuständigkeit
betrifft den Geschäftskreis einer Finanzbehörde; die sachliche Zuständigkeit betrifft den Gegenstand und die Art nach durch Gesetz ausgewiesenen Aufgabenbereich; die örtliche Zuständigkeit dagegen betrifft die Frage, welche von mehreren sachlich zuständigen Finanzbehörden einen bestimmten Steuerbescheid zu erlassen hat ⇨ 45

Zwangsmittel
sind in die Zukunft gerichtete Beugemittel, durch die insbesondere Leistungen des Steuerpflichtigen erzwungen werden (z.B. Zwangsgeld) ⇨ 77

MIX
Papier aus verantwortungsvollen Quellen
Paper from responsible sources
FSC® C105338

If you have any concerns about our products,
you can contact us on
ProductSafety@springernature.com

In case Publisher is established outside the EU,
the EU authorized representative is:
**Springer Nature Customer Service Center GmbH
Europaplatz 3, 69115 Heidelberg, Germany**

Printed by Libri Plureos GmbH
in Hamburg, Germany